Historia de la Informática: El Ordenador Personal

Manuel Llaca

Historia de la Informática:
El Ordenador Personal

Manuel Llaca

avant
editorial

Primera edición marzo de 2022

Diseño y Edición:
Avant editorial
Avenida de Londres, 6, Portal 1, Atico A,
28500 Arganda (Madrid)
www.avanteditorial.com
info@avanteditorial.com

ISBN: 978-84-19197-33-7
IBIC: YQTU
Depósito Legal: M-9833-2022

AGRADECIMIENTOS

A mi mujer Lorena y mi hijo Luka por ser la luz de mi vida.
A mis padres por poner en mis manos todos los medios cuando era joven para que hoy sea el informático que soy en lo profesional y en lo personal.
A Alberto Sarachaga, Joaquín Bauer, y Francisco Javier Jiménez de la Asunción por haber donado ordenadores y material de la informática clásica para mi colección personal, y que han sido de gran utilidad para mi labor de divulgación como bloguero en tecnología.
A todos aquellos que han sabido valorar mi esfuerzo y sacrificio.

Dedicado a mi hijo Luka, y a mi mujer Lorena

PRÓLOGO

En el otoño de 2018 publiqué mi cuarto libro titulado *Historia de la Informática Personal* buscando dar luz a una historia de la informática personal que se iba quedando en el cuarto oscuro del conocimiento. En diciembre de 2020 publiqué el sexto libro *La Pirámide del Éxito: Historia del Ordenador Personal.*

Ambos libros se transformaron en el nuevo destino de vida de mis momentos de ocio, ya que durante toda mi vida quise dar un sentido propio y personal a esos ratos que la gente suele dedicar a sus aficiones o pasatiempos. La mayoría de las personas tiene esos momentos para sí mismos, yo quise que mi afición y mis momentos de ocio fueran para un interés público.

Desde muy joven disfruté de ciertos éxitos dentro de la especialidad de la informática, y tuve proyectos llevados a buen puerto que tuvieron repercusión mediática. Pero ninguno de ellos alcanzó las cotas de difusión y éxito logradas cuando decidí acercarme al público en forma de «recuperador» de la historia de la informática.

Un día de la primavera de 2016 decidí publicar escritos culturales relacionados con la informática, y para ello construí una web con trazas de revista *online* de informática. Enseguida comencé a centrar el tema de las publicaciones en las vivencias personales con los ordenadores en los años ochenta y noventa, para terminar por investigar y documentar toda la historia de la informática personal que iba recabando.

Así nació un sentido específico para mi afición y pasatiempo desde que contaba con doce años de edad; por el camino probé muchas cosas, pero ninguna de ellas me llenó tanto como el hecho de recuperar y divulgar una historia olvidada.

Aquella web en forma de revista de informática de marzo de 2016 se transformó en *ParcelaDigital* en Octubre de 2016, y poco tiempo después convertí aquello en mi blog personal. Y para aquellas fechas decidí que todo lo que contaba en mi blog, podía terminar en un libro. Y así nació mi cuarto libro mencionado al principio de este prefacio.

ParcelaDigital se transformó en mi santo y seña público de mi aspecto personal —mi apartado profesional va por otros derroteros; nunca quise mezclar la carrera profesional con la personal—, y me trajo las mayores alegrías en los treinta y cuatro años que llevo entre ordenadores. Mi sexto libro *La Pirámide del Éxito: Historia del Ordenador Personal* ha sido, hasta la publicación de este séptimo libro, el de mayor éxito de mi bibliografía, alcanzado ventas interesantes en España y Latinoamérica. Y mi blog *ParcelaDigital* me llevó, en el año 2021, a ser elegido ganador de las dos estatuillas más importantes del mundo web de España y en español.

Mi labor como bloguero, en el sentido de la recuperación de la historia y sus pioneros, no me llevaron únicamente a tener éxito en importantes galardones, también me llevó a entrar en el círculo de contacto de grandes leyendas. Así, en los últimos años, pude entrar en contacto con grandes personas de la historia de la informática personal.

Este nuevo libro, el séptimo que publico, viene a ser una renovación total del cuarto y del sexto, donde incluyo mucha información nueva, extiendo la historia descrita, y donde reescribo la mayoría de los pasajes con el ánimo de mejorar aquellas ideas originales que, con el tiempo y el nuevo conocimiento, ahora puedo perfeccionar en su totalidad. El objetivo final es mantener, durante toda la obra, dos objetivos paralelos: hablar de la historia del ordenador personal a nivel mundial, y destacar en apartados concretos la historia centrada en España.

Entre medias, el objetivo principal es volver a iluminar a pioneros y pioneras, en cuanto a personas refiere, y a máquinas de gran valor que fueron perdiendo popularidad, pero que hoy son historia viva de una ciencia informática que nos rodea en todos los aspectos de la vida y en todos los estratos de la sociedad. En ocasiones, rebatiré la historia oficial para contar la verdadera.

Manuel Llaca

INTRODUCCIÓN

Raphael Finkel inició en 1975, en la Universidad de Stanford, el diccionario por antonomasia de los términos de la cultura hacker llamado *Jargon File*. Aquel diccionario fue construido en base a las experiencias de los excelentes profesionales del MIT (**Instituto Tecnológico de Massachusetts**), y del SAIL de la Universidad de Stanford, todo ello sujeto al protagonismo de una máquina: el ordenador **PDP-10**. Además del diccionario, con el tiempo, también fueron recogidas en su interior algunas historias... y una de las más interesantes tiene que ver con el descubrimiento de un botón etiquetado como *más magia*.

Guy L. Steele, uno de los participantes en el desarrollo del *Jargon File* original, recopiló algunas historias que terminaron en un apartado del fichero llamado *Folclore Hacker*. Y una de las historias más curiosas cuenta con el propio Steele como actor principal... y a un botón llamado *más magia*.

Se encontraba Steele revisando uno de los armarios de un ordenador PDP-10 del MIT cuando encontró un pequeño botón pegado al marco. Aquel botón disponía de dos posiciones, y escrito a lápiz sobre el propio marco metálico mostraba dos leyendas: *magia* y *más magia*. El primer dato importante... nadie sabía en aquel momento quién había hecho aquello, evidentemente era algo casero ejecutado por algún técnico hardware del laboratorio.

En aquellos años de una informática en nacimiento a nadie se le ocurría tocar nada en un ordenador de las dimensiones del **PDP-10** sin antes investigar un poco que podía ser aquello. Y Steele, activado por la curiosidad, llamó a otro compañero del MIT. Los dos comprobaron que el botón estaba en la posición *más magia* y, además, solo contaba con un cable conectado cuyo extremo final se perdía en la maraña de los cables interiores del armario.

A cualquier experto en electrónica le parecerá evidente que un interruptor con un cable conectado en un lado y ningún cable en el otro lado debiera ser totalmente inocuo… es un conocimiento básico de la electricidad que un interruptor no puede hacer nada a menos que haya dos cables conectados. Así que pensaron, siguiendo su lógica electrónica, que aquello era una broma de alguien desconocido. Entonces cambiaron la posición del botón de *más magia* a *magia*; y entonces la máquina se bloqueó al instante.

Ante el asombro de los dos protagonistas, que inicialmente pensaron que aquello había sido una pura coincidencia —no tenía lógica alguna—, devolvieron al interruptor a la posición original *más magia*, resetearon el ordenador, y volvió a funcionar. Y aquello se quedó así… una anécdota deslumbrante sin explicación técnica.

Un año después, Steele contó la historia a otro compañero llamado David Moon, y le enseñó aquel interruptor. Investigaron el otro extremo del cable y averiguaron que estaba conectado a un pin de tierra… y aquello certificó, con claridad, que el cambio era doblemente inútil: no solo no era eléctricamente operativo, sino que estaba conectado a un lugar que, de todos modos, no podía afectar a nada. Cambiaron de posición nuevamente el interruptor, pasando otra vez de la posición *más magia* a *magia*, y el ordenador volvió a bloquearse.

En ese momento se encontraba cerca Richard Greenblatt, otro **hacker** del MIT, que también inspeccionó aquello y llegó a la misma conclusión: aquel interruptor no podía afectar en nada al ordenador. Así que cogió un cortador de cables, cortó aquel cable del interruptor, y reinició el ordenador. Y a partir de ahí el ordenador operó con total normalidad durante los siguientes años.

Guy L. Steele guardó aquel interruptor en el sótano de su casa durante muchos años, siempre en la posición *más magia*… y nunca hubo una explicación contrastada a ese extraño fenómeno. No obstante, se dieron dos posibles teorías que podrían explicar aquel funcionamiento del interruptor.

La primera explicación sería que algún circuito cerca del perno de tierra era marginal, y al cambiar la posición del interruptor se modificó la capacitancia eléctrica lo suficiente como para alterar el circuito a medida que pasaban pulsos de millonésimas de segundo. La otra explicación se planteó muchos años después, en 1994; siendo el cuerpo del interruptor de metal, se podía suponer que el extremo no conectado del interruptor está enganchado al cuerpo del interruptor y, a su vez, el cuerpo estaba conectado a la carcasa de la computadora presumiblemente conectada a tierra. La tierra del circuito dentro de la máquina no tiene necesariamente el mismo potencial que la tierra de la carcasa, por lo que al girar el interruptor se conectó la tierra del circuito a la tierra de la carcasa, lo que provocó una posible caída de voltaje que reinició la máquina.

La explicación más certera, o más probable, es la segunda, pero... ¿quién colocó aquel interruptor? Con probabilidad aquello fue descubierto por alguien que se encontró con el problema de la diferencia de potencial entre las dos tierras, y luego conectó el interruptor a modo de broma.

Aquella historia cuenta, sin duda alguna, de cierta atmósfera mágica, nunca mejor dicho, porque donde sucedió aquello era el lugar donde se encontraban las mentes más privilegiadas de la ciencia y tecnología, y si para ellos fue un hecho difícil de explicar... ¿qué será para el resto de la población?

He elegido esta historia para la introducción de esta obra porque la considero apasionante, un reflejo de la *cultura hacker* en sus inicios, y muestra la atmosfera desde la cual desea partir el desarrollo de este libro de *Historia de la Informática: El Ordenador Personal.*

PRIMERA PARTE
PREÁMBULO

CAPÍTULO 1.
LOS ANTECEDENTES INICIALES

¿Qué es la informática personal? Es la informática destinada al usuario final... la informática doméstica. Y el vehículo de transporte es el *ordenador personal* o *microordenador*.

Hasta los años sesenta los ordenadores eran máquinas de gran coste y tamaño, equipos pensados para realizar operaciones en grandes empresas o administraciones públicas.

La tecnología informática de las tres primeras décadas (1940-1970) prácticamente impidió orientar a la computación dentro de un escenario más reducido como, por ejemplo, el hogar. Pero, en la década de los años setenta, la evolución tecnológica comenzó a permitir la miniaturización de los equipos, y la reducción del coste de fabricación, y con ello se abrió una ventana de uso dirigida a la gente de la calle... hacia los hogares. Pero pocos creyeron en las posibilidades de algo que se estaba gestando y que comenzaron a llamar *informática personal*.

El *ordenador personal* es el gran protagonista de la *informática personal*, pero antes de llegar a ese concepto se entiende necesario comentar algunos antecedentes. No entraremos a hablar de antecedentes sin antes tratar la definición de *Informática Clásica*, y un concepto que bauticé bajo el nombre de la *Pirámide del Éxito*.

¿Qué es la Informática Clásica?

¿Qué es la informática clásica? La especialidad que recuerda la historia de la informática de hace tres, cuatro, o cinco décadas, y el lugar donde se recuperan a los pioneros y pioneras, tanto en ordenadores como en personas, además de divulgar sobre su historia.

Conocer la informática clásica es fundamental para todo aquel profesional o entusiasta de la especialidad tecnológica centrada en el mundo de los ordenadores. La informática avanza muy rápido, aunque cada vez la evolución es algo menor, y la finalidad de esa ciencia es siempre mirar hacia delante. Pero, por el camino, nos olvidamos que hay que mirar también hacia atrás, averiguar de dónde viene todo, quiénes fueron los pioneros tanto en personas como en máquinas, y entender de dónde viene lo que soporta actualmente al mundo de los ordenadores... el mundo de la informática en general.

Todo sobre lo que trabajamos hoy en día en la informática fue creado por unos genios que fueron aportando su granito de arena, trabajo totalmente colaborativo, creando la base de lo que hoy tenemos. Las nuevas generaciones no trabajaron con sistemas operativos basados en texto, ni programaron en lenguaje máquina o ensamblador, ni compilaron o linkaron, ni conocieron las tarjetas perforadas, ni siquiera las unidades de disco flexible. Hace cuarenta y cinco años hacer cualquier tarea en informática requería una dosis muy importante de genialidad, talento, y habilidad.

En la actualidad, hablamos de la computación de otra forma, con un futuro puesto en la computación cuántica o informática cuántica, que suena a alta tecnología, pero mientras esperamos al primer ordenador cuántico, y para llegar a este punto, los pioneros y pioneras tuvieron que partir totalmente de cero, y tuvieron que existir máquinas que ahora son irrisorias en características y posibilidades, pero que en su momento fueron protagonistas de grandes avances.

La informática clásica nos ayuda a entender de qué está hecha toda la ciencia de la computación, nos muestra la evolución del hardware y del software, y nos ayuda a entender por qué llegamos a la tecnología que disfrutamos actualmente. Ahora no hace falta ser un genio para crear, por ejemplo, una web en Php contra Mysql, pero para llegar a ese punto existieron personas que crearon ese lenguaje de programación, que fue escrito en lenguaje C. Y para lograrlo, otras personas tuvieron que crear el lenguaje C en ensamblador, y para disponer del ensamblador, alguien tuvo que construir el compilador en código máquina... trabajando en binario directamente contra todo el hardware... la máxima expresión del talento y capacidad.

Para poder retocar una imagen en un programa de retoque fotográfico, alguien tuvo que desarrollar ese software gráfico en un lenguaje de alto nivel que, a su vez, fue desarrollado en otro de bajo nivel de mucha mayor complejidad. Y ese software de retoque fotográfico corre en un sistema operativo que alguien tuvo que crear desde cero, trabajando directamente con los recursos más básicos del ordenador.

La informática es algo contradictoria porque, en la actualidad, si nos fijamos en ordenadores y aplicaciones de software del pasado, son mucho más básicos y rudimentarios que cualquiera actual, pero aquellas máquinas y aplicaciones necesitaron de mayor talento y genialidad para ser creadas... aquellos pioneros sentaron con sus desarrollos una base de gran dificultad sobre la que ahora pisamos todos... disponemos de mucho trabajo hecho que no es apreciado como merece; es lo que busca la informática clásica, poner en valor aquello del pasado. Y, además, en aquellos años no existía el Internet de dominio público, por tanto, no había apenas lugares donde buscar y aprender globalmente, como hacemos hoy en día en Internet... el informático de antaño estaba solo ante el peligro.

¿Por qué es tan importante la informática clásica? Las nuevas generaciones que terminan en la informática ya sea como profesionales o como entusiastas, desconocen, en amplía mayoría, de dónde viene la ciencia de la computación, y cuál ha sido su evolución. De la misma forma que un desarrollador de software entenderá mejor su labor si conoce el funcionamiento del hardware, cualquier persona que se acerque a la informática moderna conocerá mejor lo actual si conoce lo previo... la historia de la informática.

La Pirámide del Éxito

En la informática existe mucha individualidad, se popularizan nombres y, en los medios de comunicación, constantemente se asocian nuevos desarrollos y nuevos productos tecnológicos e informáticos a personas concretas. En el plano internacional destacan nombres como Bill Gates, Steve Jobs, Elon Musk, Jimmy Wales, Mark Zuckerberg, Linus Torvalds, Larry Page, Sergey Brin, o Jeff Bezos, por ejemplo. La fama y los logros de esas personas son tan importantes que rompen las barreras de la informática para ser conocidos, incluso, por personas que apenas tienen relación con esa ciencia. Pero esa fama quizás esté más enfocada a un éxito empresarial de calado mundial que a la informática en sí misma.

Hace unos años la informática era la influencia para un sector muy concreto... pero... con la evolución de la telefonía móvil e Internet Everywhere, la informática terminó por llegar a todos los estratos de la sociedad y a todas las edades... una informática de veinticuatro horas al día.

En mi caso personal tengo operativos en Internet varios proyectos informáticos de software tipo *freeware*, y he hecho mis creaciones... pero... cuando pienso el nivel de mérito que tienen mis trabajos... le doy muchas vueltas al asunto.

No voy a decir que no estoy orgulloso de mis creaciones, porque lo estoy, pero cuando ejecuto una creación en un lenguaje de alto nivel siempre recuerdo la genialidad de aquellos que, por medio de un complicado lenguaje de bajo nivel, crearon ese lenguaje de alto nivel que utilizo yo. Y después pienso en los que crearon el lenguaje de bajo nivel que dio vida al lenguaje de alto nivel que utilizo yo en cada proyecto. Una pirámide del mérito.

Y una vez que pienso en los que crearon el lenguaje de bajo nivel, también pienso en todos los grandes ingenieros que crearon los microprocesadores que, mediante un desarrollo del uso de la electricidad y una maravillosa Álgebra de Boole, abrieron las puertas a la lógica binaria en la que se basa la informática. Pero tampoco hay que olvidar que la informática comenzó mucho antes de aquello; no debo olvidar que los microprocesadores nacieron después que otros ingenieros diseñaran unas gigantescas máquinas basadas en relés.

Existen personas que hicieron grandes aportaciones —como Alan Turing, por ejemplo—, personas que abrieron el camino a una ciencia que ha llenado la vida de todos; era necesario evolucionar y la base que construyeron unos fue creciendo gracias a otros, pero siempre bajo un trabajo totalmente colectivo. Y por eso, cuando veo mis creaciones de software, tengo claro lo pequeñitas e insignificantes que se quedan cuando pongo la vista en el gran trabajo que hizo un colectivo para crear el compilador con el cual genero el esencial archivo EXE que da vida a mis aplicaciones. Y cuando veo el compilador, paso la mirada al sistema operativo donde corren esos programas... sistemas creados por otro colectivo de personas.

Sí, estoy orgulloso de los proyectos que ejecuto, pero más orgulloso estoy de ser consciente de todo lo que soporta a mis creaciones, porque hay auténticos genios trabajando en perfecta coordinación para crear la base que requiere llevar a buen puerto mis modestas creaciones.

Y si salgo del mundo del software para recalar en mis proyectos web, de los que también estoy muy orgulloso, y que cuelgan de una infraestructura de servidores en red, debo fijar la mirada en creaciones de la comunidad como, por ejemplo, el Linux.

También debo mirar a aquellos que han creado los lenguajes sobre los que desarrollamos páginas para el mundo Web... a los padres de Internet que diseñaron el TCP/IP, a los que crearon el World Wide Web, o a los que diseñaron los diferentes servicios de los que cuenta Internet, como el correo electrónico, FTP, News, etcétera.

Y tampoco puedo olvidar a todos los ingenieros que intervinieron en la creación de un hardware que siempre tiene que evolucionar para albergar la ansiada evolución del software llegando, por momentos, a ser su gran saturación. Henry Petrosky dijo: «**El logro más impresionante de la industria del software es su continua anulación de los constantes y asombrosos logros de la industria del hardware**». Y, por ello, creo firmemente que todos aquellos que participan de la evolución del hardware aportan a la informática en la misma media que lo hace el software; están condenados a ir de la mano.

Creo totalmente en esta informática colaborativa que cada día crece y crece, y mis aportaciones son un granito de arena muy minúsculo si levanto la cabeza para mirar todo lo que se ha tenido que descubrir e inventar para que exista todo aquello que es la base de mis creaciones.

Una vez tratado el asunto de la individualidad, considero oportuno avanzar sobre un preámbulo que ayudará a entender lo que este libro desea expresar sobre la *informática personal*.

Hewlett-Packard

En el año 1935 se licenciaron en la Universidad de Stanford en ingeniería eléctrica dos jóvenes llamados Bill Hewlett y David Packard. De mano de ambos jóvenes nació el 1 de enero de 1939 lo que se conoce en la actualidad como Hewlett-Packard, aunque la fundación de la entidad como empresa legalmente establecida se produjo el 18 de agosto de 1947.

La empresa Hewlett-Packard es, en la actualidad, historia viva de la informática, así como cuenta con diferentes hitos alcanzados que la convierten en una empresa que forma parte de la historia de la informática.

En la ciencia de la computación existe el factor garaje, es decir, una serie de empresas de tecnología que, de una forma u otra, afirman haber nacido en un garaje. El factor garaje, en realidad, nació de la mano de Hewlett-Packard y después, con el paso de los años, existieron muchas empresas de gran éxito que también afirmaron nacer en ese tipo de local... y, en realidad, no todas nacieron en un garaje.

La historia del garaje es más complicada de lo que se cuenta por Internet... porque en mucha documentación obrante en la red se afirma que la entidad fue fundada en el garaje de la casa de David Packard... y aquello fue, en realidad, algo más complicado.

La empresa Hewlett-Packard fue fundada en el garaje del número 367 de la calle Addison Avenue de Palo Alto (California). La casa fue ocupada por primera vez, en el año 1905, por el doctor John Spencer que fue alcalde en Palo Alto en el año 1909.

Posteriormente, en 1918, la casa fue divida de dos viviendas diferentes bajo los números 367 y 369. En el año 1938 David Packard y su mujer Lucile alquilaron a la viuda del doctor Spencer el apartamento del número 367, mientras que ella se mudó al apartamento 369. Entre medias, Bill Hewlett alquiló el cobertizo de la misma vivienda 367. Y, finalmente, la viuda del doctor Spencer alquiló el garaje a Bill Hewlett y David Packard para que establecieran allí su recién fundada empresa. Y así nació la leyenda de la primera empresa de tecnología fundada en un garaje, entidad que alcanzó un éxito mundial… primer gran hito histórico de la entidad. Finalmente, la localización del garaje se transformó en una ubicación listada en el Registro Nacional de Lugares Históricos de Estados Unidos, siendo adquirida en el año 2000 por la propia empresa Hewlett-Packard.

Garaje de Hewlett-Packard en Silicon Valley. Foto de usuario Flickr: raneko/osaMu (https://www.flickr.com/photos/raneko/2371714032). Licenciada bajo CC BY 2.0 (https://creativecommons.org/licenses/by/2.0/).

El segundo hito histórico de importancia sobre la empresa Hewlett-Packard tiene que ver con lo conocido bajo el nombre de Silicon Valley —el Valle de Santa Clara, en la zona sur de la Bahía de San Francisco, en California—. En realidad, ese término tan popular fue acuñado por el periodista don Hoefler en el año 1971 pero, a posteriori, siempre se ha calificado a la entidad de Bill y David como la primera empresa en ese valle tecnológico de fama mundial.

Evidentemente la entidad Hewlett-Packard estaba allí mucho antes que cualquier otra, pero fueron las entidades de tecnología de semiconductores las que dieron el nombre al valle, por lo que no hay que obviar a otros nombres como Shockley Semiconductors primero, la fundación de la entidad Fairchild Semiconductor, creada gracias a los ocho traidores, para terminar con Intel, creada gracias a una nueva escisión en Fairchild Semicoductor. Esas empresas, junto al inevitable apoyo e influencia de la cercana Universidad de Stanford, crearon el Silicon Valley que conocemos en la actualidad. Quizás sea excesivo mezclar a Hewlett-Packard con el Valle de Silicio, pero no deja de ser un hito histórico haber sido la primera entidad tecnológica de ese valle... el segundo hito de importancia para la entidad. Un poco más adelante trataré en esta obra el asunto de Silicon Valley y Fairchild Semiconductor.

En la mitad de los años setenta un joven Steve Wozniak, fundador de Apple unos años después, trabajaba para la entidad Hewlett-Packard. Junto a Steve Jobs creó el ordenador Apple I, y antes de ser lanzado al mercado por cuenta de ambos, Wozniak se empeñó en ofrecer la idea y el diseño a la empresa en la que trabajaba en ese momento. La empresa Hewlett-Packard rechazó la idea y el diseño de Wozniak... seguía pensando que el mercado de calculadoras era el futuro.

La empresa de Bill y David hizo exactamente lo contrario que Jack Tramiel y su empresa Commodore, que sí hizo caso a Chuck Peddle —persona muy relevante en la historia del ordenador personal de la que hablaré en capítulos posteriores—, cuando le espetó que el mercado de calculadoras no era el futuro, y sí lo iba a ser la informática personal que estaba naciendo. La omisión de Hewlett-Packard en el apoyo al proyecto de Wozniak es el tercer hito histórico de importancia, ya que aquella decisión apartó a la empresa de haberse convertido en la más importante de la informática en aquellos años.

En el año 1984 la empresa Hewlett-Packard lanzó al mercado la impresora HP Laserjet. Si bien la invención de la impresión láser se adjudica al famoso centro de investigación Xerox PARC —otra entidad vital para el desarrollo del ordenador personal moderno—, no es hasta la llegada del modelo de HP Laserjet cuando el mercado de la informática personal se empieza a tomar en serio ese tipo de impresoras, y aquel modelo marcó toda una época, además de dotar a la marca Hewlett-Packard de una fama mundial en lo que a impresión e impresoras refiere. El cuarto hito histórico de la entidad.

En el año 2006 Hewlett-Packard logró su quinto hito histórico, ya que se transformó en la empresa de informática más grande del mundo en lo que a facturación refiere, superando a la grandiosa IBM, líder de la informática durante muchos años.

No hay duda que Hewlett-Packard es una entidad muy a tener en cuenta en la historia de la informática en general, y en la informática personal en particular; la empresa Hewlett-Packard es leyenda viva de la informática y nació mucho antes de todo lo que voy a describir a continuación.

El primer ordenador comercial de la historia

Con la entrada en la década de los años cincuenta, y con el conocimiento de la existencia de los primeros grandes ordenadores nacidos en la década de los cuarenta —como el **ENIAC** en 1946—, una empresa británica —dedicada al sector de la alimentación— llamada **J. Lyons & Co** decidió crear el suyo propio para, inicialmente, llevar las cuentas de las panaderías de la empresa… y, por ello, nació en 1951 el ordenador **LEO I.**

En la década de los años veinte la empresa **J. Lyons & Co** contrató a un joven matemático graduado en Cambridge llamado John Simmons; la idea de la empresa era dedicar la labor de Simmons a supervisar nuevos métodos de organizar los procesos comerciales, y la información de gestión. Y Simmons no defraudó, ya que estableció una serie de innovaciones para modernizar procedimientos que eran tradicionales. Todo aquel esfuerzo llevó al empleado a crear, en el año 1932, la oficina de investigación de sistemas dentro de la empresa.

La empresa **J. Lyons & Co** contrató a más personal del mismo perfil de Simmons, y envió en el año 1947 a Oliver Standingford y Raymond Thompson a Estados Unidos para explorar nuevos métodos destinados al mundo de los negocios. Y ambos conocieron allí los primeros **ordenadores electrónicos**… rápidamente descubrieron el potencial de aquellos ordenadores para resolver los problemas de contabilidad, y realizar de forma rápida y automática otro tipo de procesos.

En 1947 la Universidad de Cambridge estaba diseñando y construyendo su propia computadora llamada EDSAC en el laboratorio dirigido por

Maurice Wilkes, y la empresa alimentaria colaboró activamente —y económicamente— con el proyecto de aquel ordenador, bajo la premisa de poder copiar aspectos de la máquina para crear la suya propia. El ordenador EDSAC finalizó su desarrollo en el año 1949, hecho que fue el punto de partida para el ordenador de **J. Lyons & Co.**

Para ejecutar el objetivo marcado por la empresa alimentaria británica, la entidad necesitó disponer de su propio equipo de ingenieros, departamento que encabezó John Pinkerton. El equipo tomó como punto de partida la base del EDSAC, y diseñaron un ordenador adaptado a necesidades comerciales. Y así, en el año 1951, nació el primer ordenador de propósito comercial de la historia... y con ello también nació la primera aplicación comercial de la historia... tarea de implementación dirigida por David Caminer.

Aquel ordenador mostró a la empresa **J. Lyons & Co** un nuevo rumbo y, con ello, creó otra entidad bajo el nombre de **LEO Computers Limited** a modo de empresa informática destinada a fabricar computadoras comerciales. En realidad, la nueva empresa fue fundada en 1954 por inercia del éxito del primer ordenador, llevando a trabajar sobre un equipo **LEO II** afrontado en coincidencia con el momento del nacimiento de la nueva compañía.

Aquella empresa subsidiaria prestó servicio a importantes departamentos gubernamentales como, por ejemplo, la oficina de correos británica. Así nació un sector informático comercial basado en el éxito de empresas británicas que culminaría, en los años dorados de la informática personal de los ochenta, con empresas como **Amstrad, Sinclair, Acorn Computers,** o **Tangerine Computer System**.

El ordenador **LEO I** nació con 500 Kilohercios de velocidad, y su memoria de línea de retardo ultrasónico basada en tanques de mercurio era de 2 Kilobytes con palabras de 35 bits... aquello era cuatro veces más grande que lo incorporado en el EDSAC. En la serie de **ordenadores LEO** era posible programar en Intercode, un lenguaje ensamblador, y CLEO que era un equivalente al COBOL.

Poco tiempo después se mejoró el ordenador lanzando al mercado el equipo **LEO II**. En el año 1961, diez años después del lanzamiento del primer ordenador, fue terminada la tercera versión llamada **LEO III;** ordenador que incluyó un sistema operativo multitarea y memoria de núcleo de ferrita. En el año 1963, **LEO Computers Ltd** se fusionó con **English Electric Company**, operación que llevó a la desintegración del equipo que había inspirado aquellos ordenadores; había nacido la empresa **English Electric LEO Computers**.

La nueva empresa continuó comercializando el ordenador **LEO III**, y trabajó sobre versiones más rápidas y modernas como el **LEO 360** o **LEO 326**.

Posteriormente la empresa continuó uniéndose a otras entidades hasta formar, en el año 1968, la entidad **International Computers Limited** (ICL); los **ordenadores LEO** continuaron prestando servicio hasta el año 1981, existiendo también algunos ordenadores de ICL como, por ejemplo, el equipo ICL 2900, que a mediados de los ochenta todavía ejecutaban programas de LEO a través de un emulador.

Cierto es que el ordenador LEO I no era un *ordenador personal*... no era un *microordenador*... pero fue el ordenador que concibió la idea de vender equipos informáticos para quién los pudiera costear, principio previo para que la informática personal tuviera éxito con el paso del tiempo.

Otro de los factores para el desarrollo de la *informática personal* fue el nacimiento del software libre y, con ello, el nacimiento de los hackers... los entusiastas de la informática... la base de la *informática de usuario*.

El software libre

En el año 1983 Richard Stallman inició el Proyecto GNU bajo la premisa de crear un sistema operativo completamente libre, buscando también una alternativa al creciente aumento del software cerrado controlado por los derechos de protección intelectual de las grandes empresas. Aquel anuncio inicial —lanzado en Usenet— dio lugar, dos años después, al Manifiesto GNU. Formalmente había nacido el software libre.

Richard Stallman es reconocido como el fundador del movimiento por el software libre; pero el software libre no nació en el año 1983... lo hizo el movimiento para su desarrollo. En realidad, la informática moderna nació bajo el auspicio del software libre desde el primer momento.

En 1938 nació la primera computadora electromecánica programable, la máquina Z1 de Konrad Zuse. Y en 1939 se hizo la primera demostración de la máquina Atanasoff Berry Computer, la primera computadora electrónica y digital automática que utilizó números y letras. Podríamos afirmar que la informática moderna nació en los años cuarenta del siglo XX, justo en el momento de la aparición de las computadoras electrónicas programables.

En los años cincuenta del siglo XX las máquinas evolucionaron... el software, lenguajes de programación, y compiladores nacieron en aquella década. El hardware, ineludiblemente, estuvo directamente relacionado con el software en aquellos primeros años; formaban una unión indivisible. La estructura de aquella informática electrónica primaria era tan simple que no existía el perfil por separado del especialista en software y hardware; los técnicos debían conocer ambas partes, así como tampoco existía el perfil del usuario de la máquina… eran operadas, normalmente, por los propios técnicos o por científicos con importantes conocimientos.

La necesidad de evolucionar llevó a los técnicos a intercambiar los avances y mejoras del apartado del software, así como compartían los desarrollos. A las mejoras compartidas se les conoció bajo el nombre de hacks, por lo que a los expertos que las compartieron se les llamó hackers. Ese fue el primer significado de un concepto que, tristemente en la actualidad, tiene una injusta connotación peyorativa. El primer significado del término hacker evolucionó hasta convertirse en el significado principal del concepto: un hacker es un experto entusiasta de la informática.

El espíritu del software libre había nacido con la computación electrónica… era algo quizás natural e indivisible de aquella primitiva informática. Pero a finales de los años setenta, quizás por el nacimiento de la *informática personal* o de *usuario*, las empresas de informática empezaron a cobrar licencias de uso por medio del registro de marca y los derechos de autor… había nacido el software cerrado.

El software cerrado fue evolucionando rápidamente… se abrió un nuevo modelo de negocio a la sombra del cual nacieron grandes imperios como Microsoft o Digital Research, por ejemplo.

Mientras tanto, el sistema operativo UNIX creado en los laboratorios de AT&T fue adquiriendo gran popularidad, y partiendo de ser un software libre de costo al principio, se fue encareciendo. Durante el trayecto AT&T licenció el código original a la Universidad de Berkeley en California, que fue mejorando el producto y terminó por suprimir todo el código antiguo susceptible del pago de licencias a AT&T. Había nacido una rama del UNIX que mantuvo la filosofía del software libre… así nacieron NetBSD, FreeBSD, OpenBSD, y Darwin.

Llegados a este punto es importante declarar que antes que Richard Stallman anunciara el Proyecto GNU y desarrollara el famoso Manifiesto GNU, existieron movimientos en defensa del software libre nacidos para combatir el gran crecimiento de las licencias de uso y del software cerrado.

A partir de ahí nació el MINIX, un clon de UNIX desarrollado por Andrew Tanenbaum… entonces Linus Torvalds se basó en ese sistema operativo de Tanembaum para crear el kernel de Linux bajo el auspicio del

Manifiesto GNU. Linus Torvalds y la comunidad GNU desarrollaron un kernel que vio nacer al Linux y que, finalmente, se convirtió en el sistema operativo de software libre que el Proyecto GNU buscó crear cuando fue anunciado por Richard Stallman el 27 de septiembre de 1983.

Básicamente Richard Stallman dio forma a cuatro conceptos básicos que definen al software libre (las cuatro libertades del software libre): la libertad de usar el programa, la libertad de estudiar cómo funciona el programa y modificarlo, la libertad de distribuir copias del programa, y la libertad de mejorar el programa y hacer públicas esas mejoras a los demás. Dos de estas premisas implican la necesidad de acceder al código fuente, por lo tanto, el código abierto es un elemento fundamental del movimiento por el software libre. Nótese que el apartado económico no forma parte del Manifiesto GNU, por consiguiente, un software libre no implica gratuidad.

¿La inspiración de Stallman para crear el Proyecto GNU? Se dice que fue una impresora del MIT incapaz de ser mejorada porque no tenían acceso al código fuente, o un desencuentro con la empresa Symbolics, Inc. por la falta de acceso a las actualizaciones de una máquina Lisp… o quizás ambas situaciones. Un dato curioso se dio con la empresa Symbolics, que fue creada por compañeros de Stallman en el MIT que buscaron reemplazar el software libre implantando allí por software cerrado propietario.

En resumen, debemos aclarar que la informática moderna nació bajo el paraguas de un software libre auspiciado por la filosofía original del hacker, forma de entender el software que fue sucumbiendo ante el empuje del negocio empresarial basado en las licencias de uso y el nacimiento posterior del software cerrado. Un sistema operativo es el software base de cualquier idea de software libre, y el UNIX de la Universidad de Berkeley mantuvo en un halo de vida al software libre… hasta que llegó Richard Stallman que, con su Proyecto y Manifiesto GNU, universalizó y revitalizó al movimiento por el software libre.

Posteriormente, el kernel de Linus Torvalds y la comunidad participante en el proyecto, dieron al Proyecto GNU el núcleo esencial para cubrir la necesidad del sistema operativo buscado desde el año 1983… con ello se certificó la supervivencia y universalización del espíritu libre original de los hackers de los años cincuenta del siglo pasado.

¿Por qué se trata en esta obra el asunto del software libre? Porque con el software libre nacieron los *hackers*, y aquellos entusiastas fueron el factor clave para la evolución de la *informática personal*. Cuando nadie creyó en el éxito de la *informática doméstica*, los *hackers* sí lo hicieron, participando en el desarrollo de aquella nueva especialidad.

En el apartado de la electrónica el circuito impreso y el transistor fueron dos inventos imprescindibles para la miniaturización y reducción de costes, y todo aquello fue clave para el nacimiento de la *informática personal*.

Dentro de la electrónica del transistor una empresa destacó sobre cualquier otra… Fairchild Semiconductor.

Fairchild Semiconductor

La informática que conocemos hoy en día dio su mayor salto en la primera mitad del siglo pasado, cuando el transistor y el circuito integrado permitieron reducir los gigantescos ordenadores a pequeños equipos informáticos portables, y de mucha mayor potencia.

Uno de los grandes protagonistas de aquella evolución fue Fairchild Semiconductor, y además lo fue por triplicado… por introducir el primer circuito integrado comercial, por ser el germen de la futura —y famosa— compañía Intel, y por ser uno de los principales factores de la evolución de Silicon Valley, que a la postre se convertiría en la cantera inagotable de grandes talentos de la tecnología.

En el año 1956 William Shockley fundó el Laboratorio Shockley de Semiconductores, y se rodeó de un grupo de ingenieros geniales, pero la actitud de Shockley hizo que ocho de aquellos ingenieros decidieran abandonar la entidad para crear su propio proyecto bautizado bajo el nombre de Fairchild Semiconductor, con el apoyo de Sherman Fairchild. A ese grupo de ocho ingenieros se les denominó posteriormente como *Los Ocho Traidores*.

El primer lote de transistores fabricados por la nueva empresa fue adquirido por IBM, y así comenzó una larga andadura que sigue vigente en la actualidad. Dos años después fabricaron en Fairchild Semiconductor el primer circuito integrado comercial.

En la década de los años sesenta del siglo pasado Fairchild Semiconductor dominó el mercado, pero algunos de sus empleados fundadores la abandonaron para crear sus propios proyectos en solitario. Dos de ellos, Robert Noyce y Gordon Moore, fundaron la todopoderosa Intel.

Después de la década de los años sesenta, tras haber perdido la mayor parte de su capacidad intelectual, Fairchild Semiconductor cedió su dominio en favor de otras empresas como la mencionada Intel.

Posteriormente, entre otros logros, Fairchild Semiconductor abrió el camino de la imagen digital, y apoyó a los jóvenes talentos fomentando su desarrollo intelectual.

Silicon Valley

En la zona sur de la Bahía de San Francisco, en Estados Unidos, existe un valle en el cual se hospedan las mayores corporaciones de alta tecnología a nivel mundial; es el Valle de Santa Clara.

Las empresas comenzaron a ubicarse allí gracias a William Shockley y Frederick Terman, considerados los padres de Silicon Valley; el periodista don Hoefler fue el primero que apodó a aquel valle con el nombre de Silicon Valley; el Valle de Silicio.

A Silicon Valley se le conoce por ser el santuario de todas las tecnologías relacionadas con los semiconductores. Con el tiempo se han ido instalando otras empresas que se dedican a la alta tecnología en general. Es la mayor concentración de tecnología a nivel mundial.

Silicon Valley en octubre de 2008. Foto de Michael (https://www.flickr.com/people/28027240@N00) de San Jose, California, USA. Licenciada bajo CC BY 2.0 (https://creativecommons.org/licenses/by/2.0/).

En la historia del Valle de Santa Clara, como ya fue comentado en esta obra, es necesario destacar a dos pioneros llamados William Hewlett y David Packard —fundadores de Hewlett-Packard—, ya que fueron de los primeros en instalarse en Silicon Valley.

La empresa Hewlett-Packard jugó un papel muy importante en el espíritu tecnológico de Silicon Valley, ya que aportó conocimiento, incluso material, a los jóvenes entusiastas de las nuevas tecnologías. En aquella empresa se fundó la sociedad Hewlett-Packard Explorer Club, que era una asociación donde los ingenieros de la empresa se reunían con jóvenes de los institutos de la zona para mostrarles los nuevos productos, realizando un importante acercamiento popular a la tecnología. De aquel club salieron grandes profesionales que con el tiempo dispusieron de gran alcance mediático, como por ejemplo Steve Jobs.

Posteriormente, también jugó un papel muy importante la empresa Fairchild Semiconductor, ya que además de haber sido parte imprescindible del desarrollo posterior de Silicon Valley, también fue cuna de grandes personalidades como los fundadores de Intel.

En el año 1975 se fundó el Homebrew Computer Club, un nuevo club de gran importancia para el espíritu de Silicon Valley. En aquella asociación, los jóvenes aficionados a la electrónica se reunían para mostrar sus inventos y desarrollos, siendo debatidos por los componentes. Uno de los miembros más destacados del club fue Steve Wozniak, cofundador de Apple, y en aquel club presentó, junto a Steve Jobs, el Apple I. También pertenecieron a ese grupo Adam Osborne y John Draper, entre otras personas que, con el tiempo, lograron con fama y notoriedad.

En Silicon Valley, desde edades tempranas, se respiraba un aire con sabor a tecnología, y de ahí la explicación sobre que hayan existido tal cantidad de grandes profesionales que hayan nacido y pasado su juventud en los alrededores del Valle de Santa Clara. Para el resto del mundo aquel conocimiento era ciencia ficción, la más alta tecnología de la cual no se conocía absolutamente nada. Pero, para las personas que trabajaban o estudiaban en los alrededores del Valle de Santa Clara, aquella tecnología era parte de su rutina diaria y podían acceder a productos y materiales que nadie en otra parte del mundo podía disponer.

Quizás Steve Jobs y Steve Wozniak sean los oriundos de aquel valle más famosos a nivel mundial; el primero por su gran visión futurista del diseño, marketing, y los negocios; el segundo por su genialidad en la aplicación de la ingeniería electrónica. Pero otros muchos genios se forjaron en aquel valle, para formar parte imprescindible de grandes empresas como Apple o Hewlett-Packard.

Otra entidad que jugó un papel muy importante en Silicon Valley fue la Universidad de Stanford, ubicada en el mismo Valle de Santa Clara mucho antes que llegara la primera empresa de tecnología. Realmente Stanford fue la cuna de todas las grandes empresas que posteriormente establecieron su sede allí como Hewlett-Packard, Cisco Systems, Yahoo!, Google, etcétera.

La evolución de Silicon Valley fue progresiva y a lo largo de muchos años; en la década de los años setenta fue cuando se bautizó definitivamente a la zona con el apodo con el que se le conoce actualmente. Hoy en día sigue contando con el carácter tecnológico de los últimos cuarenta años.

Siempre se ha admirar el espíritu de Silicon Valley, quizás al fijarse más en su punto álgido de la década de los años setenta, ya que allí se respiró tecnología de forma constante; los jóvenes jugaban con sus primeros inventos electrónicos, se reunían en clubes de intercambio de conocimiento, y todos soñaban con terminar desarrollando su labor en las grandes empresas que allí se instalaban.

Aquel espíritu forjó a los grandes de la tecnología a los que la gente admira en la actualidad, y allí se comenzó a fraguar el conocimiento que daría lugar a los dispositivos que hoy en día forman parte de nuestra vida las veinticuatro horas del día. Seguramente no hay otro lugar en el mundo que haya podido contar con un espíritu como el de Silicon Valley.

Silicon Valley es cuna de talentos, y allí nació la *informática personal* tal y como se conoce hoy en día, y por ello el Valle de Santa Clara es la traducción geográfica de la *informática de usuario*.

Entre la filmografía relacionada con Silicon Valley existe una película rodada en el año 1999 titulada Piratas de Silicon Valley, que es considerada una cinta de culto entre los aficionados y profesionales de la informática. Aquella película fue rodada para ser emitida en Televisión y obtuvo el éxito necesario para ser nominada a cinco premios Emmy.

La película está basada, principalmente, en el triángulo Jobs-Gates-IBM, pero en la cinta aparece un gran elenco de personas y productos que tuvieron una influencia importante en los inicios de la *informática personal*.

Como personajes secundarios de lujo que aparecen en la cinta podemos hablar de Steve Wozniak —quizás más protagonista que secundario de lujo—, Paul Allen, o Steve Ballmer... este último con un protagonismo muy importante dentro de la película.

La película comienza en los inicios universitarios de Jobs/Wozniak/Gates/Allen, a principios de los años setenta, y termina en el año 1985, justo unos meses antes que John Sculley despidiera a Steve Jobs de la propia empresa que el segundo había cofundado.

Dentro de ese periodo, y en la trama, se habla de productos tan famosos como La Caja Azul (BlueBox), el ordenador Altair 8800 —que fue la chispa de ignición del *ordenador personal*—, el Apple I, Apple Lisa, MS-DOS, IBM PC, Apple Macintosh, entre otros productos muy famosos en la época. Y también aparecen personas que, en su mayoría, son mitos de la informática personal como, por ejemplo, John Draper —Capitán Crunch—, o Dan Kottke que fue el eterno acompañante de los dos Steve, e incluso aparece en la cinta un actor haciendo el papel del talentoso director Ridley Scott.

Al inicio de la película se dedica parte del metraje al anuncio que rodó Ridley Scott en el año 1984 para publicitar el Apple Macintosh, anuncio basado en el libro 1984 del genial escritor George Orwell. El anuncio fue un bombazo publicitario en aquel año, una forma diferente de hacer una mezcla de cine, leyenda, y publicidad que, con el paso del tiempo, quedó en la retina de muchos espectadores... un mito de la publicidad. Y en la película Piratas de Silicon Valley se representa con gran acierto y realismo los momentos previos al rodaje de aquel anuncio.

Realmente la cinta se ganó, con todo el mérito, un hueco dentro de lo que se conoce como el cine de culto informático... resultó emocionante ver en esa obra la aparición, una tras otra, de todas aquellas personas y todos aquellos productos informáticos que, en la actualidad, son historia viva de una ciencia tan sumamente joven como es la *informática de usuario.*

Pero lo más importante es que la película se centró totalmente en el famoso Silicon Valley de California.

Si hay que destacar a una entidad localizada en Silicon Valley, debería ser el centro de investigación Xerox PARC, fundado en el año 1970, que fue vital para que todos disfrutemos, en la actualidad, de la *informática personal* tal y como la conocemos.

PDP-1

En el año 1959 nació un ordenador llamado PDP-1. El primer dato importante a destacar sobre el equipo es que fue el primer ordenador diseñado y fabricado por Digital Equipment Corporation (DEC), una empresa con gran trayectoria en el mundo de la fabricación de ordenadores.

El segundo dato importante a tener en cuenta es que el nombre de la computadora son las siglas de Programmed Data Processor, donde se puede destacar que no aparece la palabra *computer*, ¿por qué? Porque en los años cincuenta ese concepto estaba directamente relacionado a los adjetivos grande, complicado, y costoso.

La empresa DEC buscó fabricar ordenadores que se alejaran de aquellos tres conceptos, no querían entrar en la dinámica de grandes dimensiones y grandes inversiones económicas para la fabricación y, por ello, voluntariamente, evitaron usar esa palabra en su primer ordenador para que no fuera asociado el producto a lo que existía en el mercado informático de aquellos años.

La serie PDP es anterior a cualquier microordenador, y nació cuando no existía todavía la *informática personal de usuario*... cuando no había nacido lo que hoy conocemos como micro-informática. Inicialmente DEC se decantó por diseñar y fabricar miniordenadores, una escala media entre los grandes ordenadores existentes en los años cincuenta, y los pequeños ordenadores de sobremesa que estaban por llegar en la década de los años setenta. Y esa elección fue fundamental para el desarrollo posterior de la *informática personal*.

El PDP-1 nacido en 1959 contó con una arquitectura de 18 bits, y entró en la historia porque para ese ordenador fue diseñado, el que se considera el primer videojuego de la historia... ¡el Spacewar! El equipo PDP-1 ya contó, desde su creación, con un monitor CRT, una importante novedad en la informática de aquellos años.

El PDP-2 contó con una arquitectura de 24 bits que, finalmente, la empresa DEC no llegó a desarrollar. El PDP-3 de 1960 fue un equipo similar al PDP-2, pero operaba con arquitectura de 36 bits, y tuvo como destino de su uso asuntos privados de defensa.

El ordenador PDP-4 de 1963 fue una versión lenta y más barata del PDP-1 que no tuvo éxito comercial. Entre los años 1963 y 1964 fueron desarrollados los equipos PDP-5, PDP-6, y PDP-7, ordenadores no muy destacables —en un principio—... salvo el último. En el PDP-7 los Laboratorios Bell crearon en 1969 la primera versión de Unix... ¡importante honor!

El gran salto comercial de la empresa DEC se produjo en el año 1965 con el lanzamiento del PDP-8, considerado como el primer miniordenador en llegar al público cuando el concepto de la *informática personal* todavía no había nacido... se vendieron más de 50.000 unidades. El ordenador de 12 bits fue vendido, principalmente, en escuelas, universidades, y laboratorios.

El equipo PDP-8 marcó una época y fue la base en la que se fijaron posteriormente otros grandes diseñadores de ordenadores de la historia, sobre todo en la década de los años setenta, que terminaron por crear algunos microordenadores de éxito. El PDP-8 soportó los lenguajes de programación Basic, Focal 71, y Fortran II/IV, y también dispuso del PAL-8, que fue el ensamblador incorporado a la máquina. Fue el ordenador de propósito general más económico del mercado en su momento.

El equipo PDP-8 contó con varios sistemas operativos disponibles, pero el más común era el sistema operativo basado en multitarea cooperativa que se llamó MS/8 primero, PS/8 en segundo lugar, y OS/8 finalmente. Como dato curioso cabe comentar que aquel ordenador llegó a disponer del sistema operativo CP/M, que era utilizado mediante un emulador para Zilog Z80. Las características del equipo eran: procesador de 12 bits, ciclo de 1,5 microsegundos, memoria de 4 Kilobytes con palabras de 12 bits, como terminal incorporó un Teletype ASR33 y, también, incluyó tarjetas perforadas. En 1976 se fabricó el microprocesador CMOS-8 que contenía el juego completo de instrucciones del PDP-8.

Después del PDP-9 y PDP-10, equipos de cierto éxito, llegó en el año 1970 el ordenador PDP-11, una máquina de 16 bits de gran éxito y, posiblemente, el mejor ordenador fabricado por DEC.

Como datos importantes asociados al PDP-11 se deben considerar los siguientes: grandes microprocesadores como el Motorola 68000 o el Texas Instruments MSP430 estuvieron totalmente influenciados en su diseño por el ordenador fabricado por DEC, y fue un equipo muy longevo en el mercado, superando los veinte años de vigencia comercial.

Otro dato característico del PDP-11... fue el padre del ordenador VAX desarrollado por DEC en el año 1977; y el VAX fue el primer equipo comercial de 32 bits de la historia. Otro dato importante del PDP-11: fue la primera computadora en interconectar todos los componentes del ordenador en un único bus de comunicación.

Posteriormente, DEC lanzó al mercado los modelos PDP-12, PDP-14, PDP-15, y PDP-16 —curiosamente se saltó el PDP-13 por cuestiones de superstición—, pero los grandes ordenadores de la serie habían sido el PDP-8 y PDP-11. No hay duda que DEC fue una gran empresa que influyó —en gran medida— en otras importantes empresas posteriores, y en otros ordenadores nacidos a posteriori de gran éxito y fama; la influencia de la empresa DEC fue vital para el desarrollo de la informática.

La empresa DEC es propietaria de muchos hitos en la historia de la informática: el PDP-1 por ser el equipo donde se creó el primer videojuego de la historia; el PDP-7 como el equipo donde se creó el Unix; el PDP-8 como primer miniordenador de la historia, el equipo de mayor éxito comercial de la compañía, y el influyente sobre grandes ordenadores base de la informática personal como el Altair 8800; el PDP-11 fue el mejor ordenador fabricado por DEC, el padre del exitoso computador VAX, y la inspiración de los mejores procesadores de los años setenta y ochenta. La historia rodea a la empresa DEC y a la serie PDP.

La empresa DEC desapareció en el año 1998 cuando fue adquirida por Compaq, dejando un gran legado para la *historia de la informática personal.*

El software también fue factor fundamental previo a la informática personal, y el BASIC se convirtió en el lenguaje de programación más famoso y utilizado en los primeros años de la informática personal.

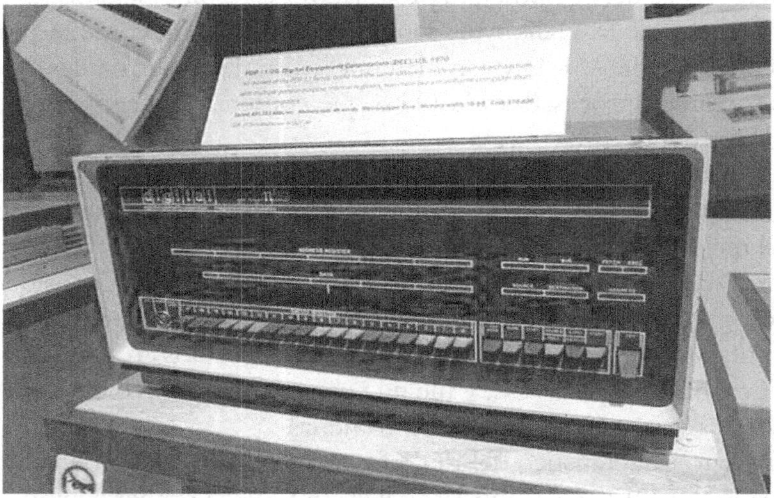

Ordenador PDP-11. Foto de Don DeBold (https://www.flickr.com/people/28156071@N00). Licenciada bajo CC BY 2.0 (https://creativecommons.org/licenses/by/2.0).

Programma 101

Entre los años 1962 y 1964 Pier Giorgio Perotto creó un ordenador de pequeño tamaño, diseñado en una época donde el ordenador de uso personal o doméstico era impensable. En realidad, el dispositivo era una calculadora que contó con la opción de poder ser programada... fue un hito en aquella década de los años sesenta del siglo XX.

En realidad, la historia del Programma 101 es más compleja de lo que parece... en principio se habla de Pier Giorgio Perotto como creador bajo la supervisión empresarial de Roberto Olivetti, su mecenas del proyecto. Pero existe documentación que habla que Adriano Olivetti, padre de Roberto, y Mario Tchou, ingeniero italiano de ascendencia china, fueron los que realmente empezaron a supervisar la posibilidad de crear una especie de micro-ordenador, algo nunca pensado hasta esa fecha, y que tardaría muchos años más en llegar.

En diversas fuentes se comenta que quizás Adriano Olivetti fue la auténtica inspiración de Steve Jobs en el sentido de su famosa obsesión por la calidad y belleza del producto final... podríamos afirmar que las similitudes estéticas de la sala de exposición de la década de los sesenta de Olivetti en Nueva York y las famosas tiendas Apple de hoy en día son asombrosas. Y Mario Tchou era el perfecto ejecutor... se le acredita el diseño del primer ordenador de fabricación italiana llamado Olivetti Elea. Pero Adriano falleció de un ataque al corazón en 1960 a la edad de cincuenta y ocho años, y al año siguiente falleció Tchou en un accidente de tráfico.

El germen de la idea de un ordenador personal seguramente partió de Adriano y Mario, pero con la inesperada desaparición de ambos, fueron Roberto y Pier quienes, en realidad, ejecutaron la idea bajo el auspicio de la histórica empresa italiana Olivetti. Y tampoco hay que olvidar que Perotto estuvo rodeado de un equipo de trabajo que le acompañó en el proyecto: Gastone Garziera, Giovanni De Sandre, Giancarlo Toppi, y Giuliano Gaiti. Para la parte estética Roberto Olivetti contrató al arquitecto y diseñador italiano Mario Bellini.

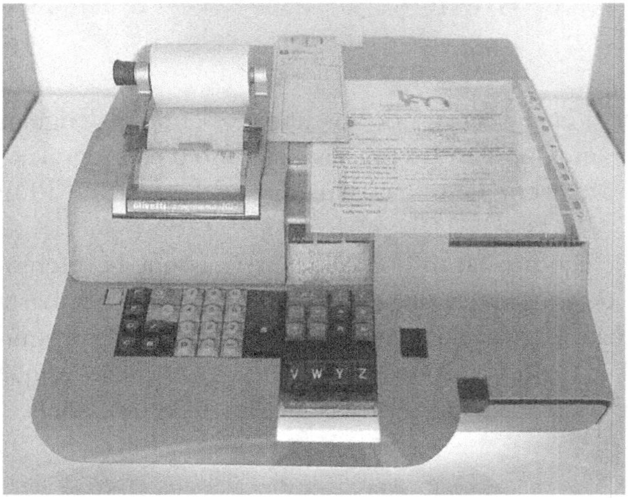

Programma 101. Foto de Sailko (https://commons.wikimedia.org/wiki/User:Sailko). Licenciada bajo CC BY 2.0 (https://creativecommons.org/licenses/by/2.0/).

Y así nació una calculadora que permitió la introducción de una secuencia de programación, y que fue un éxito en una época donde

Texas Instruments era, seguramente, el fabricante de componentes de calculadoras más destacado, y Hewlett Packard el más famoso fabricando calculadoras complejas... se afirma que la calculadora más famosa de la historia llamada HP 9100A, lanzada tres años después de la Programma 101, se inspiró en el modelo italiano. Como dato curioso cabe comentar que Hewlett-Packard fue condenada a pagar 900.000 dólares en regalías por copiar en la HP 9100A algunos de los componentes de la calculadora de Olivetti.

El diseño de la calculadora Programma 101 contó con diodos, resistencias, condensadores, y transistores. La memoria era de línea de retardo acústica magnetostrictiva con alambre metálico, de tipo secuencial y con necesidad de refresco. El dispositivo también incorporó unas ingeniosas tarjetas magnéticas que permitieron almacenar datos de forma permanente.

Para muchos la calculadora Programma 101 fue el primer ordenador personal de la historia, pero la definición de ordenador personal es más compleja; debe cumplir todos los componentes descritos en la arquitectura Von Neumann, además de incorporar microprocesador y circuitos integrados. Por eso, para mí, la calculadora Programma 101 no fue un ordenador personal (el primer microprocesador llamado Intel 4004 fue lanzado al mercado en 1971), pero sí forma parte de la historia y fue un avance significativo hacia lo que terminó por convertirse en el ordenador personal. Afirmaría categóricamente que Programma 101 es un antepasado directo del ordenador personal y, por ello, méritos no le faltan.

BASIC

En sus primeros años, en la década de los años sesenta, el lenguaje BASIC obtuvo una importante popularidad gracias a ser uno de los lenguajes soportados por la mencionada serie de miniordenadores de gran éxito PDP de DEC.

Al lenguaje siempre le acompañaron dos características que le diferenciaron de otros lenguajes de programación: el carácter lectivo, ya que hasta hace no mucho era el lenguaje elegido para iniciarse en el mundo de la programación; y la gran cantidad de dialectos, es decir, versiones del lenguaje, ya que existen muchas variantes para muchas plataformas informáticas diferentes.

Li-Chen Wang desarrolló el Tiny BASIC, un lenguaje de reducido espacio para ser ejecutado en los pequeños ordenadores de usuario que comenzaban a ser diseñados en aquel tiempo.

Si bien el lenguaje nació de la mano de Kemeny y Kurtz en el año 1964, su verdadera explosión sucedió en el año 1975 cuando el primer microordenador de éxito, el Altair 8800, se hizo tremendamente popular y se convirtió en la inspiración de lo que estaba por llegar: la *informática personal de usuario.*

En ese año de 1975 Li-Chen Wang desarrolló el Tiny BASIC, un lenguaje de reducido espacio para ser ejecutado en los pequeños ordenadores de usuario que comenzaban a ser diseñados en aquel tiempo. Aquella versión fue portada al Altair 8800 por Dennis Allison, que fue el primero en establecer un diseño del Tiny BASIC, programado después por otras personas como Li-Chen Wang.

Para mayor crecimiento de la popularidad del lenguaje, desde Altair se contrató en ese mismo año de 1975 a unos desconocidos Bill Gates y Paul Allen, que habían fundado una desconocida empresa llamada Microsoft, para desarrollar un lenguaje de programación BASIC, desarrollo que ejecutaron en tan solo un mes, y entregaron en una cinta de papel. Unos años después, en 1979, Microsoft también fue el desarrollador de la versión para el exitoso Apple II de Steve Jobs y Steve Wozniak.

El éxito de Microsoft con aquel lenguaje fue tan grande que el gigante IBM llamó a su puerta y, en 1981, la primera creó el BASIC-C para la segunda, que fue un intérprete del lenguaje que fue pregrabado en la ROM de los primeros IBM PC. Posteriormente nacieron, a modo de evolución del BASIC-C, los lenguajes BASIC-D (de disco), y BASICA, que estaban incluidos en el disco del IBM PC-DOS.

El lenguaje BASICA fue muy popular en los primeros años del IBM PC, pero cuando llegaron los ordenadores compatibles con el PC, nació de la mano de Microsoft una versión de BASIC —quizás la más popular de los años ochenta—, llamada GWBASIC, que era prácticamente el lenguaje BASICA, pero desarrollado para el primer ordenador de éxito comercial compatible con el PC, el equipo Compaq Portable. El GWBASIC fue un intérprete que rápidamente se extendió al mundo PC.

A mediados de los años ochenta, y teniendo en cuenta que los ordenadores PC todavía eran caros, los equipos estrella eran los pequeños microordenadores de ocho bits basados en el microprocesador Zilog Z80, y con ellos nacieron varias versiones de gran éxito del lenguaje como el Locomotive BASIC de Locomotive Software para la serie Amstrad CPC, el Sinclair BASIC de la serie ZX Spectrum, el Amiga BASIC de los Commodore Amiga, el Atari BASIC de los ordenadores Atari, o el MSX BASIC de la arquitectura de ordenadores MSX.

A mediados de los años ochenta, Microsoft lanzó el Quick BASIC que fue una evolución del GW-BASIC. Pero a finales de la década de los años ochenta la informática, poco a poco, se fue haciendo más compleja desde el punto de vista del software, y ya no fue suficiente con entregar un intérprete o un compilador… se hizo necesario entregar algo más. Apareció en escena una empresa fundada en 1983 llamada Borland, entidad que lanzó al mercado el Turbo BASIC, una nueva versión que incorporó un espectacular —para la época— editor de código fuente con opciones para la depuración, por ejemplo.

A finales de los años ochenta se pudieron ver en los hogares —no solo en revistas de informática— los primeros entornos gráficos en la informática personal, en los equipos de Apple, por ejemplo, o en el mundo PC con el GEM Desktop de Digital Research o el Windows 2.0 de Microsoft. Y aquellos nuevos entornos abrieron el camino para la creación del Locomotive BASIC 2, una versión específica para el entorno GEM que permitió crear aplicaciones dotadas del carácter gráfico del entorno por el que corrían. El entorno GEM no triunfó y las aplicaciones desarrolladas para ese software eran muy lentas… pero fue un avance importante.

Ya entrada la década de los años noventa, el lenguaje dio un giro total con la llegada de los sistemas operativos de Windows, creando Microsoft la larga serie de lenguajes Visual Basic, y Visual Basic.Net vigentes en la actualidad.

Hablar de la serie histórica de lenguajes de programación BASIC no es hablar de la mayor potencia en programación, ni de la mayor complejidad y usabilidad, pero sí que podemos hablar del lenguaje de programación más popular, del mas replicado en diferentes plataformas y en diferentes sistemas operativos, del más usado con fines lectivos, y uno de los pocos lenguajes de programación nacido en la década de los años sesenta que actualmente sigue siendo utilizado en una amplia mayoría de desarrollos —se estima que el 70% u 80% de las aplicaciones comerciales del entorno Windows se desarrollan en Visual Basic—; el lenguaje BASIC es un auténtico mito de la informática, y fundamental para el desarrollo de la *informática personal.*

El entorno gráfico fue la gran evolución para que la informática personal primitiva se transformara en algo global, y terminara por llegar a todos los estratos de la población. Con respecto al entorno gráfico se debe destacar a Ivan Sutherland y Alan Kay.

Basiñol

Hago una nueva parada en el camino para contar una curiosa historia centrada en España; la creación de un leguaje BASIC con comandos en español que fue bautizado bajo el nombre BASIÑOL.

Primero debo recordar unos antecedentes. En el año 1977 fue lanzado al mercado el ordenador Apple II, el primer ordenador de Apple que fue entregado completamente ensamblado, y uno de los pioneros de la informática personal comercial junto a otros históricos como el Commodore PET, o el TRS-80 de Radio Shack.

El Integer BASIC fue el primer intérprete del exitoso lenguaje de programación para la serie de ordenadores Apple, software escrito por Steve Wozniak. Pero debido a sus limitaciones, no tardó mucho en ser sustituido por el AppleSoft BASIC de Microsoft, un intérprete mucho más avanzado nacido del BASIC original que ya ofrecía Microsoft en otras plataformas, siendo adaptado para el ordenador Apple II.

Una vez recordados los antecedentes, debo ir al grano en la historia. El Ordenador Personal fue una publicación del grupo editorial Ordenador Individual, S.A. dirigida por Javier San Román, estando dedicada al análisis del sector, en todo lo que se refiere a los ordenadores tanto domésticos como profesionales. Empezó a publicarse a partir de febrero de 1982 y se mantuvo como la revista sobre informática más antigua realizada en España.

El Ordenador Personal no fue una revista especialmente dedicada a los usuarios más inquietos de los ordenadores domésticos y personales. Su orientación fue, en cierta medida, destinada a un ámbito más profesional, publicando aspectos más serios de la informática, tanto de consumo como de gestión. No obstante, tuvo su parte lúdica al publicar listados de toda clase de programas en BASIC para todos los sistemas posibles, incluyendo calculadoras programables como la Sharp PC-1500. Hubo espacio, incluso, para el ZX Spectrum, o para el Commodore VIC-20, el Commodore 64, y otros ordenadores muy conocidos del momento.

En el primer trimestre del año 1984, en el número 28 de la revista El Ordenador Personal, los editores propusieron una idea muy peculiar: crear un intérprete de lenguaje BASIC en español a partir del AppleSoft BASIC del ordenador APPLE II. A aquella idea le dieron un nombre: BASIÑOL.

Jaime Díez Medrano firmó un artículo en aquel número de aquella revista donde propuso una modificación del AppleSoft BASIC para transformar los comandos habituales en inglés del popular lenguaje de programación por otros traducidos al español. Y, entre medias, también se incorporó un traductor bidireccional, lo que permitió traducir un programa escrito en BASIÑOL para que pudiera ser ejecutado en el estándar AppleSoft BASIC, y viceversa; de no ser por ese traductor, se estaría creando con el BASIÑOL una «isla» sin progresión hacia el auténtico estándar que ya era el BASIC universal.

Realizar aquella traducción fue posible porque el lenguaje BASIC, en su ejecución, iba interpretando cada línea según la encontraba, y después los comandos estaban codificados mediante códigos o «tokens», es decir, en la capa más inferior del intérprete los comandos no estaban en ningún idioma, sino que eran codificaciones. Y aquellas codificaciones eran modificables.

En aquel artículo del número 28 de la revista El Ordenador Personal se describió el proceso, con todo lujo de detalles y una vasta explicación, para crear el BASIÑOL y mantener la compatibilidad con el BASIC original. En el artículo se describió el código necesario a implementar de forma modular. Y así nació el primer —y único— lenguaje BASIC con comandos en español del que he tenido noticias… a priori.

Posteriormente tuve conocimiento de algunos casos similares como, por ejemplo, el descrito en la revista *Muy Interesante* número 5 del año 1985, un número especial dedicado a los ordenadores donde se describe como sustituir los comandos del BASIC nativo del Commodore 64 por otros en español, catalán, o euskera, por ejemplo; eso sí, sin traductor, por lo que aquellos programas se quedaban en una «isla». En ese caso se copiaba el BASIC de la ROM a la RAM y allí, mediante el comando POKE, se realizaba el cambio de idioma en los comandos en inglés. Aquella revista, a la cual tuve acceso por medio de imágenes, especificó con claridad que por la propia estructura del lenguaje BASIC original creado por John Kemeny y Thomas Kurtz era posible cambiar los comandos... tan solo era necesario conocer las posiciones donde se encontraban almacenadas las palabras reservadas y, en caso de que el BASIC estuviera pregrabado en ROM, la posición donde se encontraba la variable que determinaba si el BASIC estaba en la ROM o en la RAM. El artículo de 1985 de la revista *Muy Interesante* localizó las posiciones, en el caso del BASIC del famoso Commodore 64, y describió el programa necesario para poder traducirlas al idioma deseado.

El truco y el ingenioso método para crear el BASIÑOL estuvo basado en estudiar cómo se codificaban los comandos originales en inglés, para ser recodificados los «tokens» originales hacia otros comandos en español; exactamente lo mismo del caso descrito en la revista *Muy Interesante* del año 1985, aunque el BASIÑOL es anterior, del año 1984.

Aquello no tuvo mucho más recorrido, y hoy en día el BASIÑOL está completamente olvidado... en una informática personal que buscó la globalización, no hubo espacio a lenguajes de programación con comandos adaptados a diferentes idiomas; el inglés se extendió como el idioma base de todos los lenguajes de programación de alto nivel. No obstante, y como curiosidad, el BASIÑOL merece ser recordado, así como el ingenioso método con el que fue creado.

Data General Nova

A finales de la década de los años sesenta del siglo pasado la ya mencionada empresa DEC (Digital Equipment Corporation) era el referente de una informática «mini» que comenzaba, con la serie PDP comentada hace tan solo unos pocos párrafos atrás, el camino de la miniaturización de los ordenadores gigantes existentes en el momento... y sin saberlo en DEC, fueron germen de otro miniordenador importante: el equipo Data General Nova.

En el año 1968 Edson de Castro era director de producto del miniordenador pionero PDP-8 en DEC, y junto a Richard Sogge, ingeniero de hardware, y Henry Burkhardt, ingeniero de software, fundaron una nueva empresa llamada Data General, ya que creyeron firmemente que el PDP-8 era mejorable mediante la construcción de un mini-ordenador de 16 bits. Herbert Richman, agente de ventas en Fairchild Semiconductor, fue el cuarto fundador de la nueva empresa Data General. Así que dos empresas históricas en la informática como DEC y Fairchild Semiconductor fueron germen de otra nueva empresa que alcanzó importante notoriedad con el paso del tiempo.

Un año después de la fundación de la empresa Data General lanzaron el miniordenador de arquitectura de 16 bits Nova, un equipo innovador que incluyó una única carcasa montada en «rack». El ordenador Nova se basó en dos placas de circuito impreso de 38 por 38 centímetros, una para la CPU y otra para varios sistemas de soporte. Las placas se diseñaron para que pudieran conectarse entre sí mediante una placa posterior de circuito impreso, con un mínimo de cableado manual, lo que permitió que todas las placas se construyeran de manera automatizada. Aquello redujo, en gran medida, los costos sobre el rival del momento: el equipo PDP-8.

La máquina Nova fue una de las primeras minicomputadoras de 16 bits, siendo líder en pasar a longitudes de palabras que eran múltiplos de 8 bits (byte). El ordenador fue muy popular en entornos científicos y para el uso en laboratorios. Se estiman unas ventas de 50.000 unidades de la máquina, siendo el precio medio de cada unidad de 8.000 dólares.

La máquina Nova, a diferencia del ordenador PDP-8, contó con una arquitectura de almacenamiento de carga. Tenía cuatro registros acumuladores de 16 bits, de los cuales dos podían usarse como registros de índice. También dispuso de un contador de programa de 15 bits y un registro de acarreo de un solo bit. No había registro de pila, pero más tarde los diseños del modelo posterior Eclipse utilizarían una dirección de memoria de hardware dedicada para esta función.

Los primeros modelos procesaron cálculos matemáticos en serie en paquetes de 4 bits, utilizando una sola ALU 74181. Un año después de su introducción, este diseño se mejoró para incluir una unidad matemática paralela completa de 16 bits, utilizando cuatro ALU 74181 (en SuperNova). Las versiones futuras del sistema agregaron una unidad de pila.

En el año 1970 fue introducido en el mercado una nueva mejora en el diseño de Nova llamado SuperNova. El ordenador SuperNova incluyó una serie de cambios que mejoraron, en importante medida, el rendimiento del modelo original, incluyendo el uso de ROM para la biblioteca de software, que podía ser ejecutado mucho más rápido que el mismo código en la memoria central normal. Además, el sistema incluyó un nuevo conjunto de núcleos con un ciclo de 800 nanosegundos... más rápido que la versión original de 1200 nanosegundos. Finalmente, según lo comentado más arriba, el ordenador SuperNOVA también reemplazó la unidad matemática de 4 bits con una nueva versión paralela de 16 bits... aceleró los procesos matemáticos hasta cuatro veces.

Ordenador Data General Nova. Foto de Jeff Keyzer (https://www.flickr.com/photos/28042570@N08). Licenciada bajo CC BY 2.0 (https://creativecommons.org/licenses/by/2.0/).

Poco después de la introducción del SuperNova, fue lanzado el ordenador SuperNova SC, con memoria de semiconductor en lugar del núcleo.

Aquella memoria de mayor rendimiento permitió que la CPU, que estaba sincronizada con la memoria, aumentara aún más su velocidad para funcionar a un ciclo de

300 nanosegundos —3,3 Megahercios—, lo que la convirtió en la minicomputadora más rápida durante la siguiente década.

En el libro Steve Jobs & Apple de Michael Moritz, el autor revela que el propio Steve Wozniak le comentó sobre el ordenador Nova lo siguiente: «Parecía el único ordenador que podía colocarse encima de una mesa». Y la serie Nova de Data General fue el equipo que influyó en Steve Wozniak para que naciera en su mente la idea de construir su propio ordenador personal... la disparatada idea —en aquella época— de crear un pequeño ordenador para uso doméstico. Wozniak, junto con Bill Fernández, estudiaron a fondo el Nova para crear su propia versión, y así terminaron por crear su primer micro-ordenador... historia contada con detalle en el libro de Michael Moritz mencionado antes, y que en esta obra trataré un poco más adelante.

Telesincro

En el año 1963 Joan Majó, Antoni Clavell, y Joan Peracaula —que se uniría poco tiempo después— fundaron la empresa Telesincro. Inicialmente, la entidad no se dedicó a la electrónica, pero lanzó al mercado en 1967 el ordenador Factor-P, equipo que contó con una gran influencia de la tecnología Philips del momento —inspirado en una máquina de hacer facturas de la empresa holandesa—, como el propio Joan Majó reconocería tiempo más tarde.

El ordenador Factor-P derivó en el Factor-Q en 1968 y, finalmente, en 1971 llegarían los modelos Factor-R y Factor-S. El último de ellos fue el equipo de mayor éxito y el único que realmente fue 100% español, los anteriores tuvieron, como mínimo, alguna influencia de ordenadores extranjeros. Trataré esos equipos con mayor detalle en el siguiente capítulo. Ahora nos centraremos en Telesincro.

La parte más conocida de la historia de Telesincro tiene que ver con las mujeres «tejedoras», ya que las máquinas Factor contaban con unas placas de tipo matriz de 32 filas por 22 columnas... literalmente había que cablear a mano desde un punto de origen hasta un punto destino y, según las combinaciones, aquello podía ejecutar un proceso concreto... una fase muy primitiva de la programación, más antigua todavía que la perforación de tarjetas, se llamó «tejer programas».

Pasar el primer cable por la matriz era sencillo, ya que no había más en medio; pasar el último, era complicado ya que se cruzaba y formaba parte de otros muchos. Cuando había un error en el montaje era necesario deshacer parte del trabajo... o la totalidad. Para el año 1972 Telesincro era la tercera empresa con mayor volumen de negocio en España en su sector, pero la informática fue evolucionando, y algunas mujeres «tejedoras» siguieron aquella evolución: de tejedora a codificadora —traductora entre programadores y tejedoras—, ayudante de programación, y programadora finalmente. Y la programación era dura, porque en modelos posteriores se hacía en código binario...

Para el año 1975 las cabezas visibles de Telesincro eran Joan Majó y Jordi Vidal, que era el culpable de gran parte de los diseños de los ordenadores de la empresa. El éxito de los sistemas de gestión de IBM situó a Telesincro en una caída importante de ventas. Pero en el año 1976 Telesincro fue adquirida por Secoinsa con un capital repartido entre las empresas Telefónica, Fujitsu, Piher y 8 entidades bancarias, a los cuales se añadió el Instituto Nacional de Industria por parte de la administración. Aquello sucedió justo nada más presentar el modelo Factor-T con la intención de evitar la desaparición de Telesincro. Cuando llegó el cambio de propietarios ya no estaban ni Majó ni Vidal en Telesincro.

Finalmente, Fujitsu consiguió el control de Telesincro cuando en 1984 el Instituto Nacional de Industria salió de la entidad; dejó de ser una empresa con parte de capital público, y las instalaciones fueron trasladadas a Málaga; la entidad se dedicó a la fabricación de microordenadores y terminales.

Las últimas series de ordenadores Factor de Telesincro dispusieron de su propio sistema operativo llamado Conversal creado por Ramón Tortajada, y contaron con una importante labor de trabajo en el apartado de impresoras, con su propia electrónica y software.

Posteriormente, la empresa francesa Bull entró en el capital de Telesincro en 1985 al comprar el 40% de la empresa. Tan solo dos meses antes del acuerdo de compra, la entidad francesa había propuesto fabricar en Telesincro cinco mil unidades del modelo de ordenador Micral-30 —equipo tratado más adelante—, ya que su capacidad de fabricación estaba al límite; en Telesincro vio una oportunidad.

En el año 1993 la facturación, que venía de unos años de caídas, mejoró; para aquella época Bull era propietaria del 63,5% de la empresa, por lo que ya estaba bajo control de la entidad francesa.

En el año 1999 Bull vendió Telesincro, que se había dedicado principalmente a la fabricación de Terminales de Punto de Venta (TPV), a otra empresa francesa llamada Ingenico que apostó fuerte; para el año 2002 había duplicado la plantilla y la producción en la planta del Parque Tecnológico del

Vallés. Pero para aquellos años el negocio central de Telesincro era el sector de los datafonos.

Telesincro debería ocupar un capítulo muy importante en la historia de la informática en España. El problema radica en que, en cierto modo, la informática en España comenzó a ser visible con la llegada del ordenador personal y los microordenadores de 8 bits, ya metidos en los años ochenta. Y la serie de ordenadores Factor de Telesincro eran miniordenadores, grandes equipos enfocados a facilitar la gestión en grandes empresas; no tenían cabida en un hogar. Pero esto no le resta un ápice de importancia, y por ello figura Telesincro y la serie Factor en este apartado de antecedentes del ordenador personal.

Cream Soda Computer

En el año 1970 el ya mencionado miniordenador Nova de Data General fue la influencia necesaria para que Steve Wozniak —a posteriori cofundador de Apple— y Bill Fernández —primer empleado contratado por Apple en 1977— buscaran impasiblemente crear su propio ordenador, que sería bautizado bajo el curioso nombre de Cream Soda Computer.

Bill Fernández jugó un papel fundamental en la creación de la mítica empresa Apple, ya que él fue nexo de unión entre Steve Jobs y Steve Wozniak porque los presentó. Posteriormente, con la creación del Apple I, Bill Fernández se convirtió en el empleado número cuatro y primera contratación de la mítica empresa de Cupertino.

Volviendo al asunto principal, la serie de máquinas Nova fue el modelo a seguir para Wozniak y Fernández en su obsesión por crear su propio ordenador doméstico en una época donde el concepto de informática personal todavía no existía. A finales de 1970 se embarcaron en el proyecto, en una época en la que todavía no existían los microprocesadores... el primero fue el modelo Intel 4004 lanzado en el año 1971 y, por ello, no quedó más remedio que crear un ordenador basado en tecnología TTL. Y precisamente por eso, este ordenador está incluido en esta sección de antecedentes, por ser un paso útil, pero no pudiendo ser incluido dentro de la informática personal tal y como la conocemos.

Wozniak, a través de una empresa en la que trabajaba, logró los componentes necesarios, pero solo tuvieron a mano registros de desplazamiento, contadores, y UAL de sólo 4 bits de tamaño. Entonces Wozniak los agrupó para conseguir un ordenador que pudiera procesar 8 bits, ¿el resultado final? Un ordenador que, por medio de un programa, y a partir dos números de 4bits, los multiplicaba entre sí, mostrando el resultado en 8 luces «led». Es decir, era una especie de calculadora, que era lo que estaba de moda en aquella época. El ordenador personal Altair 8800 lanzado cuatro años después, en 1975, fue un equipo muy similar al ordenador creado por Wozniak y Fernández.

Al final, Bill Fernández y Steve Wozniak terminaron el ordenador en 1971 y lo llamaron ¡Cream Soda Computer! ¿Por qué ese extraño nombre? Porque mientras estaban trabajando en el proyecto en el garaje de Bill, durante los descansos iban en bicicleta a comprar su bebida favorita de la época: Cragmont Cream Soda, marca que consumieron en gran cantidad durante la construcción del equipo. La máquina también fue conocida con el nombre de «Flair Pen», porque Wozniak utilizó una pluma estilográfica para realizar su diseño en papel.

El ordenador Cream Soda Computer creado por Wozniak y Fernández contó con 256 bytes de memoria RAM estática, no dispuso de teclado ni monitor, y la introducción de datos se realizaba mediante tarjetas perforadas, siendo el resultado leído mediante una secuencia de luces «led».

El ordenador tuvo un triste final... explotó por culpa de un periodista. El 14 de junio de 1971 la madre de Wozniak invitó a un reportero del medio Península Times que, accidentalmente, pisó el cable de alimentación... y la máquina sufrió un cortocircuito y se quemó. No obstante, la historia fue publicada, y la computadora fue un hito extraordinario de la informática.

Gracias a la máquina Cream Soda Computer Steve Jobs y Steve Wozniak se conocieron, ya que la curiosidad del primero sobre el invento del segundo, con la intervención de Bill Fernández, trajo consigo el primer encuentro entre ambos... los que el día 1 de abril de 1976 fundaron la famosa empresa Apple.

El ordenador creado Wozniak sirvió de importante experiencia, sentando una sólida base para crear, a posteriori, el ordenador Apple I que sí hizo historia dentro de la informática personal.

Xerox PARC

El centro de investigación Xerox PARC conforma una de las leyendas vivas dentro de la informática, posiblemente sea la leyenda más importante más desconocida. El centro de investigación radicado en Palo Alto (California,

EEUU) fue el germen inicial de toda la tecnología informática que usamos constantemente en la actualidad. Pero no supieron —o no quisieron— mercantilizar todas las grandes creaciones… algo que otros personajes ajenos al centro sí se marcaron como objetivo —y lo consiguieron—.

El cable original Ethernet del Xerox PARC. Foto de Saschapohflepp (https://www.flickr.com/photos/saschapohflepp/). Licenciada bajo CC BY 2.0 (https://creativecommons.org/licenses/by/2.0/).

El Xerox PARC nació en Palo Alto en la década de los años setenta del siglo pasado, situado geográficamente en la zona donde se ha generado la mayor cantera de jóvenes talentos que, con el paso de los años, dotaron a nuestro mundo de la mayor tecnología electrónica.

En el Xerox PARC se diseñó la impresora láser, se definió el estándar Ethernet, y se creó el primer interfaz gráfico en computadores, dotando a los equipos de un sistema basado en el mapa de bits en lugar del característico modo texto de la época… y otras muchas creaciones.

El Xerox PARC fue el origen de grandes descubrimientos, y grandes inventos… un ambiente de tecnología que en ningún otro centro de investigación se ha respirado; pero los propios dirigentes de la entidad nunca creyeron en sus propios proyectos —desde el punto de vista comercial—, y al final fueron otras personas externas las que supieron anticipar la auténtica dimensión de lo que allí se creaba. Es el caso de Steve Jobs, uno de los pocos que tuvieron acceso a las investigaciones del Xerox PARC en sus mejores años; Jobs se las ingenió, mediante algunas concesiones y unas acciones de Apple, para tener acceso a los proyectos de investigación de aquel centro, y él [Jobs] sí supo ver el potencial de todo aquello, especialmente quedó maravillado con el potencial del desarrollo de los nuevos sistemas basados en entornos de mapa de bits. Todo aquello que vio, y toda la información que recopiló, sirvieron para crear el Apple Macintosh, y de paso revolucionar el mundo de la informática con el primer ordenador que fue comercializado y que incorporó entorno gráfico.

La informática y la tecnología de hoy en día le deben muchísimo al centro de investigación Xerox PARC, éxito generado por la enorme labor de los grandes investigadores que por allí pasaron.

Once años antes del nacimiento del centro Xerox PARC, un miniordenador llamado PDP-1 demostró que existía un camino para miniaturizar a los grandes ordenadores existentes en los años cuarenta y cincuenta.

Ivan Sutherland

Ivan Sutherland, pionero de la informática moderna, uno de esos grandes profesionales que, con su labor de investigación, aportó importantes y modernas tecnologías al mundo de la informática.

Quizás su invento más famoso sea el Sketchpad, el primer programa informático capaz de manipular objetos gráficos. Alan Kay, considerado el padre conceptual del interfaz gráfico o GUI, empezó a desarrollar su concepto del mundo gráfico informático cuando inició su colaboración precisamente con Sutherland y su Sketchpad —dispositivo que, en realidad, fue el protagonista de la tesis doctoral de Ivan—.

El Sketchpad era un programa pensado para lograr interactuar a las computadoras con las personas, y el objetivo de Sutherland era que el ser humano pudiera utilizar los ordenadores para crear gráficos, terminando por establecer una relación humano-máquina a través de aquellos gráficos. Diseñó un sistema que ofreció al usuario la posibilidad de dibujar puntos, segmentos de líneas, y arcos circulares, todos ellos ejecutados sobre la pantalla del monitor utilizando un dispositivo llamado lápiz de luz.

Dentro del apartado del mundo gráfico de la informática, Sutherland desarrolló muchos otros aspectos como el concepto de modelado en tres dimensiones en los ordenadores, apartado fundamental para la especialidad que ahora se conoce como CAD (Diseño asistido por ordenador).

Sutherland trabajó para la organización gubernamental estadounidense ARPA, entidad responsable de la creación de ARPANET, predecesora de la actual red Internet, y en aquella organización participó en importantes investigaciones relacionadas con la gestión multitarea y la inteligencia artificial. Posteriormente trabajó como profesor en la Universidad de Harvard, pasando poco tiempo después a ser profesor en la Universidad de Utah, entidad que, gracias a su empeño y dedicación, se convirtió en el centro mundial en lo que a la tecnología gráfica de los ordenadores refiere.

Posiblemente el Sketchpad sea la aportación más famosa de Sutherland, un programa muy influenciado por Vannevar Bush y su Memex, que fue la semilla para que llevara a cabo [Ivan] el proyecto de creación de una interfaz gráfica para el diseño de objetos. Pero también Sutherland recibió los honores de ser considerada la primera persona que esbozó en 1965 el concepto de lo que hoy conocemos como Realidad Virtual. Aquel esbozó de Realidad Virtual se materializó en un artículo llamado The Ultimate Display. En realidad, Ivan Sutherland buscó crear el Mathematical Wonderland… un mundo nuevo virtual donde poder realizar experiencias irrealizables en un mundo físico.

En el año 1968 Ivan Sutherland diseñó un dispositivo que se reconoce en la actualidad como el primer casco de realidad virtual; en realidad, y en base a sus desarrollos teóricos, construyó el primer sistema de visualización con sensor de orientación del punto de vista del usuario, elemento imprescindible para el campo de la Realidad Virtual. El dispositivo fue bautizado con el nombre de La Espada de Damocles, y su desarrollo fue interrumpido porque la capacidad de los ordenadores, y el desarrollo tecnológico en aquellos años, fueron un obstáculo para el correcto desarrollo de las teorías de Sutherland.

Ivan Sutherland es una gran personalidad dentro de la informática y, a pesar de ello, es muy desconocido; considerado el creador del primer programa informático capaz de manipular objetos gráficos, y también como creador del concepto y definición de la Realidad Virtual, tuvo una carrera profesional, en cierto modo, paralela a la de Alan Kay, y no únicamente por los trabajos ejecutados en común, sino también porque —de la misma forma que Alan— Sutherland también vio premiada su labor en el año 1988 cuando recibió el premio más importante a nivel mundial que puede recibir un informático: el Premio Turing por sus aportaciones al mundo gráfico de la informática.

Alan Kay

El 17 de mayo de 1940 nació Alan Kay en Springfield (Massachusetts, Estados Unidos). Se licenció en Matemáticas y Biología molecular en la Universidad de Colorado. Posteriormente se doctoró en la Universidad de Utah y allí, en los años sesenta, como ya se mencionó anteriormente, en colaboración con Ivan Sutherland y trabajando sobre el Sketchpad, Kay desarrolló una importante labor en la búsqueda de las primeras aplicaciones de entorno gráfico de la informática; un género que estaba en pleno proceso de investigación.

En 1970 fue empleado en el Xerox PARC y su primera labor allí fue trabajar, junto a un equipo de colaboradores, en el desarrollo de prototipos de estaciones en red usando un lenguaje llamado SmallTalk. Posteriormente, Kay participó junto con compañeros del Xerox PARC y del Norwegian Computing Centre en el desarrollo de los primeros lenguajes de programación orientada a objetos. Alan Kay es uno de los padres de la programación orientada a objetos.

Dos años antes de la entrada de Kay en el Xerox PARC, creó el Dynabook, un concepto previo de lo que hoy conocemos como ordenador portátil o tablet. Dentro del Xerox PARC el Dynabook se transformó en el Xerox Alto, el primer ordenador que incluyó interfaz gráfica o GUI (Graphical User Interface) que, además, incluyó el concepto informático de escritorio por primera vez, e incorporó un periférico ratón. Pero el equipo no estuvo disponible comercialmente.

A Kay se le atribuye el diseño conceptual de lo que hoy conocemos como entorno gráfico, y aquel diseño conceptual fue desarrollado en el escenario de la creación del Dynabook, un estilo nuevo de ordenador destinado a la formación de niños de todas las edades; un asunto que siempre fue de su preocupación a lo largo de su carrera.

El concepto de interfaz gráfico desarrollado para el Xerox Alto tuvo su repercusión, desde el punto de vista comercial, en el Xerox Star, el primer ordenador comercial de la historia que incluyó interfaz gráfico. Pero cuando salió al mercado el Xerox Star, empresas como Microsoft o Apple ya habían tenido acceso a las investigaciones del Xerox PARC en materia de mapa de bits y entornos gráficos... la guerra comercial por el GUI estaba servida.

Alan Kay en el año 2008. Foto de Marcin Wichary (https://www.flickr.com/people/8399025@N07). Licenciada bajo CC BY 2.0 (https://creativecommons.org/licenses/by/2.0/).

Después de diez años de intensa labor en el Xerox PARC, Kay trabajó como jefe científico en una de las grandes empresas de informática del momento: Atari. En el año 1984 Alan Kay comenzó a trabajar para Steve Jobs en Apple, y cuando fue cerrado el departamento de investigación y desarrollo, pasó a trabajar para Walt Disney Imagineering hasta que también cerró; entonces recaló en Hewlett-Packard.

Alan Kay es otro gran desconocido de la informática actual, pero que aportó una labor determinante para el futuro de la *informática personal*.

Considerado el padre del interfaz gráfico en la informática, así como uno de los padres de la programación orientada a objetos, vio premiada su labor en el año 2003 cuando recibió, de la misma forma que Sutherland, el Premio Turing por su labor concreta dentro del área de la programación orientada a objetos.

Dynabook y Smalltalk

En el año 1968 Alan Kay desarrolló un concepto destinado a crear un pequeño ordenador para el uso educativo en los niños… aquella idea fue el origen del Dynabook.

El concepto se basó en crear un dispositivo electrónico que fuera el perfecto asistente en la educación, pero era necesario crear un interlocutor entre máquina y usuario… un lenguaje de programación. En el año 1969 Alan Kay comenzó a trabajar en el Smalltalk, el lenguaje de programación del Dynabook y la base de la moderna programación orientada a objetos.

En realidad, la programación orientada a objetos tan utilizada hoy en día nació de la mano de Ole-Johan Dahl y Kristen Nygaard cuando crearon el lenguaje de programación Simula 67, pero fue el Smalltalk, y en el Xerox PARC, donde aquello de la programación orientada a objetos fue refinada.

Alan Kay tuvo la asistencia de Dan Ingalls, Ted Kaehler, y Adele Goldberg para el desarrollo de Smalltalk bajo una clara influencia del Simula 67. El desarrollo de aquel lenguaje, y las investigaciones en el Xerox PARC bajo la tutela del propio Kay, fueron vitales para el desarrollo y evolución posterior de la mayoría de los lenguajes de programación orientada a objetos.

El prototipo de Dynabook. Foto de Marcin Wichary (https://www.flickr.com/people/8399025@N07). Licenciada bajo CC BY 2.0 (https://creativecommons.org/licenses/by/2.0/).

El proceso de diseño del Dynabook permaneció en la mente de Alan Kay y llegó a ser materializado en algunos prototipos en cartón. La idea era crear un ordenador del tamaño de un libro con dos tercios del equipo destinado a pantalla, y el tercio restante para el teclado integrado. Aquel diseño era lo más parecido a lo que hoy conocemos como una tablet.

Si hay algo que siempre ha caracterizado al mítico Xerox PARC fue la falta de apoyo de su empresa matriz, Xerox. No hay ninguna duda que aquel centro de investigación fue fundamental en el desarrollo de muchas tecnologías usadas en la actualidad, pero la propia Xerox apenas dio validez comercial a aquellos proyectos —de aquella falta de apoyo se beneficiaron terceras entidades como la empresa Apple o Microsoft—. Aquella falta de apoyo se vio reflejada en el Dynabook, ya que fue un concepto nunca materializado para la comercialización… ni siquiera fue construido un prototipo definitivo.

No obstante Chuck Thacker y Butler Lampson utilizaron el concepto de Alan Kay para crear, en el seno del Xerox PARC, un ordenador cercano al concepto del Dynabook, pero con un destino final que iba más allá de la idea de asistente educativo; un ordenador global… el computador Xerox Alto mencionado en párrafos anteriores… el primer ordenador de la historia que incluyó un entorno gráfico.

Xerox sí aprobó, en cambio, el lanzamiento del Xerox Star, la evolución del Xerox Alto que se convirtió en el primer ordenador comercial de la historia que incorporó un entorno gráfico. No obstante, para cuando fue comercializado, otras empresas como Apple y Microsoft contaban con la misma tecnología que fue proporcionada por la propia dirección de la empresa Xerox en negociaciones de despacho.

Aunque las principales premisas tecnológicas del Dynabook se vieron reflejadas en los ordenadores Xerox Alto y Xerox Star, en realidad el concepto de ordenador portable estilo libro nunca se vio reflejado en el mercado... hasta el año 2001. Unos viejos conocidos llamados Chuck Thacker y Butler Lampson, creadores del Xerox Alto, fueron los protagonistas del proyecto de ordenador Microsoft Tablet PC que fue presentado en el año 2001, pero ésta vez, evidentemente, trabajando para la compañía Microsoft. El ordenador Tablet PC fue lo más parecido al Dynabook que salió al mercado, aunque fue un fracaso de ventas.

No hay duda alguna que el concepto Dynabook y su lenguaje de programación Smalltalk, nacidos en la cabeza de Alan Kay en 1968, fueron corriente imprescindible para otros desarrollos paralelos que han permitido la evolución de tecnologías como la programación orientada a objetos o el interfaz gráfico y, con ello, fueron elementos imprescindibles para el nacimiento y desarrollo de la *informática personal.*

Cinco millones y medio de minutos para cambiar el mundo

Douglas Engelbart estaba trabajando para el laboratorio Nacional del Departamento de Energía de los Estados Unidos (Ames Laboratory) cuando, un buen día, pensó: Me quedan cinco millones y medio de minutos para llegar a los sesenta y cinco años, la edad de jubilación... ¿a qué puedo dedicar ese tiempo?, y la siguiente pregunta fue: ¿por qué no trato de maximizar el valor de mi carrera buscando beneficiar en importante medida a la humanidad?... resumiendo, utilizar sus cinco millones y medio de minutos en beneficio de la humanidad.

Douglas Engelbart era un visionario, y en aquellos años cincuenta, cuando los ordenadores eran gigantescos, basados en válvulas de vacío, él ya hablaba del futuro... hablaba de un interfaz de manipulación directa, tenía en la mente que aquellos gigantescos ordenadores debían trabajar con algún tipo de visualización gráfica, con monitores, incluso hablaba de terminales, y diferentes personas trabajando en diferentes salas, pero todos interconectados. Y sus colegas, en aquellos años, se reían de aquello... les parecía algo inverosímil.

Engelbart tuvo muy en cuenta la visión de la parte humana de la máquina, como ayudar al humano a trabajar con la máquina, cuando el resto de ingenieros de la computación se centraban únicamente en la máquina y no en la parte del ser humano que tenía que trabajar en ello. Aquella diferente interpretación, abrió un campo de investigación sin profanar para encaminar la labor de Engelbart.

La informática fue evolucionando, y Douglas llevaba tiempo con un pequeño cuaderno en el bolsillo de su camisa que tenía dentro los bocetos de una idea, construir algo que pudiera mejorar la comunicación entre ordenador y persona... algo para poder desplazarse con mayor rapidez y agilidad por la pantalla. Aquella idea nació en Engelbart, y fue desarrollada con detalle por el ingeniero de su equipo Bill English. Era una caja de madera con dos ruedas de metal, una rueda para eje horizontal y otra para controlar el vertical, que permitían la movilidad por la pantalla de un ordenador. Para ese dispositivo fue presentada una patente en el año 1967 bajo el nombre de «Indicador de Posición X-Y para un Sistema con Pantalla». En 1970 fue aprobada la solicitud de patente.

Había nacido el «ratón», un dispositivo que hoy, más de cincuenta años después, sigue estando presente en nuestras vidas. Douglas Engelbart, con la ayuda de Bill English, había creado dentro de sus cinco millones y medio de minutos algo que realmente cambió la vida del ser humano, y la forma de interactuar con la máquina informática. El nombre de «ratón» llegó después, lo puso el equipo de la Universidad de Stanford donde Engelbart trabajó varios años, ya que el cable que unía el dispositivo al ordenador les recordó a la cola de un ratón.

El 9 de diciembre de 1968 fue presentado en San Francisco, en la «Fall Joint Computer Conference», ese primer prototipo de ratón, y aquella presentación pasó a la historia bajo la calificación de «la madre de todas las demostraciones». ¿Por qué? Porque, casi sin querer, sin ser conscientes de ello, ese mismo día se presentó el resumen de toda la tecnología futura que todavía tardaría en llegar varias décadas, pero que es la base de toda la informática actual. Ese día se presentó el ratón... y se presentaron las pinceladas de un nuevo entorno gráfico revolucionario incluyendo ventanas; se mostró el sistema llamado oNLine System con conceptos revolucionarios como el hipertexto (utilizando en el mundo web), videoconferencias, correo electrónico, compartición de documentos, y muestras de lo que terminaría siendo décadas después el Internet que conocemos hoy en día.

Gran parte de los colegas y del entorno científico no entendió las investigaciones de Engelbart, no tuvieron la capacidad de visión a futuro que, si tuvo él, e incluso en el propio Centro de Investigación de Stanford estuvieron muy preocupados por el camino elegido por Engelbart y por si el dinero destinado estaba teniendo un uso apropiado. Pero la «la madre de todas las demostraciones», y la larga ovación en pie que recibió Douglas Engelbart y el equipo de 17 científicos que le acompañó, cambió la mentalidad de mucha gente; el miedo en la cabeza de sus mecenas desapareció para siempre. El 27 de abril de 1981 se lanzó al mercado el ordenador Xerox Star 8010, que fue el primer ordenador que incluyó un ratón de serie.

Los cinco millones y medio de minutos fueron muy bien aprovechados, y el objetivo inicial de Douglas Engelbart fue cumplido con creces; cambió la vida de la gente. Además, trabajó en los centros de investigación más importantes de aquellas décadas, no solo en Stanford, sino también colaboró con la importante ARPA, y trabajó para el magnífico e histórico Xerox PARC ya mencionado páginas atrás.

CAPÍTULO 2.
LOS ANTECEDENTES FINALES

Antes de tratar asuntos del microordenador y la *informática personal* se deben mencionar algunos miniordenadores que plantaron la semilla de lo que después se transformaría en aquellos pequeños ordenadores que provocaron el nacimiento de la *informática de usuario*.

En esa lista previa de miniordenadores también hay un lugar reservado para algunos de origen español que marcaron el camino a seguir como, por ejemplo, el ya mencionado Factor-S de Joan Majó y Jordi Vidal al tratar el asunto de la empresa Telesincro.

Factor-S

Joan Majó, un doctor en ingeniería industrial de origen catalán, y Jordi Vidal, diseñaron el primer ordenador fabricado en España con tecnología y programación propia.

En el año 1963 Joan Majó fundó la ya mencionada empresa Telesincro, y a través de esa empresa lanzó al mercado en 1967 el también ya comentado ordenador Factor-P.

Es necesario aclarar que el Factor-P —inicialmente llamado Winner-Contafac—, más que un ordenador fue una facturadora... una máquina de escribir que podía hacer cálculos automáticos; para otros una calculadora programable de gran tamaño. Pero sí se podía considerar un ordenador, porque podía ejecutar programas desarrollados en un lenguaje de programación mediante una variante del COBOL con palabras en español, y que fue creado por la propia compañía, además de contar con memoria y otros componentes mínimos necesarios para un ordenador. Los programas se escribían en papel y, posteriormente, eran codificados mediante lenguaje código máquina. Con el ordenador Factor-P era posible trabajar con varios programas diferentes para ejecutar tareas como albaranes, facturas, contabilidad, compras, o nóminas. La electrónica iba en el interior de una cajonera de la mesa sobre la que iba la máquina de escribir IBM, y los programas eran cargados en el ordenador re-cableando de la forma correcta la electrónica, algo para lo que era necesario enviar al fabricante la placa concreta a cablear.

En 1968 fue lanzada una versión mejorada llamada Factor-Q que contó con una memoria central de núcleos de ferrita con 32 registros de 16 dígitos cada uno, y una ROM cableada. Posteriormente, fueron lanzados los modelos Factor-R y Factor-S; el segundo fue el penúltimo creado por la empresa en el año 1971... el equipo de Telesincro que alcanzó su mayor esplendor.

El Factor-S contó con tres módulos diferenciados: una unidad de proceso con memoria de 2 Kilobytes, una reserva de memoria de acceso rápido, y unos periféricos de entrada y salida de datos como fueron: impresora, lector de fichas de banda magnética, casetes, y teclado.

También se podría afirmar que aquel equipo contó con un precursor de lo que hoy conocemos como disco duro... un tambor magnético de 32 Kilobytes de capacidad.

En muchos artículos accesibles en la red Internet se afirma que el Factor-P fue el primer miniordenador español, y ciertamente lo fue... pero con ciertas influencias del extranjero —por ejemplo, la máquina de escribir de entrada de datos era de la marca IBM—. Pero si nos atenemos a una fabricación 100% de origen español, en 1971 se produce el hecho diferencial con el nacimiento de la máquina Factor-S, ya que aquel ordenador fue el primero de la empresa Telesincro que fue totalmente diseñado y fabricado en el país; y el equipo que realmente incorporó todos los componentes de un ordenador moderno.

El ordenador Factor-P fue un gran éxito hasta el punto que Telesincro pudo competir al mismo nivel de otras grandes empresas como IBM, Philips, o NCR. Telesincro y su serie de máquinas Factor alcanzaron la cima del éxito en 1972 cuando contaba con el 16% del mercado en su sector, y llegó a ocupar el tercer puesto en el ranking de ventas.

A partir de 1972 Telesincro entró en una crisis progresiva que terminó en 1976 con la incorporación en Secoinsa —Sociedad Española de Comunicaciones e Informática—, en el momento que se había desarrollado el ordenador Factor-T… el último equipo de la empresa y del que nada de información hemos podido encontrar.

El éxito de las grandes empresas extranjeras en aquellos primeros sistemas de gestión basados en miniordenadores fue un factor fundamental que impidió el crecimiento de empresas propias del país dentro de aquel sector; únicamente Telesincro fue capaz de evolucionar y competir con las empresas extranjeras de potencia mundial. Los desarrollos y la labor de los fundadores y empleados de Telesincro estuvieron en un cajón del olvido durante muchos años, y se hace necesario recordar que fueron la base de una futura *informática personal* que estaba por llegar.

Al año siguiente del lanzamiento del ordenador Factor-S, un pequeño invento —de más que dudosa utilidad funcional— llamado Máquina de Escribir de TV (TV TypeWriter), diseñado por un ingeniero llamado Don Lancaster, abrió las puertas a nueva era basada en kits, y allanó el camino futuro del microordenador.

La Máquina de Escribir de TV

La Máquina de Escribir de TV fue un invento que en el año 1973 apenas tuvo sentido alguno… ¿De qué servía escribir algo en una pantalla que después no tenía salida a papel? Pues, inicialmente, para nada. Pero aquel diseño tuvo éxito, y una gran demanda entre lectores y entusiastas de la electrónica, ¿por qué? Porque hay que encajar el invento en la época en la que fue concebido.

En el año 1973 ya existían los primeros microprocesadores de propósito general como, por ejemplo, el procesador Intel 4004, aunque no eran accesibles —comercialmente hablando—, y también existía la memoria RAM, pero a unos precios nada populares. Lo que todavía no había nacido era la *informática personal* y, con ello, el microordenador; en 1973 ya existían proyectos de fabricación de microordenadores, pero era algo por evolucionar. Los ordenadores existentes eran, en realidad, miniordenadores de elevado coste que no tenían sentido más allá del mundo empresarial… la computación no tenía lógica en un entorno doméstico.

Don Lancaster es un ingeniero y escritor que publicó artículos en Popular Electronics y Radio-Electronics, siendo su trabajo más reconocido el diseño de la Máquina de Escribir de TV (TV Typewriter). En septiembre de 1973 publicó, en la revista *Radio-Electronics*, seis páginas para compartir el diseño de una máquina de escribir que podía ser conectada a un televisor estándar, permitiendo ver en pantalla lo tecleado.

La utilidad del invento de Don Lancaster era más que dudosa, pero la capacidad de atracción a los entusiastas de la electrónica desbordó a la publicación del invento. La revista *Radio-Electronics* ofreció, por separado, un folleto de dieciséis páginas al precio de dos dólares que incorporó las instrucciones para la fabricación de aquella máquina. Vendieron miles de folletos.

Además, la empresa Southwest Technical Products vendió alguno de los componentes del dispositivo a los lectores de la revista, otros tenían que ser conseguidos por los medios de los que dispusiera cada uno. El resultado fue que muchos lectores consiguieron fabricar la Máquina de Escribir de TV de Don Lancaster, y todo aquello se transformó en un fenómeno social entre los amantes de la electrónica en aquella época.

El propio Don Lancaster fabricó su propia unidad para desarrollar el diseño del dispositivo y, entre otras cosas, tuvo que fabricar su propio teclado a mano, porque en aquellos años los teclados comerciales no eran accesibles a la gente de la calle. Y como los microprocesadores y la memoria RAM no eran accesibles económicamente, el dispositivo fue construido utilizando dispositivos de lógica TTL y memoria de registro de desplazamiento.

Respecto al teclado, Don Lancaster terminó por diseñar un modelo que fue fabricado por Southwest Technical Products, siendo ofrecido para su venta a los lectores en el número de abril de 1974 de la revista *Popular Electronics*.

En los tres años siguientes fueron lanzados al mercado los primeros ordenadores basados en el microprocesador Intel 8008, y rápidamente la comunidad de entusiastas de la máquina de Lancaster lograron adaptar el sistema para ser conectado a esos primeros microordenadores comerciales.

A finales de 1974 la empresa Southwest Technical Products decidió rediseñar la Máquina de Escribir de TV para facilitar su ensamblado —la versión original era realmente complicada en su montaje— y también para mejorar algunos aspectos… en la edición de enero de 1975 de *Popular Electronics* apareció el modelo CT-1024… la versión mejorada de TV Typewriter. En esa época ya había nacido el microordenador entregado mediante kit y ensamblado por los propios clientes.

La Máquina de Escribir de TV conllevó para Don Lancaster una importante fama en la década de los años setenta, y el invento conllevó también la publicación de su libro *TV Typewriter Cookbok* en el año 1976.

Aunque la Máquina de Escribir de TV no dispuso de una funcionalidad importante aparente —no ofreció un servicio claramente útil— aquella máquina fue pionera de la *informática personal*, y su gran fama radicó en una exitosa idea que todavía estaba por explotar en 1973: la posibilidad de disponer de un ordenador en los hogares. Además, construir la máquina fue todo un reto para los lectores aficionados a la electrónica de la década de los años setenta, creando mucha expectación entre los primeros entusiastas de aquella informática micro que estaba naciendo.

En la actualidad, y colgando de la web oficial de Don Lancaster, se pueden encontrar veinticuatro páginas con la especificación y diseño de la Máquina de Escribir de TV.

Con el nacimiento de la entrega por kits, también nacieron los clubes de entusiastas de la electrónica del momento. El más destacado en los años setenta, y el club que más pudo influir en la *informática personal*, fue el conocido bajo el nombre de Homebrew Computer Club.

Homebrew Computer Club

El nacimiento del *ordenador personal* —y con ello la *informática de usuario*— en la primera mitad de la década de los años setenta transformó una informática dedicada en exclusiva a las empresas y a los grandes y costosos ordenadores, en una informática accesible a todo el mundo y aplicable en cualquier aspecto de la vida profesional y personal.

En aquellos años, tal y como se comentó con anterioridad, Silicon Valley era —y sigue siendo en la actualidad— la meca de la informática, siendo un generador de conocimiento sobre informática y tecnología. Y en el Valle de Santa Clara comenzaron a tener presencia algunos movimientos y algunas asociaciones de aficionados sobre la nueva variante de la informática que estaba naciendo.

El centro de investigación Xerox Parc, sobre el que ya se ha hablado en el primer capítulo, fue un pilar fundamental en los inicios de la *informática personal* que, curiosamente, no fue explotado por la propia corporación Xerox, sino que fue explotado por terceros que tuvieron mayor valor, y visión de futuro, para explotar comercialmente los inventos del Xerox Parc... como se sirvió de ello Steve Jobs para lograr una gran evolución de su empresa Apple.

Además del Xerox Parc, existió una sociedad o club que fue fundamental para el desarrollo de la *informática personal de usuario*: el Homebrew Computer Club.

El 5 de marzo de 1975, gracias a Gordon French y Fred Moore, nació un club de aficionados a la informática que fue bautizado con el nombre de

Homebrew Computer Club. Para la primera reunión emitieron unas invitaciones, siendo celebrada en el garaje de Gordon. Y finalmente nació una especie de movimiento del garaje, además de existir otras reuniones ocasionales que hacían los miembros del club en el bar llamado The Oasis.

Poco a poco, se fueron uniendo al club personas como Lee Felsenstein y Bob Marsh que, junto a Gordon French, participarían poco tiempo después en el diseño y desarrollo de uno de los primeros ordenadores personales, el llamado Sol-20, presentado con mucho éxito en el año 1976. ¿Qué finalidad tuvieron aquel club y aquellas reuniones? Intercambiar experiencias y conocimientos entre unos grandes aficionados a una nueva corriente informática que comenzaba a nacer.

Gordon French en abril de 2017, en un cartel del Homebrew Computer Club donde aparece él mismo de pie cuarenta años antes. Foto de Cromemco. Licenciada bajo CC BY 2.0 (https://creativecommons.org/licenses/by/2.0/).

Enseguida se fueron integrando en el club otras personas que, con el paso de los años, se convirtieron en leyendas de la informática: Steve Jobs y Steve Wozniak, fundadores de Apple; Adam Osborne, que creó el Osborne 1, primer portátil de éxito de comercial de la historia de la informática; Harry Garland y Roger Melen, fundadores de Cromemco, una de las primeras empresas fabricante de ordenadores personales; John Draper, también conocido Capitán Crunch, que se hizo famoso gracias a su Caja Azul; Jerry Lawson, inventor del primer sistema de videojuego basado en cartucho. También fueron vistos por allí Bill Gates y Paul Allen, fundadores de Microsoft.

En el Homebrew Computer Club se dieron a conocer los detalles más profundos de equipos destinados a hacer historia como el Altair 8800, principal protagonista de la primera reunión del club que, además, fue el paso previo necesario para el *ordenador personal*, y equipo que fue la inspiración de grandes de la informática como Bill Gates y Paul Allen, que desarrollaron el lenguaje de programación BASIC de aquel ordenador.

Allí Steve Jobs y Steve Wozniak también presentaron, en reuniones posteriores, el primer prototipo de lo que después sería el Apple I.

En aquel club se presentaban ideas, y se debatía el futuro de la *informática personal*, así como fue el escenario perfecto para que los jóvenes genios e inventores presentaran allí sus ideas... incluso las más descabelladas.

El club dispuso de una influencia muy relevante dentro del nacimiento del *ordenador personal*, pero también en su interior se produjo algún que otro hecho curioso: El boletín de noticias del club también fue famoso, ya que fue una fuente inagotable de información, además de ser origen de un intercambio de dicha información que no tenía fin.

El primer boletín de noticias fue publicado el 15 de marzo de 1975, y terminó 21 ediciones después, en diciembre de 1977. Y aquel boletín de noticias fue el medio ideal para las primeras críticas... destacando especialmente que allí, y en aquel boletín, fue donde Bill Gates, mediante su carta Open Letter to Hobbyists, arremetió con dureza, por primera vez, contra aquellos que pirateaban el software comercial... concretamente los que pirateaban su BASIC... había nacido la protección de los derechos por el desarrollo del software comercial. Y con ello, Bill se ganó la antipatía de una gran parte de los miembros del club.

El Homebrew Computer Club fue una cantera interminable de futuras personalidades de la informática, acumulando un inigualable grado de genialidad entre sus miembros. El club también dispuso de un flujo de información que favoreció la unión de conocimientos y, por inercia, una evolución tecnología mucho mayor. Las reuniones terminaron en diciembre de 1986 y, posteriormente, fueron convocados dos reencuentros de los antiguos componentes del club: el 5 de marzo de 2001, y el 11 de noviembre de 2013.

El Homebrew Computer Club siempre tendrá un lugar privilegiado dentro de la historia de la informática y fue un factor fundamental para el desarrollo del microordenador.

Si bien los clubes de entusiastas aportaron mucho a la informática personal, no hay que olvidar a las revistas de electrónica de la época, que inundaron de conocimiento y diseños vitales para el ordenador personal. Y entre las revistas se debe destacar a *Radio-Electronics* y *Popular Electronics*.

Radio-Electronics y Popular Electronics

Radio-Electronics fue una revista publicada desde 1929 hasta el año 2003. Nació en 1929 bajo el nombre de *Radio-Craft*, y cambió, nuevamente, de nombre en otra ocasión más antes de desaparecer en el año 2003.

La revista *Radio-Electronics* alcanzó notoriedad y es reconocida en la historia de la informática por dos momentos concretos: la publicación del diseño de la Máquina de Escribir de TV en septiembre de 1973, y la publicación del diseño del ordenador doméstico Mark-8 en Julio de 1974. Ambos hechos, como ya se ha comentado con anterioridad, fueron fundamentales para el desarrollo de la informática moderna.

Radio Electronics empezó en 1929 como Radio-Craft. Foto de Alan Levine (https://www.flickr.com/people/37996646802@N01). Licenciada bajo CC BY 2.0 (https://creativecommons.org/licenses/by/2.0).

La revista *Popular Electronics* fue publicada desde el año 1954 hasta el año 2003, y de igual forma que su competidora, terminó por cambiar de nombre en diferentes periodos.

Popular Electronics se animó, en enero de 1975, a publicar un artículo sobre el mítico ordenador Altair 8800 por la influencia del artículo sobre el Mark-8 publicado seis meses antes en *Radio-Electronics*.

El ordenador Altair 8800 fue el primer ordenador doméstico de éxito masivo y, para muchos, en ese punto y con ese ordenador nació la informática personal. En definitiva, *Popular Electronics* fue el culpable de dar a conocer uno de los grandes inventos de la informática.

A partir del artículo de *Popular Electronics* se sucedieron unos hechos históricos encadenados como, por ejemplo, Harry Garland y Roger Melen, fundadores de una de las empresas emblema en el nacimiento de la informática personal, Cromemco, que crearon la entidad para ofrecer en el mercado productos para el ordenador Altair 8800.

También el equipo Altair 8800 fue el punto de inicio de Bill Gates y Paul Allen, que fundaron la famosa empresa Microsoft cuando lograron el contrato para desarrollar el lenguaje de programación Altair BASIC.

Popular Electronics llegó a ser, durante mucho tiempo, la revista dedicada a la electrónica más vendida del mundo.

En mi colección personal de la informática clásica cuento con una pieza de gran valor que es, precisamente, una revista *Popular Electronics* de julio de 1966 que se encuentra en perfecto estado de conservación.

Número de julio de 1966 que forma parte de mi colección personal de la informática clásica.

El hecho que tanto *Radio-Electronics* como *Popular Electronics* hubieran cesado su actividad el mismo año 2003 no fue una casualidad, ya que terminaron ambas fusionadas después de una larga trayectoria con un largo historial de diferentes movimientos empresariales.

Cromemco

La compañía Cromemco fue fundada en el año 1974 por Harry Garland y Roger Melen, que eran estudiantes de la Universidad de Stanford en esa época.

Ambos comenzaron a publicar en el año 1970 artículos en *Popular Electronics* que alcanzaron importante popularidad. En 1974 Roger Melen habló a Les Solomon, editor técnico de *Popular Electronics*, de un artículo sobre una cámara digital de bajo costo llamada Cyclops. Entonces Solomon mostró a Melen un prototipo de Altair 8800 y le animó a conectar la cámara a ese ordenador.

Así la empresa empezó a diseñar componentes y periféricos para el ordenador Altair 8800.

La influencia de Cromemco sobre la informática personal fue tan importante que en la entidad desarrollaron la primera tarjeta gráfica a color para ordenador —llamada Cromemco Dazzler—, y la primera cámara digital para ordenador llamada Cromemco Cyclops.

Otro elemento fundamental en los inicios de la informática personal fue el sistema operativo CP/M que, principalmente, se dio a conocer en el ordenador Altair 8800.

CP/M

En el año 1975 Gary Kildall comenzó a desarrollar un sistema operativo destinado a las microcomputadoras PL/M, software que fuera sencillo en diseño y manejable en su utilización, siendo su destino un nuevo tipo de usuario que se estaba gestando… el usuario de la *informática personal*; en aquella época estaba naciendo el mundo de los 8 bits.

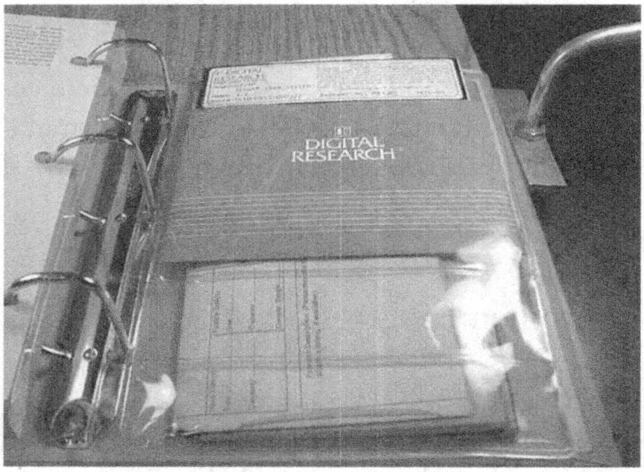

Disquete del sistema operativo CP/M versión 2.20. Foto de Bill Bradford (https://www.flickr.com/people/41894183508@N01). Licenciada bajo CC BY 2.0 (https://creativecommons.org/licenses/by/2.0/).

En los primeros años de la *informática personal*, desde el nacimiento de los microprocesadores, una empresa concreta destacó sobre otras… Intel, que fue la creadora del primer microprocesador de la historia llamado Intel 4004.

El componente electrónico llamado microprocesador fue fundamental para el nacimiento de la informática personal, pero no lo fue con el Intel 4004, ni con el Intel 8008, sino con el Intel 8080 —usado por míticos ordenadores como el Altair 8800 o el Kentelec 8— cuando el mundo de la informática personal comenzó a tener éxito.

En el año 1977 Gary Kildall decidió crear la empresa Intergalactic Digital Research, Inc (posteriormente llamada Digital Research Corporation) para explotar y comercializar el sistema operativo desarrollado para el mundo de los 8 bits, software que bautizó con el nombre de CP/M —Control Program for Microcomputers—. Aquel sistema operativo, además, podía ser ejecutado sin modificaciones sobre equipos de 8 bits basados en un microprocesador Zilog Z80 —que en los años ochenta se convertiría en toda una leyenda de la informática—.

El sistema operativo CP/M fue evolucionando con éxito en función a los avances que se producían en el mundo de hardware, y comenzó a ser muy popular a nivel mundial. Es importante comentar que aquel software buscó gestionar un ordenador desde un aspecto básico, por lo tanto, fue diseñado con características monousuario y monotarea, lo habitual en aquellos primeros años de la informática personal.

El CP/M se convirtió en un sistema operativo muy popular debido a dos factores destacables: la fácil portabilidad entre ordenadores, incluso entre arquitecturas diferentes; y el diseño modular basado en tres sistemas diferenciados: CCP, que era un intérprete de comandos; BDOS, que eran las operaciones básicas con disco; y BIOS, que era el sistema de entrada/salida, básico totalmente, dependiente de la arquitectura de la máquina donde rodaba el software.

A finales de los de los años setenta y principios de los ochenta, algunas de las aplicaciones de software más famosas de la historia de la informática, como WordStar o dBase, fueron creadas para operar con CP/M, hecho que señaló el importante alcance de aquel sistema operativo en aquella época.

Al nacer el IBM PC, Gary Kildall con su Digital Research, adaptó el CP/M para la nueva arquitectura, y justo ahí comenzó el principio del fin del sistema operativo.

Es necesario aclarar que al nacer el IBM PC, el sistema operativo CP/M era muy famoso, por lo que IBM recurrió a Digital Research para llegar a un acuerdo en el que su sistema operativo fuera entregado junto a la nueva arquitectura de ordenadores. Pero varios errores estratégicos de Gary Kildall —entraremos en detalle más adelante— tuvieron como efecto final que IBM llegara a un acuerdo con Microsoft para incluir un sistema operativo que ni siquiera había desarrollado la empresa de Bill Gates en el momento de cerrar el acuerdo.

Entonces nació el MS-DOS e IBM ofreció en sus equipos, para cubrir ciertos asuntos legales, tanto el CP/M como el MS-DOS. Posteriormente otros factores estratégicos acertados de Microsoft arrinconaron al sistema operativo de Gary Kildall, hasta hacerlo desaparecer de la arquitectura creada por IBM.

En medio de aquella guerra entre Microsoft y Digital Research por suministrar sistemas operativos a IBM, la empresa de Kildall creó, en el año 1982, una versión nueva de CP/M adaptada para el microprocesador Intel 8086 de 16 bits; el nuevo sistema operativo fue llamado CP/M-86, y el antiguo pasó a llamarse CP/M-80.

En el año 1988, habiendo perdido varios años antes la batalla por el IBM PC, Digital Research transformó el CP/M-86 en un sistema operativo clon del MS-DOS 3.31 —al menos en lo que a aspecto visual, nuevos comandos, y otras funciones de nueva implementación refiere—, y con ese nuevo sistema operativo intentó ganar terreno a Microsoft. En cierto modo logró recortar terreno, ya que muchos usuarios usaron el DR-DOS en lugar al MS-DOS, y se habló de gran calidad y estabilidad del sistema operativo de Digital Research si era comparado al de Microsoft. A medio camino entre el CP/M-86 y el DR-DOS, existió una versión llamada DOS Plus que no tuvo mucho éxito ni fue especialmente estable.

En los primeros años noventa, el sistema operativo DR-DOS perdió, nuevamente, la batalla con el MS-DOS. En los años noventa Digital Research fue vendida a Novell, que buscó —inútilmente— competir con Microsoft por medio del lanzamiento del Novell DOS 7.0. En el año 1996 una nueva venta terminó con el DR-DOS en propiedad de la empresa Caldera, entidad que lanzó al mercado el software DR-DOS 7.01, un sistema operativo freeware con código abierto que fue llamado OpenDOS, y que apenas tuvo presencia, ni tampoco logró competir con Microsoft. Posteriormente, Caldera lanzó al mercado una nueva versión que abandonó su carácter freeware inicial para ser transformado en un sistema cerrado. En el año 2002 una empresa llamada DeviceLogics compró a Caldera el sistema operativo DR-DOS, y en el año 2004 lanzó la versión DR-DOS 8.0, centrando su mercado en los sistemas integrados.

El sistema operativo CP/M tuvo su época de grandeza, y su momento de mayor esplendor estuvo directamente relacionado con el mundo de los 8 bits —destacando el procesador Zilog Z80—, y con una larga lista de modelos de ordenador de gran fama como el Altair 8800, la serie Amstrad CPC y PCW, Apple II, Atari ST, Commodore 64 y 128, o el Spectravideo SVI-328.

Sin duda alguna, el sistema operativo de Gary Kildall marcó una época y es parte de la historia de la informática, logrando dejar en aquellos que tuvieron la suerte de poder utilizar el CP/M original un recuerdo asociado a los calificativos de calidad, sencillez, y estabilidad.

Pero otros asuntos ajenos a la calidad del producto, hicieron que el CP/M estuviera a la sombra del MS-DOS en el mundo PC, que fue la arquitectura dominante desde mediados de los ochenta; aquel papel secundario del CP/M en el mundo PC situó al producto de Digital Research en el camino de su decadencia, sin restar importancia a que fue el sistema operativo más destacado a nivel mundial de la *informática personal* en sus primeros años de vida.

Gary Kidall

En sus inicios Gary Kildall enfocó sus estudios hacia el área de las matemáticas, pero poco a poco, se fue acercando al mundo de la computación.

Se graduó en la Universidad de Washington, y realizó el servicio militar en la marina como profesor en la Escuela Naval de Postgraduados de Monterrey (California). Eligió aquel destino porque estaba cerca de un valle californiano que llevaba algunos años dirigiendo el mundo tecnológico mundial: Silicon Valley.

Ejecutando su labor de profesor en la Escuela Naval tuvo acceso al primer microprocesador de la historia: el llamado Intel 4004; desarrolló programas para el microprocesador y se acercó al fabricante Intel —todavía empresa emergente—, realizando trabajos de consultor para esa compañía. Posteriormente tuvo acceso al Intel 8008, y al famoso Intel 8080 que abrió la lata de la informática personal. A petición de Intel desarrolló el primer lenguaje de programación para un microprocesador que bautizó con el nombre de PL/M; su primer gran éxito.

La creación del PL/M llevó a Kildall a crear el producto más importante y famoso de su carrera: el sistema operativo CP/M... acababan de nacer dos leyendas de la informática: el sistema operativo CP/M, y la empresa Digital Research, fundada por Kildall en 1976 y por la que abandonó todas sus ocupaciones del momento. Es importante destacar que Kildall fundó la empresa, junto con su esposa Dorothy, por culpa de Intel que rechazó el CP/M... no le vieron utilidad dentro de su estrategia empresarial.

En realidad, en el año 1975, Kildall tuvo oportunidad de colocar su creación en dos equipos informáticos comerciales, en el ordenador Altair 8800 y en el equipo IMSAI 8080 —que era un clon del primero—, y con el éxito de aquellos ordenadores, pioneros de la *informática personal*, también asaltó la cima de la popularidad el sistema operativo CP/M.

En el año 1977 el sistema CP/M era el software más popular en los famosos ordenadores de 8 bits basados en dos microprocesadores tan famosos como fueron el Zilog Z80 e Intel 8080. Entendemos que la mayoría de los que han trabajado con CP/M no dudan que aquel sistema operativo era de gran calidad, y forma parte de la historia de la informática.

En el año 1980, y con gran éxito gracias a su sistema operativo, la empresa Digital Research era todo un referente, y en ese año sucedieron unos hechos que fueron clave para el devenir futuro de la empresa y de su fundador Gary Kildall.

La empresa de informática más importante a nivel mundial en 1980 era la todopoderosa IBM, pero le faltaba algo, acceder al mundo de la *informática personal* creada solo unos pocos años antes. El gigante americano quiso entrar en el nuevo mercado de la forma más rápida posible y, por ello, decidió ensamblar un equipo informático usando componentes de terceros fabricantes, excepto en el apartado más básico del arranque del ordenador, la BIOS. Para el microprocesador la empresa recurrió a Intel, para el sistema operativo decidió contactar con Digital Research de Gary Kildall.

IBM recurrió a Kildall con excesiva prisa por lanzar el equipo informático al mercado… que mejor que recurrir a una empresa que ya contaba con un sistema operativo de fama mundial… pero Kildall no supo ver las posibilidades de la arquitectura PC que estaba a punto de nacer.

A lo largo de los años fueron difundidas muchas leyendas urbanas que afirmaban que Kildall hizo esperar a IBM para volar con su avioneta… que envío a su mujer a negociar en un gesto egocéntrico y narcisista… pero ninguna de aquellas leyendas era cierta. En realidad, Gary Kildall era un gran trabajador que disponía de mucho talento y ambición, pero era Dorothy Kildall la que se encargaba de las operaciones comerciales de la empresa. Por ello fue Dorothy —y sus consejeros legales— los que negociaron con IBM, y también se negaron a firmar el contrato por dos motivos: el acuerdo de confidencialidad, y por el pago único en lugar de los habituales «royalties» por cada copia del software vendida.

Por detrás llegó un gran negociador y visionario como Bill Gates que, sin tener un sistema operativo, aceptando el pago único y la confidencialidad, supo guardarse el derecho de vender su sistema operativo —todavía por desarrollar— a terceros, además de IBM. Gary Kildall perdió para Digital Research el contrato con IBM para ser proveedor del sistema operativo de los ordenadores PC; se lo llevó una pequeña empresa poco conocida llamada Microsoft.

En principio aquello no pareció ser muy grave debido al éxito del CP/M y al tamaño de la empresa de Kildall, pero los sucesos posteriores convirtieron todo aquello en una catástrofe total para el futuro de la empresa Digital Research.

Gracias a lo que se conoce como La Habitación Limpia —otro asunto que trataremos más adelante—, IBM perdió el control del PC que se convirtió en un estándar a nivel mundial, arquitectura fabricada sin licencia de ningún tipo por cualquier fabricante de ordenadores.

El primer efecto, la sentencia de muerte de los ordenadores de 8 bits estaba firmada, y con ello la muerte del CP/M.

El segundo efecto fue que Microsoft, que se había garantizado la posibilidad de vender su sistema operativo MS-DOS fuera de IBM, se convirtió en la empresa de software más importante del mundo al cubrir totalmente las necesidades de los fabricantes ajenos a IBM que estandarizaron la arquitectura PC.

La estandarización de la arquitectura PC fue un duro mazazo para Gary Kildall del que nunca se recuperó, y allí comenzó el principio del fin de la empresa Digital Research. En aquellos años acusó a Microsoft de utilizar como base del MS-DOS (o PC-DOS en el caso de los instalados en equipos IBM) un sistema operativo llamado QDOS, al que acusó a su vez de ser una burda copia del CP/M.

En realidad, y con el paso de los años, nunca se pudo demostrar el plagio, y las investigaciones publicadas en años posteriores más bien confirmaron lo contrario. Pero en 1981 Digital Research se salió con la suya, ya que IBM quiso evitar una posible confrontación legal, y accedió a que el CP/M también entrara en el mundo PC. Pero no sirvió de nada, porque la venta de licencia individual contra la tarifa plana de Microsoft hizo que el precio del CP/M fuera muy superior al del PC-DOS. Nuevamente Digital Research volvió a fracasar.

Con la caída del CP/M, y viendo que otros fabricantes se habían adentrado en un nuevo mundo basado en entornos gráficos —gracias a las investigaciones a ese respecto hechas por el Xerox PARC—, Kildall decidió que su intento de recuperar el reinado en el mundo del software viniera de la mano de productos creados para convertir a los sistemas operativos de modo texto en entornos operativos gráficos.

En febrero de 1985 presentó el software GEM Desktop, un entorno operativo de gran calidad para aquellas fechas. Pero aquel entorno terminó también por fracasar tres años después.

En el año 1988, con el GEM Desktop fracasado, decidió retomar el asunto MS-DOS cuando ya era un sistema operativo de uso generalizado y Microsoft era la empresa de software más importante del mundo; creó el DR-DOS 3.31 para combatir al exitoso MS-DOS 3.31 por medio de licencias más baratas y vendiendo la total compatibilidad entre ambos sistemas operativos. Y esta vez fue el propio Kildall quien clonó algunas partes del novedoso sistema de Microsoft, quién añadió nuevas funciones mejoradas, y quién copió, además, el número de versión del rival. Ciertamente, el sistema operativo DR-DOS era de gran calidad, muchos de nosotros lo pudimos utilizar, pero era tarde para combatir una guerra que, en realidad, se había perdido en los años 1980 y 1981.

Existen algunos datos muy importantes —y poco conocidos— sobre Kildall. Entre los años 1983 y 1990 Gary Kildall fue un gran divulgador sobre tecnología informática en la televisión pública estadounidense al co-presentar el programa llamado Computer Chronicles.

También desarrolló en Digital Research un software de animación que fue vendido a una pequeña empresa incipiente en los años ochenta llamada Pixar.

El concepto BIOS también fue una creación de Gary Kildall en el año 1975; inventó el concepto, así como incluyó en su sistema operativo CP/M, la primera BIOS que se conoce.

En el año 1991 Kildall perdió definitivamente todo lo que había conseguido desde el año 1980, al vender su empresa a Novell. Pero es importante dejar claro que Gary Kildall fue vital en los primeros desarrollos de sistemas operativos y que gracias a su ingenio, y talento, logró un gran éxito perdido, posteriormente, en una negociación poco hábil y mal encaminada, si es comparada con la gestión de su competidor Bill Gates, negociación que estuvo teñida, también, de algo de mala suerte... no se puede predecir el futuro con total certeza; creo que todo el mundo que conoce la historia de Microsoft y Digital Research tiene la certeza que si no hubiera reinado Bill Gates en el mundo de los sistemas operativos, lo hubiera hecho Gary Kildall. No hay duda de ello.

En el año 1994 Gary Kildall falleció en México a la edad de cincuenta y dos años en circunstancias accidentales que nunca fueron aclaradas.

GEM Desktop

Cuando hablamos de las tecnologías de la *informática personal* todos los caminos conducen al mismo nombre, al mítico Xerox PARC ya mencionado anteriormente... centro que investigó y creó una importante parte de la tecnología base de la *informática personal* actual.

En el año 1975 Alan Kay, Larry Tesler, y Dan Ingalls presentaron, en el seno del Xerox PARC, el primer interfaz gráfico para ordenadores en el que llevaban tiempo trabajando... asunto también ya tratado desde la posición de Alan Kay.

No mucho tiempo después, esta y otras tecnologías del centro de investigación de Xerox no fueron tomadas en serio por la propia matriz de la empresa, algo que alertó a otras compañías como Apple —con Steve Jobs a la cabeza— que sí estuvieron interesados en aquellos desarrollos.

Para finales de los años setenta e inicios de los años ochenta, ya se había iniciado una carrera entre las empresas más prometedoras del momento por conquistar el mundo gráfico de la informática personal. El primer ordenador con interfaz gráfica fue el Xerox Alto, pero no estuvo disponible comercialmente.

En el año 1981 la empresa Xerox lanzó al mercado el ordenador Xerox Star; el primer equipo comercial que incluyó una interfaz gráfica, aunque no logró el éxito deseado.

A partir del Xerox Star empresas como Apple, Microsoft, o Digital Research se lanzaron en la carrera por conquistar lo que pensaron —y no se equivocaron— que sería el futuro: la explotación del novedoso mapa de bits para crear el entorno gráfico (GUI).

En el año 1984 Apple incluyó su GUI en su modelo de ordenador Lisa primero, y en el Macintosh después. En febrero de 1985 hizo lo mismo Digital Research —comandado por Gary Kildall— por medio del GEM Desktop; en junio de 1985 Microsoft lanzó el Windows 1.0.

En la actualidad, el interfaz gráfico GEM Desktop es el más desconocido por los aficionados de la informática que no vivieron esta ciencia de la computación en la década de los años ochenta y, quizás, los primeros noventa.

El interfaz GEM Desktop nació de un software creado a modo de librería gráfica llamado GSX, proyecto liderado por Lee Jay Lorenzen —un antiguo empleado del Xerox PARC que había dejado aquel puesto de trabajo para recalar en la empresa de Kildall—.

La librería GSX evolucionó hasta convertirse en el producto GEM Desktop, y la versión para la familia Intel x86 fue presentada en el año 1984.

El nuevo entorno gráfico no solo fue desarrollado para ser soportado en la familia x86 de Intel, también existió la versión para el procesador Motorola 68000. Además, GEM Desktop se diseñó para operar sobre el sistema operativo CP/M... poco tiempo después también fue habilitado para operar sobre la familia de sistemas operativos DOS (PC-DOS, MS-DOS, y DR-DOS).

La primera versión para la serie Intel x86 se llamó GEM/1, y su salida al mercado provocó una demanda judicial de Apple por plagio de algunas partes de su entorno gráfico; aquella demanda provocó que Digital Research hiciera cambios en el entorno gráfico para sortear los problemas legales.

En el caso del fabricante Atari, el software GEM tuvo una total presencia en el sistema operativo TOS desde su aparición en noviembre de 1985.

El GEM Desktop se hizo famoso en los ordenadores Atari ST, pero quizás la mayor difusión del producto en Europa fue lograda gracias a la versión para MS-DOS cuando el interfaz fue incluido, gracias a la versión GEM/2 creada para el mundo PC, en los primeros ordenadores Amstrad PC: los modelos PC-1512 y PC-1640. Ambos modelos tuvieron un éxito enorme en Europa, y el GEM se hizo popular rodando en aquellas míticas computadoras. El software GEM/2 también fue distribuido en los equipos Sinclair PC 200.

En noviembre de 1988 Digital Research lanzó al mercado la última versión comercial para el mundo PC bautizada con el nombre de GEM/3.11; a partir de ahí se inició el declive de ese interfaz gráfico.

En el mundo PC, el entorno gráfico sobrevivió hasta el año 1991 dentro de un entorno derivado llamado ViewMAX/1 primero, y ViewMAX/2 después. En el caso de Atari continuó formando parte del TOS hasta la aparición del modelo Atari Falcon en el año 1992.

Posteriormente, la empresa Caldera compró los derechos de lo que quedaba del GEM Desktop: la inconclusa interfaz gráfica llamada ViewMAX/3. Finalmente, en el año 1996, Caldera publicó el código fuente bajo licencia GPL, lo que permitió que el entorno gráfico siguiera con vida hasta hace unos pocos años dentro de productos de código abierto como FreeGEM y OpenGEM.

Es importante destacar que muchas aplicaciones de usuario fueron desarrolladas para ser ejecutadas sobre la interfaz GEM Desktop, quizás la más famosa fue la aplicación de autoedición llamada Ventura Publisher, que fue desarrollada en el año 1986 por Ventura Software. Ese software sí alcanzó gran notoriedad y, en 1990, con la decadencia del GEM Desktop, fue lanzada una versión del software gráfico para Windows, Macintosh, y OS/2.

La importancia del GEM Desktop en la *informática personal* es tal que mucha gente usó por primera vez un entorno gráfico gracias al GEM Desktop... un software que, en aquellos años de proliferación de los sistemas operativos abstractos en modo texto, mostró un mundo nuevo que todavía estaba por llegar.

Sin embargo, el interfaz gráfico no alcanzó la popularidad necesaria para convertirse en el primer entorno gráfico de uso masivo en el mundo PC, le ganó la partida la empresa Microsoft con el famoso Windows.

Digital Research

La empresa Digital Research fue la empresa fundada por Gary Kildall en el año 1974, operando hasta el año 1991. Los productos que creó Digital Research se constituyeron en pilar fundamental en la evolución de los sistemas operativos.

El primer gran logro de Digital Research fue desarrollar el ya mencionado sistema operativo CP/M que se ejecutó en la primera gran familia de ordenadores de ocho bits de diferentes fabricantes —paso previo al IBM PC—, y que compartieron el mismo microprocesador Zilog Z80.

El acuerdo fallido con IBM fue el punto de inflexión que marcó la diferencia entre el éxito arrollador de una empresa, y el progresivo hundimiento de la otra. Siempre se rumoreó que Microsoft utilizó malas formas en la negociación con IBM para desbancar a Digital Research, y también se rumoreó en su momento que el MS-DOS estaba basado en una copia ilegal del CP/M adquirida a otro fabricante de software, pero nada se ha probado, ni hay una certeza real sobre ello. Sobre aquellas historias no se sabe si son leyendas urbanas, o historias reales, lo único que si fue contrastado era el gran parecido existente entre el MS-DOS y CP/M.

El fallido acuerdo entre IBM y Digital Research fue una pesada carga para la empresa y para su máximo responsable, Gary Kildall. En los años posteriores siguieron desarrollando allí versiones del sistema operativo de gran calidad, llegando a renombrar el producto como DR-DOS, y tuvieron sus momentos de gloria; pero nunca pudieron luchar contra el imperio Microsoft que crecía en progresión geométrica.

Digital Research es una leyenda de la informática por ser pionera en muchos apartados de esta ciencia: crearon el primer sistema operativo enfocado al *ordenador personal* y al pequeño usuario no profesional, y crearon el primer entorno gráfico para los ordenadores IBM PC llamado GEM Desktop.

En muchas etapas de la corta historia del ordenador personal, Digital Research logró que sus productos superaran en calidad a los productos de la competencia, pero nunca fue capaz de superar al imperio económico generado por el gigante Microsoft.

Una empresa que, en cierto modo, tuvo una trayectoria similar a Digital Research fue DEC, fabricante de la saga de ordenadores PDP, siendo además, seguramente, el modelo VAX el ordenador de mayor éxito de la marca.

La guerra entre CP/M y MS-DOS

El 12 de agosto de 1981 IBM lanzó al mercado su nueva arquitectura de ordenadores IBM PC, donde el gigante de la informática buscó crear una arquitectura estándar, aunque al mismo tiempo, no buscó crear un sistema de ordenadores compatibles.

Al principio de la década de los años ochenta IBM era la empresa de informática más potente del mundo, y con la nueva arquitectura PC buscó alianzas con otras grandes empresas fabricantes de hardware… y en el apartado del software no fue diferente.

En aquellos primeros años de la *informática personal*, el sistema operativo CP/M creado por Digital Research bajo la dirección de Gary Kildall era muy popular; el sistema operativo CP/M era considerado el rey de las máquinas de 8 bits, y no faltó la razón en ello porque realmente fue un sistema operativo estable y de calidad. El sistema CP/M creció rápidamente debido, entre otros factores, a ser el sistema operativo de los primeros *ordenadores personales* de éxito como, por ejemplo, el Altair 8800.

En el año 1980 IBM decidió recurrir a Gary Kildall para que el CP/M fuera el sistema operativo oficial del nuevo mundo PC. Gary Kildall envió a negociar con IBM a Dorothy McEwen Kildall —su esposa—. Y aquí radica un mito sobre la negociación: Gary Kildall hizo esperar a IBM y mandó a su esposa para no asistir él en persona, mostrando poco interés en negociar con IBM. La esposa de Gary ocupó el puesto de representante de licencias de Digital Research, por lo que aquella negociación fue parte de su responsabilidad oficial, no hubo ni desprecio ni desgana por negociar con IBM.

En aquellos años Digital Research era una gran empresa de éxito y la negociación fue complicada ya que la empresa de Kildall se negó a aceptar dos puntos concretos exigidos por IBM: No estaba de acuerdo en el contrato de confidencialidad propuesto, y se negó a aceptar el pago único por el uso del sistema operativo, en su lugar buscaban el habitual sistema de cobro de un «royalty» por cada licencia de CP/M adjuntada a cada equipo IBM PC.

Rotas las negociaciones entre IBM y Digital Research, la primera recurrió a una empresa pequeña, pero en gran crecimiento, llamada Microsoft, buscando cubrir la necesidad concreta del sistema operativo del IBM PC. La empresa Microsoft era famosa en aquella época por haber creado el lenguaje de programación BASIC para el ordenador Altair 8800, y el mismo lenguaje en la versión personalizada para el ordenador Apple II.

Microsoft no contó con ningún proyecto en activo en ese momento para desarrollar un sistema operativo, pero, ante la existencia de IBM, salió a relucir el QDOS creado por Tim Paterson para la compañía Seattle Computer Products. Aquí también surge otro mito: que Microsoft aseguró a IBM que contaba con un sistema operativo, y a espaldas de la segunda compró el QDOS para modificarlo y renombrarlo.

En realidad, Microsoft reconoció a IBM desde el primer momento que no tenía sistema operativo, y fue Paul Allen, que conocía a Tim Paterson y su sistema operativo, el que sacó a relucir la posibilidad de utilizar aquel sistema de terceros. Aquí surge otro mito: Microsoft compró el QDOS para cumplir las exigencias de IBM de un sistema operativo. En realidad, fue IBM el que sugirió a Microsoft la adquisición del QDOS.

Finalmente, y a petición de IBM por su urgencia en contar con el producto, Microsoft compró el QDOS por la cantidad de 50.000 dólares, un coste bajo y, a priori, el primer gran acierto de Microsoft en la operación. En realidad, Microsoft compró una licencia no exclusiva del QDOS en diciembre de 1980 por 25.000 dólares; en mayo de 1981 Microsoft contrató a Tim Paterson para portar el QDOS al mundo PC del Intel 8088; en julio de 1981, un mes antes del lanzamiento del IBM PC, Microsoft compró la totalidad de los derechos del QDOS a Seattle Computer Products por 50.000 dólares. Por lo tanto, el gasto inicial sobre el QDOS fue de 75.000 dólares; precio que posteriormente sería aumentado en una cantidad muy superior.

Finalmente, IBM y Microsoft llegaron a un acuerdo con el que nació el PC-DOS 1.0: el sistema operativo para el mundo PC. En ese acuerdo Microsoft aceptó el pago único, y las condiciones del contrato de confidencialidad, pero se reservó el derecho de vender el sistema operativo a terceras empresas… entonces nació también el sistema operativo MS-DOS 1.0.

Una vez cerrado el acuerdo, y cuando el IBM PC se transformó en un éxito mundial, surgieron los primeros problemas judiciales: la empresa Seattle Computer Products demandó judicialmente el acuerdo alegando que Microsoft había ocultado la participación de IBM en la venta del QDOS, logrando un precio muy bajo en la compra del producto. Finalmente, Seattle Computer Products logró un millón de dólares gracias a esa demanda. Por lo tanto, otro mito es la creencia popular que la compra del QDOS fue un chollo de 50.000 dólares; la realidad es que la compra, finalmente, superó el millón de dólares.

Llegados a este punto de la historia, es conveniente aclarar otro de los grandes mitos sobre este asunto: el QDOS era una copia pirata del CP/M.

En realidad, el sistema operativo se asemejaba mucho al CP/M, y Gary Kildall investigó el acuerdo y amenazó con demandar por el posible plagio. Entonces IBM accedió a dejar entrar en el acuerdo a Digital Research, y comenzó a ofrecer los sistemas operativos PC-DOS y CP/M-86 en sus equipos IBM PC.

Inicialmente pudo parecer que Digital Research, con ese movimiento, corrigió los errores en la negociación inicial, pero en realidad, aquello no sirvió a la empresa de Kildall porque el MS-DOS era ofrecido a los clientes a un precio de 40 dólares, y el CP/M-86 a 240 dólares. ¿Por qué esa diferencia de precio? Porque la negativa de Kildall a aceptar el pago único provocó que el excesivo valor del «royalty» encareciera el producto en comparación al de Microsoft con su cobro único.

El CP/M-86 no tardó mucho en desaparecer del negocio de IBM, ya que los clientes compraban por un precio muy inferior un sistema operativo parecido. Aquí emerge otro mito: muchos afirmaron que IBM perjudicó voluntariamente a Digital Research evitando la igualdad de condiciones con Microsoft; la realidad es que la propia Digital Research se perjudicó a si misma por no ceder ante el asunto del «royalty», que fue el verdadero factor que le impidió competir en igualdad con Microsoft.

Es importante aclarar, también, el mito del plagio del QDOS sobre el CP/M. En realidad, nadie ha podido demostrar, a día de hoy, que el QDOS fuera una copia pirata del CP/M, y en el año 2012 fue publicado en la revista IEEE Spectrum un artículo donde el consultor Bob Zeidman, miembro de la Analysis and Forensic Engineering Corporation, confirmó que en el MS-DOS no se encontró rastro alguno del CP/M.

En el año 2016 Bob Zeidman llegó más lejos aún y ofreció 200.000 dólares a cualquier persona que fuera capaz de demostrar que el MS-DOS partió de una copia pirata de CP/M. El asunto de la copia ilegal se complicó más todavía porque se llegó a rumorear que Gary Kildall había dejado escondido en el código fuente del CP/M un aviso de derechos de autor que llegó al código fuente del MS-DOS por depender del QDOS. Respecto a este asunto Bob Zeidman ofreció 100.000 dólares a la persona que pudiera encontrar ese sello oculto en el código fuente del MS-DOS.

Busqué otros estudios de investigación sobre el asunto del plagio, y encontré un artículo en inglés publicado en la revista Embedded donde utilizaron técnicas forenses para comparar el software binario del MS-DOS contra el código fuente del CP/M. El resultado fue negativo, no se encontraron evidencias de copiado. Posteriormente, y teniendo en cuenta que la comparación binaria no era la más adecuada o fiable, y que el Computer History Museum dispone de una versión del código fuente del MS-DOS 2.0 donada por Microsoft y también el código fuente del MS-DOS 1.1 aportado por el creador del QDOS Tim Paterson, realizaron una nueva prueba totalmente efectiva comparando ambos códigos fuente. Nuevamente, no se encontró evidencias de copia ilegal. Por lo explicado en párrafos anteriores, y mientras nadie demuestre lo contrario, el QDOS no era una copia ilegal del CP/M... cae otro mito.

Con el nacimiento de los ordenadores compatibles con el IBM PC, gracias a la estrategia de *La Habitación Limpia* —historia que se explicará más adelante—, sumado a la buena negociación de Microsoft que se reservó el derecho de vender el PC-DOS por su cuenta a través del producto MS-DOS, se produjo la gran eclosión mundial de la empresa Microsoft.

El gigante IBM erró al permitir que Microsoft vendiera por su cuenta el sistema operativo; estaba claro que nunca pensaron [IBM] en que otros fabricantes tuvieran la posibilidad de comercializar equipos compatibles usando la propia arquitectura del IBM PC.

Años después, en 1988, fue Gary Kildall quién quiso emular al MS-DOS 3.31 creando el DR-DOS 3.31 en base a rehacer su CP/M-86 original e igualar a las nuevas características del primero... su baza fue la mayor estabilidad y el rendimiento mejorado. Llegó tarde ya que la posición de Microsoft en aquel mercado era inmensa... la batalla de Kildall fue perdida en el año 1980 por un cúmulo de errores de negociación, y ganada por Microsoft justo a la inversa: gracias una buena negociación. No hay que olvidar que la negociación por el sistema operativo del IBM PC fue el principio del fin de Digital Research, así como fue el punto de inflexión que transformó a Microsoft en la mayor empresa de software del mundo.

DEC VAX

La empresa Digital Equipment Corporation (DEC) fue una de las grandes diseñadoras y fabricantes de la historia de la informática, sobre todo conocida por construir el primer miniordenador de la historia de la informática. En la serie PDP alcanzó el mayor éxito con la versión PDP-11 en el año 1970; a partir de esa máquina, en 1977, DEC decidió crear un nuevo ordenador que fue bautizado con el nombre de VAX-11—Virtual Address Extended PDP-11—.

Ordenador DEC VAX 11/780. Foto de Joe Mabel (https://commons.wikimedia.org/wiki/User:Jmabel). Licenciada bajo CC BY 2.5 (https://creativecommons.org/licenses/by/2.5).

La nueva máquina VAX-11 contó con un sistema operativo desarrollado exclusivamente para ella: el sistema VMS, posteriormente renombrado a OpenVMS, que fue concebido junto con la máquina.

Una de las principales características de la serie VAX fue el revolucionario y novedoso sistema de clustering. ¿Qué es el clustering en un sistema operativo? Es un concepto que hace referencia a una técnica que permite combinar múltiples sistemas para que trabajen en paralelo, comportándose como un recurso informático unificado en la búsqueda de algunos beneficios como servir a un grupo de tareas, disponer de tolerancia a fallos, o tener disponibilidad continua.

El primer equipo VAX-11/780 fue instalado en la Universidad Carnegie Mellon, y en el año 1978 fueron instalados dos equipos en el CERN de Suiza y en el Instituto Max Planck en Alemania.

El ordenador fue diseñado tanto en hardware y software bajo la premisa de tener una vigencia de diez a quince años, pero, finalmente, tuvo una presencia superior a veinte años.

En 1982 se lanzó al mercado el VAX-11/730, que era más pequeño y más barato que las versiones anteriores de VAX. Para aquel año 1982, DEC era el fabricante de ordenadores más importante a nivel mundial solo por detrás de IBM.

Posteriormente DEC lanzó al mercado un ordenador VAX que contó con dos procesadores compartiendo la misma memoria llamado VAX-11/782... ordenador que fue una respuesta a las necesidades de los clientes de DEC. Aquí es importante reseñar que DEC fue capaz de diseñar un sistema que permitió unir diferentes ordenadores VAX para trabajar como si fuera un único equipo.

En 1984 DEC inició una segunda generación de máquinas VAX cuando lanzó al mercado el equipo VAX 8600. Entre 1984 y 1987 DEC lanzó los modelos 8800, 8300, y 8200. En 1992 DEC lanzó la serie de ordenadores Alpha (*estaciones Alpha*) —equipo de 64 bits con procesador de arquitectura RISC—, y creó un nuevo sistema operativo variante de VMS que llamó AXP; podríamos decir que los ordenadores basados en Alpha fueron una evolución —o sustitución— de la serie VAX.

Los últimos equipos VAX, los modelos 7000 y 10000, fueron lanzados ese mismo año de 1992, pero todavía fueron ejecutadas modificaciones sobre los modelos hasta el año 1999 donde, finalmente, se discontinuó tanto la serie VAX como los equipos Alpha... poco tiempo después que DEC fuera adquirida por Compaq.

La mayor época de esplendor de los ordenadores VAX fueron los años ochenta donde dominaron un mercado de miniordenadores gracias al diseño de un equipo informático y un sistema operativo —paralelo al hardware— muy potente y estable. Los ordenadores de la serie Alpha fueron una evolución de la serie VAX que también contaron con una importante presencia.

Entre los grandes logros de los equipos VAX podemos hablar del hecho de ser el primer ordenador comercial de 32 bits de la historia, pero, además cuenta con otros hechos relevantes como, por ejemplo, ser el primer equipo que adoptó la tecnología de red Ethernet, superando a la tecnología Token Ring de IBM.

Además, en los años noventa, las estaciones Alpha junto con los ordenadores Silicon Graphics, fueron considerados entre los ordenadores más potentes disponibles en el mercado comercial... en los primeros años de Internet muchos servidores que requerían gran potencia dentro de la gran red estaban montados sobre estaciones Alpha con su sistema operativo AXP.

La saga de ordenadores VAX fueron una revolución del miniordenador terminando por influir severamente en la futura *informática personal.*

CAPÍTULO 3.
ANEXO DEL PREÁMBULO

En el año 1978 la *informática personal* o *de usuario* estaba naciendo gracias al éxito de pequeños ordenadores lanzados en aquellas fechas como el Apple II, Tandy TRS-80, o el Commodore PET. En España pocas personas podían acceder en aquel año a ese nuevo mundo de la *informática personal*—entre otras cosas porque un *ordenador personal* integrado podía costar tanto como un pequeño coche de tipo turismo—; pero existían entusiastas dispuestos a aportar su granito de arena para la difusión de ese nuevo concepto que se encontraba en pleno proceso de florecer.

En 1978 Alberto Lozano era un joven entusiasta y emprendedor del mundo de la electrónica y, también, apasionado de esos nuevos ordenadores accesibles a cualquier usuario. Por ejemplo, Alberto construyó su propio ordenador desde cero utilizando un procesador SC/MP de 4 bits de National Semiconductor por medio de placas alambradas a mano con whirewrapping.

Con la coincidencia de la distribución en España del Commodore PET por parte de la empresa Microelectrónica y Control, Alberto propuso al distribuidor la creación de un club que pudiera aportar asistencia y conocimiento a los usuarios del famoso ordenador. Y para conseguir socios para el club, nada mejor que el propio distribuidor aportara las direcciones de cada comprador de ese modelo de ordenador… a Microelectrónica y Control le interesaba que existiera el club, ya que les podía proporcionar mayor difusión en favor del equipo a vender.

En noviembre de 1978 fue lanzado, en papel, un primer boletín informativo de diez páginas llamado *Data*, dando lugar al estreno del Club Data. En sus primeros números el club se centró únicamente en el ordenador

Commodore PET. Inicialmente, la revista nació con una periodicidad mensual… aunque no siempre cumplió escrupulosamente dicha periodicidad.

El boletín *Data* fue creado con la premisa de dar soporte a los usuarios y ser, también, intermediario en las compras de software de sus asociados, permitiendo al club realizar una labor de distribución para traer software proveniente del extranjero y traducirlo al castellano para, finalmente, ser entregado a los socios-compradores.

Es importante aclarar que los asociados al Club Data no pagaban cantidad económica alguna por pertenecer al club —aclarando también que alguna fuente contradice esa afirmación y habla de una pequeña cuota a abonar por cada miembro del club—, y, por ello, la financiación era difícil de conseguir… al menos en un principio.

Portada del primer número del Club Data, fechado en noviembre de 1978.

En los inicios del club, un empresario llamado Nicanor Ariño aportó la financiación necesaria hasta que fuera posible gestionar el apartado económico por sí solo. Además de Nicanor y Alberto, otras personas participaron en la gestión del club como Agustín Durán, propietario de una imprenta, y Josep Moncusí como dibujante de la publicación.

En el año 1979 la empresa americana Data General consideró que el nombre de Club Data era una violación de su marca y, por ello, advirtió de posibles acciones legales… el club cambió su nombre por otro nuevo: Club Run. Para aquellas fechas la entidad ya tenía como ámbito de alcance otras dos plataformas, abriendo el club a los usuarios del Commodore PET, Apple II, y TRS-80.

En el año 1981, llegaría un nuevo cambio de nombre y el Club Run fue renombrado como Club Fastware, siendo la antesala de su desaparición poco tiempo después. Para ese año Alberto Lozano, fundador y editor de la revista, había abierto su propio negocio de informática en Barcelona… y ya no hubo el tiempo suficiente a dedicar al club; el primer club de usuarios de ordenadores de España desapareció.

El club llegó a contar con un centenar de miembros en el marco histórico de una época donde únicamente una persona de la clase alta podía adquirir uno de esos ordenadores domésticos, por lo que en su corta vida el club tuvo una importante repercusión.

En la época actual, el Club Data merece ser recordado hasta el punto que el propio repositorio histórico Archive.org cuenta con un enlace donde se puede ver el original del primer número del boletín *Data*... un club de aficionados a la informática español en los primeros años de la *informática personal*.

Por aquellas fechas, un psicólogo y científico informático llamado Cristopher Evans se convirtió en el *Nostradamus de la Informática.*

Cristopher Evans

Nacido en Gales, Christopher Evans se licenció en psicología por la University College de Londres en el año 1960. Después de doctorarse por medio de su tesis titulada Patrón de percepción y la imagen de la retina estabilizada, recaló en el Laboratorio Nacional de Física en Teddington (Londres), trabajando en la División de Ciencias de la Computación desde 1964 hasta su fallecimiento a la temprana edad de cuarenta y ohos años en el año 1979.

El mismo año de su fallecimiento, en 1979, publicó un libro llamado *The Mighty Micro: The Impact of the Computer Revolution* —en Estados Unidos llamado *The Micro Millennium*— que pretendió tratar, entre otras cosas, una serie de predicciones sobre el futuro de una ciencia informática que estaba eclosionando. Además de publicar la obra, Christopher Evans fue protagonista —concretamente presentador— de una serie de televisión que fue emitida póstumamente por la cadena ITV entre octubre y diciembre de 1979.

El libro *The Mighty Micro* de Evans es una obra tremendamente valorada en la actualidad, incluyendo predicciones sobre lo que consideraba el autor como la próxima revolución de los microordenadores —es importante destacar que, en la segunda mitad de la década de los años setenta, estaba naciendo la *informática personal*—, además de incluir una serie de predicciones para el futuro desde el año 1979 hasta el año 2000.

El autor presentó su obra de la siguiente forma: «Este libro es sobre el futuro. No un futuro lejano que podemos ignorar felizmente, pero que es inminente. Implicará una transformación de la sociedad mundial en todos los niveles, y si bien tendrá lugar lentamente al principio, cobrará impulso con fuerza repentina. Es un futuro moldeado en gran medida por un único y sorprendente desarrollo en tecnología. La pieza de tecnología es, por supuesto, la computadora». La descripción que hace el autor de su obra habla por sí misma.

El libro, como psicólogo que era Evans, hace un énfasis especial en la dimensión psicológica del cambio tecnológico. En la actualidad, podemos saber si el autor acertó en alguna predicción y, de mano, podemos incluir alguna de las que expresó en el libro: «A partir de la década de 1990, el uso del dinero en efectivo será reemplazado rápidamente por el uso de tarjetas de crédito, que muy probablemente contengan un chip». No hay duda que es una predicción totalmente cumplida.

Además de esa predicción, en el tercer capítulo hace alusión a las formas en que nuestras nociones de privacidad serán remodeladas por las computadoras; en el cuarto capítulo incluyó un vistazo a un prototipo en 1979 de un dispositivo con muchas semejanzas al Kindle moderno. En una edición de bolsillo lanzada al entrar en la primera mitad de los ochenta reza el texto: «Para el año 2000 —diecisiete años a partir de ahora—, vivirás en un mundo transformado por un diminuto y económico chip de computadora: ¡el microprocesador!».

Evans entabló amistad con el escritor de ciencia ficción James Graham Ballard, y este último afirmó públicamente que una de sus fuentes de información más importante era la basura de un amigo. En una entrevista Ballard afirmó… «En lo que respecta a la lectura para investigación, siempre he sido muy afortunado con mis amigos. Durante años, el doctor Christopher Evans, un psicólogo en la rama de computadoras del Laboratorio Nacional de Física (a quien visité regularmente hasta su muerte —su laboratorio estaba a solo diez minutos en coche—), literalmente me envió el contenido de su papelera. Una vez cada quince días llegó un enorme sobre lleno de reimpresiones científicas y folletos, revistas especializadas e informes, todos los cuales leí cuidadosamente».

En el último libro de Ballard, la autobiografía *Milagros de la Vida*, el autor esbozó a su difunto amigo durante el rodaje de su última serie de televisión *The Mighty Micro*: «Chris Evans entró en mi vida al volante de un Ford Galaxy, un enorme convertible americano que pronto cambió por un Mini-Cooper, un automóvil de alto rendimiento no mucho más grande que una bala que viajaba a la misma velocidad. Chris se convirtió en el amigo más cercano que he hecho en mi vida. En apariencia, se parecía a Vaughan, el héroe autodestructivo de mi novela Crash, aunque él mismo no se parecía en nada a esa figura trastornada. La mayoría de los científicos en la década de 1960, especialmente en un laboratorio del gobierno, usaban batas blancas de laboratorio sobre un cuello y corbata, miraban al mundo por encima del borde de sus gafas y estaban algo encorvados y convencionales. El glamour no participó en la descripción de su trabajo. Chris, por el contrario, corrió alrededor de su laboratorio con zapatillas estadounidenses, jeans, y una camisa abierta para revelar una Cruz de Hierro en una cadena de oro, su larga cabellera negra y su perfil escarpado le proporcionaban un aire byroniano. Nunca conocí a una mujer que no estuviera inmediatamente bajo su hechizo. Un actor natural, estaba en su mejor momento en la plataforma de conferencias, y jugó a las emociones de su audiencia como un ídolo *matinee*, un joven Olivier con una licenciatura en ciencias de la computación. Era muy popular en la televisión y presentó varias series exitosas, entre ellas *The Mighty Micro*».

Debido al fallecimiento a una edad temprana, Christopher Evans no tuvo tiempo de realizar muchas aportaciones a la ciencia informática, pero solo con el libro *The Mighty Micro* logró crear una obra de culto muy buscada en la actualidad por muchos entusiastas de la informática… y leída, más bien releída, por muchos que la consideran una obra dedicada a la informática de gran valor, incluyendo una informática vista al trasluz de la psicología. Evans podría ser, perfectamente, el Nostradamus de la informática.

No solo personas individuales promovieron con sus acciones el desarrollo de la *informática personal*, también las aplicaciones de software creadas para aquellos primeros *ordenadores personales* fueron la mejor publicidad que pudo disponer aquella *informática personal* en sus inicios.

Killers Apps

Una Aplicación Asesina se define, oficialmente, como una aplicación informática determinante, es decir, que su implantación supone la definitiva asimilación por los usuarios. En inglés se le conoce con el nombre Killer Application y, usualmente, como Killer App.

Con el paso de los años, y con la evolución de la tecnología, se suele utilizar el término Aplicación Asesina para anunciar la próxima aplicación que romperá esquemas. En Internet se pueden encontrar preguntas del estilo, ¿cuál será la próxima Killer App de Internet? ¿Y del Internet de las Cosas (IoT)? ¿Y la Killer App en aplicaciones para móviles?

Una Killer App es una aplicación que arrasa entre los usuarios, se convierte en una aplicación de uso masivo a nivel global y que, en muchos casos, marca el inicio de una nueva corriente de software. Pero si retrocedemos treinta años el concepto Aplicación Asesina va mucho más allá de lo que es una aplicación global de éxito mundial, podía ser el desencadenante del éxito del *ordenador personal*.

En los primeros años ochenta la *informática personal*, nacida la década anterior, comienza a evolucionar, y diferentes fabricantes diseñan y comercializan ordenadores bajo una arquitectura propietaria solo compatible con otros equipos del mismo fabricante, incluso llegando a ser más restrictiva porque diferentes modelos del mismo fabricante podían ser incompatibles entre sí. Y este asunto se complica más cuando valoramos que, en aquellos primeros años, el fabricante de un ordenador también desarrollaba el software para la máquina directamente, o por medio de empresas subcontratadas. Debido a esto, crear una Aplicación Asesina era vital para el éxito de una máquina concreta existente en el mercado. El fabricante que lograba crear una Aplicación Asesina, disparaba las ventas de sus ordenadores.

Si recurrimos a la empresa Apple y a su famoso ordenador Apple II —el equipo que les hizo dar el primer gran impulso—, aquel modelo tuvo una Killer App llamada VisiCalc, la primera hoja de cálculo de la historia.

Aquella aplicación revolucionó el concepto del uso de un ordenador para realizar tablas de cálculos, situando al Apple II en la órbita del éxito mundial. Para muchos VisiCalc fue la primera Killer App de la historia.

En aquellos primeros años de la *informática personal*, el desarrollo de una Aplicación Asesina iba de la mano del diseño de los ordenadores... era un objetivo a buscar, pero difícil de lograr. En la serie de televisión *Halt and Catch Fire*, que relata la informática de los años ochenta, se habla en uno de los capítulos finales de la primera temporada de la necesidad de crear una Aplicación Asesina para acompañar al lanzamiento de un *ordenador personal* que los protagonistas creen que puede ser el futuro de la informática, siempre dentro de la trama de la serie.

El primer gran cambio dentro de la dualidad *Ordenador personal*-Software vino de la mano de los empleados de Atari David Crane, Larry Kaplan, Alan Miller, y Bob Whitehead, que abandonaron su puesto de trabajo para crear un distribuidor/desarrollador de software llamado Activision. Con el nacimiento de esa empresa también nació la idea de desarrollar software para *ordenadores personales* de forma independiente al fabricante. El nuevo modelo de negocio en el desarrollo de software separó, definitivamente, la relación existente entre diseñar un ordenador y crear, por parte del propio fabricante, las aplicaciones para el mismo equipo.

Aunque inicialmente la propia Atari se ofendió debido a la salida de parte de sus trabajadores para crear una empresa externa y vivir del software desarrollado para sus máquinas, en poco tiempo se vio el claro beneficio de centrarse en el diseño de los ordenadores, y conseguir que muchas empresas externas e independientes desarrollaran software para su hardware... cuánto más software disponga un ordenador, más fácil será de vender.

Con el nacimiento del IBM PC primero, y los compatibles PC después, la independencia del desarrollo del software, sumada a la invasión de esa informática compatible basada en arquitectura abierta, terminó por restar importancia a las Aplicaciones Asesinas. No obstante, y dentro del mundo PC, se considera como la primera Aplicación Asesina a la hoja de cálculo Lotus 1-2-3, software que no solo igualó a Visicalc, sino que superó notablemente.

Por catalogar algunas de las Aplicaciones Asesinas más famosas podemos elegir al Apple Macintosh, un ordenador de éxito en América y no tanto éxito en Europa, que centró sus virtudes en la demostración de una superior gestión gráfica al ser comparado con otros ordenadores como, por ejemplo, el IBM PC. Y para destacar ese aspecto gráfico fue necesario desarrollar dos Killer Apps diferentes que fueron Aldus Pagemaker y Adobe Photoshop.

El concepto Killer App se mantiene vivo, y se puede llevar más allá de lo que es puramente un software alcanzando, incluso, a la definición de aplicación con significado de servicio. Por ejemplo, para muchas personas los mensajes SMS fueron la Aplicación Asesina de una telefonía móvil anterior al smartphone, y también lo fue para Internet el servicio del correo electrónico.

Dentro del apartado de Internet podríamos considerar —también— al navegador de Internet como una Killer App que entró en la vida de todo el mundo, sobre todo con la llegada de Internet a la telefonía móvil.

Según la definición oficial, en ningún caso una Aplicación Asesina es una aplicación de éxito mundial, sino que sería, más bien, una aplicación que crea un modo de vida, o un método de trabajo... la Aplicación Asesina va más allá del número de aplicaciones vendidas. En cambio, para otros, una Aplicación Asesina es, simplemente, un software revolucionario y popular.

No hay que obviar que la existencia de Killers Apps, dadas a conocer de boca en boca entre aficionados y no-aficionados, ayudó a entender la gran funcionalidad que podía aportar la *informática personal* a los usuarios en sus inicios. Y algunas aplicaciones fueron una auténtica promoción para el *ordenador personal* como, por ejemplo, el procesador de textos WordPerfect 5.1.

WordPerfect 5.1

Cuando nació la *informática personal* –o doméstica– en la década de los años setenta del siglo pasado, uno de los primeros usos que se dio al micro-ordenador, además del lúdico, fue el procesamiento de textos.

Corel WordPerfect 8. Foto de Timo Kuusela (https://www.flickr.com/photos/rdvortex/). Licenciada bajo CC BY 2.0 (https://creativecommons.org/licenses/by/2.0/).

Con la proliferación de los equipos informáticos de uso personal y las impresoras, las pequeñas y medianas empresas comenzaron a desterrar las máquinas de escribir mecánicas y eléctricas para utilizar las primeras aplicaciones informáticas que permitían procesar textos. Poco a poco el uso empresarial también se fue trasladando a los domicilios particulares.

Hubo grandes aplicaciones para procesar textos como WordStar o Writing Assistant, pero hubo una aplicación llamada WordPerfect que rompió esquemas, dominando el procesamiento de textos durante muchos años. Y dentro de aquella aplicación hay que centrarse en una versión concreta, que fue un auténtico huracán en la informática; WordPerfect 5.1.

Aquella versión nació en el año 1989 de la mano de WordPerfect Corporation y dominó el procesador de textos informático cuando seguía siendo una funcionalidad muy básica; aquella versión de WordPerfect permitió crear y editar tablas muy fácilmente, añadir gráficos o fotografías, fusionar texto con base de datos, utilizar múltiples tipos de letras, utilizar efectos nuevos como el tachado, y un montón de funciones inexistentes hasta el momento. El texto se mostraba en la mítica pantalla sin gráficos con un exclusivo fondo de color azul, pero permitiendo ver —con mayor claridad que sus antecesores— donde eran aplicados los diferentes formatos especiales. Y después disponía de una vista previa en modo gráfico para ver el resultado.

El funcionamiento de la aplicación estaba basado en combinaciones de teclas para llamar a las diferentes opciones o formatos, y su uso llegó a ser tan habitual que muchos usuarios diseñaban plantillas en papel que se colocaban sobre las teclas de función para saber lo que se podía hacer con cada tecla de función en combinación con otras teclas de control.

La decadencia de WordPerfect 5.1 comenzó, más o menos, hacia el año 1995 justo con la llegada del primer sistema operativo gráfico de Microsoft: el Windows 95. La empresa desarrolladora del procesador de textos no supo adaptarse al nuevo mundo gráfico, y el procesador Word acabó por desbancar a WordPerfect en la cima de la popularidad.

En el año 1996 Corel Corporation compró la empresa WordPerfect Corporation y continuó desarrollando la saga bajo el nombre Corel WordPerfect, pero más enfocado a ser una suite como Microsoft Office. En la actualidad, todavía permanece en el mercado la suite, pero con una cuota de mercado y una popularidad muy inferior a lo que en su época logró WordPerfect 5.1.

La aplicación WordPerfect 5.1 es, sin duda alguna, una auténtica leyenda de la informática, y llegó a ser tan popular como lo es hoy Microsoft Word. Su pantalla con fondo azul sigue almacenada en la retina de muchas personas que durante muchos años convirtieron aquella herramienta en un software imprescindible en el día a día de la informática.

Sobre el WordPerfect 5.1 es muy importante destacar la gran influencia que tuvo para que muchos usuarios terminaran por acercarse a la *informática personal* por la necesidad de trabajar con software de ese tipo. Aunque, seguramente, un sistema operativo podía ser más determinante todavía.

Windows 95

Discurría el año 1995 y la informática del mundo PC estaba dominaba por un sistema operativo en modo texto, monotarea, y monopuesto, llamado MS-DOS. El mundo de la informática en los ordenadores PC y compatibles estaba basado en letras de texto bajo un fondo negro.

El MS-DOS contaba con muchas limitaciones —era una evolución del software congelada frente a gran evolución del hardware— como, por ejemplo, era necesario optimizar a mano la memoria RAM convencional, extendida, y expandida, para poder sacar el máximo provecho al equipo, y para poder ejecutar el software más moderno. También era un sistema donde todo se configuraba manualmente en dos ficheros: AUTOEXEC.BAT y CONFIG.SYS.

Eran los años donde el «Plug & Play» no existía, y para insertar un dispositivo en la ranura de expansión era necesario configurar el canal IRQ y el canal DMA mediante «jumpers». El sistema operativo ocupaba tan solo unos pocos «Kilobytes», y el resto de los comandos eran ficheros externos añadidos. Y era un sistema operativo donde solo se podía ejecutar un programa simultáneo (salvo a la utilización expresa de un TSR).

El modo gráfico y la multitarea fue inexistente en la era MS-DOS hasta que se popularizó el entorno gráfico Windows 3.10 —o Windows 3.11 si deseabas trabajar en red con el protocolo NetBEUI o el IPX de Novell—, que era un software ejecutado sobre el propio MS-DOS. Y en el año 1995 el Windows 3.11 tampoco era muy utilizado, no había mucho software corriendo sobre el entorno.

En el año 1995 Bill Gates, como presidente de Microsoft, anunció el lanzamiento de un sistema operativo totalmente gráfico para sustituir al MS-DOS... sistema lanzado comercialmente bajo la denominación de Windows 95. Era el camino elegido por Microsoft para combatir con el sistema MacOS de Apple, cada vez más popular en aquellos años.

La noticia del debut del primer sistema operativo gráfico de Microsoft estuvo rodeada de la mayor campaña publicitaria de un software en toda la historia de la informática hasta aquella fecha... el coste de la campaña ascendió a los 25.000 millones de pesetas de la época, incluyendo la compra de los derechos para utilizar la canción de *Start Me Up* de los Rolling Stones.

La campaña tuvo tanta trascendencia que fue la primera vez que los Rolling Stones cedieron una de sus canciones para un anuncio publicitario; Microsoft pagó unos 3 millones de dólares para disponer de semejante honor —otras fuentes afirman que la canción pudo costar hasta 14 millones de dólares—.

Con toda aquella campaña se creó una incertidumbre y ansiedad a base del talonario de Microsoft.

Disquete del sistema operativo Windows 95. Licenciada bajo CC0 1.0 Universal (https://creativecommons.org/publicdomain/zero/1.0).

El 24 de agosto de 1995 salió a la venta el sistema operativo Windows 95 en Estados Unidos. El 5 de septiembre de 1995 Bill Gates presentó el software en Madrid, y el 6 de septiembre salió a la venta en todo el país.

Las novedades eran importantes… un sistema operativo que iba a abandonar el modo real de gestión de memoria RAM para establecer un modo protegido, y aquello terminaría con las barreras en la gestión de la RAM y la consiguiente necesidad de optimización manual; un moderno sistema «Plug & Play» para conectar dispositivos sin necesidad de configuración manual; un sistema operativo de 32 bits en lugar de los 16 bits del MS-DOS; y se destacó la apertura hacia un nuevo mundo de conectividad gracias a una Internet liberada al uso personal un par de años antes.

El 6 de septiembre de 1995 me desplacé al departamento de informática de El Corte Inglés de mi ciudad para adquirir el recién salido Microsoft Windows 95; costó 19.900 pesetas. Y seguidamente volví con la caja bajo el brazo para ejecutar la primera instalación y establecer las primeras valoraciones del esperado producto; instalé por primera vez aquel sistema operativo en un ordenador clónico que contaba con un microprocesador Intel 486DX2 a 66 Megahercios de velocidad, 4 Megabytes de memoria RAM, y un disco duro de 250 Megabytes.

Entonces llegaron las valoraciones. En primer lugar, cabe destacar que en 1995 disponer de una unidad de CD-ROM era un lujo al que pocos tenían acceso, hasta el punto que la primera versión de Windows 95 únicamente se vendió distribuida en 13 disquetes de 3½ pulgadas de alta densidad —más tarde se venderían versiones en un único CD-ROM—. Por lo tanto, para instalar el Windows 95, se requería paciencia para ir introduciendo disquetes según fuera solicitando el propio instalador integrado.

Y entonces llegó el momento estelar de la primera ejecución del Windows 95… y llegaron las primeras decepciones, y algunas otras novedades positivas nunca vistas hasta ese 6 de septiembre de 1995. A primera vista el concepto gráfico era completamente diferente al conocido en el entorno Windows 3.10, destacando la aparición de un botón estelar que nos acompaña hasta nuestros días… el botón de Inicio.

La primera gran diferencia con respecto al MS-DOS y Windows 3.10 era la posibilidad de usar nombres de ficheros largos para romper con la limitación de los ocho caracteres y los tres de la extensión. Otra novedad muy interesante fue el Plug & Play que funcionaba bastante bien… si el componente a insertar en el ordenador estaba preparado para ello.

La primera decepción tenía que ver con un sistema operativo que pretendía dar el salto de 16 bits a 32 bits y no incorporó la gestión para FAT32. La segunda decepción tuvo que ver con la idea de un sistema Windows 95 vendido como el futuro de la moderna conectividad global —incorporaba toda la gestión para ello— pero sin incluir ninguna aplicación para operar sobre Internet: ni navegador, ni gestor de email. El sistema Windows 95 tampoco incorporó gestión para el estándar que estaba a punto de nacer en aquellas fechas, el USB.

Tan solo tres meses después de la salida del Windows 95 fue lanzado el primer Service Pack que incluyó soporte para USB, FAT32, y la primera versión del Internet Explorer. Y no mucho tiempo después se publicó el paquete de expansión «Microsoft Plus!» que incluyó, entre otras cosas, el mítico videojuego Pinball al que muchos jugamos un sinfín de horas.

La conclusión final a la que llegué aquel 6 de septiembre de 1995 fue que el Windows 95 era comparable a un Windows 3.10 ejecutado desde el AUTOEXEC.BAT del MS-DOS para ser iniciado automáticamente en el arranque del ordenador… al sistema operativo Windows 95 todavía le faltaban importantes características para ser considerado un sistema operativo gráfico sin dependencias; posiblemente la mayor decepción en la primera versión del Windows 95 fue la idea preconcebida sobre que el sistema operativo era como el Windows NT, pero enfocado al usuario. Y nunca llegó a ser así.

No obstante, gracias al crecimiento del mundo PC, y a la gran campaña publicitaria, el sistema operativo Windows 95 fue un factor fundamental para la primera gran explosión de globalidad de la *informática personal*, precisamente iniciada en aquel año 1995… todo el mundo empezó a disponer de un *ordenador personal* en casa.

Y no solo el software fue fundamental para el desarrollo de la *informática personal*, en determinadas épocas también fueron fundamentales algunos avances en el aspecto del hardware.

Sound Blaster

En la década de los años ochenta y principios de los noventa del siglo pasado, mayoritariamente, el sonido en los ordenadores estaba limitado al mítico *beep*: un pitido lanzado por medio del código ASCII número siete. Y poco más se podía hacer, era un sonido basado en el uso de unas frecuencias concretas, que se conoció en aquellos años como el sonido lata. Las únicas excepciones respecto a la calidad del sonido en aquella época fueron los ordenadores Commodore Amiga 500, Atari ST, o el Sharp X68000, que contaron con un sonido ajeno al mundo *beep*... pero todo cambió en el mundo PC cuando llegó la tarjeta de sonido Sound Blaster.

En noviembre de 1989 todo cambió... una empresa de Singapur llamada Creative Technology, junto con su empresa satélite de Estados Unidos llamada Creative Labs, crearon la tarjeta de sonido Sound Blaster, que fue el producto que inició la revolución del sonido en el mundo PC.

La tarjeta de sonido revolucionó el mundo del sonido al dejar de lado el discreto altavoz de pitidos, para pasar a emitir música y voces reales; aquello se convirtió en toda una revolución de cara al mundo del videojuego —y en otras áreas de la informática también—. El único inconveniente era el precio; en aquellos inicios de las tarjetas de sonido pocas personas se podían permitir adquirir una de ellas.

El modelo Sound Blaster Pro de 8 bits lanzado en mayo de 1991 fue el primero que rebajó su precio hasta cantidades más discretas —aunque seguían siendo costosas económicamente— y comenzó a expandirse con un éxito relevante.

Posiblemente el modelo que realmente rebajó su coste hasta un mínimo aceptable, y que finalmente popularizó las tarjetas de sonido en todos los equipos informáticos, fue el modelo Sound Blaster AWE32 lanzado en marzo de 1994.

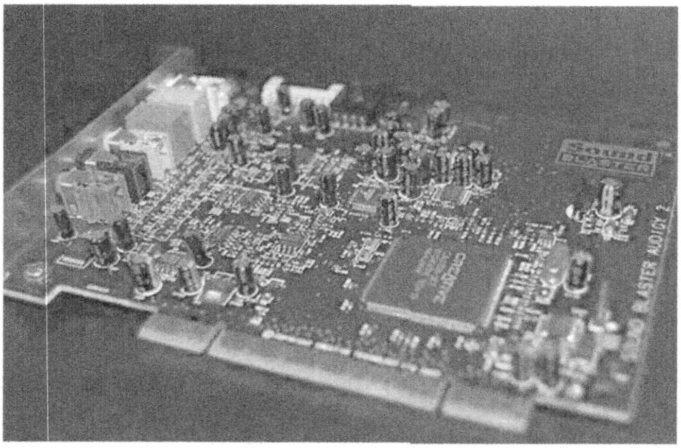

Sound Blaster Audigy 2. Foto de JamesR (https://commons.wikimedia.org/wiki/User:JamesR). Licenciada bajo CC BY 3.0 Unported (https://creativecommons.org/licenses/by/3.0).

En la segunda mitad de la década de los años noventa del siglo pasado la tarjeta de sonido se convirtió en un componente incluido de serie en todos los equipos informáticos. También es importante aclarar que la estandarización de las tarjetas de sonido no fue únicamente obra de aquellos modelos de Sound Blaster.

Con la explosión de los ordenadores clónicos y el mundo OEM, hubo otros fabricantes que comenzaron a fabricar tarjetas de sonido más discretas para convertirlas en componente de serie en los equipos informáticos. Una de esas empresas fue AudioPCI de Ensoniq, que logró popularizar su tarjeta *low cost.* En 1998 Creative Technology compró a Ensoniq.

No obstante, Sound Blaster siempre fue la referencia mundial en los inicios de las tarjetas de sonido.

En la actualidad no se valora suficientemente lo que aportó en su momento la tarjeta de sonido, porque las nuevas generaciones no han conocido el sonido *beep*, ni han vivido aquel sonido primitivo en directo. También es cierto que en aquellos años ochenta existieron desarrollos de software espectaculares como el videojuego MACH 3 de Loriciels —lanzado en el año 1987— que logró un sonido espectacular, incluso emitir una voz con la famosa frase «Get ready for Mach 3», utilizando el altavoz básico de la época… algo increíble y nunca visto.

El cambio producido en la transición entre el sonido *beep* y la tarjeta de sonido digital fue brutal, y en dicho cambio mucho tuvo que ver Creative Technology, especialmente con una saga Sound Blaster que ya forma parte de las leyendas de la informática. Pero lo que no se cuenta es que la conversión del mundo PC dominante en los primeros años noventa hacia sistemas multimedia gracias al sonido digital influyó más que positivamente en el desarrollo del *ordenador personal* y, con ello, de la *informática personal.*

El Umbral de Doherty

En la informática existen muchas leyes famosas, la mayoría todavía perduran en el tiempo, como la Ley de Brooks o la Ley de Moore. Bajo un resumen breve podemos decir que la Ley de Brooks, acuñada por Fred Brooks en el año 1975 dentro de su trabajo «The Mythical Man-Month» («El Mítico Hombre-Mes»), afirmó que añadir más personal a un proyecto con retraso terminaba por provocar mayor retraso aún; la Ley de Moore, acuñada por Gordon E. Moore —que fue cofundador de Intel— y nacida en el año 1965, vino a explicar que el número de transistores en un circuito integrado crece exponencialmente doblándose cada dos años, así hasta diez o quince años después de su anuncio porque «una nueva ley sustituiría a esta», según afirmó el propio autor.

En realidad, la Ley de Brooks dice mucha verdad, y la Ley de Moore se pasó de los quince años máximos de vigencia para seguir siendo una ley totalmente válida en la actualidad. Algunos estudios afirmaron que la vigencia de la Ley de Moore terminó en marzo de 2016, ya que la entrada de la fabricación de microprocesadores bajo una tecnología de 14 nanómetros, en lugar de los 22 nanómetros usados hasta ese momento, imposibilita duplicar el número de transistores cada dos años debido a la emisión de calor generado por la agresiva reducción de distancia entre transistores. No obstante, la Ley de Moore estuvo vigente durante cincuenta y un años, que no está nada mal.

Aquellas famosas leyes no deben dejar ocultas otras también relacionadas con la informática y no menos interesantes. Atentos a un número mágico… 396 milésimas. En el año 1982 Walter J. Doherty, ingeniero de IBM, trabajó en colaboración con un grupo de psicólogos y su compañero de trabajo Ahrvind J. Thadani para desarrollar un estudio con el objeto de investigar sobre la relación en la capacidad de respuesta humano-máquina.

En aquellos años, a las grandes empresas de informática como IBM no solo les interesaba crear máquinas rápidas, sino también crear máquinas que pudieran mejorar la productividad intrínseca de un ser humano. Y entonces nació el estudio «The Economic Value of Rapid Response Time» («El Valor

Económico del Tiempo de Rápida Respuesta») que básicamente vino a afirmar que la atención de un usuario de ordenador tiene una duración directamente relacionada con el tiempo de respuesta de la máquina en la que está trabajando.

El estudio situó el límite en los 400 milisegundos, cualquier tiempo de respuesta en la máquina superior a ese valor puede provocar degradación en la atención del usuario y, debido a ello, una bajada en el rendimiento, y una mayor probabilidad que el usuario disperse la atención en terceros factores ajenos a la máquina. Un valor inferior a 400 milisegundos provocaría lo contrario: una gran mejora en la productividad del usuario, y una gran capacidad de atención sobre lo que se está haciendo.

A la cota de 400 milisegundos se le llamó el Umbral de Doherty, y mejoró el valor determinado con anterioridad a ese estudio, que se había cifrado en dos segundos.

La mágica cifra de 396 milisegundos aparece concretamente en la famosa —y sobresaliente— serie de televisión centrada en la informática *Halt And Catch Fire*; además de mencionar en algunos capítulos otras leyes como la de Brooks, dedica parte del tiempo de un capítulo de la primera temporada a hablar del Umbral de Doherty, ley mucho menos conocida que el resto de leyes mencionadas en este artículo.

En la serie se ve a los empleados del departamento de diseño de un ordenador PC Compatible de la empresa ficticia Cardiff Electric buscar la mejora del tiempo de respuesta después de enviar un comando, y alcanzan un valor de 396 milisegundos, valor que todos los empleados celebran hablando de: «romper el Umbral de Doherty».

En el mismo capítulo, y solo unos minutos más tarde, el responsable del proyecto charla con un periodista de una famosa revista sobre informática buscando la publicación de un artículo sobre su producto en desarrollo, buscando destacar por estar debajo del famoso umbral. La respuesta que le da el periodista se resume en: «todos los fabricantes logran bajar el Umbral de Doherty en laboratorio, porque no tienen en cuenta la importancia de las leyes físicas que serán aplicadas en el ordenador cuando el usuario trabaje con el equipo de forma continua en una instalación final».

La informática está llena de estudios y leyes que se han ido modificando con el tiempo, unas más acertadas que otras, incluso algunas totalmente equivocadas. Pero llama la atención algunas leyes y estudios como el desarrollado por Walter J. Doherty, ya que da pie a todo tipo de interpretaciones, siendo aplicable para unos, y todo lo contrario para otros.

No obstante, no debemos olvidar ese tipo de estudios que no hacen más que enriquecer a la ciencia informática, y en el caso del Umbral de Doherty, que en los primeros años ochenta aquel experimento sí fue teniendo en cuenta para el desarrollo de una *informática personal* en sus primeros años de expansión… es una parte más que conforma al *ordenador personal* nacido gracias a la evolución de la electrónica hacia el transistor y el circuito integrado.

SEGUNDA PARTE
EL ORDENADOR PERSONAL

CAPÍTULO 4.
EL INICIO DEL ORDENADOR PERSONAL

Es necesario comenzar por la primera vez que se acuñó el término *«personal computer»* —u *ordenador personal*— que fue en el año 1964 en un artículo titulado «The Banishment of Paper Work» escrito por Arthur L. Samuel, perteneciente al Centro de Investigación Watson de IBM, y englobado en una serie de artículos llamados «El mundo en 1984». Se desconoce si aquella serie de artículos tenían que ver o eran una especie de homenaje del mítico libro 1984 de George Orwell, o simplemente eran artículos a veinte años vista. Lo que sí era evidente es que buscaron perfilar como sería el futuro tecnológico en 1984; un año mítico para la informática personal por diferentes hechos que en este libro se irán tratando. Y allí, entre aquellos artículos, apareció por primera vez el concepto de *ordenador personal*.

Respecto a los conceptos ordenador personal e informática personal debo ser cauto, ya que todo es muy relativo; cuando se acuña un nuevo término puede tardar mucho tiempo en calar entre la gente. Y para definir esto quiero aportar un testimonio muy esclarecedor.

Paco Portalo participó activamente en el desarrollo del videojuego llamado La Pulga (Bugaboo), creado dentro de Indescomp, que fue el primer éxito internacional de un software español además de marcar el inicio de la etapa conocida como Edad de Oro del Software Español. Todo eso se tratará en esta obra más adelante. Ahora voy a aportar el testimonio que, personalmente, me entregó Paco Portalo en uno de los múltiples intercambios de información que he tenido con él en los últimos años.

En el curso 1976/1977 Paco Portalo tuvo su primer contacto con máquinas programables de la mano de Benito Mahedero, maestro de la Escuela de

Ingeniería Técnica Industrial de la Universidad de Extremadura. Allí Portalo trabajó haciendo simulaciones físicas con una máquina programable llamada Compucorp Scientist 325 y, sobre aquello, el protagonista me comentó lo siguiente: «Nosotros en ese tiempo no lo llamábamos informática ni software, si no lógica programada, en contraposición de lo que hacíamos con circuitos discretos que llamábamos lógica cableada».

Este testimonio es muy importante porque, en el año 1977, la informática personal y el ordenador personal ya habían nacido, y ya existían varios equipos en el mercado. Pero los conceptos que pensamos que ya tenían un significado en aquellos años, todavía no se habían extendido ni eran utilizados masivamente.

Carlos Cárdenas tomó esta foto del curso 1976/77 donde aparecen rodeados de alumnos los profesores de la Escuela de Ingeniería Técnica Industrial de la Universidad de Extremadura Benito Mahedero y Manuel García Barrero. El primero por la derecha es Paco Portalo.

En los primeros años de dominio de los grandes ordenadores como el ENIAC, MARK, o UNIVAC, equipos que ocupaban salas enteras y costaban millones, no se concebía un ordenador en un domicilio para uso personal, pero en el año 1947 William Shockley, como cabeza visible de un grupo de investigadores del Laboratorio Bell, dieron a conocer al mundo el primer transistor. Después llegaría el primer circuito integrado de Werner Jacobi en el año 1958… la miniaturización y un nuevo punto de vista con un escenario diferente para los grandes ordenadores de la época.

Como ya fue comentado en esta obra, en el año 1964 se presentó lo que a día de hoy se conoce como la primera computadora de escritorio de la historia llamada Programma 101 e inventada por Pier Giorgio Perotto, siendo distribuida por la empresa italiana Olivetti.

Aunque existen en Internet muchas referencias que consideran a ese dispositivo como el primer *ordenador personal* de la historia, en realidad era una calculadora programable con impresora. Y es que hay que tener en cuenta que el primer microprocesador de la historia, elemento fundamental en un *ordenador personal*, no fue presentado hasta el año 1971... el famoso Intel 4004.

Para la historia más oficial de la *informática personal*, la fiebre del *ordenador doméstico* comenzó con el lanzamiento del famoso Apple I, que fue creado en el año 1976 por Steve Jobs y Steve Wozniak. Ambos se convirtieron en los padres oficiales del ordenador personal y el Apple I en el primer ordenador personal. Hasta aquí la versión más extendida en los últimos años.

Evidentemente, el ordenador Apple I fue un equipo muy importante, quizás el que mayor énfasis puso en la venta masiva. Pero se debe tener en cuenta que el Apple I más que un equipo, era una placa base. En realidad, era un ordenador que no requería ser ensamblado pieza a pieza por el propio usuario como otros ordenadores del momento, pero requería buscar y equipar una carcasa, un transformador para fuente de alimentación, el interruptor de encendido, un teclado ASCII, y una pantalla de video compuesto. Por lo tanto, tampoco fue un equipo al uso para llegar, enchufar, y empezar a funcionar.

Hubo que esperar un año más, al año 1977, para que Apple lanzara un ordenador bautizado como Apple II que, desde mi punto de vista, fue el ordenador que realmente encumbró a la empresa de Cupertino, y el primero que sí fue un ordenador personal dentro de la propia Apple.

Ordenador Apple II. Foto de Wojciech Pędzich (https://commons.wikimedia.org/wiki/User:Wojciech_P%C4%99dzich). Licenciada bajo CC BY 4.0 International (https://creativecommons.org/licenses/by/4.0).

Lo más común que nos podemos encontrar es hablar del Apple I y de Steve Jobs y Steve Wozniak como los grandes «iniciadores» del ordenador personal. Pero he de discrepar en este asunto, porque han existido otros equipos contemporáneos muy importantes, y otras personas incluso que, desde mi punto de vista, aportaron más a la informática personal. Y de ellos hablaré más adelante en este libro. Antes de aquello, debo retomar algunos detalles sobre el ordenador Apple I.

El *ordenador personal* Apple I fue todo un éxito que catapultó a la fama a Jobs y Wozniak y, poco tiempo después, en el año 1977, fue sustituido por un gran Apple II. Prácticamente con Apple nació la fiebre de disponer de un ordenador en pequeños negocios o domicilios particulares, aunque los precios eran altos para una familia de clase media.

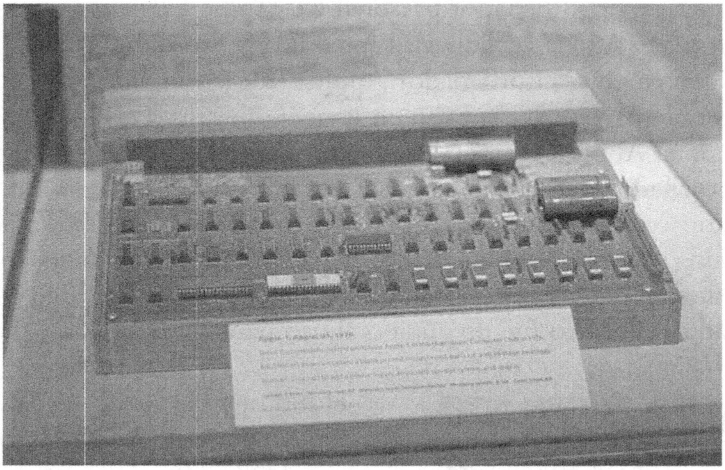

Placa de Apple I. Foto de Michael Hicks (https://www.flickr.com/people/28496375@N00). Licenciada bajo CC BY 2.0 (https://creativecommons.org/licenses/by/2.0/).

Los equipos de Apple eran lo que hoy se conoce como arquitectura cerrada o hardware propietario: el equipo se hacía a medida en un diseño cerrado a terceros, y el software se desarrollaba exclusivamente para aquel hardware. Solo Apple podía fabricar aquellos ordenadores, y solo eran compatibles entre sí mismos.

Desde el primer Apple I muchos fabricantes se lanzaron a diseñar y fabricar pequeños equipos informáticos destinados al uso personal —algunos incluso antes, o al mismo tiempo—; cada equipo encerrado en su hardware propietario, y su software también propietario.

En IBM vieron con claridad que aquellos equipos de Apple eran muy revolucionarios, y el concepto que encerraban conllevaba un prometedor éxito… el *ordenador personal* era una gran idea; entonces IBM le dio una vuelta de tuerca y decidió crear una arquitectura de *ordenador personal* abierta, para terminar por licenciar dicha arquitectura a diferentes fabricantes… era lo que les iba a diferenciar de Apple.

La idea fue crear una arquitectura universal que permitiera a los ordenadores que la siguieran ser totalmente compatibles entre sí, independientemente el fabricante, pero siempre bajo el control de IBM, que dominaba por medio del único elemento propio diferenciador, la BIOS. En el verano de 1981 IBM presentó el primer equipo dentro de aquella arquitectura abierta… nació el IBM PC («Personal Computer»).

IBM PC 5150 sin monitor. Foto de Marcin Wichary (https://www.flickr.com/photos/8399025@N07). Licenciada bajo CC BY 2.0 (https://creativecommons.org/licenses/by/2.0/).

A partir de 1981, y a lo largo de esa década, IBM se transformó en el gran dominador del mercado mundial de la *informática personal*; con el paso del tiempo otros fabricantes comenzaron a construir equipos basados en la arquitectura x86 creada para el IBM PC. Rápidamente se extendió el ordenador PC por todo el mundo, pero la gran expansión no fue generada por el estándar creado por IBM, sino cuando su BIOS fue clonada y nació el compatible PC a espaldas del gigante azul; una clonación legal gracias a lo conocido como «La Habitación Limpia», historia que contaré con detalle más adelante en este libro.

En los años ochenta se fabricaron otros ordenadores de éxito que contaron con hardware y software propietario, como Amstrad, Spectrum, Commodore, MSX, o Atari, pero al terminar la década prácticamente solo se mantuvieron en el mercado los ordenadores de arquitectura PC y los equipos Apple. Y con el paso de los años Apple se fue acercando en arquitectura y componentes al mundo PC.

Debido a ello existe la idea generalizada que en la historia del *ordenador personal* solo existen Apple e IBM, pero, en realidad, hubo otros *ordenadores personales* anteriores al Apple I que abrieron el camino de la idea establecida en los dos Steve, y alguno de aquellos ordenadores fue un éxito tan grande como lo fue el Apple I… pero, por diversos factores, la historia no los considera como el origen de la *informática personal*. En este libro sí los vamos a considerar tal y como merecen.

Los discos flexibles

Acabamos de iniciar el viaje por los primeros años del mundo de la informática personal, la informática basada en el microordenador. Pero antes de continuar, quiero dedicar un espacio a los discos flexibles.

Bien es cierto que, en la actualidad, los discos flexibles se encuentran en el más absoluto de los olvidos, totalmente arrinconados por el espacio en la nube, los pendrives, y otros dispositivos de almacenamiento de menor tamaño y gran capacidad.

Pero no por ello se debe obviar que el disquete flexible fue fundamental para el desarrollo de la informática personal y el microordenador, por tanto no deseo continuar sin dedicar un espacio a hablar de aquellos consumibles que fueron tan populares y necesarios en el pasado.

Las nuevas generaciones ya no hablan de disco flexible, ni de floppy disk... una rápida evolución en el almacenamiento portable retiró del mercado aquellos consumibles tan habituales desde los años setenta hasta ya entrado el nuevo siglo. Pero existen unos disquetes que marcaron una época, discos que utilicé o conocí hace muchos años y que, además, almaceno en una colección privada.

En el año 1967 IBM decidió desarrollar un sistema de disco flexible para almacenar microcódigo de los Sistemas 370 de la propia marca. Fueron los primeros floppy disk, de 8 pulgadas de tamaño, y eran «solo lectura»; solo se podía cargar el contenido y no se podía grabar nada en ellos. El gran nombre propio de aquella nueva tecnología fue Alan Shugart que, posteriormente, fundó en 1979 la famosa empresa Seagate Technology.

En el año 1951 Alan Shugart llegó a IBM y trabajó en el ordenador IBM RAMAC 305, considerado el primer ordenador que utilizó disco duro. Ya en la segunda mitad de los sesenta Shugart dirigió en IBM al equipo que creó el primer floppy disk, con David Noble a la cabeza, que fue parte fundamental del desarrollo.

Respecto a la invención del disco flexible, oficialmente se asigna a IBM el mérito, pero un inventor japonés llamado Yoshiro Nakamatsu afirmó inventar la tecnología de los disquetes en 1952 mientras escuchaba la Sinfonía número 5 de Beethoven, añadiendo, además, que licenció a IBM para el uso de sus patentes en el año 1979. No obstante, profundizar en el verdadero inventor del floppy disk no es el objeto ahora mismo; lo será unos párrafos más abajo.

En principio, el disco flexible fue utilizado por IBM en sus propios proyectos, saliendo a la venta en 1971 como componente de uso de la propia marca, pero en 1969 Shugart fichó por Memorex, y desde aquella empresa el disco flexible salió del control de IBM para ser utilizado a nivel global, en el año 1972. En ese año Shugart lanzó al mercado la unidad Memorex 650, la primera de la historia de lectura y escritura en discos flexibles.

El disquete de 8 pulgadas fue evolucionando desde 1971 hasta 1977, llegando a ser lanzados cinco tipos de disquete por parte de las empresas IBM, Memorex, y Shugart Associates, que lanzó las tres últimas versiones. El disquete partió de 81 Kilobytes de capacidad «solo lectura» del primer modelo, a otros cuatro modelos posteriores de lectura y escritura, llegando a alcanzar la última versión de 1977 los 1212 Kilobytes de capacidad.

En los años ochenta el disquete de 8 pulgadas ya había caído en desuso en favor de otros medios más modernos y de menor tamaño... más portables. De hecho, no mucha gente pudo trabajar en los ochenta con estos discos, en mi caso nunca los utilicé, aunque sí tuve acceso a algunos. El dato curioso es que en el año 2019 fue publicada, en diferentes medios, la noticia de que el Departamento de Defensa de Estados Unidos había terminado con el uso de disquetes de 8 pulgadas para coordinar las fuerzas nucleares del país. Por lo tanto, en determinadas situaciones muy concretas, aquellos disquetes se utilizaron hasta hace muy poco tiempo.

En 1976 An Wang, fundador de una empresa histórica de la informática, Wang Laboratories, en reunión con Jim Adkisson y Don Massaro de Shugart Associates, afirmó que el disquete de 8 pulgadas era demasiado grande... tenía que ser portable. Así nació el interés de reducir el tamaño del disquete original, y así nació el disquete de 5,25 pulgadas, de la misma apariencia, pero de menor tamaño. El interés de Wang venía dado por el gran mercado que tenía su empresa dentro del área de los procesadores de textos; su idea era crear un ordenador que pudiera caber en un escritorio... el primer paso era reducir el tamaño del disquete flexible.

El disquete de 5,25 nació en Shugart Associates en 1976, siendo de lectura y escritura y teniendo una capacidad máxima de 110 Kilobytes cuando al desarrollo original de 98,5 Kilobytes se agregaron, finalmente, cinco pistas más. Y se convirtió en el primer estándar del almacenamiento magnético hasta la llegada de la década de los años noventa; la eclosión del ordenador personal doméstico en 1977 favoreció la masificación de uso.

Es importante destacar que, para cada tipo de disco flexible creado, era necesario crear paralelamente su unidad de disco para la lectura y escritura, aunque en este apartado me centro en el consumible en sí mismo. Disquete y unidad de disco son términos indivisibles.

Hasta el año 1977 los disquetes lanzados al mercado eran de cara simple, y densidad simple, y fueron evolucionando... cara simple y doble densidad... y aumentando la capacidad total. La historia oficial dice que los disquetes de doble cara fueron inventados por Tandon para el modelo de disquete de 5,25 pulgadas que lanzó al mercado en el año 1978. Pero la realidad es que Shugart Associates lanzó al mercado en 1977 el último disco flexible de 8 pulgadas, que fue de doble cara, doble densidad, y 1.200 kilobytes de capacidad. La doble cara la inventó Shugart Associates, y la doble cara en disquetes de 5,25 la implantó Tandon por primera vez al año siguiente.

Con el disquete de 5,25 pulgadas de Tandon de doble cara y doble densidad nació el primer estándar de éxito durante los primeros ochenta, alcanzando 360 Kilobytes de capacidad total. Que un disco flexible tuviera doble cara no quería decir que hubiera que darle la vuelta, como un disco de música de vinilo, las unidades podían leer ambas caras a la vez, solo había una manera de introducir el disco en la unidad —salvo alguna excepción—.

En el año 1978 Apple también accedió al mundo de los discos flexibles ya que quisieron sustituir el interfaz cinta de su exitoso Apple II, lector que adoleció de fallos, teniendo una gran falta de fiabilidad. Steve Wozniak comenzó a estudiar las unidades de 5,25 de IBM y, con el apoyo en Apple de Shugart, Wozniak creó una controladora nueva para los disquetes de 5,25 que revolucionó aquella unidad de disco... había nacido la mítica unidad Disk II de Apple.

Existieron muchos tipos de disquetes de 5,25, y muchas empresas que desarrollaron sobre aquello. Pero podemos resumir ese medio en dos formatos de 5,25 que se popularizaron: doble densidad y doble cara de 360 Kilobytes, y alta densidad y doble cara de 1220 Kilobytes de capacidad. A mediados de los años ochenta, con el mundo PC cogiendo fuerza, lo habitual era que un PC XT (basado en Intel 8088) tuviera unidad de 5,25 de doble cara y doble densidad, y un PC AT ó 286 (basado en microprocesador Intel 80286) tuviera unidad de 5,25 de doble cara y alta densidad.

Ya bajo el dominio de los discos flexibles de 5,25, entre los años 1982 y 1985 existieron tres fabricantes de unidades de disco, Hitachi, Matsushita, y Maxell, que crearon una unidad de disquete flexible mucho más moderna de 3 pulgadas de tamaño, siendo un éxito puntual gracias a los ordenadores de 8 bits de gran fama como el Sinclair ZX Spectrum, el Amstrad CPC, o algunos sistemas MSX.

En España, en torno al año 1985, Amstrad provocó la primera gran revolución en la informatización de los hogares gracias a Indescomp, empresa de José Luis Domínguez, entidad que logró la distribución en exclusiva de la mítica serie CPC de Amstrad en España. El modelo CPC6128, un éxito de ventas abrumador, no incorporó interfaz de cinta como solían disponer los pequeños ordenadores de 8 bits del momento, sino que incorporó una unidad lectora de disquetes de 3 pulgadas... ¡toda una revolución!

El disquete de 3 pulgadas incorporado por Amstrad fue el creado por Hitachi y fabricado por Panasonic, contaba con 180 Kilobytes de capacidad por cada cara, con un espacio total de 360 Kilobytes. En este caso debo separar la capacidad de cada cara porque las unidades del Amstrad CPC no podían leer simultáneamente por ambas caras; su particularidad era que para leer en una cara o en otra, había que dar vuelta físicamente al disquete.

Sony creó, en los primeros años ochenta, un disquete de doble cara y doble densidad con una capacidad de 720 Kilobytes. Al finalizar la misma década, en el año 1987, nació una versión HD —alta densidad— que duplicó el espacio hasta llegar a los 1.440 Kilobytes. Aquella unidad de disco se hizo muy popular gracias al innovador IBM PS/2, y rápidamente el disquete de 3,5 pulgadas se transformó en el gran estándar del mundo PC.

El disquete de 3,5 pulgadas fue el gran elemento fundamental de la portabilidad entre equipos en una época —en los noventa— donde la informática personal se había globalizado. Posteriormente, el disquete de 3,5 pulgadas evolucionó: en 1990 nació el disco 3,5 ED de 2.880 Kilobytes de capacidad, en 1996 la unidad de disco LS-120 de 120 Megabytes de capacidad, y en 1997 la unidad LS-240 de 240 Megabytes de capacidad... ninguna de ellas evolucionó hacia un estándar, seguramente por la existencia de la posibilidad de grabación en alta capacidad en los Compact Disc primero, y en los discos DVD después.

El final del disco flexible vino de la mano de la llegada al mercado de las pequeñas unidades flash de alta capacidad primero, y del nacimiento de la fiebre del almacenamiento en la nube después.

La polémica sobre el inventor del Floppy Disk

La versión oficial dicta que, en el año 1967, IBM decidió desarrollar un sistema de disco flexible para almacenar microcódigo de los Sistemas 370 de la propia marca. Así, como ya fue mencionado, nació el primer floppy disk de 8 pulgadas de tamaño y «solo lectura»; solo se podía cargar el contenido y no se podía grabar nada en su interior.

Yoshiro Nakamatsu, también conocido como Dr. NakaMats, es un inventor muy popular en su Japón natal. Se le reconocen 3.572 patentes diferentes, dentro de seis familias distintas, por lo tanto, es un prolífico inventor que abarca múltiples áreas.

El propio Yoshiro Nakamatsu afirmó que, en el año 1952, inventó el disco flexible, hecho otorgado oficialmente a IBM mediante patente del año 1969, diecisiete años después. Y aquello sembró la duda. Como detalle curioso comentar que él mismo afirmó que había inventado aquello mientras escuchaba la Sinfonía número 5 de Beethoven; Nakamatsu es conocido por sus peculiares formas de incentivar su «proceso de creatividad».

Nakamatsu dedicó un gran esfuerzo en 1948 a reducir el tamaño de los discos fonográficos y eliminar la baja calidad de su sonido. Nakamatsu, que entonces contaba con veinte años de edad, terminó por crear la pareja «disquete y unidad». Completó el proyecto dos años después en la Escuela de Ingeniería de la Universidad Imperial de Tokio, recibiendo una patente japonesa por ello en el año 1952; el número de solicitud de la patente era JP52011008. También obtuvo una patente estadounidense en el año 1958 para una hoja de registro de disco magnético.

Para sustentar su afirmación como creador del floppy disk, Yoshiro afirmó haber vendido, en el año 1979, patentes a IBM relacionadas con el asunto, cuando ya se había cumplido una década del lanzamiento del primer disco flexible del Gigante Azul.

La versión más extendida afirma que Nakamatsu patentó en 1952 un papel para la reproducción óptica de sonido. A diferencia de un disquete, esta patente de Nakamatsu describió el uso de papel impreso para almacenamiento, en lugar del material magnético. De hecho, Nippon Columbia, conocida compañía discográfica nipona, planeó comercializar su grabadora de hojas de disco magnético en 1960. No obstante, en algunas fuentes, se indica que la unidad de Nakamatsu inventada en 1950 podía leer con sensores magnéticos y de luz.

Mac Jeffery, de IBM, confirmó que la compañía compró licencias para algunas de las patentes de Nakamatsu, aunque asegurando que no eran para el disquete flexible como tal, inventado totalmente por IBM. Otro portavoz de IBM llamado Brian Doyle afirmó que llegaron a un acuerdo confidencial sobre catorce patentes de Nakamatsu. Al mismo tiempo aclaró que los acuerdos de licencia sobre aquellas patentes nada tienen que ver con el disquete. Otras fuentes afirman que, ante la posibilidad de un largo conflicto con el inventor japonés, IBM decidió adquirir las licencias del inventor sobre aquello que pudiera formar parte de una confrontación legal en la disputa de la autoría del disco flexible. Aunque nada de esto puede ser confirmado debido a la confidencialidad del acuerdo alcanzado en el año 1979.

En mi opinión, pienso que IBM es el auténtico inventor del disco flexible, aunque seguramente Yoshiro Nakamatsu ejecutó una invención de un dispositivo preliminar que pudiera ser confundido con el floppy disk creado en 1967 y patentado en 1969. Lo que sí está confirmado es que en el año 1984 Nakamatsu inventó, bajo la patente de número 4490765, un disquete para limpiar un cabezal de unidad de disco flexible.

Kenbak-1

El ordenador Kenbak-1 fue terminado en el año 1971, cuando la *informática personal* no existía, y el concepto de un ordenador en el hogar —o en un pequeño negocio— todavía no disponía de sentido alguno.

Normalmente se considera al Micral N de 1973 como el primer *ordenador personal* comercial de la historia. ¿Por qué si es posterior al Kenbak-1? Porque el Kenbak-1 no estuvo basado en microprocesador —el primer microprocesador, llamado Intel 4004, nació en el mismo año 1971—, sino que fue construido utilizando circuitos TTL, por lo que, para muchos, no es un ordenador de cuarta generación, que es la generación donde nació la *informática personal* y donde el uso del *ordenador personal* alcanzó la globalización.

Este equipo recuerda, en cierto modo, al ya comentando Cream Soda Computer de Steve Wozniak y Bill Fernández, también nacido en el año 1971, pero siendo un equipo casero y más simple que el que protagoniza este apartado.

El equipo Kenbak-1 sí cuenta con el honor de ser el primer *ordenador personal* de la historia concedido por el Boston Computer Museum en el año 1986; su destino final fue el uso educativo y, además, en poco tiempo, se convirtió en el emblema de la lucha por convencer al público en general que un ordenador podía tener un coste reducido y podía disponer de gran utilidad para la población. Podríamos decir que el Kenbak-1 abrió el camino de lo que poco tiempo después nacería: la *informática personal* o *de usuario*.

No obstante, y bajo mi criterio, el ordenador personal nació dentro de la cuarta generación de ordenadores, con la llegada del microprocesador; considero al Kenbak-1 un gran pionero de la informática personal, pero no el primer ordenador personal.

Retomemos la historia de este peculiar ordenador. En el año 1949 John Blankenbaker, cuando todavía era un estudiante, comenzó a trabajar en la idea de construir un ordenador que pudiera agilizar los cálculos logarítmicos necesarios para las operaciones propias de la física que estudiaba. Para el año 1958, John Blankenbaker ya tenía en mente la idea de construir un ordenador de reducido coste con fines de uso personal.

En el año 1970, cuando Blankenbaker estaba desempleado, retomó la idea de diseñar y construir un ordenador personal de reducido coste y, con ello, nació la Kenbak Corporation. En la primavera de 1971 el equipo estuvo listo para su salida al mercado... debido a su uso educativo, decidió ofrecer el equipo a colegios/escuelas... de aquella no existía la *informática personal*, y no era nada fácil vender un ordenador de esas características a la gente de la calle.

El equipo Kenbak-1 contó con 1 Megahercio de velocidad y 256 bytes de memoria. También incluyó una placa de circuito impreso que en su interior albergaba circuitos integrados de pequeña y mediana escala, y dos registros de tipo MOS con la memoria, e interruptores y luces destinados a la entrada y salida. Como el equipo contó con componentes de menor capacidad y calidad para reducir el coste, el lenguaje de programación utilizado dentro de la Kenbak-1 fue el código máquina. Se estima que fueron vendidas un total de cuarenta unidades del Kenbak-1, venta realizada por medio de la revista técnica Scientific American —en aquellos años era habitual vender ordenadores a través de revistas como fue el caso del Altair 8800—.

El propio creador, John Blankenbaker, afirmó que el equipo no tuvo el éxito esperado porque el mundo no estaba preparado para la *informática personal.* Y ciertamente así fue, aquel concepto todavía tardó varios años en calar entre la población.

Posteriormente, en 1973, cerró la empresa y la producción del equipo cesó, pero los derechos de la Kenbak Corporation fueron vendidos a otra compañía llamada CTI Educational Corporation que continuaron con la venta del equipo… el nombre de Kenbak-1 fue cambiado por el de CTI 5050.

En la actualidad, todavía se pueden encontrar algunos equipos Kenbak-1 en el mercado, que son adquiridos a precios muy elevados por su valor histórico, además de existir una especie de reproducción del Kenbak-1 en forma de kit, bautizado con el nombre de Kenbak-1 Series 2, y que incluyó componentes de mayor calidad.

Micral N

Dentro de las clasificaciones históricas de los ordenadores existe espacio para muchos tipos: el primer ordenador, el primer ordenador sin relés y con válvulas de vacío, el primer ordenador con circuitos impresos, el primer ordenador con microprocesador, el primer *ordenador personal*, el primer *ordenador personal comercial*, el primer ordenador español, o el primer portátil de éxito comercial de la historia, y un largo etcétera. Si nos ceñimos al primer ordenador comercial de la historia que incorporó un microprocesador, debemos hablar del equipo francés Micral N.

En enero de 1973 la compañía francesa R2E, fundada por André Truong Trong Thi, presentó un ordenador llamado Micral N diseñado por François Gernelle, también fundador de la misma empresa.

El equipo Micral N fue un producto en el que trabajaron desde junio de 1972. La empresa R2E fue formada por los dos ingenieros que, anteriormente, habían trabajado para la compañía Intertechnique; R2E fue creada con la idea de vender su diseño de micro-computador basado en el procesador Intel 8008.

El sistema fue originalmente desarrollado en el Institut National de la Recherche Agronomique para automatizar mediciones de tipo higrométricas. El sistema operaba a una velocidad de 500 KHz (0,5 Mhz), e incluyó 16 KB de memoria. Contó con un bus de datos llamado Pluribus que permitió la conexión de hasta 14 tarjetas diferentes: entrada/salida digital, entrada/salida análoga, memoria, y disco «floppy».

El ordenador era programado mediante un lector de cinta perforada, y para la entrada/salida se utilizaba un teletipo, terminal serie, o un módem. El panel frontal de la consola era opcional, siendo personalizable en función de las necesidades de cada cliente. En diciembre de 1973 se incorporó al equipo una disquetera de 8 pulgadas... en 1974 una pantalla y teclado.

En 1979 se sustituyó la disquetera de 8 pulgadas por una disquetera de 5¼ pulgadas, y se añadió un disco duro de 5 Megabytes diseñado por Seagate.

A partir de abril de 1974 fue sustituido el microprocesador Intel 8008 por el Intel 8080, algo que también hicieron otros fabricantes que, en aquella época, ya se encontraban diseñando sus ordenadores como, por ejemplo, el caso del Kentelec 8 español. Los nuevos modelos de ordenador que incorporaron el nuevo procesador fueron: Micral G y Micral S.

En julio de 1976 la empresa R2E introdujo un nuevo modelo Micral CZ que incorporó un microprocesador que comenzaba en aquellos años a disponer de gran éxito... el procesador Zilog Z80.

El sistema operativo de Micral N fue llamado inicialmente Sysmic, y fue más tarde renombrado como Prologue. Años después, en 1978, R2E fue absorbida por Groupe Bull que, aunque el grupo continuó la producción de ordenadores Micral, nunca tuvo un especial interés por el mercado del *ordenador personal.*

El equipo Micral N marcó el inicio de una carrera por el diseño de ordenadores de reducido tamaño, para ser vendidos a un coste muy inferior a los ordenadores de mayor tamaño existentes en aquellos años. En cierto modo, algunas partes concretas del diseño del Micral N tuvieron igual presencia en otros ordenadores creados poco después como el Kentelec 8, Altair 8800, o Sol-20.

Al inicio de este apartado describo al Micral-N como el primer ordenador personal comercial de la historia... pero... ¿Por qué no quitar la palabra comercial? Porque, en realidad, no puede ser el primer ordenador personal de la historia, ya que hubo otros que pelean, días arriba o abajo, con ganar ese privilegio histórico, ordenadores que voy a comentar a continuación.

Sac State 8008 y SMP80/08

Con el nacimiento de los microprocesadores en 1971 al diseñar la empresa Intel el modelo 4004, se abrió un nuevo mundo de posibilidades de una informática emergente. Y nacieron los microordenadores y, seguidamente, la *informática personal*.

¿Cuál fue el primer microordenador personal? Para unos el primer microordenador de la *informática personal* fue el diseño francés Micral N como ya se ha mencionado con anterioridad.

Posiblemente otros equipos como el Kenbak-1, anterior al Micral N, pudieran ser considerados el primer microordenador de la historia, como también he comentado ya, pero, en realidad, ese equipo no fue basado en microprocesador, sino que estuvo basado en circuitos TTL.

Para muchos la nueva era de microordenadores y la *informática personal* está directamente relacionada con el microprocesador; pero, además, el concepto «comercial» determina también la clasificación de esos primitivos ordenadores; en muchos ámbitos no se considera primer ordenador a un equipo que no tuvo salida al mercado.

Por todo ello, el Micral N cumple la característica de ser el primer microordenador por incorporar microprocesador y por ser un equipo comercial. También debo recordar lo mencionado: que para la historia más oficial es el Apple I el primer *ordenador personal*, para otros muchos la *informática personal* nació con el microordenador Altair 8800 —equipo que se tratará más adelante—, ya que fue el primer bombazo comercial en un ordenador de esas características. Pero siempre permanece algún que otro equipo fuera de la lista oficial...

Existió algún que otro equipo informático, además del Micral N, que exploró el nuevo mundo de los microordenadores en la misma época y que, con el tiempo, cayeron en el olvido. Por ejemplo, podríamos hablar del ordenador SMP80/08 diseñado en 1972 y lanzado en 1973 por la empresa de origen japonés Sord Computer Corporation, entidad fundada por Takayoshi Shiina.

El ordenador SMP80/08 incluyó el microprocesador Intel 8008, y no tuvo salida comercial. Pero ese equipo fue la influencia para otros posteriores de la misma empresa como el SMP80/x basado en el microprocesador Intel 8080, lazando en el año 1974. A partir de ahí, Sord Computer Corporation contó con un largo historial de *ordenadores personales* lanzados al mercado durante los años setenta y ochenta, hasta que terminó trabajando conjuntamente con Toshiba a partir de 1985, y se convirtió en empresa subsidiaria de Toshiba en 1999.

Existen muchas referencias que consideran al equipo SMP80/08 como el primer microordenador de la historia por estar basado en microprocesador, aunque no haya contado con salida comercial —aunque sería necesario establecer fechas más rigurosas ya que coincide en tiempo con el Micral N—;

también existen fuentes que consideran al SMP80/x como el primer ordenador que incluyó el microprocesador Intel 8080, siendo también el primero en incluir un sistema operativo. Todo ello sin las pertinentes valoraciones desde el punto de vista comercial.

Pero... ¿y si el SMP80/08, siguiendo el mismo criterio, tampoco fue el primer microordenador?

Existe otro ordenador denominado Sac State 8008 que fue fabricado en 1972 por la Universidad Estatal de Sacramento; producto liderado en su creación por Bill Pentz.

El microordenador Sac State 8008 podría ser, perfectamente, el primer microordenador basado en microprocesador ya que incluyó, de la misma forma que el SMP80/08, un procesador Intel 8008. Además, el Sac State 8008 incorporó un sistema operativo integrado en una serie de chips de memoria programable de solo lectura «PROM», 8 Kilobytes de memoria RAM, el IBM Basic Assembly Language (BAL), pantalla a color, disco duro, y posibilidad de conectar una impresora.

Para Lee Felsenstein, miembro estelar del famoso Homebrew Computer Club, y diseñador de los equipos Sol-20 y Osborne 1, no existe duda de la importancia del Sac State 8008 en la historia de los microordenadores, y llegó a afirmar, en una revisión personal del producto, que, si no es el primer ordenador de la *informática personal*, como mínimo sí es el primer microordenador de la historia.

En mi opinión, el ordenador Sac State 8008 es el primer microordenador de la historia de la informática, y la primera puerta de acceso a la *informática personal*. El éxito comercial no debiera ser un factor determinante cuando, en aquellos inicios de los años setenta, el ordenador doméstico era algo que únicamente alcanzaba a los entusiastas de la electrónica. Sí deben ser factores de importancia el contar con sistema operativo y lenguaje de programación, además de medios físicos de almacenamiento, monitor, etcétera. Por eso mismo declaro al Sac State 8008 como el primer ordenador personal de la historia.

Ciertamente los ordenadores Sac State 8008 y SMP80/08 debieran estar contabilizados y clasificados en el podio de los primeros microordenadores que dieron paso a la *informática personal,* pero, curiosamente, no cuentan con la misma popularidad de los equipos Micral N, Altair 8800, o Kenbak-1.... podríamos decir que están bastante «olvidados» por la historia.

Bien es cierto que llegar el primero no implica ser la mayor influencia para el desarrollo de la *informática personal*. Está claro que ordenadores como el Altair 8800 o Apple I aportaron mucho más, y fueron vanguardia del *ordenador personal*, pero de ahí a olvidar en la historia a los que estuvieron antes... recordemos en el inicio de este libro cuando hablé de la Pirámide del Éxito...

Scelbi-8H

En el año 1973, poco después del lanzamiento del Micral N, Nate Wadsworth y Bob Findley, fundadores de la empresa Scelbi Computer Consulting, diseñaron un ordenador basado en el microprocesador Intel 8008 al que llamaron Scelbi-8H.

El ordenador Scelbi-8H es otro pionero de la *informática personal* siendo, además, el primer microordenador basado en microprocesador de la historia entregado mediante kit —el ordenador Micral N se entregaba ensamblado—.

El equipo creado por Scelbi Computer tuvo cierta fama al aparecer en diferentes artículos de prestigiosas revistas del momento como *Radio-Electronics* o *BYTE*, por ejemplo.

No obstante, el ordenador Scelbi-8H no tuvo buenas ventas y fue discontinuado en diciembre de 1974, lanzando al mercado un nuevo modelo mejorado —con más memoria RAM— llamado Scelbi-8B que, principalmente, fue una respuesta al *ordenador personal* lanzado por *Radio-Electronics* en enero de 1975 llamado Mark-8.

El ordenador Scelbi-8H no fue un gran éxito, pero sí fue una importante aportación al mundo de la *informática personal* al definir, por primera vez, el sistema de entrega mediante kit... un sistema exitoso en los primeros años de la *informática personal*, y donde destacó seriamente el equipo Altair 8800 tres años después.

Kentelec 8

Al principio de los años setenta un deportista de élite, campeón del mundo de Hockey en tres ocasiones, llamado Manel Puigbó Rocafort diseñó una serie de equipos electrónicos bajo una finalidad docente en informática y electrónica.

Nacido en 1931 y de profesión perito industrial eléctrico, fue a Suiza a desarrollar su labor profesional y terminó por trasladarse a Bruselas (Bélgica) donde estudió informática y electrónica digital, logrando una beca de investigación. En 1962 volvió a Barcelona, donde prestó servicios para el control de tráfico y la red semafórica.

En el año 1974, mientras ejercía su labor docente como profesor universitario y ejecutaba sus tareas de investigación, Manel desarrolló junto a su equipo de colaboradores Ángel Caballero, Marcos Martínez, Anselmo Farre, y Jordi Ardevol, el primer microordenador basado en microprocesador diseñado y fabricado en España.

El equipo fue bautizado con el nombre de Kentelec 8 y fue el primer ordenador español basado en microprocesador, y considerado segundo a nivel mundial después del ordenador Micral N de origen francés —con permiso de los equipos Sac State 8008 y SMP80/08—. Otros equipos tan famosos como el Scelbi-8H y el Altair 8800 son posteriores al español Kentelec 8.

Inicialmente, el ordenador Kentelec 8 incorporó el microprocesador Intel 8008 y, posteriormente, fue sustituido por el nuevo procesador Intel 8080. Además, el equipo incorporó un teclado hexadecimal y un zócalo programador de «EPROMs». El soporte de entrada y salida de datos era un dispositivo de cinta perforada y, además, contó con una memoria de 4 kilobytes ampliable a 8 kilobytes. Para la lectura y grabación de programas en cinta perforada se utilizó un teletipo conectado al ordenador.

El equipo Kentelec 8 fue creado con el objetivo de estudiar el funcionamiento de los microprocesadores y contó con un panel con información de los diferentes valores de bus de direcciones, bits de acarreo, estado de la máquina, y otros datos más a nivel interno. También contó con un editor, ensamblador/desensamblador, y varios manuales de uso. Dispuso de un diseño modular que, posteriormente, fue uno de los puntos fuertes de otros ordenadores tan famosos como el Altair 8800.

A posteriori, el ordenador Kentelec 8 fue mejorado llegando a incluir su software en una memoria «PROM», buscando evitar el laborioso trabajo de cargar los programas desde la cinta perforada.

Las prestaciones del equipo eran excelentes, pero su coste de fabricación era elevado y, por ello, finalmente, solo se conoce la fabricación de un total de diez unidades… después de aquellas unidades, el equipo dejó de producirse.

Aunque su finalidad siempre fue docente, y todavía no existía un sentido enfocado al *ordenador doméstico*, ordenadores como el Kentelec 8 sentaron unas bases muy sólidas para la evolución de la *informática personal* tal y como la conocemos actualmente. Y el equipo Kentelec 8 cuenta con el honor de ser de los primeros diseñados a nivel mundial, siendo totalmente desarrollado y fabricado en España… el Kentelec 8 es una parte muy importante de la historia de la informática en España.

Mark-8

En diciembre de 1974 fue anunciado por la revista *Popular Electronics* el lanzamiento del diseño de un ordenador basado en «kit» llamado Altair 8800… un ordenador que marcó una época en la historia de la informática.

En enero de 1975 fue publicado el artículo sobre el ordenador, y fue un gran éxito. Pero antes de todo eso, en julio de 1974, la revista *Radio-Electronics* ya había publicado el diseño de otro ordenador basado en kit llamado Mark-8.

La propia revista *Radio-Electronics* ya había publicado en septiembre de 1973, con gran éxito, un diseño de Don Lancaster para la fabricación casera de la Máquina de Escribir de TV (TV Typewriter) —asunto ya tratado en esta obra—… el paso previo al *ordenador personal*. Con el ordenador Mark-8 habían dado un paso más definido hacia lo que hoy conocemos como microordenador.

Un hecho muy destacable fue que la revista *Radio-Electronics* presentó el diseño del ordenador Mark-8 como un «miniordenador personal», ya que el concepto de *microordenador personal* todavía no se había acuñado… pero estaba en proceso de nacer.

En el año 1971 un estudiante llamado Jonathan Titus —también conocido como Jon Titus— cursaba estudios en la escuela de posgrado Virginia Tech, y allí tuvo acceso a un miniordenador llamado PDP-8 de la empresa DEC. Aquel ordenador le fascinó y, con el equipo, nació la idea de construir su propio ordenador doméstico… se había gestado la idea del futuro equipo Mark-8.

El microprocesador de 8 bits Intel 8008, salido al mercado en 1972, maravilló a Titus, y a partir de ese procesador diseñó el que sería, a la postre, el ordenador Mark-8.

En lugar de EPROMs, optó por SRAM… algunas compañías le vendieron 1.101 chips por solo unos pocos dólares cada uno, y con un modesto presupuesto ensambló 768 bytes de almacenamiento. Titus escribió el software del Mark-8 en papel en lenguaje Ensamblador, y lo trasladó a la máquina con dígitos de 3 bits, tal y como hacía en el ordenador PDP-8.

Respecto al nombre Mark-8, surgió de forma totalmente espontánea. Jonathan Titus recurrió al editor de *Radio-Electronics* Larry Steckler para presentar la idea de publicación del diseño, y le gustó al editor… pero le presionó en cuánto al nombre de la futura máquina, y Titus dijo el primero que le vino a la cabeza, que obviamente fue Mark-8. En julio de 1974 el artículo sobre el ordenador salió publicado en la portada de *Radio-Electronics*.

Jonathan Titus, como estudiante de posgrado que era, no contó con medios económicos suficientes para transformar aquel diseño en una aventura comercial, así que solo buscó demostrar que cualquier aficionado a la electrónica podía construir su propio ordenador. Diseñó los circuitos impresos a mano, y una empresa de Nueva Jersey llamada Techniques fabricó y vendió el juego completo a 50 dólares la unidad.

En el artículo publicado en la revista *Radio-Electronics* no hubo espacio suficiente para publicar todos los detalles del diseño, así que el editor ofreció un manual completo aparte por un precio de 5 dólares. Curiosamente, el dinero que recibió Titus de la venta de los circuitos y de los manuales lo dedicó a la compra de una máquina de escribir IBM Selectric.

Jonathan Titus reconoció, tiempo después, que el diseño del Mark-8 no le hizo rico, pero sí le forjó muchas amistades a lo largo de los años, así como cierta fama en una época precursora de la *informática personal*.

El diseño original del Mark-8 nunca fue modificado por su autor, pero la comunidad de entusiastas de la máquina sí promovieron por su cuenta algunos cambios. Por ejemplo, el límite de memoria a asignar fue fijado en el diseño original en 4 Kilobytes, y la comunidad modificó el diseño para que aceptara un límite de 16 Kilobytes, el máximo que podía direccionar el microprocesador Intel 8008 que incluyó como cerebro principal.

El propio Jonathan Titus reconoció que algunas partes del diseño del ordenador las hubiera hecho de otra forma con el paso del tiempo, reconociendo igualmente algunas carencias del Mark-8. En lugar de modificar el diseño original, en el año 1975 diseñó un nuevo ordenador llamado Mark-80 basado en el nuevo procesador del momento: el microprocesador Intel 8080.

No obstante, es importante comentar que el ordenador Mark-8 fue la influencia necesaria para que la revista *Popular Electronics* se animara a publicar el diseño de un ordenador más accesible al entusiasta electrónico, equipo llamado Altair 8800; el ordenador Altair se transformó en un éxito de ventas y en la chispa de ignición de la *informática personal*.

CAPÍTULO 5. LA ECLOSIÓN DEL ORDENADOR PERSONAL

La *informática personal*, posiblemente, empezó a nacer en enero de 1975 cuando nació el primer microordenador basado en kit que tuvo un éxito comercial global... el ordenador Altair 8800.

Altair 8800

En enero de 1975 la revista *Popular Electronics* presentó un ordenador lanzado un mes antes llamado Altair 8800. En aquellos años donde la informática buscaba evolucionar hacia un punto de inflexión que terminaría por globalizar la computación, era habitual presentar aquellos pequeños equipos (comparados a los «mainframes» habituales de las grandes empresas) en kits para montar, destinados a aquellos primeros aficionados de una nueva informática todavía sin definir del todo.

La revista *Popular Electronics* multiplicó por diez la venta de los kits cuando publicó el diseño del Altair 8800 y, entonces, a los creadores del equipo se les ocurrió vender aquel equipo ensamblado con la idea de llegar a pequeñas empresas y a particulares que no quisieran —o supieran— ensamblar su electrónica.

En el año 1969 nació una empresa llamada Micro Instrumentation and Telemetry Systems («MITS»), fundada por Ed Roberts y Forrest Mims, y dedicada —en un principio— a producir módulos de telemetría en miniatura para cohetes. En el año 1971 se redirigió la empresa a la fabricación de calculadoras electrónicas, presentando la primera ese mismo año, y logrando cuantiosas ventas. Una posterior guerra de precios por culpa del logro de Texas Instruments de crear un nuevo chip para calculadoras que redujo el precio a la mitad, llevó en 1974 a la empresa MITS a tener deudas y, entonces, se decidió de nuevo reorientar el negocio hacia la fabricación de kits de micro-computadores, algo que comenzaba a estar de moda en aquellos años.

Ed Roberts logró comprar a Intel a un precio muy bajo una serie de microprocesadores Intel 8080 que tenían la carcasa defectuosa y, con ellos, diseñó el kit para el ordenador Altair 8800 que fue presentado el 19 de diciembre de 1974; apareció en el número de *Popular Electronics* de enero de 1975.

La principal característica fue la modularidad... el equipo estaba distribuido en 5 tarjetas montadas sobre una placaba base, característica que aparecerá en los futuros *ordenadores personales* lanzados al mercado. Aquella modularidad permitió, posteriormente, trabajar en futuras tarjetas de expansión para el equipo Altair.

Curiosamente, el Altair 8800 no es considerado el primer *ordenador personal* de la historia. ¿Por qué? Porque no incluyó ni teclado, ni monitor, ni una controladora de unidad donde almacenar y cargar programas. Pero sí es considerado el primer ordenador basado en kits que tuvo gran éxito comercial. Tampoco es el primer ordenador de la historia por la reflexión al respecto ya descrita en anteriores capítulos.

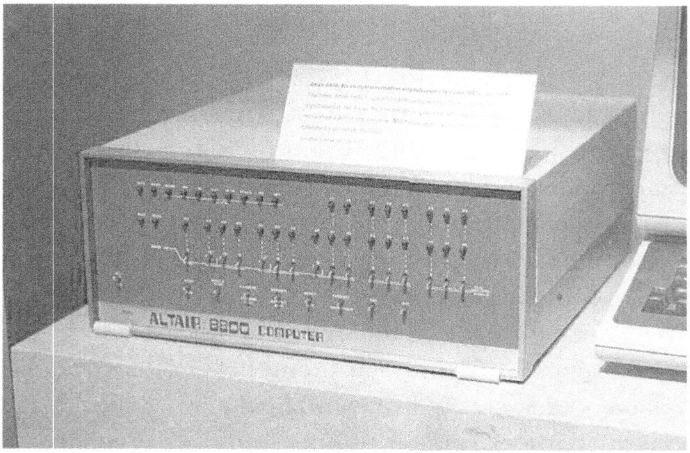

Ordenador Altair 8800. Foto de Michael Hicks (https://www.flickr.com/people/28496375@N00). Licenciada bajo CC BY 2.0 (https://creativecommons.org/licenses/by/2.0/)

El equipo Altair 8800 fue un gran éxito y fue la fuente de conocimiento de muchos de los jóvenes que, poco tiempo después, se convirtieron en grandes genios de la informática. Por ejemplo, unos desconocidos Bill Gates y Paul Allen con una nueva empresa llamada Microsoft —gestionada desde un domicilio particular—, enviaron una carta a Ed Roberts ofreciendo el desarrollo de un lenguaje BASIC para el Altair 8800. Un mes después Paul Allen presentó el programa del BASIC en una cinta de papel, y Ed Roberts aceptó aquel lenguaje. El lenguaje BASIC desarrollado por Microsoft para el Altair 8800 se convirtió en el primer gran éxito de la empresa de Gates y Allen, y fue la rampa de lanzamiento para que unos años después IBM decidiera aceptar la oferta de Microsoft para desarrollar un sistema operativo para el futuro IBM PC.

También es importante destacar que cuando fue creado el famoso Homebrew Computer Club —ya mencionado en capítulos anteriores—, las primeras reuniones estuvieron totalmente centradas en debatir, comentar, y presentar desarrollos precisamente para el Altair 8800.

Otros equipos informáticos de gran éxito de lo que posteriormente se conocería como *informática personal*, como el Apple I creado por unos jóvenes Steve Jobs y Steve Wozniak con su nueva empresa Apple, o Lee Felsenstein, Bob Marsh, y Gordon French que diseñaron su equipo Sol-20, fueron influenciados por el Altair 8800.

El éxito de la empresa MITS creada por Ed Roberts y Forrest Mims fue demasiado fugaz… a mediados de 1975 llegó al mercado el ordenador IMSAI 8080, un equipo competencia del Altair que sí incluyó monitor, teclado, y controladora de disquetes… fue el primer ordenador clónico de la historia al clonar el Altair 8800. Aquel equipo competidor puso de los nervios a los dirigentes de la empresa MITS y tomaron la decisión de contrarrestar la oposición mediante estrategias de control de mercado en lugar de buscar la mejora de su propio equipo.

Para el año 1976, el equipo Altair 8800 ya se había dejado de fabricar y la empresa estaba herida de muerte. Ed Roberts vendió la empresa buscando un socio más importante llamado Pertec Computer Corporation, y terminó por abandonarla en 1977. Pertec decidió vender el equipo original Altair, sin ningún cambio, bajo otro nombre… y no logró éxito con esa estrategia.

El nombre Altair 8800 persiste en la actualidad con importante fuerza dentro de la cultura popular. Por todo lo que rodea al ordenador, por todos los grandes genios que tuvieron al equipo como la «musa» de sus nuevas ideas, y por ser prólogo de la *informática personal*, podemos afirmar que el ordenador es digno merecedor de ocupar un lugar destacado dentro de las leyendas de la informática.

IMSAI 8080

En el año 1983 triunfó la mítica película titulada *Juegos de Guerra* que trató los temas de informática, conectividad, y guerra fría, así como también triunfó un joven actor llamado Matthew Broderick.

Aquella película tuvo un protagonista oculto a los ojos de muchos, el ordenador de David Lightman —el personaje de ficción interpretado por Broderick— que no era otro que el fabuloso IMSAI 8080.

Ordenador IMSAI 8080. Foto de Don DeBold (https://www.flickr.com/people/28156071@N00). Licenciada bajo CC BY 2.0 (https://creativecommons.org/licenses/by/2.0/).

En enero de 1975 fue lanzado al mercado el primer kit del que es considerado el *ordenador personal* comercial más influyente en los inicios de la *informática personal*, el ordenador Altair 8800, y cuyo componente principal era el microprocesador Intel 8080... el primer procesador de éxito comercial de Intel.

La empresa IMS Associates fundada en 1971 por Bill Millard, viendo el éxito del Altair 8800, en agosto de 1975 decidió lanzar su propio *microordenador personal* bautizado con el nombre de IMSAI 8080, y cuyo componente principal también era el microprocesador Intel 8080; en diciembre de 1975 se terminó la fabricación del primer kit. El equipo fue desarrollado mediante ingeniería inversa y se puede considerar el primer clon de un ordenador comercial existente... es decir, el primer clónico de la historia de la informática.

La idea de Bill Millard era mejorar ciertas carencias o debilidades detectadas en el Altair 8080, buscando un objetivo concreto: entrar en un mercado nuevo dedicado a los primeros *ordenadores personales* que contaron con el peculiar estilo de distribución mediante kits, para que el usuario pudiera montar su propio equipo.

Al final, el ordenador IMSAI 8080 fue un clon del Altair 8080, pero contó con mejor carcasa, mejores y menor cantidad de conexiones, y apostaron por una idea muy novedosa: software de dominio público.

El ordenador IMSAI 8080 era totalmente compatible con el Altair 8800, contó con una versión modificada del Altair BASIC de Microsoft, y un sistema operativo CP/M con posibilidad de conectar una unidad de disco magnético de ocho pulgadas... aunque muchos usuarios optaron por una unidad de cinta magnética que era mucho más barata.

En realidad, la máquina contó con muchos extras, y por el precio base únicamente se compraba el equipo con 256 bytes de RAM... siendo necesario introducir toda la programación mediante código binario usando las llaves y los «LEDs» del panel frontal.

Aunque el equipo IMSAI 8080 era de calidad y contó con una gran estabilidad, su salida al mercado a finales de 1975 coincidió con la salida de otros ordenadores con el Apple I, primer *ordenador personal* de la empresa Apple recién creada y, posteriormente, el Apple II, que fueron equipos innovadores que contaron con gran éxito. Se fue generando rápidamente una gran competencia, y la empresa fabricante del IMSAI terminó por quebrar, siendo adquirida por una tercera empresa en el año 1979.

El IMSAI 8080 llegó a disponer de una interesante presencia en pequeñas empresas del sector bancario, seguros, centros educativos, e instituciones gubernamentales y militares, algo que fue una novedad en aquella época, ya que los primeros *ordenadores personales* basados en kits eran prácticamente usados por un grupo reducido de usuarios: los entusiastas de la electrónica.

El equipo IMSAI 8080 perdura en el recuerdo gracias a la película de culto como *Juegos de Guerra*, donde se puede ver al ordenador funcionando, pero con teclado y monitor y no teniendo que programar mediante las llaves frontales. La característica que le ha llevado a un lugar privilegiado en el «Salón de la Fama» de la historia de la informática tiene que ver con el honor de ser el primer ordenador clónico de la informática.

MOS Kim-1

En la segunda mitad de los años setenta, en plena eclosión de la *informática de usuario* y con los *ordenadores personales* en pleno proceso de nacimiento, era —todavía— una época donde las calculadoras electrónicas programables brillaban. Y en aquellos años una empresa llamada Texas Instruments tenía «la sartén por el mango» gracias a sus exitosos «chips» CPU basados en la tecnología TTL.

En el año 1975 una empresa llamada MOS Technology, que se dedicaba a vender calculadoras basadas en los «chips» de Texas Instruments, sufrió la subida de precios de la empresa proveedora, así como unos problemas financieros serios. Para entonces, los responsables de MOS Technology ya dudaban que las calculadoras fueran el camino a seguir en el futuro y habían decidido recurrir a una estrategia diferente: habían diseñado un microprocesador de 8 bits bautizado con el nombre de MOS 6502, creado por el mismo equipo que diseñó el famoso procesador Motorola 6800 justo antes de abandonar aquella empresa.

Ordenador MOS Kim-1 y planos. Foto de dominio público.

El microprocesador anterior al MOS 6502, el modelo 6501, era totalmente compatible con el Motorola 6800... aquello provocó la demanda de la segunda empresa; los procesadores MOS 6501 fueron retirados del mercado.

Para evitar nuevas demandas de una empresa Motorola híper-vigilante de los movimientos de sus antiguos empleados, el nuevo desarrollo llamado MOS 6502 no tuvo más remedio que incorporar en su diseño final una ordenación diferente de pines, lo que le convirtió en totalmente incompatible con respecto al Motorola 6800 y, por ende, no aplicable a los equipos que utilizaban el segundo; el procesador MOS 6502 se había quedado sin los ordenadores base a la venta en el mercado que pudieran disfrutar de su uso. Entonces Chuck Peddle, ingeniero de MOS Technology, diseñó el KIM-1 para soportar al procesador MOS 6502.

¿Qué era el MOS KIM-1? Un ordenador de tipo kit como, por ejemplo, el mencionado en capítulos atrás Altair 8800. Los ordenadores de tipo kit eran vendidos de forma modular para ser montados por los compradores en sus propios sistemas. Aquel ordenador fue un éxito porque todo el sistema iba montado en una única placa, y dispuso de un precio de venta muy inferior a cualquier competidor del momento.

El KIM-1 salió a la venta en 1976, tuvo un enorme éxito y, aunque inicialmente fue lanzado al mercado para cubrir las necesidades de los ingenieros, muchos aficionados a los primeros *ordenadores personales* decidieron comprar aquel equipo para ejecutar sus prácticas y experimentos. El ordenador KIM-1 incorporó 2 Kilobytes de ROM, 64 bytes de RAM, y otro Kilobyte de RAM adicional. También incluyó seis «LED» de siete segmentos, similares a los utilizados en calculadoras, dos puertos serie, y un teclado numérico con 24 teclas.

El éxito del equipo indujo a presentar mejoras posteriores como la incorporación del Tiny BASIC, que se podía agregar por medio de la expansión de 4 Kilobytes adicionales de RAM utilizando un interfaz de cinta para cargar el programa de BASIC… pero con la tediosa espera de 15 minutos interminables.

A partir de 1975 Texas Instruments subió el precio de los chips y algunas empresas, como la norteamericana Commodore, decidieron que era el momento de crear los suyos, y así eliminar la dependencia de la empresa proveedora. En ese momento la empresa MOS Technology había llegado a la misma deducción que Motorola y pasaba serios apuros económicos, pero contaba con el diseño del procesador que tanto necesitaba Commodore. En el año 1976 Commodore compró a MOS Technology.

En la versión oficial sobre la compra de MOS Technology por parte de Commodore se afirma que la segunda rescató de una más que posible quiebra a la primera en un momento en el que el mercado de las calculadoras cayó. Y así Commodore entró en el mundo de los procesadores de diseño propio sin externalización.

Existe otra versión —no confirmada— que afirmó que la filial Commodore Business Machines era el mayor comprador del segmento de calculadoras de MOS Technology, y Commodore, deliberadamente, sobrecargó la capacidad de producción de MOS almacenando los excedentes, para meses después cortar los pedidos; entonces MOS Technology cayó en picado, forzando el proceso de venta a Commodore.

Una vez incorporada MOS Technology en Commodore bajo la nueva división Commodore Semiconductor Group, Chuck Peddle convenció a Jack Tramiel que el mundo de las calculadoras no era el futuro, y sí lo era el *ordenador personal*. Así, y a partir del KIM-1, en 1977 nació el Commodore PET, el primer *ordenador personal* de la empresa norteamericana —equipo del que hablaremos más adelante—.

El ordenador PET fue la puerta de inicio de una saga muy famosa por modelos como el Commodore 64 (C64) —el ordenador más vendido en la historia y sobre el que también comentaremos más adelante— y algún otro modelo famoso, por lo contrario, por la nula presencia, como el Commodore 65 (C65) que, en la actualidad, es una pieza muy codiciada por los coleccionistas de la retroinformática.

Un dato curioso: existe una página web con recursos para el procesador MOS 6502 (http://www.6502.org/), y el código fuente en ensamblador de la ROM del KIM-1 está disponible en la siguiente dirección: kim-src.asm.

Otro dato curioso: aunque la división de MOS Technology fue renombrada a Commodore Semiconductor Group, en los manuales y logotipos se siguió utilizando el nombre antiguo hasta el año 1989.

Chuck Peddle

Llegado a este punto, debo decir que toca hacer un pequeño descanso para dar un repaso a la biografía de Chuck Peddle, ¿por qué? Porque si bien se llevaron una importante parte de la fama los ordenadores Altair 8800 y Apple I dentro del nacimiento del *ordenador personal* y la *informática personal*, fue Chuck Peddle la persona que, quizás, aportó más que nadie al perseguir sin descanso, incluso antes que Steve Jobs y Wozniak, la creación de un ordenador para un sencillo hogar. Peddle fue una persona fundamental para que la *informática personal* llegara a ser lo que en la actualidad es.

Charles Ingerham Peddle, conocido como Chuck Peddle, nació en el estado de Maine (EEUU) en el año 1937. En la Universidad de Maine estudió ingeniería electrónica. Poco tiempo después empezó a trabajar en la gran empresa General Electric en sistemas de tiempo compartido —que fue un nuevo modelo computacional que revolucionó la informática—, asumiendo un nuevo enfoque para aquello.

En el año 1973 Chuck Peddle llegó a una incipiente empresa llamada Motorola para trabajar en un nuevo mundo que iba a revolucionar la informática: los microprocesadores. Y así nació, en 1974, el procesador Motorola 6800. Después del nacimiento de aquel procesador, Peddle propuso a la empresa diseñar una nueva versión mucho más económica... creía firmemente que mejoraría el rendimiento; la ejecutiva de Motorola rechazó la propuesta, prohibiendo al equipo trabajar sobre aquella idea. Entonces Peddle buscó ejecutar el proyecto fuera de Motorola.

En el año 1975, en una ya mencionada empresa llamada MOS Technology, creada en 1969 y que se dedicaba a la fabricación de componentes para calculadoras, trabajaba John Paivinen, viejo amigo de Chuck Peddle; el segundo recaló allí con la premisa de llevar a cabo el proyecto negado en Motorola. En agosto de 1974 recaló Peddle en MOS Technology acompañado de otros siete ingenieros de Motorola: Harry Bawcum, Ray Hirt, Terry Holdt, Mike James, Will Mathis, Bill Mensch, y Rod Orgill.

En MOS Technology Peddle dirigió al grupo que llevó a cabo uno de los grandes avances de la informática de los años setenta: el procesador MOS 6502; un microprocesador de gran rendimiento a un precio muy inferior de cualquiera de la competencia del momento, ya fuera Motorola o la propia Intel.

Chuck Peddle en el año 2013. Foto de Jason Scott. Licenciada bajo CC BY 2.0 (https://creativecommons.org/licenses/by/2.0/).

El procesador MOS 6502 fue tan importante en aquella época que fue el cerebro de los primeros ordenadores personales de éxito: MOS Kim-1, Apple

I, Apple II, Commodore PET, Oric-1, BBC Micro, Atari 2600, o el fabuloso e increíble Commodore 64.

El nacimiento del procesador MOS 6502, que revolucionó la naciente *informática personal*, tuvo lugar gracias al empecinamiento de Chuck Peddle en perseguir la idea de crear un microprocesador de mayor rendimiento y mucho más barato que el Motorola 6800. Y no fue el único empecinamiento que tuvo...

Quizás en la mayoría de los pioneros del ordenador doméstico, o microordenador, la idea fue surgiendo poco a poco; por ejemplo, en Steve Jobs y Steve Wozniak la idea fue madurando según fueron lanzando el Apple I, Apple II... pero en Chuck Peddle la idea de crear un *ordenador personal* estuvo clara quizás mucho antes que en cualquier otro pionero de mayor fama en la historia de la informática personal. Pero Peddle no encontraba al socio ideal lo suficientemente loco como para ahondar en una idea que los empresarios e ingenieros de los setenta rechazaba bajo una mayoría aplastante.

Para el año 1976 Peddle había trabajado en su primer intento de *ordenador personal*, y diseñó el ya mencionado microordenador basado en kit llamado MOS Kim-1. Entonces apareció en escena uno de los grandes empresarios de la nueva informática de los años setenta, Jack Tramiel, fundador de Commodore International, que tuvo una fe inquebrantable en las posibilidades del procesador MOS 6502. Commodore compró a MOS Technology e integró a Chuck Peddle en la famosa empresa americana.

Una vez dentro de Commodore, Chuck Peddle convenció a Jack Tramiel que el *ordenador personal* basado en microprocesador era el futuro de la informática, y propuso desarrollar un *ordenador personal*. Y Jack Tramiel aceptó.

Peddle estaba muy preocupado por los movimientos de otras empresas que ya estaban en el mismo camino que él, y Tramiel no quería empezar de cero, así que, por ello, el segundo propuso adquirir una empresa ya establecida para no partir de cero; y el primero propuso adquirir la nueva empresa llamada Apple.

Las negociaciones con Steve Jobs y Steve Wozniak no llegaron a buen puerto, y la operación de compra fracasó; esta historia la comentaré con mayor detalle un poco más adelante. Pero la directiva de Commodore decidió no abandonar el proyecto, y tomó el duro camino de crear un ordenador personal desde cero basado en el MOS 6502... Y, así, Chuck Peddle dirigió el nacimiento del fabuloso Commodore PET.

Trataré el ordenador Commodore PET más adelante, pero ahora debo anticipar que ese equipo está entre los primeros *ordenadores personales* basados en microprocesador y entregados al comprador final completamente ensamblados, junto con el famoso Apple II; aquello fue todo un hito en la historia, y cuyo mayor mérito debe ser otorgado a Chuck Peddle. Además, el Commodore PET fue la base del nacimiento del Commodore 64, el *ordenador personal* más vendido de toda la historia de la *informática personal*.

El siguiente hito que Chuck Peddle decidió perseguir fue fundar su propia empresa de informática, y así, en 1980, abandonó Commodore para fundar, junto con Chris Fish, la empresa Sirius Systems Technology. Allí creó el ordenador Victor 9000, llamado en algunos países como Sirius 1. El proyecto fue un fracaso financiero, y para Peddle aquello solo duró tres años... en el año 1983 la empresa fue vendida a otra entidad.

En el año 1986 Chuck se unió a otra empresa histórica llamada Tandon, llegando a ser el presidente de la compañía. Pero, en el año 1993, también quebró aquella entidad. Chuck, a partir de ahí, trabajó de Director de Tecnología para un fabricante internacional de productos electrónicos de la India llamado Celetron, que se formó en 2002 a partir de varias antiguas compañías de Tandon, y donde el CEO era Sirjang Lal Tandon, el fundador de Tandon Corporation.

En la historia de la *informática personal* existen nombres que han trascendido a la propia ciencia de la computación para convertirse en leyendas de alcance mundial, como son Bill Gates, Steve Jobs, o Steve Wozniak. Pero existen otros nombres de mayor trascendencia en el desarrollo de la informática personal que no han alcanzado unas cotas de popularidad tan importantes. Y Chuck Peddle es considerado el padre del *ordenador personal*, con una influencia en su nacimiento quizás mucho mayor que la de ningún otro personaje de la historia del *ordenador personal*, como ya he afirmado en diferentes pasajes de esta obra.

La inexistente compra de Apple de Bill Gates y Chuck Peddle

En el otoño de 1976 tuvo lugar un hecho muy importante para el desarrollo de la *informática personal*; un hecho muy poco conocido, y lo poco que se sabe sobre ello, gracias a Internet, en su mayor parte es una historia falsa.

En el apartado anterior comenté la necesidad de Chuck Peddle y Jack Tramiel de comprar una empresa ya establecida para introducirse en el nuevo mundo de la informática personal. Ahora paso a describir y aclarar —porque diversas fuentes metieron en la historia a Bill Gates— lo que realmente pasó en ese importante pasaje de la historia.

Bill Gates había creado en 1975 —junto con Paul Allen— una empresa llamada Microsoft, al mismo tiempo que lograban su primer éxito... el desarrollo de un lenguaje BASIC para el *ordenador personal* Altair 8800. A partir de ese instante Microsoft y Bill Gates son sobradamente conocidos, incluso entre las personas que menos se acercan a la informática.

Chuck Peddle, como ya fue comentado, ingresó en la empresa Motorola en 1973 y trabajó en el desarrollo del microprocesador Motorola 6800, uno de los pioneros de la informática. En agosto de 1974 Peddle, junto con otros siete ingenieros de Motorola, abandonaron aquella empresa para ingresar en MOS Technology; el motivo de la salida fue la negativa de la empresa a desarrollar un procesador más eficiente y económico que el 6800. Y en MOS Technology el equipo de Peddle creó uno de los procesadores más famosos de los primeros años del *ordenador personal*, el microprocesador MOS 6502.

A finales de los años setenta Bill Gates ya disponía de una relación comercial con Apple, ya que su empresa fue la creadora de parte del software que corría en los ordenadores de la «manzana mordida». Chuck Peddle había visto que el microprocesador, componente nacido en 1971 de la mano de Intel con el modelo 4004, podía provocar la próxima revolución en la electrónica y, al mismo tiempo, vio con claridad que era el elemento fundamental para el desarrollo del *ordenador personal.* Apostó por el ordenador personal como la gran revolución, cuando la mayor parte de la gente descartaba la idea sobre que un ordenador doméstico tuviera alguna utilidad.

En realidad, antes que Bill Gates tuviera relación con Apple, fue Chuck Peddle el que apostó por Gates y Microsoft para que, en el verano de 1976, fuera presentada una versión de lenguaje BASIC creada por el segundo específicamente para el microprocesador MOS 6502. Y aquella versión, llamada Microsoft BASIC, fue la base de otras ocho posteriores para diferentes plataformas... y una de aquellas fue la versión Applesoft I lanzada en el año 1977.

Bill Gates en el año 2017. Foto de Kuhlmann/MSC. Licenciada bajo CC BY 3.0 Alemania (https://creativecommons.org/licenses/by/3.0/de).

A finales de los años setenta la *informática personal* ya había «brotado» con los primeros ordenadores... pero el éxito masivo comercial, más allá de los entusiastas de la electrónica, quizás llegó de la mano de la joven empresa fundada en 1976 por Steve Jobs y Steve Wozniak llamada Apple. Y en ese momento Chuck Peddle, muy preocupado porque el *ordenador personal* evolucionara de la forma más apropiada, como ya he comentado en párrafos anteriores, creyó que Apple podía ser el espacio ideal para desarrollar la idea que él había tenido mucho antes que otros protagonistas... la creación del *ordenador personal* y la informatización del hogar y la pequeña empresa.

En mucha documentación existente en Internet se afirma que Peddle recurrió a Bill Gates para lanzar una oferta de compra sobre Apple... la idea era utilizar esa empresa ya establecida para que Peddle pudiera desarrollar su deseado *ordenador personal.* En la documentación obrante en diferentes sitios web se afirma que los fundadores de Apple estuvieron dispuestos a vender la empresa por 150.000 dólares, y que Peddle y Gates solo pudieron reunir 100.000 dólares, por lo que nunca se llegó a ejecutar la compra... entonces Apple permaneció en manos de sus fundadores originales.

La compra Gates-Peddle es una historia completamente falsa, ya que la relación de Peddle y Gates era más de cliente-proveedor, que de socios, y con quién realmente Peddle tuvo una relación más cercana a la sociedad empresarial fue con Jack Tramiel. Pero la oferta sobre Apple, y la posibilidad de haber adquirido esa empresa, realmente existió... pero sustituyendo a algún protagonista.

Chuck Peddle persiguió la idea de crear el *ordenador personal* mucho antes del estallido de empresas como MITS o Apple, y allá por 1975 ya mantuvo conversaciones con Radio Shack —empresa que en 1977 crearía el fabuloso ordenador TRS-80 que trataré más adelante—; pero de aquella no logró venderles su idea del ordenador doméstico. Por aquel entonces, el mejor cliente de MOS Technology era Commodore, por los componentes de calculadoras, y, finalmente, la propia Commodore, en una operación no muy clara ya comentada, compró a la primera, siendo integrada en la famosa empresa americana.

Con la compra de MOS Technology por parte de Commodore, y la llegada de Jack Tramiel a la vida profesional de Peddle, se creó una magnifica asociación, y llegó más dinero para los planes de Peddle... entonces convenció a Tramiel que el mercado de las calculadoras no tenía futuro y sí lo tendría el *ordenador personal.*

Tramiel no quiso entrar en el área de la *informática personal* desde cero, así que puso encima de la mesa la idea de adquirir una empresa ya establecida en esa especialidad, y Peddle propuso adquirir la empresa Apple, que ya conocía al ser cliente del procesador MOS 6502. En otoño de 1976 Chuck Peddle y Andre Sousan, vicepresidente del Departamento Técnico de Commodore, se acercaron a la sede de una empresa Apple, recién fundada unos pocos meses atrás. Peddle hizo una demostración del MOS Kim-1, y se allanó el terreno para una posible compra.

Llegados a este punto es importante aclarar que los 150.000 dólares que solicitó Jobs para vender Apple que se cuenta en muchas fuentes de Internet también es completamente falso, así como que Tramiel estuviera dispuesto a pagar 100.000 dólares y desestimó la compra por no llegar a la petición de Jobs; en realidad Jobs pidió 100.000 dólares, parte de las existencias de Commodore, y un salario de 36.000 dólares para él y para Wozniak en la futura integración de Apple en Commodore.

La compra no fue desestimada por no disponer del dinero pedido por Jobs, sino porque Jack Tramiel e Irving Gould, presidente de Commodore, finalmente se retractaron... consideraron ridículo comprar una empresa de dos personas que trabajaban en un garaje. También es cierto que Jobs desconfiaba totalmente de Tramiel. Esta historia está relatada por el cronista oficial de Apple en sus primeros años, Michael Moritz, en su libro Steve Jobs & Apple.

El intento de compra infructuoso trajo consigo también una disputa entre Jobs y Wozniak en cuanto al reparto de los ingresos en el caso de ejecución de la venta de Apple, teniendo como protagonista de excepción a Jerry Wozniak, padre de Woz. Jerry dudó en aquella época de las aportaciones de Jobs en Apple, las consideraba nulas, pensando con firmeza que se aprovechaba del trabajo y talento de su hijo. Aquellos enfrentamientos tras el interés de Commodore, estuvieron a punto de traer la ruptura definitiva entre los dos fundadores de Apple.

Finalmente, Apple siguió su curso bajo la batuta de Jobs, y la directiva de Commodore se aventuró a crear, dentro de Commodore, un ordenador de cero bajo la dirección de Chuck Peddle... entonces nació el fabuloso ordenador personal Commodore PET. Y a partir de ese equipo nació, en el año 1981, el histórico Commodore 64. Sobre ambos hablaré más adelante.

Rockwell AIM-65

En el año 1976 nació un nuevo ordenador personal llamado Rockwell AIM-65. En realidad, el ordenador AIM-65 fue una evolución del MOS KIM-1 de MOS Technologies diseñado y fabricado para ser usado junto con el microprocesador MOS 6502 por un fabricante llamado Rockwell International —que pudo diseñar el ordenador gracias a contar con una licencia para comercializar su propio equipo basado en ese microprocesador—.

La empresa Rockwell, viendo el éxito del KIM-1, se aventuró a diseñar un ordenador que pudiera mejorar las prestaciones del equipo original de MOS Technologies.

El ordenador de Rockwell incorporó el microprocesador MOS 6502 a 1 Megahercio de velocidad, un teclado «QWERTY», una pantalla LED de 20 caracteres, 4 Kilobytes de RAM, y 5 zócalos para ampliaciones de RAM o ROM.

Dentro de las características técnicas cabe destacar una curiosidad: incluyó una impresora térmica de veinte caracteres dentro de la misma carcasa del equipo; aquella impresora podía imprimir en papel todo lo que fuera mostrado en la pantalla LED del mismo ancho.

Otra curiosidad a destacar: existió un modelo de AIM-65 que iba encajado en una maleta de viaje... un modelo diseñado para viajar con el ordenador a cuestas en una época en la que todavía no se había diseñado el primer portátil de la historia.

Con respecto al software, el ordenador creado por Rockwell dispuso con un catálogo muy amplio en lo que a lenguajes de programación refiere al soportar un ensamblador/desensamblador, Pascal, Forth, o PL/65. También incluyó un potente intérprete de BASIC. Los lenguajes eran utilizados en el ordenador por medio de tarjetas de expansión de tipo ROM conectadas a los zócalos libres.

En el año 1981 Rockwell lanzó al mercado un nuevo modelo mejorado de AIM-65, el Rockwell AIM-65/40, equipo que incluyó un LED de 40 posiciones en lugar de las 20 posiciones del primer modelo.

En la actualidad se pueden encontrar ordenadores AIM-65 a la venta en subasta en eBay a unos precios que rondan los 600 o 700 euros. También se pueden adquirir placas base sueltas del ordenador por unos 450-500 euros.

El ordenador Rockwell AIM-65 fue un equipo muy reconocido en su época, se utilizó en asuntos militares para el departamento de defensa, así como en proyectos espaciales y, con el paso de los años, se convirtió en una codiciada pieza de coleccionista… un ordenador nada difícil de conseguir en Internet, y muy comentado en la red por los entusiastas *vintage*.

No hay duda que el ordenador AIM-65 puede compartir el salón de la fama de la retroinformática al mismo nivel que otros míticos ordenadores pioneros que caminaron hacia la *informática personal* como el Altair 8800, IMSAI 8080, Kenbak-1, Kentelec 8 o incluso el miniordenador Factor-S español.

Apple I y II

En el año 1976 la joya de la corona de los primeros *ordenadores personales* fue el equipo Apple I creado por la empresa llamada Apple, fundada ese mismo año por Steve Jobs y Steve Wozniak.

Como ya fue comentado, en mucha documentación se afirma que el ordenador Apple I fue el inicio de la *informática personal*, y el primer *ordenador personal*, saltándose otros ordenadores como el Micral N, Sac State 8008, Kenbak-1, Mark-8, Altair 8800, etcétera…

Es un equipo posterior a una larga lista de microordenadores, y deseo reiterar, de nuevo, que no le quito algo de razón en esa calificación de ser el primero, ya que, en realidad, la salida del Apple I fue, por primera vez, un verdadero éxito comercial de un *ordenador personal* —con permiso del equipo Altair 8800—, todo ello debido a diversos factores. Pero no fue el primer *ordenador personal* de la historia.

Respecto a los factores del éxito del Apple I; en primer lugar, porque decidieron distribuirlo ensamblado, terminando definitivamente con la moda de los kits electrónicos —aunque hubo equipos como el Micral-N que ya se entregaban ensamblados mucho antes—… aquello abrió la puerta del *ordenador personal* al usuario estándar, no solo al entusiasta de la electrónica.

En segundo lugar, porque fue un éxito comercial sin precedentes, ya que, si en algo era bueno Steve Jobs, era en apostar por lo que casi nadie apostaba, y por saber vender el producto.

Ordenador Apple I. Foto de Kazuhisa Otsubo (https://www.flickr.com/people/82175587@N00). Licenciada bajo CC BY 2.0 (https://creativecommons.org/licenses/by/2.0/).

El ordenador de Apple I incorporó el microprocesador MOS 6502 a 1 Megahercio de velocidad, 4 Kilobytes de RAM, y una ROM de 256 bytes. Fue presentado por primera vez en el Homebrew Computer Club.

No obstante, y repitiendo algo ya mencionado en este libro, el ordenador Apple I era, sin más, una placa base ensamblada, así que el comprador debía añadir una carcasa, una fuente de alimentación, el interruptor de encendido, un teclado, y un monitor de vídeo… en cierto modo el concepto del Apple I como *ordenador personal* flaquea en ese aspecto concreto.

Por lo expuesto en el párrafo anterior, el nombre Apple I va irremediablemente unido al Apple II, ordenador lanzado en el año 1977, ya que fue el primer *ordenador personal* de la empresa Apple… modelo donde Steve Jobs subsanó la carencia principal del Apple I: no ser un ordenador completo y preparado para encender nada más entrar en los domicilios.

El ordenador Apple II fue el primer *ordenador personal* de Apple que fue fabricado masivamente, pudiendo ser el auténtico inicio de una *informática personal* que comenzaba a llegar a todos los usuarios, no solo a los entusiastas electrónicos.

Lanzado al mercado el 5 de junio de 1977, el equipo Apple II fue un éxito sin precedentes ayudado por un software ya comentado en capítulos anteriores: la primera Killer App de la historia… la hoja de cálculo Visicalc.

Las características del Apple II eran similares a las del Apple I, pero ensamblado como un equipo completo: microprocesador MOS 6502 a 1 Megahercio de velocidad, 4 Kilobytes de RAM, una ROM de 12 Kilobytes que incorporó en su interior el intérprete Integer BASIC, teclado, carcasa, y un interfaz de cinta.

Sol-20

En el verano de 1976 Steve Jobs y Steve Wozniak presentaron el ordenador Apple I en la conferencia PC'76, y en aquella conferencia de Atlantic City, la empresa Apple nació para el mundo siendo un rotundo éxito... aquel evento fue el inicio de un largo camino de evolución tecnológica; pero no fue el único éxito de la conferencia.

Al mismo tiempo, y en el mismo lugar que los fundadores de Apple iniciaban su bautismo de consagración, una empresa llamada Processor Technology Corporation, y un ingeniero informático llamado Lee Felsenstein, persona clave en el nacimiento del producto, lograron también el éxito cuando presentaron su producto llamado Sol-20. Pero... ¿Cuántas personas conocen a los a Jobs y Wozniak? ¿Y a la empresa Apple? ¿Y cuántas personas conocen a Lee Felsenstein? ¿Y a la empresa Processor Technology Corporation o al ordenador Sol-20? El triste capricho de la popularidad.

Junto a Lee, Bob Marsh y Gordon French ejecutaron el diseño del Sol-20. Curiosamente Lee fue miembro del Homebrew Computer Club en el que Steve Jobs y Steve Wozniak presentaron, por primera vez, su idea de un *ordenador personal*... los tres fueron miembros de aquel club. Pero Lee tuvo un papel más importante allí, y remató su importante aportación ejerciendo de moderador en las dos reuniones de reencuentro organizadas en los años 2001 y 2013.

Entre los honores de Lee se encuentra, además, el diseño de la primera arquitectura de pantalla, y el hecho de haber participado en el diseño y creación del que se considera el primer equipo portátil comercial de fabricación masiva, el Osborne 1. Sin duda un currículo espectacular.

El Sol-20 fue un *ordenador personal* desconocido y del que se fabricaron, aproximadamente, unas 10.000 unidades en dos versiones: una preensamblada, y otra versión vendida en kits y ensamblada a posteriori por el comprador.

Ordenador Sol-20. Foto de dominio público.

La tecnología de procesamiento fue dividida en tres modelos diferentes: Sol-10, Sol-20, y Sol-PC. Y aquí es importante destacar que la empresa Processor Technology Corporation utilizó la nomenclatura PC unos años antes que lo hiciera la propia IBM, creadora de una arquitectura abierta en el *ordenador personal* más famoso de la historia.

El ordenador Sol-20 tuvo como cerebro el procesador Intel 8080 a una velocidad de 2 Mhz de ciclo de reloj. También dispuso de todos los componentes necesarios para ser considerado un ordenador completo, así como contó con la característica de incluir una tarjeta de vídeo integrada que permitió la conexión de un monitor de vídeo; incluso fue posible conectar una unidad de cinta donde se podían cargar programas para la máquina.

El Sol-20 fue pionero, compartido en tiempo y forma, con el Apple I en el área de la *informática personal* así como fue el otro gran éxito de la conferencia PC'76, reunión que fue el pistoletazo de salida a un nuevo mundo tecnológico enfocado al público en general.

¿Por qué el equipo Sol-20 no tuvo la repercusión lograda por Apple? Quizás fue una cuestión de no saber vender el producto, área donde Steve Jobs demostró ser un genio.

El computador Sol-20 es uno de los ordenadores personales primitivos más desconocidos dentro y fuera de la informática. Una gran pieza de museo que cuenta con una posición especial e importante dentro del «Hall of Fame» de la breve historia de la informática.

TRS-80

En el año 1977 la empresa Tandy presentó el *ordenador personal* TRS-80 (Tandy Radio Shack Z-80). La empresa Tandy Corporation entró en el mundo de la *informática personal* de la mano de ese equipo TRS-80; un nuevo competidor para el Apple II y el Commodore PET que dominaron el mercado doméstico aquel año.

Ordenador TRS-80. Foto de Bilby (https://commons.wikimedia.org/wiki/User:Bilby). Licenciada bajo CC BY 3.0 Unported (https://creativecommons.org/licenses/by/3.0).

El ordenador dispuso del famoso microprocesador Zilog Z80 en los años que empezaba a ser un procesador de referencia a nivel mundial. Además, incorporó un intérprete de BASIC en la «ROM», y contó con una velocidad de 1,77 Mhz.

Incorporó un monitor que, en realidad, era un televisor adaptado que mostraba solo texto, y por la forma de construir los píxeles también podía mostrar unos gráficos rudimentarios. Como dato curioso comentar que el primer BASIC incluido en la ROM del TRS-80 fue un software libre creado mucho antes de la aparición del movimiento del software libre; se llamó Tiny BASIC.

Como periféricos dispuso de interfaz de cinta, interfaz de expansión para conectar una unidad de disco de Western Digital, e impresora de pantalla. De la misma forma que en el caso del Altair 8800, también existieron clones del TRS-80, como el LOBO Max-80 o el Aster CT-80.

Desde el lanzamiento al mercado del TRS-80 fueron progresivamente presentados diferentes modelos cada cierto tiempo que mejoraron el producto. Destacable fue el lanzamiento, en el año 1980, del TRS-80 Color Computer que, curiosamente, dispuso de un BASIC desarrollado por Microsoft e incorporó un microprocesador Motorola en lugar del Zilog Z80.

Tandy también lanzó al mercado la serie Pocket Computer, que eran versiones del TRS-80 de bolsillo fabricadas por Sharp Corporation o Casio.

En los años ochenta el fabricante Tandy logró popularizar su marca a nivel mundial y, posteriormente, llegó a entrar en el mundo PC con los ordenadores Tandy 1000 y Tandy 2000, siendo el primero un clon del fallido IBM PCjr —equipo que trataré más adelante—.

La saga de los ordenadores Tandy TRS-80 merecen un lugar privilegiado como leyenda de la informática, ya que fue un producto muy importante en el mercado. Y gracias a ese equipo muchas personas se adentraron, por primera vez, en la informática.

Es necesario aclarar que el nombre TRS viene de Tandy RadioShack, y RadioShack era una cadena de grandes almacenes. Como muestra es importante afirmar que Tandy fabricó, con precaución porque dudaban del éxito que podía tener, un total de 3.000 unidades que era el número de tiendas de la cadena RadioShack... si fallaba el producto, se quedaría cada tienda con un ordenador para uso propio. Al final vendieron 250.000 unidades en cuatro años.

Con el TRS-80 la marca Tandy creó un concepto de ordenador compacto de espacio reducido, además de integrar el teclado en la carcasa del equipo, que fue una importante novedad para la época. Otra anécdota a destacar es que el primer videojuego conversacional de la historia, llamado Adventureland y programado por Scott Adams en 1978, fue creado para el TRS-80.

Como anécdota final comentar que Tandy Corporation nació en el año 1919 como una empresa dedicada a la fabricación y comercialización de artículos de cuero, que era propietaria de los almacenes RadioShack adquiridos en el año 1963 dedicados a la venta de componentes y productos electrónicos y, finalmente, terminó por crear sus propios *ordenadores domésticos* para competir con los grandes fabricantes del momento, y también para suministrar a su propia cadena de tiendas.

En el año 2000 Tandy Corporation fue renombrada adquiriendo el nombre de su cadena de tiendas... RadioShack Corporation pasó a ser la nueva denominación.

VideoBrain Family Computer

En el año 1977, una empresa llamada Umtech Incorporated buscó entrar en el nuevo mundo del *ordenador personal*, un año donde se habían lanzado al mercado otros famosos ordenadores que ya he tratado como el Apple II,

SOL-20, TRS-80, o como otro, que trataré poco después, el Commodore PET. Así nació el computador VideoBrain Family Computer.

En 1977, mientras la competencia se lanzaba a construir ordenadores basados en los procesadores Intel 8080, Zilog Z80, o MOS 6502, Umtech decidió desmarcarse de aquello lanzando un *ordenador personal* basado en un microprocesador diferente —de la famosa empresa Fairchild Semiconductor— llamado Fairchild F8. Aquel microprocesador, muy poco conocido, tuvo muy poca repercusión: fue montado en la videoconsola Fairchild Channel F y en el ordenador VideoBrain.

VideoBrain no fue un equipo de éxito comercial, contando únicamente con tres años de presencia en el mercado hasta que fue descontinuado, pero sí cuenta con un hito mundial: fue el primer *ordenador personal* en utilizar el cartucho ROM para la lectura instantánea de software.

En el año 1976 los ordenadores personales utilizaban, normalmente, el interfaz de cinta para cargar y grabar programas, un proceso extremadamente lento. En 1976, y durante el desarrollo de la videoconsola Fairchild Channel F, Jerry Lawson inventó el cartucho ROM que permitía cargar software casi instantáneamente. Fue una parte más de aquella videoconsola, y el primer *ordenador personal* que utilizó ese medio de carga fue el equipo VideoBrain Family Computer. Un hito muy importante ya que, posteriormente, muchos ordenadores famosos en la historia utilizaron sistemas similares para evitar el uso de interfaz de cinta.

El ordenador contó con 1 Kilobyte de RAM y 4 Kilobytes de ROM, e incluyó cuatro aplicaciones de software integradas (editor de texto, cuenta regresiva, barra de colores, y un reloj). Aparte, fueron comercializados dos módulos de hardware externos: uno que permitía la conexión de dispositivos de entrada/salida como grabadora de cinta e impresora, y otro que permitía la conexión de un módem para comunicaciones remotas. En realidad, el módem permitía convertir al VideoBrain en un terminal si se llamaba a un ordenador mainframe compatible remoto. Mediante un conector RF la imagen se podía ver en 16 colores y con sonido en un televisor estándar. Para la parte lúdica el equipo contó con cuatro puertos de joystick y la ranura para el cartucho.

El ordenador VideoBrain contó con poco más de veinte títulos de software lanzados al mercado y no fue un éxito comercial debido a diversos factores. Quizás el factor de fracaso más importante fue la no inclusión de un lenguaje de programación BASIC, tan popular en aquella época, incluyendo un lenguaje llamado APL/S menos inteligible y más difícil. Otro factor importante fue el confuso teclado que incorporó, así como la inexistencia de títulos de entretenimiento para el equipo.

En aquellos tiempos pudo parecer extraño lanzar al mercado un *ordenador personal* alejado de los microprocesadores más populares, pero todo tiene una explicación. Albert Yu, presidente y fundador de Umtech, provenía del departamento de circuitos impresos de Intel, y David Chung, vicepresidente de Umtech y creador del VideoBrain Family Computer, fue también el creador del procesador Fairchild F8 en Fairchild Semiconductor. Lógicamente, incluyó en el diseño del equipo el microprocesador diseñado por él mismo.

Aunque el equipo VideoBrain fracasó estrepitosamente, la historia no debe olvidar que fue el primer *ordenador personal* en apostar por una tecnología de cartucho ROM que fue muy popular posteriormente, en los años ochenta, en ordenadores de 8 bits y videoconsolas.

Commodore PET

En el mismo año que debutó la primera película de La Guerra de las Galaxias (Star Wars), en 1977, también fue presentado el primer *ordenador personal* completamente integrado, creado por la histórica empresa americana Commodore… el Commodore PET (Personal Electronic Transactor).

Ya había comentado en capítulos anteriores que el Commodore PET comenzó a nacer a través de la empresa MOS Technology desde el famoso KIM-1. Como ya fue comentado también, después de aplicar ciertas estrategias empresariales, Commodore se hizo con MOS Technology, y una vez incorporada bajo la nueva división Commodore Semiconductor Group, Chuck Peddle convenció a Jack Tramiel que el mundo de las calculadoras no era el futuro, y sí lo era el *ordenador personal*. Así, y a partir del KIM-1, en 1977 nació el Commodore PET; el primer *ordenador personal* de la empresa norteamericana.

Chuck Peddle compró un libro que trataba la construcción de un televisor propio, obra escrita por el legendario Adam Osborne y, entonces, junto con John Feagans, Bill Seiler, Leonard Tramiel —hijo de Jack—, y dos ingenieros japoneses llamados Fujiyama y Aoji, comenzaron el nuevo proyecto. Fujiyama y Aoji contrataron a una compañía para desarrollar un chasis de madera, utilizando la placa base del KIM-1 y el procesador MOS 6502 como punto de partida.

La intervención de Chuck Peddle en el desarrollo de aquel ordenador, llamado Commodore PET, fue totalmente decisiva... creó un software en código máquina para gestionar el interfaz de cinta —que permitió cargar y grabar los programas— que fue considerado una obra maestra... él mismo afirmó que lo hizo porque los existentes en el mercado no funcionaban correctamente.

Ordenador Commodore PET. Foto de JasonParis (https://www.flickr.com/people/94064020@N00). Licenciada bajo CC BY 2.0 (https://creativecommons.org/licenses/by/2.0/).

Además de aquello, el Commodore PET necesitaba un sistema operativo y un lenguaje de programación de alto nivel, y Peddle se fijó en el exitoso Lenguaje BASIC de Microsoft. Pero, en aquellos años, el lenguaje había sido muy pirateado, y Bill Gates había publicado en uno de los boletines del Homebrew Computer Club su carta «Open Letter to Hobbyists», arremetiendo con dureza, por primera vez, contra aquellos que pirateaban el software comercial. Así que Chuck Peddle propuso a Bill Gates desarrollar un lenguaje BASIC en el interior de una ROM, evitando así cualquier posibilidad de pirateo por parte del usuario. Y trabajó en ello mano a mano con Rick Wyland.

Bill Gates no consideró útil ni factible la idea de Peddle de crear un BASIC en ROM, incluso pidió a Wyland que se deshiciera del proyecto. Y Gates confió tan poco en ello, que acordó con Chuck Peddle conceder una licencia perpetua de uso ilimitado para el Microsoft BASIC en ROM para cualquier computadora Commodore basada en el famoso procesador MOS 6502 —como parte de ese acuerdo, Commodore podría mejorar el BASIC de Microsoft siempre que le dieran esas actualizaciones al segundo—; incluso Microsoft ni siquiera exigió que apareciera el nombre de su empresa en parte alguna del computador de Commodore. Ese acuerdo, terriblemente bueno para Commodore, y nefastamente malo para Microsoft, forma parte de la historia de la *informática personal*, nacido durante el proceso de desarrollo del Commodore PET.

En el mes de enero de 1977 fue presentado el ordenador personal Commodore PET, nacido cuatro meses antes del TRS-80, y seis meses antes del Apple II. En muchos aspectos es considerado el primer *ordenador personal*, pero ateniéndose al exclusivo concepto de ser el primer *ordenador personal* completo; montado y operativo de fábrica, y accesible comercialmente a cualquier persona. No obstante, ese concepto, tratado ya muchas veces en esta obra, sigue siendo muy discutido.

Lo que está claro es que el equipo Commodore PET provocó el lanzamiento del primer lenguaje de programación en ROM que, sumado a ser considerado el primer *ordenador personal* completo, le otorgó un espacio preferente dentro de la historia de la informática. Pero tampoco hay que olvidar que el éxito del Commodore PET fue la puerta de llegada del VIC-20 primero, y del VIC-40 o Commodore 64 después... el *ordenador personal* más vendido de la historia.

El primer modelo de Commodore PET fue el 2001 que incorporó el microprocesador MOS 6502 de 1 Megahercio de frecuencia, existiendo dos versiones: una con 4 Kilobytes de RAM, y otra con 8 Kilobytes. También incorporó un monitor integrado monocromo de 9 pulgadas, un teclado, y una unidad de cinta integrada.

El ordenador fue un éxito, pero también tuvo importantes deficiencias que no gustaron a los clientes: un teclado excesivamente pequeño, y una pantalla monocromática que difícilmente podía competir con el Apple II o el TRS-80.

Aún con los problemas detectados, el Commodore PET fue un éxito hasta el punto de superar la propia capacidad de producción del fabricante americano, teniendo que recurrir a eliminar el modelo de 4 Kilobytes de la línea de producción. El ordenador fue muy popular, principalmente, en el sistema educativo norteamericano, ya que fue muy utilizado en escuelas y universidades de Estados Unidos.

Una curiosidad importante sobre el ordenador Commodore PET en lo que a la parte del monitor refiere: la silueta se asemejaba al casco de Darth Vader. La realidad es que el Commodore PET fue lanzado en el mismo año del estreno de la película de La Guerra de las Galaxias, aunque no puedo confirmar si tiene algo que ver con ello la forma del monitor, o es una simple casualidad.

También es cierto que existieron muchos modelos de Commodore PET, y algunos de ellos no contaron con la forma de Darth Vader en el monitor.

Otro dato curioso es el nacimiento en torno al Commodore PET de una de las primeras revistas digitales del mundo; la revista digital *Cursor* nació para el PET, siendo distribuida en cinta para ser ejecutada en el propio equipo incluyendo en cada número lanzado texto, juegos, y programas.

Desde 1977 hasta el año 1982 fueron lanzadas varias versiones mejoradas del ordenador Commodore PET hasta el lanzamiento de una especie de «mainframe» llamado Commodore SuperPET 9000 o SP9000.

Jack Tramiel pretendió introducir la serie PET en Europa, pero Philips tenía el nombre PET registrado, y así nació la serie CBM 3000 que era el mismo Commodore PET, pero localizada en Europa.

En el año 1982 la empresa americana creó la serie Commodore CBM-II, que intentó ser la continuación de la Serie PET… estuvo poco tiempo disponible y no tuvo éxito. En realidad, la serie hija del PET fue el modelo Commodore VIC-20.

La unidad de disco de Steve Wozniak

En el apartado anterior hice mención de la gran aportación de Chuck Peddle en el Commodore PET de 1977 al crear el software en código máquina para gestionar el interfaz de cinta.

Debo parar, de nuevo, el recorrido por los ordenadores personales más importantes de los años setenta para hablar de otro momento épico para la *informática personal* sucedido en el año 1978, teniendo como protagonista al gran Steve Wozniak.

La famosa empresa IBM fue pionera en lo que a unidades de disco refiere, y allá en los primeros años setenta lanzó unidades como la unidad de disco de ocho pulgadas primero, y cinco y un cuarto después... todo ello de la mano de su responsable de productos de almacenamiento, Alan Shugart.

Posteriormente, en 1973, Alan dejaría IBM para fundar su propia empresa llamada Shugart Associates.

En junio de 1977 salió a la venta el primer ordenador compacto de Apple, el computador Apple II, pero lo hizo incluyendo un interfaz de cinta para extraer o almacenar los datos. El interfaz de cinta era extremadamente lento, contando con mucha fragilidad en la fiabilidad. En el caso concreto del ordenador Apple II, el interfaz de cinta, diseñado en su momento por Steve Wozniak, adolecía de importantes fallos. El propio Gary Kildall, propietario y fundador de la histórica empresa Digital Research y desarrollador del famoso sistema operativo CP/M, se quejó a Steve Jobs por la enorme falta de seguridad y fiabilidad del interfaz de cinta.

En Apple empezó a urgir la implantación de una unidad de disco para sus equipos, y Jobs recurrió a Shugart como medio de colaboración mientras Wozniak estudiaba los mecanismos de las unidades de disco de IBM. Steve Wozniak comenzó a trabajar sin descanso, pero no fue hasta el último momento cuando se tomó en serio el asunto, para llegar a presentar la nueva unidad de disco en la Feria de Electrónica de Consumo y en la Segunda Feria del Ordenador de la Costa Oeste. Y terminó el diseño un día antes del evento.

En algunos medios se contó la anécdota sobre que Wozniak tenía preparados unos discos con todo el software de gestión de la unidad para las demostraciones en la feria y, por un error debido al cansancio, los borró accidentalmente. Afirmó que estaba todo en su cabeza y, al día siguiente por la mañana, hizo de nuevo esa parte del trabajo. Pero lo importante no fue esa anécdota, sino que Wozniak, partiendo de los diseños de Shugart, creó una unidad de disco con siete chips en lugar de los cincuenta de la original, además de mejorar la fiabilidad y proponer nuevas funcionalidades.

La unidad de disco de Apple II, llamada Disk II, fue presentada en junio de 1978, un año después del ordenador, y fue un éxito rotundo entre los expertos de la competencia, pasando un minucioso escrutinio de todo aquel que se acercó al stand de Apple. Lee Felsenstein, famoso creador del Osborne 1 y miembro fundador del Homebrew Computer Club, afirmó acerca de Apple y su Disk II: «Será mejor que nos interpongamos en el camino de esos muchachos». Chuck Peddle, como ya sabemos reconocido como uno de los padres del *ordenador personal* y creador del microprocesador MOS 6502, afirmó sobre el Disk II: «Transformó la industria por completo». En el caso de Peddle, también se encontraba en ese momento en un equipo de trabajo para desarrollar una unidad de disco, y perdió la batalla ante el diseño de Wozniak.

En realidad, la unidad de disco Disk II de Apple era la unidad de disco Shugart SA-400, pero sin controladora de disco, que fue sustituida por la diseñada por Wozniak. Aun así, aquella unidad de disco base de Shugart tuvo algunos problemas de fiabilidad en algunas piezas, que tuvieron que ser plagiadas por los técnicos del laboratorio de Apple para solucionar los inconvenientes.

Por las prisas de Mike Markkula, primer inversor que tuvo Apple y posteriormente segundo CEO en la historia de Apple, la unidad de disco Disk II fue lanzada sin un manual de usuario decente, algo que provocó que un cliente de California que compró una unidad y no supo hacer nada con ella por la falta de documentación, escribiera a Markkula una carta de queja que empezaba por «asquerosos bastardos», y después de una serie de quejas terminaba con «Iros a la mierda. Ojalá se os muera el perro».

Steve Jobs, Mike Scott —CEO de Apple en 1978—, y Mike Markkula sabían que la competencia nacida en tan solo un par de años en la carrera por el desarrollo del *ordenador personal* era muy fuerte, y a los primeros ordenadores Apple les faltaba algo... la unidad de disco, que se alcanzó con el dispositivo Disk II, y la Killer App que fue VisiCalc. Ambos productos colocaron a Apple en una clara ventaja en un mercado que estaba a punto de explotar, y la unidad de disco, en la actualidad, sigue siendo considerada por los expertos como una obra de arte de la ingeniería gracias a su ingenioso diseño.

No deseo terminar este inciso sin comentar una curiosidad más: Shugart Associates fue adquirida por Xerox en los setenta, y en 1978 el propio Alan Shugart fue despedido. En 1979 Alan Shugart, en sociedad con Finis Conner, fundó Shugart Technology que, posteriormente, pasó a llamarse Seagate Technology… el famoso fabricante de unidades de disco que todo el mundo conoce en la actualidad.

Microtan 65

En el año 1979 una empresa británica llamada Tangerine creó el *ordenador personal* Microtan 65. Debo reiterar que eran los primeros años de la *informática personal*, época dominada por los kits de montaje y, por ello, los equipos eran vendidos en piezas sueltas, siendo adquiridos por entusiastas de la electrónica que ensamblaban cada equipo y, con el paso del tiempo, lo iban ampliando. Con la llegada del famoso Altair 8800 surgió la opción dual de comprar el kit, o el equipo ensamblado por un precio mayor. El equipo Microtan 65 continuó esa misma línea marcada por el ordenador Altair 8800.

El equipo Microtan 65 se basó en el gran microprocesador MOS 6502, contando con una velocidad de 0,75 Megahercios, 1 Kilobyte de RAM, 1 Kilobyte de ROM, un teclado hexadecimal incluido en la versión básica, y siendo programado en código máquina, no pudiendo utilizar el lenguaje BASIC, de moda en aquella época, por culpa de tener una memoria RAM tan baja que no permitía ninguna ampliación… salvo que se comprara un dispositivo de expansión que se llamaba Tanex Board.

La principal ventaja del Microtan 65, al ser comparado con la competencia del momento, era la gestión de la pantalla de vídeo sin generar parpadeos; en aquella época los *ordenadores personales* accedían a la memoria de la pantalla de forma asíncrona, provocando parpadeos y símbolos en pantalla… la gestión de vídeo del Microtan 65 era ejecutada a la máxima velocidad disponible en el equipo gracias a una función secundaria del microprocesador MOS 6502 que permitió desarrollar a Tangerine una gestión de vídeo más simple y, al mismo tiempo, más rápida.

En los primeros años ochenta la empresa Tangerine creó un nuevo ente llamado Oric Products International Ltd, y bajo esa denominación lanzó al mercado, en el año 1983, un nuevo *ordenador personal* llamado Oric-1 —equipo que trataré más adelante—. El ordenador Oric-1 fue un equipo de gran éxito en varios países, y con su microprocesador MOS 6502 pretendió competir directamente con el famoso Sinclair Spectrum ZX basado en el procesador Zilog Z80.

En apariencia, el Oric-1 fue un equipo totalmente diferente al Microtan 65 pero, en realidad, el primero heredó muchas características del segundo como, por ejemplo, la gestión del teclado, y varias rutinas de la ROM, heredando también el fabuloso sistema de vídeo que permitía evitar los parpadeos de pantalla.

Un dato importante: el equipo Microtan 65 creado por Tangerine también dispuso de su propia revista llamada *Tansoft Gazette*, algo muy común en los años ochenta en los ordenadores de 8 bits... cada modelo de ordenador contó con su propia revista editada en papel. Posteriormente, la revista *Tansoft Gazette* fue renombrada con el nombre de Oric Owner cuando el nuevo ordenador Oric-1 sustituyó en el mercado al Microtan 65.

El ordenador Microtan 65 dispuso de una interesante colección de videojuegos, todos ellos de un estilo «píxel art» monocromo muy básico —era la tecnología existente en 1979— y, en la actualidad, existen páginas web que muestran capturas de una treintena de videojuegos como, por ejemplo, el título Astro Fighter... quizás el videojuego más famoso desarrollado para el ordenador fabricado por Tangerine.

El *ordenador personal* Microtan 65, seguramente, no sea uno de los grandes ordenadores de la *historia de la informática personal*, pero sí que es conocido por influir en el Oric-1, que sí tuvo gran éxito comercial en muchos países, por ejemplo, en España.

Microtan 65 forma parte de la historia de los *ordenadores personales* y, en la actualidad, se considera un equipo difícil de conseguir, siendo muy cotizado entre los amantes de la «retroinformática».

La verdadera historia del origen del entorno gráfico

Antes de terminar este capítulo, debo ejecutar otro pequeño parón ya que me resulta imprescindible destacar algo que sucedió a partir del año 1979, cuando fue lanzado al mercado el ordenador Apple II. Y lo que quiero expresar tiene que ver con el nacimiento del entorno gráfico en ordenadores personales comerciales.

En enero de 1984 Apple lanzó al mercado el modelo Macintosh, que pretendió ser una revolución con su novedoso interfaz gráfico. En realidad, el Mac siempre quedó para la historia como el ordenador que trajo el interfaz gráfico a la *informática personal*... nada más alejado de la realidad.

La versión oficial es que Steve Jobs tuvo acceso a la tecnología sobre la que estaba investigando el centro de investigación Xerox Parc gracias a que acordó un intercambio de acciones de Apple con la dirección de Xerox para tal fin. Y así accedió a una tecnología como el Smalltalk, un lenguaje de programación basado en entorno gráfico, algo que impactó en la mente de Steve Jobs.

Apple Macintosh 1984. Foto de Sailko (https://commons.wikimedia.org/wiki/User:Sailko). Licenciada bajo CC BY 3.0 Unported (https://creativecommons.org/licenses/by/3.0).

Tampoco fue el Macintosh el primer ordenador con entorno gráfico; antes hubo otros como el Xerox Alto y el modelo Xerox Star, pero el Mac sí fue el primer equipo de éxito comercial que basó, principalmente, su estrategia en vender los beneficios de un sistema operativo gráfico.

Doce años después del lanzamiento del Apple Macintosh, en 1996, uno de los empleados destacados de Apple llamado Bruce Horn, diseñador del software de Mac, redactó un ensayo donde, precisamente, quiso aclarar ese punto concreto de la historia... sí realmente el entorno gráfico del Mac nació totalmente en el Xerox PARC y solo fue una «copia legal» de aquellas investigaciones.

Antes de entrar en materia debo dejar claro, como antecedente, que en el Xerox PARC se investigó y se inventaron muchas de las tecnologías informáticas que utilizamos hoy en día como algo cotidiano. Pero, en su mayoría, nunca fueron explotadas por la propia compañía Xerox, sino por terceros.

¿Bruce Horn era una persona capacitada para aclarar ese apartado de la historia del Mac? Sin duda alguna, cuando escribió el ensayo lo era, porque no solo fue una pieza destacada dentro del desarrollo del primer Mac, sino que antes de la etapa en Cupertino también trabajó durante varios años en Xerox. Conoció perfectamente ambos mundos.

De mano, Horn rechazó totalmente la versión más habitual de la historia que decía que Jobs cogió la tecnología ya existente en el Xerox PARC y la integró en el Macintosh. Bruce Horn declaró que existían diferencias sustanciales entre lo que había en el Xerox PARC, cuando fue visitado por Steve Jobs, y lo que finalmente integró Apple en el primer Mac.

Apple sí integró en el Mac algunas ideas captadas mientras Jobs fue espectador de una demostración del Smalltalk en el Xerox PARC, pero la mayoría de lo creado para el Mac formó parte de ideas propias y nuevas. Por ejemplo, el Smalltak no tenía Finder, ni lo necesitaba; el Apple Macintosh integró un Finder de cosecha propia. La idea de manipular y arrastrar archivos vino de Apple, no del Xerox PARC.

Smalltalk dispuso de un ratón de tres botones y menús emergentes, en contraste con la barra de menú de Macintosh y un ratón de un botón. Smalltalk ni siquiera tuvo ventanas autorreparables, teniendo que hacer «clic» en ellas para que se volvieran a redibujar; los programas tampoco podían dibujar ventanas parcialmente oscurecidas. Bill Atkinson, destacado programador del entorno gráfico en Apple, no conocía aquello de Smalltalk, por lo que inventó las regiones como base de QuickDraw y el Administrador de ventanas para poder dibujar rápidamente ventanas cubiertas y volver a pintar partes traídas al frente.

Una característica de Macintosh idéntica a otra de Smalltalk fue la edición de texto sin modo basada en selección con cortar y pegar, que fue creada por Larry Tesler para su editor Gypsy en el Xerox PARC.

La realidad es que Steve Jobs vio pinceladas de lo que investigaba el Xerox PARC, pero después los ingenieros de Apple tuvieron que crear sus propias arquitecturas e incluir sus propias ideas.

Bruce Horn declaró en su ensayo tener un gran respeto por los investigadores del Xerox Parc, al mismo tiempo que afirmó que las tecnologías desarrolladas para el Samlltalk y el Xerox Star eran mucho más avanzadas que las del Apple Mac. La diferencia estaba en que el Xerox PARC creaba prototipos para investigar, con costes muy grandes, mientras que Apple tenía que construir un ordenador que fuera asequible económicamente para llegar a los hogares, y que pudiera acceder con éxito al mercado... a un mundo comercial. Ambos sistemas jugaban en ligas diferentes.

Horn planteó en 1996 que muchos de los inventos del momento, los más usados en aquella época, venían de desarrollos del Xerox PARC de veinte o treinta años antes. Por ejemplo, los lenguajes de programación orientada a objetos que empezaron a estar de moda en aquellos años, ya venían del Simula-67 de los sesenta primero, y de un Smalltalk que refinó lo creado por el mencionado Simula-67. Bruce Horne quiso decir que todas aquellas investigaciones del Xerox PARC y el Smalltalk fueron mucho más limpias, refinadas, y fáciles de usar, que las tecnologías creadas décadas después y basadas en aquello mismo.

Brune Horn terminó su ensayo afirmando: «Estoy seguro que algunas cosas que recuerdo que se originaron en Apple se desarrollaron de forma independiente en otros lugares. Pero Mac las trajo al mundo».

CAPÍTULO 6.
LA DÉCADA DE LOS AÑOS OCHENTA

No hay mejor forma de comenzar la década de los años ochenta de la *informática personal* que recuperando una gran historia grabada en celulosa, la escritura y publicación del maravilloso libro *El Alma de una Nueva Máquina.*

El Alma de una Nueva Máquina

En el año 1980 la famosa empresa Data General estaba en medio del proceso de creación de una nueva máquina de 32 bits llamada Eclipse MV/8000; todo el proceso de creación tuvo un espectador de excepción... un escritor de libros de género no-ficción llamado Tracy Kidder.

El libro *El Alma de una Nueva Máquina* describe con total detalle —y con pasajes muy técnicos— todo el proceso de desarrollo de un ordenador en la entrada de la década de los años ochenta del siglo pasado. Lo curioso sobre la obra es que el escritor, Tracy Kidder, no contaba con ningún conocimiento sobre la materia, simplemente se limitó a construir una historia real con dos protagonistas principales: el ordenador en construcción, y los ingenieros que trabajaron sobre el equipo.

Kidder se unió al equipo y los siguió a lo largo de un tiempo de desarrollo de aproximadamente dos años de duración. La obra comienza hablando de Edson de Castro, uno de los fundadores de Data General, que antes de recalar en su propia empresa había trabajado en el genial PDP-8 de Digital Equipment Corporation (DEC). Después, lentamente, el autor presenta al lector los miembros del grupo de diseño... desde los gerentes hasta los genios apenas graduados que trabajaban día a día en el laboratorio.

Tom West, ingeniero de hardware y vicepresidente de Data General, cuenta con el rol principal de la obra, ya que, al fin y al cabo, era el líder del grupo que desarrolló la máquina... la cabeza de mayor responsabilidad en el proyecto que alimentó la obra literaria. Después, lo que más ocupa en el libro es toda la descripción del proceso de depuración de la máquina, algo a lo que a muchos lectores les pareció excesivo... pero el nivel de detalle es alto.

Kidder, que pasó días y noches con Tom West mientras desarrollaba el libro, calificó al segundo como «una de las personas más intensas que he conocido». Pero, al mismo tiempo, afirmó que «tenía cierto carisma, aunque no para todos, eso es seguro».

En realidad, la historia es más compleja si cabe porque, a finales de los años setenta, el trabajo en la empresa quedó dividido en dos grupos; el más importante, compuesto por unos cincuenta empleados, que recibieron el encargo de crear en Carolina del Norte un ordenador llamado a ser el futuro de la compañía y el nuevo equipo destinado a luchar contra el excelente VAX de la empresa DEC; el segundo grupo, de mucho menor tamaño, y localizado en la sede de Westborough, recibió el «liviano» —y menos trascendental— encargo de trabajar sobre las mejoras de los productos ya existentes.

Pero la compañía decidió, posteriormente, contar con un plan alternativo por si el proyecto de Carolina del Norte fallaba, y así Tom West lideró a un grupo menor para ejecutar el desarrollo de un nuevo ordenador. Al final, ese proyecto alternativo se transformó en la única esperanza del momento para la empresa Data General.

La obra muestra magistralmente aspectos importantes como la continua lucha entre la calidad del producto o la prisa por terminarlo, así como el aspecto que para muchos de los protagonistas que participaron en el desarrollo de la máquina era más importante: el desafío de terminar el producto por encima del dinero que ganaban por aquella labor.

Como ya había comentado en capítulos anteriores, las máquinas de Data General influyeron poderosamente en el desarrollo profesional de Steve Wozniak, cofundador de Apple, y el libro creado por Kidder fue toda una referencia para muchos de los pioneros de la *informática personal* que contaron con un importante papel en ese apartado como, por ejemplo, los ingenieros Andy Hertzfeld y Burrell Smith, empleados de importancia en los primeros años de la empresa Apple.

El libro *El Alma de una Nueva Máquina* fue, es, y será una referencia de importancia en lo que a desarrollo de un producto informático refiere... una inspiración para muchos. Y el éxito fue tal que Tracy Kidder recibió, precisamente por esa obra, el premio Pulitzer en la categoría de no-ficción en el año 1982.

Steve Jobs intentó, seguidamente, replicar el éxito de Kidder con un libro similar al dedicado al ordenador Data General y, para ello, contrató a Mike Moritz... Jobs pretendió hacer exactamente lo mismo con el ordenador Macintosh de Apple. Incluso el propio Andy Hertzfeld llegó a definir a Moritz como «el historiador de Apple». De aquella relación profesional nació el libro Steve Jobs & Apple de Moritz.

La obra *El Alma de una Nueva Máquina* es de gran importancia dentro de la informática; libro considerado de culto para muchos de los aficionados y profesionales de las ciencias de la computación. Como anécdota comentar que me costó trabajo encontrar una copia del libro; compré una unidad de segunda mano a un precio de oro. Pero tengo el libro en mi poder.

Apple III

La empresa Apple lanzó su primer ordenador, el Apple I, en el verano de 1976… y nació una leyenda. Como ya he mencionado antes, ese equipo es considerado por muchos como el primer *ordenador personal* doméstico de la historia, aunque —como también expresé con anterioridad— creo que realmente el Apple II lanzado en el año 1977 fue el primer ordenador de la compañía de Cupertino en poder llevar la calificación de *ordenador personal*. No obstante, el ordenador Apple I fue la rampa de lanzamiento de la empresa de Jobs y Wozniak.

En el mismo año que Apple salió a bolsa y sus fundadores se convirtieron en multimillonarios, en 1980, se presentó la tercera generación de sus ordenadores, un nuevo equipo destinado a ser el gran buque insignia de la empresa. Pero aquel ordenador, bautizado con el nombre de Apple III, es en la actualidad el equipo informático diseñado y fabricado por Apple más desconocido por el público en general. ¿Por qué el ordenador destinado a ser una revolución en su momento es el menos conocido de su catálogo? Porque fue un gran fracaso comercial.

El ordenador Apple III fue un equipo que pasó de ser la gran esperanza a convertirse en un gran fracaso. ¿Dónde fracasó el equipo? En su baja fiabilidad… fue vendido con fallos de diseño que lo hicieron inestable.

En un principio se echó la culpa al diseño de la carcasa como origen de los problemas. Antes de diseñar la circuitería interna fue diseñada la carcasa y, posteriormente, los ingenieros tuvieron que hacer malabarismos para poder encajar una gran cantidad de circuitos en un espacio demasiado limitado. Y se dieron muchos problemas como, por ejemplo, cortocircuitos entre los componentes.

El problema se agravó cuando Steve Jobs decidió que el equipo no debía llevar en el interior de su carcasa ni ventilación, ni disipación de calor... donde había poco espacio, además no existía la ventilación necesaria por la excesiva concentración de circuitos.

Ordenador Apple III. Foto de Marcin Wichary (https://www.flickr.com/people/8399025@N07). Licenciada bajo CC BY 2.0 (https://creativecommons.org/licenses/by/2.0/).

La salida de un producto problemático como el Apple III casi coincidió en el tiempo con la salida al mercado del IBM PC, un producto que en dos años alcanzó a Apple en número de ventas. Todo aquello provocó la primera gran crisis en Apple.

En el año 1981, poco tiempo después de la presentación del Apple III y casi al mismo tiempo de la presentación de la nueva arquitectura de IBM, llegaron a Apple los primeros despidos, y los primeros cambios de importancia en el organigrama de alta dirección. Esto no quiere decir que el ordenador Apple III y el IBM PC fueran el origen de aquella crisis, pero seguro que tuvieron, en importante medida, un impacto en aquella situación.

No todo fue malo en el Apple III, ya que sí que tuvo alguna novedad que, con el paso del tiempo, hizo historia. En aquellos años los ordenadores eran vendidos con el teclado incorporado a la unidad de central, y con el diseño del Apple III se incorporó una novedad desconocida, un dispositivo de teclado separado de la carcasa principal. Aquel diseñó influyó, posteriormente, en el diseño de los ordenadores; en la actualidad, que los ordenadores de sobremesa tengan un teclado separado se debe, en parte, al diseño original del Apple III.

En el año 1983 Apple solucionó todos los problemas del Apple III, y la empresa lanzó al mercado una nueva versión llamada Apple III Plus, pero a lo largo de ese mismo año de 1983 fue lanzado el Apple Lisa, y al año siguiente fue lanzado el Apple Macintosh, por lo que aquella renovada versión no pudo disponer de un recorrido suficiente para alcanzar el éxito.

Z-80 SoftCard

Debo hacer una nueva parada porque, de vez en cuando y, sobre todo, en aquellos primeros años del *ordenador personal*, corresponde hablar de algunos puentes que fueron tendidos entre una tecnología y otra. Y ahora que acabo de tratar el asunto del Apple III, qué mejor momento para detallar un puente de unión entre dos tecnologías de la época: Apple y el procesador Zilog Z80, entrando en la terna un invitado de lujo: Microsoft. De Apple he hablado mucho, del Z80 poco todavía, lo trataré más adelante. Pero debo adelantar que el procesador Z80 es, probablemente, el microprocesador más vendido y más rentable de la historia de la *informática personal*.

Antes de hablar de la tarjeta Z-80 SoftCard, es importante plantear el escenario de la *informática personal* en el año 1980. En ese año Microsoft ya era una empresa prometedora, pero todavía no había nacido el IBM PC, ni el sistema operativo PC-DOS —o MS-DOS cuando era vendido fuera de IBM—. La *informática personal* era ya una nueva especialidad de éxito, los ordenadores personales comenzaban a llegar a los hogares, y el ordenador tipo era de fabricación propietaria (incompatible con otros fabricantes), con procesador de 8 bits, y basado en el famoso Zilog Z80 creado por Federico Faggin.

Respecto al software, el sistema operativo de éxito del momento era el CP/M de Gary Kildall y su empresa Digital Research, y el lenguaje de programación de éxito era el BASIC, potenciado comercialmente desde que Bill Gates y Paul Allen crearan en Microsoft la versión Altair BASIC para el exitoso ordenador Altair 8800.

La empresa Apple, fundada por Steve Jobs y Steve Wozniak tan solo cuatro años antes, aportaba una línea de gran éxito de ordenadores personales diferente a los basados en Z80. Para el año 1980 la relación entre Apple y Microsoft ya había dado sus frutos. En enero de 1978, al lanzar en el mercado el AppleSoft BASIC creado por Microsoft, dio un nuevo fruto cuando al segundo se le ocurrió la idea de crear una tarjeta que permitiera al equipo Apple II entrar en el mundo del Zilog Z80.

En realidad, la pretensión de Microsoft era llevar al Apple II con su excelente procesador MOS 6502 al mundo creado en torno al sistema operativo CP/M, y ese sistema era únicamente compatible con el microprocesador Intel 8080; el procesador Zilog Z80 era compatible con el 8080, aportando un gran rendimiento a bajo coste. Entonces Microsoft creó lo que en la actualidad se considera como su primer producto de hardware.

La tarjeta Z-80 SoftCard incorporó un microprocesador Zilog Z80 totalmente compatible con el Intel 8080 y permitió a cualquier ordenador Apple II ejecutar el sistema operativo CP/M y, con ello, abrirse a un mundo de software mucho más amplio. Por ejemplo, permitió ejecutar en el ordenador Apple II el famoso procesador de textos WordStar. Otro dato interesante: la tarjeta de expansión incluyó en su interior el famoso lenguaje BASIC creado por Microsoft. Alrededor del procesador Z80, la tarjeta también necesitó incorporar una serie de chips TTL de la serie 74LS00 para realizar la adaptación del bus del Z80 al bus diseñado para el Apple II.

El sistema operativo CP/M era transferido a la tarjeta Z-80 SoftCard por medio de un puerto serie especial que incorporó la tarjeta, utilizando software de transmisión de datos como, por ejemplo, el conocido Kermit-80.

La tarjeta Z-80 SoftCard fue presentada en marzo de 1980, siendo creada por Tim Paterson en la empresa Seattle Computer Products. Posteriormente, fue rediseñada y mejorada en Burtonix por Don Burtis. La empresa California Computer Systems fabricó la placa para Microsoft. La idea original del producto fue del socio de Bill Gates, Paul Allen.

Un dato curioso, Tim Paterson trabajó en la tarjeta Z-80 SoftCard para Microsoft y, a finales de 1980, cuando IBM no llegó a un acuerdo con Gary Kildall para incluir el CP/M en su nuevo IBM PC, el gigante azul recurrió a Microsoft solicitando una alternativa de sistema operativo de la cual, en ese momento, no disponía. Pero Paul Allen, que ya conocía al ingeniero Tim Paterson que había trabajado sobre su idea de la Z-80 SoftCard, habló a Bill Gates de un proyecto de sistema operativo llamado QDOS en el que estaba trabajando Paterson en Seattle Computer Products. Posteriormente, un desarrollo basado en ese QDOS se transformó en el MS-DOS.

Una vez presentada la tarjeta Z-80 SoftCard en marzo de 1980, se convirtió en un gran éxito comercial, y fue la principal fuente de ingresos de Microsoft en el año 1980. En junio de 1983 fue lanzado al mercado el ordenador Apple IIe, y Microsoft también lanzó al mercado una segunda tarjeta de conversión para el nuevo equipo; fue llamada Premium Softcard IIe. En el año 1986 el producto dejó de ser fabricado.

Osborne 1

El 3 de abril de 1981 fue presentado, en la Feria de Computación de la Costa Este, el primer ordenador portátil de éxito comercial de la historia, el equipo denominado Osborne 1.

En ese mismo año 1981, Adam Osborne fundó su compañía de ordenadores llamada Osborne Computer Corporation, y su primer producto fue, precisamente, el Osborne 1.

Ordenador Osborne 1. Foto de Marcin Wichary (https://www.flickr.com/people/8399025@N07). Licenciada bajo CC BY 2.0 (https://creativecommons.org/licenses/by/2.0/).

Con anterioridad, en el año 1972, Adam había fundado la empresa Osborne and Associates dedicada a la elaboración de manuales para microordenadores, y uno de los encargos de importancia que recibió fue la elaboración del manual de usuario del primer microprocesador de la historia, el procesador Intel 4004.

En el año 1975, Adam Osborne fundó otra empresa nueva denominada Osborne Books, entidad dedicada a la publicación de libros técnicos sobre informática.

La empresa Osborne Books fue un éxito en un corto espacio de tiempo y fue adquirida por McGraw-Hill. Con el dinero obtenido con la venta de Osborne Books, Adam fundó Osborne Computer Corporation donde residieron los proyectos para la creación de ordenadores.

El ordenador Osborne 1 no era precisamente muy portable por los 10,7 kilogramos que pesaba, sobre todo si lo comparamos a los modernos portátiles. Pero, en aquellos años, era un ordenador que realmente reducía enormemente su peso y tamaño comparado a otros equipos de sobremesa, y con aquel equipo se abrió la veda para la creación de un tipo de ordenador que pudiera contar con unas características que hicieran más fácil su portabilidad... nació el género de ordenadores portátiles con la necesaria visión comercial para su expansión en la *informática personal*.

El equipo Osborne 1 contó en su interior con el famoso y magnífico procesador Zilog Z80, dos unidades de disco de 5¼ pulgadas, y una memoria RAM total de 60 Kilobytes. También contó con un monitor CRT monocromo, y un teclado que era separable del resto del equipo. En el apartado de software contó con programas de gran fama mundial, como fueron el WordStar y el dBase II.

Para completar el trío de aplicaciones básicas de gestión (procesador de textos, gestor de bases de datos, y hoja de cálculo) contó con el software SuperCalc.

Lo más importante de este equipo no fueron sus características, sino la idea de crear un ordenador portable y, sobre todo, la importante historia que rodea a todo lo acontecido con el fabuloso Osborne 1. Para empezar, el desarrollo de este equipo tuvo como inspiración otro ordenador anterior llamado Xerox NoteTaker creado en el mítico centro de investigación Xerox PARC.

También es importante reseñar que el sistema operativo incorporado por Osborne era el mítico CP/M creado por Gary Kildall en su no menos mítica Digital Research.

Con respecto al BASIC integrado es importante señalar que incorporó el MBASIC, el primer producto de éxito de Microsoft y Bill Gates, y el CBASIC creado por Gordon Eubanks a finales de los años setenta.

Para rematar toda la historia que rodea al Osborne 1, el equipo fue diseñado por Lee Felsenstein, ya mencionado antes, uno de los grandes informáticos surgidos del Homebrew Computer Club, y creador de uno de los primeros equipos de la *informática personal*, el Sol-20 ya tratado con anterioridad en esta obra.

El equipo Osborne 1 fue un éxito, pero poco duró la alegría, ya que algunos errores de estrategia de la empresa le hicieron entrar en bancarrota rápidamente, tan solo dos años después, en el año 1983.

La empresa Osborne se apresuró a anunciar la llegada del Osborne Executive, el ordenador sustituto del Osborne 1; aquello fue un error porque los usuarios esperaron al nuevo equipo en lugar de comprar el primero, y se acumuló un stock importante del primer modelo que no tuvo salida. Además, para cuando fue lanzado el nuevo equipo, IBM ya había copado la informática personal con su exitoso PC.

Como intento final, la empresa creo tres prototipos de ordenadores compatibles con el IBM PC, pero ya era tarde y el daño estaba hecho. La estrategia mal planteada hizo que Adam Osborne vendiera la empresa Osborne Computer Corporation en el año 1984 a Mikrolog, un año después de entrar en suspensión de pagos.

BBC Micro

En el año 1979 Christopher Riche Evans, psicólogo y científico en informática, publicó un libro titulado *The Mighty Micro: The Impact of the Computer Revolution* —datos que ya he mencionado con anterioridad—.

Aquel libro fue un éxito, y no solo por la obra en sí misma, sino porque secuenció y presentó —tomando como base la obra— una serie de televisión para ATV de seis capítulos que fue emitida —póstumamente— por la cadena ITV británica entre octubre y diciembre de 1979... muy poco después del fallecimiento del autor.

El documental basado en el libro fue un éxito, siendo acreedor de una gran influencia sobre el espectador; entre otras cosas, predijo el gran impacto que tendría en el futuro, y en todos los aspectos de la vida de los británicos, la aparición de la *informática personal* y aquellos pequeños ordenadores de 8 bits que comenzaban a proliferar. El documental fue uno de los motivos que provocaron que la cadena británica BBC se lanzara a la aventura de comercializar un microordenador propio enfocado a los hogares.

En el año 1981 se emitió en la BBC una serie llamada *The Computer Programme*, y la idea era comercializar un ordenador que cumpliera todas las expectativas definidas en aquella serie. Entonces la cadena creó su propia —y extensa— especificación de lo que deseaba comercializar, y comenzó a contactar con diferentes fabricantes con el fin de encontrar a la empresa perfecta para la creación del deseado producto.

En primer lugar, desde la BBC contactaron con el famosos Sir Clive Sinclair —quién todavía no había lanzado al mercado su ordenador más famoso llamado ZX Spectrum—, y este les ofreció un ordenador llamado Grundy NewBrain en el que estaba participando en su desarrollo. La cadena BBC rechazó el ofrecimiento; aquel ordenador en desarrollo estaba muy lejos de lo que buscaban.

Posteriormente, la cadena de televisión contactó con Dragon Data primero, y con Acorn Computers después. Como dato curioso comentar que Dragon Data, británica en su origen, terminó siendo una empresa española que fabricó ordenadores en Extremadura —más adelante trataré este asunto—.

La empresa Acorn Computers se encontraba trabajando en una versión mejorada del modelo Atom llamado Proton, y prepararon, en tiempo récord, una máquina —que todavía era un prototipo— que pudiera estar presentable y encajar dentro de la extensa y exigente especificación de la BBC.

Muchas fuentes afirman que el prototipo presentado superó todas las expectativas marcadas por la cadena de televisión, pero también se afirma, a modo de anécdota, que BBC rechazó el prototipo; posteriormente Acorn Computers lo volvió a presentar con el único cambio de unas teclas pintadas de color naranja… ¡y entonces la máquina fue aceptada!

El ordenador personal Acorn Proton fue lanzado al mercado en diciembre de 1981 bajo el auspicio del canal de televisión BBC, y bajo el nombre de BBC Microcomputer —posteriormente BBC Micro— y, también, con el nombre popular Beeb. Casi al mismo tiempo fue lanzado el ZX Spectrum de Sinclair… ambos equipos nacieron para pelear por el dominio del mercado justo en el momento en el que empezó a eclosionar la *informática personal* en los hogares; el devenir demostraría que hubo mercado suficiente para los dos famosos ordenadores.

Ordenador BBC Micro Model B. Foto de Magnus Lien (https://www.flickr.com/people/117310586@N08). Licenciada bajo CC BY 2.0 (https://creativecommons.org/licenses/by/2.0/).

Comercialmente hablando el ordenador BBC Micro fue un éxito total, vendiendo por encima de la producción en los primeros años, y llegando a existir retrasos en las entregas. El éxito europeo animó a lanzar el producto en Estados Unidos, pero allí no tuvo la acogida esperada... el Apple II y el Commodore 64 controlaban totalmente el mercado americano.

El equipo BBC Micro incorporó en su interior el famoso, y ya mencionado en varias ocasiones, microprocesador MOS 6502, existiendo dos gamas diferentes: Model A con 16 Kilobytes de RAM, y Model B con 32 Kilobytes de RAM.

En la ROM incorporó el intérprete BBC BASIC, pudiendo también programar en lenguaje ensamblador. Una de las características principales de la máquina era que alternaba —a la perfección— los accesos a vídeo y microprocesador, una característica importante que mejoraba sobre la mayoría de ordenadores de la competencia; al mostrar imágenes con necesidades de memoria, la mayoría de equipos de la época terminaban por provocar una bajada del rendimiento del microprocesador.

En el año 1983 fue lanzado al mercado el ordenador Acorn Electron, que fue una versión reducida del BBC Micro. Posteriormente, fue lanzado el BBC Micro Model B+ con 64 Kilobytes de RAM, y más tarde, en 1986, fue lanzado el modelo BBC Master con 128 Kilobytes de RAM. Para cuando llegaron al mercado aquellos lanzamientos, la competencia había mejorado mucho... apenas tuvieron trascendencia.

Varios grupos de música de fama internacional usaron el BBC Micro en combinación con el secuenciador UMI para componer música. En la actualidad, y principalmente en Reino Unido, existe una importante comunidad de amantes de la retroinformática que todavía operan con el clásico BBC Micro buscando nuevas y modernas utilidades para ese histórico ordenador.

Un dato curioso: es importante destacar que el principal valor que fue dado al BBC Micro por parte de la cadena de televisión BBC fue el uso educativo o académico; fue un equipo que destacó en los colegios.

Catorce años después, la cadena BBC volvió a la carga al crear un mini-PC con fines educativos llamado «BBC micro:bit»; un producto nacido para competir con la famosa Raspberry Pi, también nacida en Reino Unido. En España existió, en la década de los ochenta, un intento de crear una especie de BBC Micro educativo, pero utilizando para ello a la empresa Dragon Data —cuando unos inversores españoles la compraron en el año 1984—; fracasó aquel proyecto de informatización de los colegios en España.

Otra curiosidad importante es que Acorn Computers, con su éxito auspiciado bajo la protección de la cadena BBC, fue el germen, después de un sinfín de reestructuraciones y movimientos empresariales, de la empresa ARM Holdings, desarrolladora de la famosa arquitectura ARM que nos inunda en la actualidad en un amplio porcentaje de la electrónica móvil, como smartphones y tablets. En realidad, esa tecnología ARM ya había sido concebida por Acorn Computers en el año 1987 en el diseño del equipo Acorn Archimedes.

En la actualidad existe operativo un emulador en código abierto para BBC Micro llamado JSBeeb, software creado por Matt Goodbolt... está construido en javascript y, concretamente, emula a una máquina BBC Micro Model B (https://bbc.godbolt.org/).

Posiblemente los ordenadores BBC Micro y ZX Spectrum hayan sido los más populares de Reino Unido en la década de los años ochenta, pero de lo que no existe duda es que ambos equipos dieron el pistoletazo de salida para la transformación de Reino Unido en una de las dos referencias mundiales de la *informática personal* de los años ochenta, así como aquellos equipos iniciaron la época dorada donde los fabricantes británicos dominaron totalmente el mercado europeo de la *informática personal*.

Los Dirty Dozen

Ha llegado el momento de tocar un punto clave de la *informática personal*: el nacimiento del IBM PC. Pero antes debo relatar unos preliminares. Refrescando lo comentado hasta el momento, en los años setenta se fueron popularizando los pequeños ordenadores destinados a uso personal... primero nació un mercado dedicado a los entusiastas de la electrónica cuando fueron comercializados ordenadores basados en kits a montar por el usuario final; posteriormente se atisbó la posibilidad de llevar el negocio a cualquier hogar, terminando por crear microordenadores completamente terminados como producto final... ordenadores como, por ejemplo, los ya mencionados Altair 8800, Apple II, Commodore PET, TRS-80, etcétera.

Para el año 1980, desde la dirección de IBM, se veía con miedo el gran crecimiento del *ordenador personal* y se podía sentir, por primera vez en muchos años, que peligraba el estatus de IBM como gran dominador mundial de la informática. William Lowe —Bill Lowe— era el Director del Laboratorio de Investigación de IBM en aquella época.

En julio de 1980 se reunió el Comité de Gestión Corporativa de IBM, y William Lowe propuso adquirir una empresa —propuso concretamente a Atari— para desarrollar un *ordenador personal* de marca IBM... incluso habló de crear un *ordenador personal* basado en el Atari 800; aquella idea fue rechazada por la dirección de la empresa.

El Consejero Delegado del Gigante Azul encargó a Bill Lowe desarrollar un prototipo dentro la de la propia IBM. ¿Por qué Bill Lowe se planteó comprar una empresa externa para acometer la entrada al mundo del *ordenador personal*? Porque creía que la estructura de IBM no estaba adaptada para ese tipo de mercado que era una completa novedad.

Bill Lowe eligió a su grupo de ingenieros... en total doce profesionales que serían los responsables del crear el producto final. Aquel grupo fue conocido bajo el nombre de los «Dirty Dozen», en honor a la famosa película *The Dirty Dozen* —«Los Doce del Patíbulo», en español—. El grupo creado dentro de IBM estaba compuesto por once hombres y una única mujer de nombre Patty McHugh —conocida también con el apodo de Mother of Motherboard—.

Otros componentes fueron Bill Sydnes, Don Estridge, Dave Bradley, Jack Sams, Mark Dean, David O'Connor, Lewis Eggebrecht, Fred Goetz, Noel Fallwell...

No era suficiente crear un *ordenador personal*, era necesario dar una vuelta de tuerca más a lo que ya estaban comercializando otros fabricantes como, por ejemplo, Apple, que de la nada había crecido mucho en poco tiempo. Aquello, sumado a que IBM impuso un plazo de treinta días para presentar un prototipo base, y otros doce meses para diseñar y fabricar un producto final, hizo que el equipo Dirty Dozen pensara en la idea de utilizar componentes de otros fabricantes, además de crear una arquitectura abierta con todo tipo de documentación que pudiera animar a otros fabricantes a crear ese tipo de *ordenador personal*. Aquella idea tuvo una gran oposición de la dirección de IBM... consideraban que aquello iba en contra de la forma tradicional de trabajar en el Gigante Azul.

En julio de 1980 se inició el Proyecto Ajedrez («Project Chess») con treinta días de plazo para presentar el prototipo. El 8 de agosto de 1980 el equipo Dirty Dozen presentó un prototipo muy básico, y la planificación para crear el producto final en un plazo máximo de doce meses... entonces nació el Proyecto Bellota («Project Acorn») con el que fue creado el primer IBM PC de la historia.

No mucho tiempo después, los Dirty Dozen contaron con una primera unidad base terminada que llamaron «Black Mariah», por su color negro; aquella primera unidad del Proyecto Bellota incorporó el fabuloso microprocesador Motorola 68000, un dato muy poco conocido.

Con aquella unidad, la dirección de IBM comprobó que era posible crear un ordenador de bajo coste en muy poco tiempo… entonces terminó cualquier oposición de la dirección hacia la arquitectura abierta y a la incorporación de componentes de terceros. No mucho tiempo después, el microprocesador Motorola fue sustituido por otro de Intel.

¿Por qué fue sustituido en el diseño del IBM PC el procesador Motorola 68000 por un Intel 8088? Según diversas fuentes de relevancia, el Motorola 68000 no iba a estar completamente depurado y terminado para la fecha que requería IBM de lanzamiento de su producto final. Entonces el equipo migró el desarrollo del IBM PC hacia la familia de procesadores Intel. En aquella misma época, Apple migró del procesador MOS 6502 usado en la serie Apple II y III hacia el Motorola 68000 del Apple Lisa y Apple Macintosh. Aquello dio inicio a una larga competencia PC contra Mac… Intel x86 contra la serie Motorola 68000…

El 12 de agosto de 1981 se presentó oficialmente el primer IBM PC 5150 y, con ello, nació la arquitectura abierta que chocó frontalmente contra la incompatibilidad entre ordenadores de diferentes fabricantes… incluso entre modelos del mismo fabricante. La magnífica serie de televisión *Halt And Catch Fire* relata de forma sensacional la historia del inicio del mundo PC, englobada en una trama de ficción.

El primer IBM PC 5150 contó con un microprocesador Intel 8088 a 4,77 Megahercios de velocidad, 16 Kilobytes de RAM, monitor monocromo, tarjeta gráfica MDA o CGA, y un interfaz de cinta para cargar o grabar datos en el ordenador.

La idea del IBM PC era perfecta; otros fabricantes desarrollarían y construirían los diferentes componentes bajo una arquitectura estandarizada, mientras que IBM dispondría de un ordenador construido a piezas por el que, además de vender sus propias unidades, cobraba «royalties» cuando eran otros fabricantes los que montaban y vendían los equipos. ¿Cómo protegió IBM al PC? Mediante la BIOS, el único componente creado por el Gigante Azul, asegurado bajo una protección intelectual, que fue la batuta imprescindible para dirigir, en armonía, a todos los componentes de terceros fabricantes de la arquitectura PC.

Todo aquello fue diseñado por los Dirty Dozen, y pareció ser la obra perfecta… más aun cuando se vendieron 130.000 unidades del IBM PC en el primer año, a un precio medio que rondó los 4.500 dólares. Un factor determinante, durante el primer año, fue que el 90% de las unidades fueron vendidas a profesionales del software y hardware, y aquello se transformó en nuevos componentes y un montón de programas para el mundo PC... iba camino de la total estandarización.

Todo fue perfecto hasta el año 1983, donde la dura competencia de IBM —concretamente la empresa Compaq— encontró una forma legal de clonar la BIOS del PC utilizando la famosa técnica llamada La Habitación Limpia —que será tratada más adelante—. Entonces, nació el ordenador PC Compatible e IBM perdió el control del mundo PC, arquitectura que en la actualidad domina la *informática personal* a nivel mundial.

Un dato curioso sobre uno de los componentes de los Dirty Dozen... Dave Bradley cuenta con el honor de ser el creador de la famosa combinación de teclas «Ctrl+Alt+Supr» que tanto hemos tenido que utilizar todos los usuarios del mundo PC.

En definitiva, el equipo de los Dirty Dozen fue fundamental en el desarrollo de una nueva arquitectura y la aportación de una nueva idea de ver al *ordenador personal* —en proceso de nacimiento— como un estándar de fabricación. Gracias a su trabajo, incluso con la oposición inicial de la dirección de IBM, lograron crear un sistema universal que hoy en día domina el mundo de la *informática personal*, mérito que también procede asignar —en parte— a los «clonadores legales» de la BIOS, porque ayudaron a crear el mundo del PC Compatible, característica que dio el empujón final hacia la estandarización universal.

IBM PC y Zilog Z80

En el epígrafe anterior comenté que el IBM PC, en su primera fase, incorporó un microprocesador Motorola 68000 que terminaría por ser la gran competencia del mundo PC gracias a la empresa Apple.

Otro procesador competidor del Intel que motorizó al IBM PC fue el microprocesador Zilog Z80. Y lo que no es muy conocido es que el mundo PC también tocó al Zilog Z80, en cierto modo.

La década de los años ochenta del siglo pasado fue un periodo fundamental para la *informática personal* —o de usuario— nacida en la década anterior de los años setenta. En la primera mitad de los años ochenta nacieron ordenadores de 8 bits históricos como, por ejemplo, el Sinclair ZX Spectrum basado en el famoso microprocesador de 8 bits Zilog Z80.

La empresa Zilog fue fundada en el año 1974 por Federico Faggin, que había trabajado anteriormente para Intel en los microprocesadores 4004 y 8080.

A los dos años de la fundación de la empresa fue lanzado al mercado el procesador Z80. Por lo tanto, el procesador de Zilog nació claramente influenciado por el Intel 8080. En realidad, aquel procesador Z80 era totalmente compatible con el modelo Intel 8080, pero buscó mejorar las prestaciones del segundo. Y se convirtió en el microprocesador más popular de los ochenta en los ordenadores de 8 bits... posiblemente en el procesador más rentable de la historia del *ordenador personal*.

Entre medio Gary Kildall, fundador de Digital Research, lanzó comercialmente en 1977 un sistema operativo diseñado específicamente para el microprocesador Intel 8080 y, por lógica, también para el Zilog Z80... el sistema operativo denominado CP/M-80, diseñado para aquellos procesadores de 8 bits. El sistema se transformó en un éxito total gracias, principalmente, a los pequeños ordenadores de 8 bits alimentados con procesadores Zilog Z80.

En el año 1981 nació una nueva era con el lanzamiento del IBM PC; un ordenador basado en el microprocesador de 16 bits Intel 8086, que buscó crear una arquitectura abierta basada en la fabricación modular dependiente de una gran cantidad de fabricantes diferentes... eso sí, bajo el licenciamiento sobre la BIOS que se guardó IBM. Y, entonces, la empresa Digital Research creó el sistema operativo CP/M-86 para aquella familia de procesadores de Intel de 16 bits.

Aquella nueva arquitectura basada en 16 bits era un camino nuevo por explorar en un momento en el que la *informática personal* estaba dominada por pequeños ordenadores de 8 bits como el ZX Spectrum y, entonces, a alguna empresa se le ocurrió convertir aquel novedoso IBM PC en un ordenador de 8 bits basado en el Zilog Z80; convertir el PC en la arquitectura dominante del momento podía ser una buena idea... una historia que sigue la misma línea de la ya contada sobre la tarjeta Softcard Z80 creada por Microsoft para el Apple II.

Es importante comentar que, finalmente, el IBM PC predominante en los inicios de la arquitectura incluyó un microprocesador más económico llamado Intel 8088, de arquitectura interna de 16 bits, pero con bus externo de 8 bits. No por ello la arquitectura original de procesamiento dejó de ser de 16 bits.

En enero de 1982 nació una nueva empresa llamada Xedex Corporation, entidad relacionada con otra llamada Microlog Inc, y en febrero de ese mismo año dicha empresa anunció el lanzamiento de una tarjeta de expansión ISA diseñada para convertir a un ordenador IBM PC en un microordenador de 8 bits basado en Zilog Z80, pudiendo así ejecutar software del CP/M-80 en un ordenador que estaba basado en un microprocesador de diferente arquitectura —una superior de 16 bits—. En el verano de 1982 nació la tarjeta de expansión Baby Blue.

El manual original de Baby Blue entregado por el mencionado fabricante Micrologi rezaba en su primer párrafo: «Baby Blue es una microcomputadora de base única que permite al IBM PC ejecutar programas escritos para CP/M-80. Aunque es lo suficientemente pequeña como para caber en una sola ranura de expansión, contiene un procesador Z80B de alta velocidad y 64 Kilobytes de memoria, lo que la hace realmente más poderosa que la mayoría de los microordenadores de última generación».

La tarjeta de expansión Baby Blue de Microlog era, en sí misma, un ordenador completo que contó con un procesador Zilog Z80B en su interior, además de 64 Kilobytes de memoria RAM, dos puertos serie, uno paralelo, y software emulador para convertir programas de CP/M-80 en software inteligible por el PC-DOS (MS-DOS) del momento.

¿Cuál fue la idea perseguida por Microlog? Permitir a la nueva arquitectura IBM PC la ejecución de gran cantidad de software existente que estaba basado en el CP/M-80 de los exitosos ordenadores bajo procesador Z80.

En 1983 Microlog lanzó al mercado una segunda versión mejorada llamada Baby Blue II que permitió, por ejemplo, la expansión de memoria RAM hasta los 256 Kilobytes. Y aquella nueva versión contó con importante despliegue publicitario a lo largo del año 1984 en las revistas de informática más importantes... pero, para el año 1984, habían desaparecido las menciones a Xedex Corporation, figurando únicamente Microlog como distribuidor.

No solo Microlog creó ese tipo de expansiones para el IBM PC original, hubo otras empresas como, por ejemplo, Byad Inc que creó un dispositivo similar llamado Byad DS1 en coincidencia en el tiempo con el nacimiento de la primera versión de Baby Blue.

Está claro que, en 1981, año de nacimiento de la arquitectura IBM PC, el novedoso producto del Gigante Azul estaba supeditado al éxito de los ordenadores de 8 bits basados en el Zilog Z80 y, por ello, surgió la posibilidad de crear expansiones para que el nuevo PC pudiera emular —con el máximo de realidad— a los equipos de moda. Pero, con el paso del tiempo, y a finales de los ochenta, los ordenadores de 8 bits comenzaron su declive hasta desaparecer, convirtiéndose la arquitectura PC en un estándar totalmente dominante a nivel mundial, situación que permanece hasta nuestros días... entonces, aquellas expansiones perdieron su sentido.

En la actualidad resulta curioso y llamativo comprobar que existieron ordenadores IBM PC con arquitectura de 16 bits «reconvertidos» en ordenadores inferiores de 8 bits, todo por cubrir a otra arquitectura diferente dominante en la *informática personal* en los inicios del PC como fue la basada en Z80.

También resulta curioso que los dos grandes sistemas de ordenadores personales que dominaron la *informática personal* hasta nuestros días, los compatibles con IBM PC y los ordenadores Apple, coquetearon con el mercado temporal creado en torno al Zilog Z80 en la década de los años ochenta. Eso no hace más que confirmar que la serie de ordenadores de 8 bits basados en el Z80 marcaron una época tan importante que hasta los ordenadores Apple y PC quisieron entrar en su mundo.

¿Cómo era la informática personal en el año 1982?

Llegado a este punto, quiero hacer una breve parada en el desarrollo de la historia, ya que el año 1982 fue muy importante para la informática personal en nacimiento; un punto de inflexión destacable. Y antes de continuar con equipos muy populares de la década de los años ochenta, quiero intentar describir como era la atmósfera de la informática personal en aquel año de 1982.

En el año 1982 se habían cumplido cinco años desde la aparición de los primeros ordenadores personales vendidos completamente ensamblados, y hacía cuatro meses que se había lanzado un equipo llamado a dominar el mundo de los ordenadores en un futuro: el IBM PC 5150. En ese año de 1982 también había nacido una futura estrella de los hogares, el ordenador ZX Spectrum. Pero, ¿cómo era realmente la informática personal en el año 1982?

Respecto a ese año debemos de tener en cuenta el primer detalle de importancia; la informática personal ya estaba encima de la pequeña y mediana empresa, de los negocios, y de la enseñanza. Pero todavía no se había enfocado en España hacia los hogares, hacia el uso doméstico, hacia el uso más personal posible, algo que sucedería poco tiempo después, hacia mediados de los ochenta, donde la publicidad se orientó, en importante medida, hacia el hogar al detectar la elevada demanda de los equipos microinformáticos para asuntos domésticos.

Por ello, en 1982, los anuncios relacionados con la informática personal se dirigían hacia la empresa, la investigación, los negocios, o la enseñanza. Ni rastro del enfoque doméstico. Las revistas especializadas enfocaron su estrategia de audiencia hacia los profesionales y estudiantes de la materia, y así lo anunciaron en sus editoriales. Esto no quiere decir que no existiera el sentido doméstico de la informática personal en 1982, lo que quiero expresar es que el enfoque no iba especialmente dirigido en ese sentido.

En el año 1982 Commodore ofrecía su famoso PET —en Europa un CBM 3032, ya que el nombre PET ya estaba registrado por Philips— con accesorios como impresora y unidades de disco externas de 5,25 pulgadas a un precio entre 500.000 y 900.000 pesetas, entre 3.000 y 5.000 euros al cambio, pero hace cuatro décadas, que era un precio desorbitado si se tiene en cuenta el aumento del coste de la vida. Era un lujo donde los propios distribuidores ya enfocaban el producto a la mediana empresa con servicios de procesador de textos, contabilidad, facturación, y control de stocks.

También era habitual ver equipos Micral 8020 Series de origen francés —hay que recordar que uno de los primeros ordenadores personales de la historia fue el Micral N, aunque no fue basado en microprocesador—. El equipo se ofrecía con el Zilog Z80, disquetera de 5,25 pulgadas, y disco duro de 5 Mb, por 590.000 pesetas —casi 3.600 euros al cambio—.

Esto desde el enfoque hacia la empresa y los negocios... ¿Y para los hogares? Pues en 1982 se ofrecía el famoso Sinclair ZX81 por 25.000 pesetas —150 euros al cambio— el modelo más básico, y el recién salido Commodore VIC-20 por 49.500 pesetas el modelo más básico —casi 300 euros al cambio, que era mucho dinero en aquellos años—. Para que nos hagamos una idea, un turismo Renault 5 de serie costaba, en aquellos años, poco más de 500.000 pesetas, es decir, que había ordenadores personales que eran más caros que un coche nuevo.

El caso del modelo Apple II, que fue uno de los pioneros de la informática personal, y que contaba con una estrategia dirigida a contentar a todos los sectores, tanto al empresarial como al doméstico, su versión más básica podía ser adquirida por 228.000 pesetas —1.370 euros al cambio—.

Una de las novedades del año 1982 en España fue el TRS-80 Modelo III. Debo recordar que el TRS-80 Modelo I fue uno de los pioneros de la informática personal, de 1977, contemporáneo de otros equipos como el Apple II o el Commodore PET. El TRS-80 Modelo III fue una evolución directa del Modelo I —el Modelo II fue un equipo diferente al primer TRS-80—, e incluyó importantes mejoras técnicas y de software, mejorando también en fiabilidad.

Entre los ordenadores populares y a la venta en 1982 que hoy son, prácticamente, desconocidos, se podía encontrar el Video Genie EG 3003. El equipo se vendía en 1982 por 98.000 pesetas en su versión más básica —casi

600 euros al cambio— e incorporaba el microprocesador más exitoso del momento, el Zilog Z80.

Otra novedad en 1982 fue el ordenador Philips P2000, un equipo también basado en Z80 que incorporó una novedad, la inclusión de cartuchos ROM adquiridos por separado donde se podía ejecutar el software necesario para cada caso. Los cartuchos ROM se hicieron muy populares, a posteriori, en los sistemas MSX y en alguna consola.

En 1982 también hubo espacio para las rarezas, para los equipos diferentes al resto. Fue el caso, por ejemplo, del ordenador DAI Personal Computer, una novedad en ese año. Era un equipo llamativo porque estaba basado en el microprocesador Intel 8080, poco común en aquellos años, y se anunciaba como un producto destinado al sonido y el color. Se ofrecía con un plotter a «rotring» de tamaño de impresión DIN A3 para imprimir diseños coloridos, con un sonido estéreo destacable, y con un interfaz de vídeo RGB... ¿un pionero de los sistemas multimedia nacidos a principios de los noventa?

Desde el nacimiento de la informática personal las grandes empresas tecnológicas y electrónicas se fueron sumando a la nueva especialidad. Una de ellas fue Toshiba, que en 1981 se estrenó en el mercado de la informática personal con un ordenador llamado Toshiba T-200. En el primer trimestre de 1982 el equipo llegó a España y empezó a copar los anuncios publicitarios.

En 1982 se podían ver tanto costosos equipos enfocados al mundo profesional, como pequeños microordenadores de bajo coste. Pero a grandes rasgos el nombre propio, lo que destacaba en aquel año, era el microprocesador Zilog Z80 y la disquetera 5,25, elementos de la informática personal más de moda.

¿Los ordenadores más destacados en 1982? El Apple II y la serie CBM 3000 de Commodore, en lo que a equipos de medio coste refiere y de enfoque profesional. Respecto a los equipos de pequeño tamaño y prestaciones para uso doméstico, el Sinclair ZX81 fue el más popular en aquella anualidad, siendo distribuido por la exitosa Investrónica de El Corte Inglés.

Se puede destacar la poca información y presencia de la nueva arquitectura IBM PC nacida en el verano de 1981. En 1982 aquella tecnología era muy novedosa y cara, y apenas hay menciones a ella en España. En cambio, a finales de 1982, sí se menciona, y tuvo un espacio importante, la salida al mercado del Columbia MPC1600, el primer clon legal del IBM PC, y el tipo de ordenador que dio lugar a los PC Compatibles que transformaron a la arquitectura PC en el estándar mundial.

En 1982 nació otro equipo revolucionario, el modelo de ordenador más vendido en la historia, el Commodore 64, versión posterior al VIC-20 que sí contó con presencia en España en 1982. El Commodore 64 no tuvo su hueco en España en ese año de 1982 porque todavía tardó algo de tiempo en llegar al país.

También estaban de moda en 1982 las impresoras de margarita, como la Citoh o EPSON, que eran lentas y ruidosas, pero que ofrecían buena calidad de impresión; eso sí, solo tenían el tipo de letra de la margarita y no podían imprimir gráficos. Eso no quiere decir que no existieran las impresoras matriciales, ya se ofrecían en 1982; por ejemplo, en 1982 se publicitaba la impresora matricial EPSON MX-80 de 9 agujas por 98.500 pesetas —casi 600 euros al cambio—, que fue lanzada al mercado en marzo de 1980. Eran los dos modelos de impresoras más comunes y, sorprendentemente, los plotters basados en rotring contaban con importante popularidad, siendo un producto muy ofertado.

Respecto a los lenguajes de programación, en 1982 estaba de moda en la informática personal el lenguaje de programación BASIC, pero también eran utilizados otros como, por ejemplo, Cobol, Fortran, Pascal, o APL.

En 1982 nació una nueva especialidad comercial de la informática, el autoservicio, que venía a ser que a un local físico determinado podía asistir cualquier persona de la calle, ejecutar las labores necesarias en un ordenador de los disponibles en el local, y pagar por ese uso. Sin comprar ordenador. En marzo de 1982, una empresa llamada InstaData se anunció como el primer servicio de ese tipo en España, teniendo la sede la calle Mallorca de Barcelona. Aquel modelo nuevo de negocio no fructificó.

Respecto a los periféricos más demandados en 1982, podemos hablar de las unidades externas de disquete de 5.25 pulgadas y las impresoras. Respecto a la formación, en el año 1982 no existe apenas oferta formativa; no existen centros que ofrezcan cursos y formación en informática, ni academias, ni nada similar. Los distribuidores de informática trabajan en su mayoría sobre un único equipo de marca concreta, pocos trabajan la multimarca, y ofrecen una formación y asesoría específica para el cliente en el momento de adquirir el ordenador. La venta está enfocada a vender el ordenador, y el resto de servicios bailan en torno a esa venta. Poco tiempo después, en la segunda mitad de los ochenta, todo aquello cambiaría, siendo los centros y academias de formación en informática un nuevo y fructífero negocio.

Un dato importante fue el gran cambio introducido a lo largo de la anualidad de 1982, ya que en aquel momento la informática personal empezaba a eclosionar de forma importante, y si bien a principios de años hablamos siempre del Commodore CBM-3000, el VIC-20, el Sinclair ZX81, o el Apple II, a final de año la atmósfera de la informática personal se centró en otros equipos novedosos que fueron importantes para la historia como el Acorn Atom, germen del posterior y exitoso BBC Micro, el Atari 200 y 400 que comenzaron a explotar el color en el ordenador personal como estrategia comercial, o el Dragon 32 —a un precio de 68.500 pesetas a finales de 1982—, que alcanzó importante popularidad, y habiendo nacido en Reino Unido, terminó siendo un producto diseñado y fabricado en España, concretamente en Extremadura.

Para finales de 1982 un nuevo horizonte se abrió, la llegada del Osborne 1, que empezó a ser publicitado en las revistas especializadas, abrió un nuevo camino, el del ordenador portable que tendría importante repercusión en años posteriores.

Altos Serie 5

En el año 1977, cuando empresas como Apple, Commodore International, o Radio Shack ya estaban operando en la especialidad de la informática personal con impresionantes microordenadores, nació una nueva empresa llamada Altos Computer, entidad fundada por David Jackson y Roger William Vass.

Altos Computer nació con la idea de acceder al mundo de la microinformática de los ordenadores de 8 bits, centrando su estrategia en el popular microprocesador Zilog Z80 en aquella época. Pero, mientras la mayoría de fabricantes del momento se centraron en equipos de propósito general tanto para pequeñas y medianas empresas como para el uso doméstico; los fundadores de Altos Computer planearon aplicar a su estrategia una visión de objetivo empresarial.

Así, en marzo de 1982, fue presentado el sistema informático Altos Serie 5, un equipo muy peculiar, diferente a cualquiera de los microordenadores populares de esa misma época. ¿La característica más destacable? El equipo estaba formado por tres microprocesadores en vez de uno; incorporó como microprocesador central un Zilog Z80, como auxiliar para gestionar el acceso directo a memoria otro Zilog Z80, y para efectuar cálculos matemáticos complejos un Western Digital 9511, que sería una especie de coprocesador matemático tan común en la informática personal de los años noventa.

La serie 5 de Altos de 1982 era muy similar al modelo Altos ACS-8000 de 1978, pero era algo inferior; menos proceso, permitía un máximo de tres usuarios cuando el ACS-8000 permitió un total de cuatro... quizás fuera una versión más económica para competir en el mercado.

Otro dato destacable fue la fabricación de toda la electrónica en una única placa base, nada de buses uniendo diferentes tarjetas; toda la electrónica en un único circuito. Respecto a los sistemas operativos, el equipo Altos Serie 5 fue diseñado para trabajar en el popular sistema CP/M, su versión multiusuario MP/M, y también permitió trabajar en otros sistemas operativos como Oasis, por ejemplo.

La idea original era habilitar la gestión multiusuario y multitarea... el trabajo por medio de terminales conectados al sistema que ejercía de ordenador central; permitió trabajar simultáneamente a tres usuarios diferentes contra la misma base de datos común, constantemente actualizada en todos los terminales.

El equipo llegó al mercado con 192 Kilobytes de RAM: tres bloques de 48 Kilobytes para aplicaciones y un cuarto bloque, también de 48 Kilobytes, para las utilidades y el sistema. Como conectividad exterior incorporó un puerto paralelo y cuatro puertos de comunicaciones RS-232C. Respecto a la ROM, era de 4 Kilobytes y al sistema se le podía incorporar diferentes terminales del mercado de la época, por ejemplo, el terminal FACIT 4420.

La visualización era la aportada por el monitor del terminal elegido, normalmente el FACIT 4420 mencionado, pudiendo mostrar texto de 24 líneas por 80 columnas en fósforo verde. Contó con la posibilidad de mostrar gráficos mediante un juego de 96 caracteres predefinidos por el usuario. No podía mostrar color.

Respecto al almacenamiento, el modelo Altos Serie 5-15D dispuso de dos unidades de disco de 5,25 pulgadas que podían leer disquetes de doble cara y doble densidad de 1 Megabyte de capacidad. El modelo Serie 5-5D incorporó una unidad de 5,25 idéntica a las comentadas, y un disco duro Winchester de 5 Megabytes de capacidad y 5,25 pulgadas de tamaño. Se ofreció la posibilidad opcional de completar el tamaño de los discos duros hasta 15 Megabytes por medio de tres unidades de 5 Megabytes, o una única de 15 Megabytes.

El equipo fue distribuido en España por una empresa llamada APD, la cual añadió al catálogo una serie de aplicaciones de software de gestión para dotar al sistema Altos de la funcionalidad empresarial necesaria. El precio aproximado de un equipo que contara un único terminal, una disquetera, y un disco duro de 5 Megabytes podía rondar en España los dos millones de pesetas —unos 12.000 euros al cambio actual— que era muchísimo dinero a principios de los ochenta. Se podía comprar una vivienda por ese precio.

A partir de los modelos ACS-8000 y la Serie 5, la empresa Altos Computer creó sistemas de 16 bits basados en el procesador Intel 8086 primero, modelo ACS-8600, y otros sistemas posteriores basados en el microprocesador Motorola 68000, modelo ACS-68000. La empresa viró su estrategia hacia el mundo Unix y Xenix, fabricando servidores más especializados, y terminó siendo adquirida por la conocida empresa Acer en el año 1990, que terminó por convertirse en la división de servidores de su matriz.

Sinclair ZX Spectrum

En el año 1982 Sinclair Research presentó en el mercado un ordenador basado en el mítico microprocesador de Zilog Z80 y, rápidamente, aquella máquina se convirtió, por muchos años, en un ordenador muy popular. Fue bautizado con el nombre de ZX Spectrum. Posiblemente sea el fabricante Amstrad, con su serie CPC, el que consiguió dar fin al éxito del ordenador ZX en la segunda mitad de la década de los años ochenta del siglo pasado.

ZX Spectrum de Sinclair. Foto de Nico Kaiser (https://www.flickr.com/people/73084860@N00). Licenciada bajo CC BY 2.0 (https://creativecommons.org/licenses/by/2.0/).

El ordenador Sinclair ZX Spectrum, también conocido en España como «teclas de goma» por sus distintivas teclas de caucho, era un microordenador de pequeño tamaño que, normalmente, era conectado a los televisores estándar de los domicilios.

Aquel ordenador marcó a toda una generación, y muchos talentos de la informática, que en la actualidad tienen entre cuarenta y cincuenta años, se iniciaron en la computación con aquel equipo que, aunque su hardware era restrictivo, dispuso de un amplio catálogo de software, y permitió a los usuarios «trastear» con la máquina.

Toda una generación despertó su interés y afición a la informática con ese ordenador de reducido tamaño y fácil conexión, que abría las puertas a un mundo informático sin fin, donde los jóvenes talentos pudieron dar rienda suelta a sus habilidades, y así poder crecer en un mundo tecnológico que todavía era poco accesible... estaba en una fase muy primaria de su evolución.

Posteriormente, existieron nuevos modelos mejorados del ordenador Sinclair ZX Spectrum, pero ninguno obtuvo el éxito y la repercusión del primero, ya que en el mercado existían otras opciones de otros fabricantes que eran realmente interesantes. La caída del Spectrum llegó hasta tal punto que, en 1986, su competidora Amstrad compró toda la marca comercial Sinclair y su línea de productos.

Los modelos Spectrum fueron retirados en el año 1992 por Amstrad que, a su vez, ya estaba en una clara decadencia. Pero el año 1992 no fue el fin del ordenador Sinclair ZX Spectrum, ya que se convirtió en una joya de museo, y en una reliquia a conservar.

Con el paso de los años, el ordenador se transformó en leyenda, creando una comunidad de adeptos que todavía usan aquellas máquinas en un ámbito totalmente «retro».

La leyenda ZX Spectrum es tan importante que incluso existen muchos simuladores para PC, y otras máquinas, donde los seguidores de aquel modelo pueden seguir disfrutando de sus títulos. La empresa Sinclair logró con su ZX Spectrum crear toda una leyenda de la informática.

En el año 1967, y a la edad de veinte siete años, inició su andadura empresarial un joven inventor británico llamado Clive Marles Sinclair, que en aquel año fundó la empresa Sinclair Radionics. Con el paso de los años una de sus empresas crearía el famoso ZX Spectrum.

Es importante aclarar que, en los primeros años ochenta, la *informática personal* —nacida en la anterior década de los años setenta— experimentó un gran crecimiento que le permitió acceder a cualquier hogar. Hacía el año 1985, Reino Unido era la mayor potencia mundial en lo referente a los *ordenadores personales* de 8 bits y, principalmente, los buques insignia de aquellos años dorados eran las empresas Amstrad y Sinclair; la empresa Amstrad —creada por Alan Michael Sugar—, y la empresa Sinclair Research —creada por Clive Sinclair—.

Para Sinclair, antes de construir el famoso modelo ZX Spectrum, existieron varios proyectos fallidos y una compleja historia empresarial.

En el año 1967 Clive Sinclair fundó la empresa Sinclair Radionics cuya finalidad era la fabricación y comercialización de radios, calculadoras, y diferentes equipos de uso científico. Aquella empresa se hizo famosa en el año 1976 al diseñar la primera televisión portable del mundo llamada Microvision, pero no fue comercializada por los elevados costes de fabricación.

En abril de 1976, la entidad británica National Enterprise Board (NEB) se hizo cargo del 43% de la empresa Sinclair Radionics, y aportó dinero para revivir el proyecto de Microvision que fue lanzado al mercado en enero de 1977.

En julio de 1977, National Enterprise Board incrementó su presencia en Sinclair Radionics hasta alcanzar el 73%... según se afirma en diversas fuentes, el Departamento de Industria del Gobierno Británico había tomado el control de la empresa por estar en situación de quiebra.

Para el año 1978 la empresa Sinclair Radionics estaba trabajando en un proyecto para crear su primer *ordenador personal* llamado NewBrain, y en ese proyecto, se aprovechó la experiencia de Clive Sinclair en otro proyecto separado —y paralelo a Sinclair Radionics— que tuvo como objetivo el diseño de un kit de ordenador llamado MK14.

Proyecto Mk14. Licenciada bajo CC0 1.0 Universal (https://creativecommons.org/publicdomain/zero/1.0).

En julio de 1979, Clive Sinclair salió definitivamente de la empresa Sinclair Radionics y, con ello, renunció totalmente a seguir colaborando con el proyecto NewBrain. En ese momento, la National Enterprise Board entregó el proyecto a otra de sus empresas llamada Newbury Laboratories. Posteriormente fue la empresa Grundy Business Systems la que comercializó el equipo, pero aquel ordenador ya no tenía nada que ver con la «otra empresa» de Clive Sinclair.

Ordenador Grundy NewBrain. Foto de Marcin Wichary (https://www.flickr.com/people/8399025@N07). Licenciada bajo CC BY 2.0 (https://creativecommons.org/licenses/by/2.0/).

Respecto a Sinclair Radionics, una vez que Clive Sinclair la había abandonado, en septiembre de 1979 fue renombrada como Sinclair Electronics… una empresa completamente ajena a Clive Sinclair. En enero de 1980 fue, de nuevo, cambiado su nombre a Thandar Electronics, y en el año 2008 a Thurlby Thandar Instruments.

Ahora toca tratar la parte complicada de esta historia. Para el año 1973 Clive Sinclair ya pudo prever que la empresa Sinclair Radionics iba camino de la quiebra; entonces compró ese año una empresa sin actividad llamada Ablesdeal, y en el mes de febrero de 1975 la renombró a Westminster Mail Order. Poco tiempo después, en agosto de 1975, la empresa sufrió un nuevo cambio de nombre: pasó a llamarse Sinclair Instrument.

En julio de 1977, mientras todavía Clive Sinclair operaba paralelamente en Sinclair Radionics, empezó a trabajar en el proyecto del kit de ordenador MK-14 al mismo tiempo que, de nuevo, decidió cambiar el nombre de la empresa Sinclair Instrument por Science of Cambridge.

En junio de 1978 lanzó al mercado el kit MK-14 bajo la empresa Science of Cambridge… al mismo tiempo que inició su colaboración en el NewBrain de la intervenida Sinclair Radionics.

Posteriormente, y bajo el nombre de la empresa Science of Cambridge, fue iniciado un proyecto para fabricar el primer ordenador integrado de Sinclair, el modelo ZX80. Pero, una vez más, en noviembre de 1979, la empresa cambió de nombre: a partir de ahí pasó a llamarse Sinclair Computers.

Aunque, en realidad, se afirmó que el equipo ZX80 fue comercializado por Science of Cambridge, la verdad es que bajo esa empresa solo fue diseñado; la comercialización fue efectiva bajo el nuevo nombre de Sinclair Computers.

Ordenador Sinclair ZX80. Foto de Michael Hicks (https://www.flickr.com/people/28496375@N00). Licenciada bajo CC BY 2.0 (https://creativecommons.org/licenses/by/2.0/).

En marzo de 1981, la empresa lanzó al mercado la segunda versión del ordenador ZX80 que fue llamado ZX81. Pero ese segundo modelo de *ordenador personal* también fue lanzado bajo un nuevo nombre: en ese mes de marzo de 1981 Sinclair Computers fue renombrado a Sinclair Research. Bajo la nueva nomenclatura fue, poco tiempo después, diseñado y comercializado el histórico ZX Spectrum.

Entre los mejores ordenadores de 8 bits de los años ochenta se encuentran, sin duda alguna, el ZX Spectrum y el Amstrad CPC; pero el que más proyección tuvo de los dos equipos fue el diseñado y comercializado por Sinclair Research, ya que generó una gigantesca comunidad de usuarios totalmente «fans» de aquel equipo. No obstante, y curiosamente, fue Amstrad la que compró los productos y marcas de Sinclair Research en el año 1986.

¿Qué fue de Clive Sinclair? Pues continuó, a lo largo de los años, intentando sacar nuevos productos. En este apartado es importante aclarar que Amstrad no compró la empresa Sinclair Research como se afirma en muchos artículos en Internet, sino que compró el logotipo, productos, y marcas como ZX Spectrum. Por lo tanto, la empresa Sinclair Research sigue siendo propiedad de Clive Sinclair en la actualidad, y Clive ha seguido trabajando en diversos productos ajenos a los ordenadores; la empresa no podía volver a operar dentro del área de fabricación de ordenadores. Por eso, en el año 1987, Clive Sinclair fundó una nueva empresa de ordenadores llamada Cambridge Computers, que terminó por fracasar poco tiempo después.

La historia contada sobre las empresas relacionadas, de una forma u otra, con Clive Sinclair, suelen ser tratadas como algo lineal, cayendo en errores como el que afirma que Clive dejó Sinclair Radionics para fundar Sinclair Computers, o que el primer proyecto de ordenador fue el MK14 y después el NewBrain —aclarando que el MK14 fue un proyecto suyo lanzado por la empresa paralela y ajena a Sinclair Radionics, además que el NewBrain no fue un proyecto suyo, sino que fue un colaborador más de un proyecto de terceros—.

Otro error habitual fue el hecho de otorgar a Clive Sinclair la empresa Sinclair Electronics, en la que realmente no participó nunca, porque fue una evolución de Sinclair Radionics, cuando fue renombrada por decisión de la National Enterprise Board en un momento en el que Clive Sinclair ya estaba desvinculado de aquella entidad.

Hablar de la empresa Sinclair, como hemos visto, es muy complejo… una larga lista de entes empresariales creados y renombrados, todo ello aderezado con un variado juego de estrategias empresariales.

Antes de la llegada del mítico ZX Spectrum, Sinclair decidió acceder al mercado americano por medio de una coalición… creó una «joint venture» o «empresa conjunta» al asociarse con Timex Corporation. Bajo la nomenclatura Timex Sinclair fue lanzado al mercado en julio de 1982 el ordenador Timex Sinclair 1000.

En realidad, la salida de una versión americana fue anunciada para el Sinclair ZX80, pero realmente salió con la actualización posterior conocida como Sinclair ZX81. Por lo tanto, el Timex Sinclair 1000 era, inicialmente, un ZX81 con un modulador de televisión NTSC, en lugar del PAL europeo. Muy poco tiempo después, los modelos TS-1000 comercializados incluyeron 2 Kilobytes de RAM… el doble de lo que incorporaba el ZX81.

Un año después, en julio de 1983, fue lanzado al mercado un nuevo modelo llamado Timex Sinclair 1500 que incorporó 16 Kilobytes de memoria RAM, y una carcasa del estilo a la lanzada para el ZX Spectrum europeo de la empresa británica Sinclair.

En noviembre de 1983 fue lanzado el modelo Timex Sinclair 2068, la última máquina diseñada para el mercado norteamericano antes que Timex Sinclair desapareciera en la primavera de 1984. En realidad, el modelo TS-2068 era un ordenador ZX Spectrum adaptado para el mercado norteamericano, incluyendo 48 Kilobytes de RAM más otros 24 Kilobytes de ROM.

En los primeros *ordenadores personales* de 8 bits de los años ochenta el monitor no era un componente más; lo normal en aquellos años «analógicos» era utilizar la televisión de casa con el ordenador. Aquello creó una división entre el mercado: en Norte América, Japón, unos pocos países asiáticos más, y algunos países sudamericanos, se utilizaba el sistema analógico de televisión llamado NTSC; en el resto del mundo se utilizaba el sistema analógico PAL o PAL/SECAM. Por lo tanto, y bajo una simple deducción, se podría obviar la aclaración que el modelo Sinclair ZX81 incorporaba un modulador de televisión PAL, y el Timex Sinclair 1000 un modulador NTSC.

Una empresa llamada Timex Computers of Portugal fabricó ordenadores para Timex Sinclair hasta el año 1984, pero con la extinción de la segunda, decidieron continuar fabricando esos equipos basados en los europeos Sinclair... para el mismo mercado europeo en lugar del norteamericano.

Llegados a este punto, existen dos versiones: una afirma que fabricaron ordenadores sin consentimiento de Sinclair hasta el año 1989; otra versión afirma que fabricaron ordenadores que únicamente podían ser comercializados en países europeos —o con sistema PAL implantado— donde la británica Sinclair no estuviera establecida.

El caso es que el modelo original TS-2068 fue fabricado y comercializado en Europa bajo el nombre de Timex Computer 2068; para ello la empresa portuguesa tuvo que realizar una serie de modificaciones en el equipo para poder adaptarlo al nuevo mercado europeo como, por ejemplo, incluir el modulador PAL.

Otra curiosidad es que Timex Computer of Portugal fabricó ordenadores para el mercado polaco, equipos vendidos a través de la empresa PZ PolBrit International... el gobierno comunista vigente en aquellos años no permitió a la empresa portuguesa exportar directamente el equipo a Polonia. Entonces, nació un nuevo modelo UK 2086 (Unipolbrit HomeKomputer 2086) vendido por PZ PolBrit International para Timex Computer of Portugal. A finales de la década de los años ochenta, Timex Computer of Portugal pudo comercializar directamente sus equipos en Polonia.

Otro dato curioso; la empresa Timex Computer con sede en Portugal lanzó al mercado en 1984 un nuevo modelo Timex Computer 2048 o TC-2048 que, en realidad, era la recuperación del proyecto diseñado por Timex Sinclair para el mercado americano que iba a ser llamado Timex Sinclair 2048.

El equipo Timex Computer 2048 era un modelo de 48 Kilobytes totalmente compatible con el ordenador ZX Spectrum 48K, pero incorporando una carcasa y teclado que mejoraba a la incluida en el Timex Sinclair 2068.

Volviendo a la americana Timex Sinclair, y a su fallido modelo Timex Sinclair 2048... sobre ese extraño suceso existen dos versiones. Una versión afirma que se inició el proyecto del modelo TS-2048, siendo el tercer equipo de un total de cuatro diseñados para el mercado americano, y nunca fue comercializado porque el TS-1500 había sido fallido; esta versión no tiene sentido si poco tiempo después fue comercializado el TS-2068.

La otra versión, que entendemos como la más lógica, es la que afirma que el modelo TS-2048 es, en realidad, el equipo que finalmente se llamó TS-2068, pero que fue renombrado por una curiosa historia: Lou Galie, vicepresidente de Tecnología en Timex afirmó en una entrevista que Danny Ross, presidente de Timex Computer Corporation, se equivocó en la presentación de aquel equipo y lo llamó TS-2068 en lugar del nombre correcto de TS-2048. Cuando Lou Galie quiso corregir a su presidente, Danny Ross le dio indicaciones para renombrar el equipo, le sonaba mejor el nombre que había mencionado por error.

Aunque diversas fuentes afirman que Timex Sinclair diseñó cuatro equipos «clon» —adaptados al mercado americano— de los modelos británicos de Sinclair, todo apunta a que, en realidad, diseñó los tres equipos comentados en este artículo, y la empresa Timex Computer of Portugal decidió rescatar el nombre del fallido Timex Sinclair 2048 para lanzar un modelo TC-2048, ya adaptado al mercado europeo, y que fue una mejora del Timex Sinclair 2068 americano y del Timex Computer 2068 europeo.

Lo que está claro es que la historia de Timex Sinclair se inició porque Sinclair quiso lanzar su ordenador en el mercado americano, y aquella creación, y aquella empresa conjunta creada, acabó en un ordenador diseñado por Timex Computer of Portugal para el mercado europeo, fabricado en Europa y comercializado —en cierto modo— a espaldas de la empresa británica de Clive Sinclair.

La empresa Timex Computer of Portugal tuvo tiempo de lanzar un tercer modelo llamado Timex Computer 3256 —o TC-3256— que desapareció en el año 1989 cuando la empresa con sede en Portugal cerró su línea de producción.

Oric-1

En el año 1979 la empresa británica Tangerine Computer Systems se adentró, como tantas otras, y por primera vez, en un mundo emergente: la *informática personal*. En el comienzo de la década de los años ochenta irrumpieron los *ordenadores personales* de 8 bits como producto final ensamblado, y llegaron leyendas como el Sinclair ZX Spectrum. Entonces, Tangerine decidió diseñar un ordenador para competir contra el famoso ZX Spectrum... fue llamado Oric 1.

Oric 1 (izquierda) y Oric Atmos (derecha). Foto de Marcin Wichary (https://www.flickr.com/people/8399025@N07). Licenciada bajo CC BY 2.0 (https://creativecommons.org/licenses/by/2.0/).

El Oric 1 fue una evolución natural del Microtan 65 —tratado en capítulos anteriores—, siguiendo el devenir del mercado... en tan solo un lustro la *informática personal* recién nacida nada tenía que ver con los ordenadores creados a mitad de los años setenta.

Eran los años de los primeros microprocesadores de uso personal... una época donde destacó el procesador Zilog Z80 y la saga Motorola 68000, y donde también se ganó un lugar privilegiado un microprocesador nacido por la influencia del Motorola 68000... el MOS 6502. Y, precisamente, el MOS 6502 fue el motor del pequeño ordenador Oric 1.

La empresa Tangerine decidió crear otra empresa subsidiaria llamada Oric Products International Ltd para diseñar y comercializar al ordenador Oric 1. Y así nació un ordenador basado en el procesador MOS 6502 bajo una frecuencia de 1 Megahercio, conviviendo dos versiones: 16 y 48 Kilobytes de memoria RAM.

Incorporó una unidad de cinta magnética para grabar o cargar software, y también dispuso de la posibilidad de conectar una unidad de disco que utilizó los discos Oric Microdisk de 3 pulgadas y 160 Kilobytes de espacio en una única cara.

Es importante destacar que aquellos ordenadores personales «ochenteros» de 8 bits compartieron muchas características comunes; por ejemplo, el Oric 1, Amstrad CPC, Atari ST, y los sistemas MSX contaron con el mismo chip de sonido. El teclado del Oric 1, en apariencia, era muy similar al incorporado en el ZX Spectrum. Estaba claro que, en aquellos años, todos los fabricantes de ordenadores de 8 bits se influenciaron entre sí.

Respecto al software, el ordenador incorporó un BASIC derivado de la versión de Microsoft, software alojado en su memoria ROM de 16 Kilobytes, y las primeras rutinas de sonido y comandos genéricos fueron escritas en lenguaje Forth hasta que, posteriormente, el departamento de desarrollo hizo la programación en ensamblador. Dato curioso: el software básico del Oric 1 fue desarrollado en ensamblador en un ordenador Apple II.

El ordenador Oric 1 quizás no fuera tan famoso como otros equipos del momento, en España era conocido, pero sí tuvo una importante presencia en Europa: en Reino Unido fueron vendidas 160.000 unidades, y en Francia otras 50.000 en total.

En España, para un mercado tan copado por el ZX Spectrum y Amstrad CPC (en 1984), tuvo una presencia suficiente para ser conocido, y acabó siendo un ordenador popular de nombre. Lo curioso sobre el Oric 1 es que fue famoso en Europa por contar con una ROM problemática… llena de «bugs»; aun así, es un ordenador muy apreciado por los amantes de lo «retro», sobre todo en Francia donde alcanzó mucha popularidad.

Una historia curiosa acerca del Oric-1 tiene que ver con una revista de informática de origen británico —muy famosa— llamada *Personal Computer World*—también conocida como PCW—, que recibió un ordenador Oric 1 el 23 de diciembre de 1982 para ser evaluado antes de salir al mercado. El equipo no funcionó porque era sumamente básico en todos sus aspectos hasta el punto de no arrancar, y no pudieron hacer ninguna revisión en aquella revista.

En realidad, el equipo Oric 1 no funcionó hasta que recibieron el tercer ordenador, que arrancó, pero también incluyó una escasa documentación. Con el cuarto Oric 1 llegó a PCW la documentación necesaria.

Con el paso del tiempo fueron resolviendo los problemas del Oric 1 y, aun teniendo un inicio tan problemático, alcanzó los primeros puestos en la lista de ventas a lo largo del año 1984; por ejemplo, alcanzó el tercer puesto en ventas en mayo de 1984, superando a otros míticos ordenadores como el Commodore VIC-20, Dragon 32, o el Sinclair ZX81; fueron subidas y bajadas de posiciones para el Oric 1 en un «ranking» de ventas obtenido, en su momento, por la empresa de investigación MRIB. Pero lo que nunca logró el ordenador Oric 1 fue superar al gran rival del momento, que era el ZX Spectrum.

El ordenador Oric 1 fue creado en abril de 1982, lanzado al mercado oficialmente en enero de 1983, sustituido en enero de 1984 por el modelo Oric Atmos, y finalizada, definitivamente, su producción en marzo de 1984.

La realidad es que, en la actualidad, se sigue desarrollando software para Oric 1, principalmente videojuegos. En España tenemos el caso de Chema Enguita, un apasionado del ordenador de la empresa Tangerine —fue su primer ordenador— hasta el punto de disponer de una página web personal dedicada al Oric 1.

En la web su autor describe todos los desarrollos en los que ha intervenido, destacando los videojuegos Skool Daze, Oricium y, sobre todo, Los 7 de Blake, una aventura gráfica estilo LucasArts que llevó dos años de desarrollo y fue presentada en octubre de 2017; cualquiera de los desarrollos mostrados en la web rebosa en talento y mérito.

Para aquellos aficionados de la «retroinformática» que no disponen de un Oric 1, tienen a su alcance varios emuladores para diferentes sistemas, destacando el Euphoric para MS-DOS, considerado —posiblemente— el mejor emulador del famoso ordenador «ochentero». También existe un emulador basado en Euphoric, pero creado para Linux, llamado Xeuphoric. Y existe un club continental dedicado al Oric 1 llamado Club Europe Oric.

Grid Compass 1100

El 3 de abril de 1982 fue presentado un ordenador portátil que es considerado —mayoritariamente— como el primer portátil de la historia… el computador Osborne 1. Pero ese mismo mes de abril de 1982, tan solo unos pocos días después, fue presentado otro ordenador portátil bautizado con el nombre de Grid Compass 1100.

El ordenador Grid Compass fue diseñado por el ingeniero británico Bill Moggridge destacando, principalmente, por su diseño original que ha perdurado hasta nuestros días en todo tipo de portátiles… dispuso de una pantalla plegable contra el teclado, característica copiada a lo largo de los años en los equipos portátiles.

Bill Moggride en 2006. Foto de Russ Anderson (https://www.flickr.com/people/59046983@N00). Licenciada bajo CC BY 2.0 (https://creativecommons.org/licenses/by/2.0/).

En el apartado de características técnicas, el primer dato importante del Grid Compass 1100 tiene que ver con el cerebro del ordenador, incorporó un magnífico microprocesador Intel 8086, dispositivo de elevado coste por ser un procesador con arquitectura de 16 bits. También incorporó en una memoria ROM un sistema operativo propietario llamado Grid-OS, que incluyó utilidades importantes como el GridManager, necesario para realizar todo tipo de procesos relacionados con la gestión de los archivos.

La pantalla del Grid Compass 1100 era retro iluminada, muy parecida a las pantallas LCD nacidas a posteriori, de fósforo ámbar y con una resolución de 320×200 píxeles. En cuanto a la memoria RAM, disponía de una memoria de burbuja magnética con unos impresionantes 384 kilobytes de capacidad, una cantidad muy superior a cualquier *ordenador personal* de la época. La memoria contaba con la ventaja de no ser volátil, por lo que permanecía la información grabada, aunque el equipo fuera apagado.

En el apartado de conectividad, el equipo Grid Compass 110 incorporó un puerto serie de 19 pines y un módem interno de 1200 baudios, necesario para la comunicación con otros equipos vía cable telefónico.

¿Cuál es el primer ordenador portátil de la historia? Oficialmente se considera al Osborne 1 como el legítimo propietario de tan importante mención. No obstante, existen muchas dudas.

En primer lugar, es necesario comentar que el Grid Compass 1100 fue lanzado al mercado tan solo unos días después de ser presentado el Osborne 1 en la Feria de Computación de la Costa Este el 3 de abril de 1982 pero, en realidad, el Grid Compass fue diseñado y construido tres años antes, en 1979, aunque no fue comercializado hasta abril de 1982 por su elevado coste final que siempre fue un inconveniente.

Además, el Grid Compass pesaba 5 kilogramos contra los 10,7 kilogramos del Osborne 1. En realidad, si nos ceñimos al diseño de un portátil tal y como todos conocemos actualmente, es el Grid Compass el que mostró al mundo el diseño exterior que, más o menos, se mantuvo a lo largo de los años; los portátiles de hoy en día han seguido un diseño y funcionalidad de carcasa muy similar a la nacida para el Grid Compass. Además, si nos ceñimos al asunto de la portabilidad... ¿hasta qué punto se puede considerar portátil un ordenador de dimensiones poco manejables, que superaba los 10 kilogramos de peso?

El ordenador portátil Grid Compass 1100 contó con la ventaja de la alta capacidad de su procesador, un Intel 8086 frente al Zilog Z80 del Osborne 1... un procesador de 16 bits contra otro de 8 bits, y, además, su formato y peso reducido le aportaron una gran portabilidad.

En cambio, fue el Osborne 1 el que tuvo éxito en el mercado gracias a un sistema operativo genérico, y de extendido uso, como era el CP/M, y también gracias al bajo coste que permitía ofrecer al mercado un ordenador basado en el excelente Z80 de 8 bits. Para el Grid Compass 1100 contar con el Intel 8086 era disponer de un gran rendimiento, pero obligaba a encarecer el producto hasta llegar a los 10.000 dólares de la época; solo unos pocos e importantes clientes podían permitirse la compra de un ordenador Grid Compass. Entre los clientes del ordenador portátil vendido por la empresa Grid destacó la NASA, que utilizó el portátil en algunos transbordadores durante la década de los años ochenta.

En el año 1981 Intel lanzó una versión económica de un procesador diseñado para ser conectado a un bus de 8 bits, dispositivo que bautizó con el nombre de Intel 8088. Es necesario recordar que el Grid Compass 1100 fue diseñado en 1979, y tan solo unos meses antes Intel había lanzado el 8086... el procesador más puntero del momento, lanzado dos años antes de la aparición del Intel 8088 que sí hubiera podido abaratar cada unidad del Grid Compass 1100. El microprocesador Intel 8088 llegó tarde para la empresa Grid.

La serie de ordenadores portátiles vendidos por Grid continuó con los modelos Grid Compass 1101, que incorporó el sistema operativo CP/M, y el Grid Compass 1530. En el año 1989 la compañía Grid fue adquirida por la famosa cadena Radio Shack. Como dato curioso es importante comentar que el Grid Compass 1100 fue el primer ordenador portátil que viajó al espacio exterior.

He de volver a la pregunta… ¿Cuál es el primer ordenador portátil de la historia? Oficialmente figura el Osborne 1 por ser lanzado al mercado tan solo unos días antes que el Grid Compass 1100, y por disponer de una importante repercusión en el floreciente mercado de la informática personal. No obstante, para mí, el primer portátil de la historia es el Grid Compass 1100, por ser diseñado en 1979 —a pesar de no haber sido comercializado hasta 1982—, y por aportar las todavía vigentes características básicas de la portabilidad de un ordenador que en el Osborne 1 no se pudieron apreciar.

No obstante, podríamos etiquetar al Osborne 1 como el primer ordenador portátil de éxito comercial de la historia, ya que de éxito comercial fue de lo único que careció el Grid Compass 1100.

Jupiter Ace

Como ya he comentado, en el año 1981 la empresa Sinclair contaba con importante éxito gracias a sus microordenadores Sinclair ZX-80 y ZX-81, y estaba en la órbita de lanzar al mercado el famoso Spectrum ZX. Entonces, dos empleados de la entidad británica decidieron fundar su propia empresa y diseñar un *ordenador personal* de 8 bits claramente influenciado por los diseñados en la entidad Sinclair... el *ordenador personal* Jupiter Ace.

Ordenador Jupiter ACE. Foto de Marcin Wichary (https://www.flickr.com/people/8399025@N07). Licenciada bajo CC BY 2.0 (https://creativecommons.org/licenses/by/2.0/).

Richard Altwasser y Steven Vickers habían terminado en 1981 el desarrollo del Sinclair ZX-81 y habían participado en el desarrollo del ZX Spectrum a punto de ser lanzado al mercado. Con el conocimiento del que disponían, y viendo un mercado del *ordenador personal* muy emergente, crearon la empresa Jupiter Cantab —abreviatura de Cantabridgian—. Y se lanzaron a diseñar un ordenador personal de 8 bits partiendo de la base de ideas de los proyectos en los que trabajaron en Sinclair.

En 1982 fue lanzado al mercado un ordenador llamado Jupiter Ace que fue muy similar al Sinclair ZX-81, pero con alguna diferencia importante. Por ejemplo, el Jupiter Ace incorporó un puerto de usuario que permitió la posibilidad de emitir sonido, algo que no podía hacer el ZX-81. También podían utilizar las expansiones de memoria creadas para el ZX-81, siempre y cuando su capacidad no fuera superior a los 64 Kilobytes.

El gran golpe de efecto que quisieron dar Altwasser y Vickers vino de la mano del lenguaje de programación a incorporar en la ROM del Jupiter ACE... en aquellos años, los equipos de 8 bits solían incorporar un intérprete de programación en ROM que arrancaba al encender la máquina, y en casi todos, el elegido fue el lenguaje BASIC, por su sencillez. Pero para el Jupiter Ace decidieron elegir al lenguaje Forth en lugar del BASIC, un lenguaje de programación más eficiente y potente. El lenguaje Forth era diez veces más rápido que el lenguaje BASIC, pero mucho más complicado de aprender. Aquella incorporación fue valorada positivamente por los profesionales del diseño de ordenadores de la época.

Existió un segundo modelo de Jupiter Cantab, conocido bajo el nombre de Jupiter Ace 4000, destinado al mercado americano, pero ambos modelos, aun siendo interesantes desde el punto de vista de diseño y especificaciones, fracasaron en el mercado. ¿Por qué? Con certeza no se puede saber, pero los expertos están de acuerdo en señalar la no elección del BASIC como lenguaje en ROM como el principal factor de su fracaso.

Es importante comentar que el hecho de elegir un componente mejor no implica éxito, ya que en la informática la estandarización es vital, y fue el BASIC el lenguaje estandarizado y el que marcó el camino del éxito en los ordenadores de 8 bits. Así que, finalmente, todo apunta a que la elección del lenguaje Forth como desmarque del Jupiter Ace sobre la serie Sinclair fue la piedra en el camino que impidió el éxito de un *ordenador personal* más que aceptable.

El trayecto de la empresa Jupiter Cantab fue breve... para el año 1983 ya había entrado en quiebra, siendo adquirida por Boldfield Computing, entidad que no buscó reflotar, sino liquidar todo el almacén de la empresa original para terminar por cerrar definitivamente el proyecto empresarial de Altwasser y Vickers. Se calcula que en el breve tiempo de actividad de la empresa fueron vendidas ocho mil unidades de Jupiter Ace.

El ordenador Jupiter Ace es un equipo muy raro de encontrar, y los pocos que se encuentran están a la venta por cantidades muy elevadas... son equipos muy cotizados por los coleccionistas. No obstante, y gracias a que el equipo utiliza componentes que todavía se pueden adquirir, existe en Internet una página web que explica cómo construir un ordenador Jupiter Ace casero (http://trastero.speccy.org/cosas/droy/jupiter/jupiter_s.htm).

También existen en Internet varios emuladores del ordenador Jupiter Ace, así como existe la página web del proyecto Gutenberg 3.0 donde está disponible un recopilatorio de manuales de usuario de ordenadores clásicos donde se puede encontrar el manual de usuario del Jupiter Ace.

Rainbow 100

Corría el año 1982 cuando el *ordenador personal* basado en kit y enfocado a los entusiastas de la electrónica ya había dado paso a un nuevo sentido de la *informática personal*; un ordenador completamente montado y operativo enfocado a los hogares y al público en general.

El *ordenador personal* de 8 bits basado en el microprocesador Zilog Z80 comenzaba a dominar un mercado muy emergente. Pero, al mismo tiempo, se estaba fraguando una gran creación, la arquitectura PC creada por IBM que, no mucho tiempo después, terminó por dominar el mundo del ordenador personal.

Entonces, una gran y prestigiosa empresa fabricante de ordenadores llamada DEC entendió que crear un ordenador que pudiera operar en ambos mundos, del Z80 y del Intel 8088, era una gran idea.

En 1982 DEC presentó un ordenador muy peculiar que incorporó tres modos de trabajo: el modo de 8 bits para Z80 y CP/M, el modo 16 bits para Intel 8088 y CP/M-86, y un último modo que pretendía no romper con el producto estrella de DEC; el modo VT-220 que permitió al equipo trabajar como un terminal para DEC VAX.

Sobre la arquitectura tan llamativa del Rainbow 100 cabe destacar la posibilidad de ejecutar simultáneamente procesos en ambos microprocesadores y, para ello, se creó un bus único de 8 bits que pudiera servir para ambos mundos; un único bus para dos procesadores distintos.

Siguiendo sus peculiaridades, el sistema operativo de carga era una mezcla del CP/M y el CP/M-86 llamado CP/M 86/80 que contó con la capacidad de decidir si algo tenía que ser ejecutado en el procesador Z80 o en el Intel 8088. Ocasionalmente también podía ejecutar MS-DOS.

Respecto a los monitores, contó con versión monocroma y color, y en ambos casos el Rainbow 100 contó con un excelente modo gráfico de alta resolución. Otro dato importante: el Rainbow 100 dispuso de un gran diseño en su fuente de alimentación, un componente que, en la actualidad, sigue siendo muy buscado por su gran calidad; para muchos fue la fuente de alimentación mejor fabricada jamás.

Los gráficos de alta resolución eran estándar, pero requería disponer de programas escritos expresamente para que un Rainbow 100 pudiera acceder a ellos. Por lo tanto, un buen número de programas de MS-DOS no pudo entrar en el modo gráfico del Rainbow. Programas como Multiplan o Lotus 1-2-3 tuvieron versiones personalizadas para el ordenador de la empresa DEC.

En la comparación entre el Rainbow 100 y cualquier PC, el primero podría abordar directamente 896 KB de RAM, mientras que el segundo solo podía abordar directamente 640 KB. Además, las unidades RX-50 escribieron en discos de densidad cuádruple de un solo lado, lo que fue un logro en ese momento. Este método permitió que el primero almacenara 400 KB en un disquete de una sola cara, mientras que el segundo solo podía almacenar 396 KB en un disquete de doble cara.

Entre los inconvenientes se encontraba que los disquetes eran totalmente incompatibles con cualquier disquete de un IBM PC, algo extraño al tener en cuenta que la dualidad del equipo se basó en compatibilizar ambos mundos.

En realidad, debo matizar sobre la incompatibilidad; las unidades Rainbow no eran totalmente incompatibles con el mundo PC. Podían leer y escribir en discos formateados en un IBM PC utilizando un parámetro de un solo lado en el comando de formato. Ese truco permitió a los usuarios de los DEC Rainbow transferir datos de un lado a otro entre aquella arquitectura y los PC por medio de unidades RX50.

Otro inconveniente del Rainbow 100 fue que contó con dos disqueteras, pero un único motor para ambas, por lo tanto, era necesario introducir un disco al revés en la segunda disquetera para que pudiera ser leído.

En general, la arquitectura y la solución de ingeniería al reto de la dualidad fueron de primera categoría, con una gran calidad en la fabricación; no era un equipo más, era un ordenador ingenioso, estable, y fiable.

No obstante, el equipo fracasó y pronto desapareció del primer plano de la *informática personal*. ¿La causa? En 1983 comenzaron a proliferar los ordenadores compatibles con IBM PC clonados gracias a «La Habitación Limpia», que trataré más adelante, bajando el precio a un punto en el cual ni un IBM PC ni un Rainbow 100 podían competir.

Sord M5

En el año 1982, en Japón, nació un nuevo ordenador de reducido tamaño y con unas teclas de goma dura similares al famoso ZX Spectrum de Sinclair. Fue bautizado con el nombre Sord M5. En Inglaterra se vendió bajo el nombre de CGL M5, ya que fue distribuido por la empresa británica Computer Games Limited —más tarde adquirida por la famosa Amstrad—. También cambiaron los colores, ya que la versión original nipona el equipo era gris oscuro con naranja brillante en el lateral y algo de amarillo en la zona de cartucho... la versión británica era azul y gris.

El ordenador fue fabricado por la empresa nipona Sord Computer Corporation, creada por Takayoshi Shiina el 15 de abril de 1970; a partir de 1985 la entidad, de rápido crecimiento, se fue integrando paulatinamente como filial de Toshiba. El nombre Sord era un acrónimo de «SOftware haRDware», afirmó Shiina en una entrevista de 1979. Aunque el ordenador nació en Japón, contó con poca presencia en el país nipón. En realidad, tuvo muy poca presencia en todas partes del globo terráqueo, pero, curiosamente, en un país sí fue muy popular y dispuso de muchas ventas... en la antigua Checoslovaquia.

El equipo dispuso, como la mayoría de microordenadores de 8 bits del mercado, del famoso microprocesador Zilog Z80. En realidad, debo hacer un apunte, ya que oficialmente se indica ese microprocesador en casi todas las fuentes, pero lo que de verdad incorporó en su interior fue un Sharp LH0080A, totalmente compatible con el Z80A de Zilog, y que fue el procesador más utilizado en los primeros microordenadores de 8 bits nacidos en Japón.

El equipo original contó con 4 Kilobytes de memoria RAM, aunque mediante un cartucho externo especial se podían ampliar hasta 32 Kilobytes. Contó con otros 16 Kilobytes de RAM específicos para la tarjeta de vídeo. La memoria ROM era de 8 Kilobytes, ampliables a 16 Kilobytes, también mediante cartucho externo. El sonido estaba compuesto por un chip capaz de gestionar 3 canales y 7 octavas por canal, y dispuso de una capacidad gráfica de 16 colores en resoluciones gráficas de 256x192 puntos, o un modo de texto de 40 columnas por 25 filas.

El cartucho no fue la única opción de entrada y salida de datos en el Sord M5, existió interfaz externo de cinta, incluso una unidad de 5,25 pulgadas, también externa. Respecto a los periféricos de juego, contó con la posibilidad de conectar dos mandos de juego, que se entregaban con el equipo en la compra.

El popular sistema MSX nacido en Japón un año después, que trataré con más detalle en posteriores páginas, compartió muchas similitudes con el Sord M5; por ejemplo, el mismo chip gráfico, pero no fue el origen de la famosa serie, ya que el estándar MSX nació del Spectravídeo 318 (SVI-318).

El ordenador Sord M5 contó con una ranura para cartuchos, y fue el sistema principal de arranque del equipo; podía arrancar mediante un cartucho de BASIC-I, o inicial, el BASIC-F, para cálculos matemáticos, o el BASIC-G para asuntos gráficos. Después existió el cartucho FALC, que arrancaba una especie de hoja de cálculo. Respecto al asunto del cartucho, el M5 de Sord fue diferente a otros equipos de 8 bits de los ochenta, que siempre contaban con el sistema de arranque, principalmente un intérprete de BASIC almacenado en ROM que era cargado instantáneamente al enceder el ordenador.

El equipo Sord M5 dispuso de su propia «Killer App» llamada PIPS III, una hoja de cálculo programable... pero el ordenador fracasó en ventas a nivel general debido a diferentes factores. En primer lugar, contar con tres versiones diferentes de BASIC como sistema de arranque que, además, no eran totalmente compatibles entre sí. En segundo lugar, por contar con poco software en el mercado.

Camputers Lynx

Como ya he tratado anteriormente, en enero de 1983 fue lanzado al mercado el computador Oric-1, un microordenador de 8 bits nacido a la sombra de otro ordenador llamado ZX Spectrum de Sinclair, presentado unos meses antes, en 1982, y que se había convertido en el éxito del momento. Pero, casi al mismo tiempo, y en el país referente mundial de los ordenadores domésticos de 8 bits, que era Reino Unido, nació un ordenador para competir con todos aquellos llamado Camputers Lynx.

El ordenador Camputers Lynx fue diseñado por John Shireff para la empresa británica CamLynx, y lanzado al mercado en marzo de 1983. El ordenador fue lanzado en tres versiones: 48K, 96K, y 128K. En realidad, el modelo 48K fue actualizado a 96K en septiembre de 1983, y a todos aquellos clientes que ya habían comprado la máquina se les permitieron enviar el equipo para que fuera actualizado a la nueva versión. Pero, para diciembre de 1983, ya habían lanzado un nuevo modelo de 128K... todo muy rápido...

Los orígenes de Camputers se remontan a principios de 1981, cuando Richard Greenwood, fundador de la pequeña empresa de diseño de electrónica con sede en Cambridge llamada GW Design Services (GWDS), decidió establecer una segunda empresa para fabricar y vender ordenadores domésticos. Aquella empresa fue llamada inicialmente Camtronic Circuits... luego fue renombrada a Camputers.

Fue por esa época que John Shirreff, que se había preparado como arquitecto, pero descubrió que tenía un don para la electrónica al experimentar con música electrónica, se unió al equipo como diseñador de circuitos y sistemas. Geoff Sore, uno de los primeros empleados de Richard Greenwood afirmó posteriormente: «Era el verdadero genio del diseño [Shirreff], tenía el talento para encontrar enfoques novedosos para las cosas». Un dato curioso, John Shirreff llegó a GWDS como diseñador de circuitos electrónicos cuando la empresa estaba desarrollando periféricos para dos equipos de 8 bits históricos ya tratados en este libro: BBC Micro, y Grundy NewBrain.

Para escribir todo el código necesario del hardware, la empresa contrató a Davis Jansons que había escrito previamente el código del hardware de otro equipo histórico: el Tandy TRS-80. Los manuales del ordenador Camputers Lynx fueron escritos por la esposa de Davis Jansons. Para lanzar el equipo al mercado la empresa Camputers recibió un crédito de Barclays que ascendió a 75.000 libras.

Los modelos de Camputers Lynx rápidamente fueron proveídos de unas magníficas unidades de disco, así como disfrutaron de un lenguaje BASIC muy potente para el momento. Además, los modelos 48K y 96K incorporaron un microprocesador Zilog Z80A de 4 Mhz de velocidad de fábrica. En cambio, el modelo 128K incluyó un microprocesador Z80B que alcanzó una velocidad de fábrica de 6 Mhz... la diferencia fue sustancial en ese momento. Además, los equipos de Camputers fueron mucho más elegantes en lo que al acabado refiere.

Los modelos Lynx incluyeron una gran capacidad de ampliación al incorporar conector Centronics para impresora, interfaz para joystick Atari, ampliaciones de memoria, e interfaz de disco, así como la posibilidad de conectar unidad de disco externa. Eso sí, las unidades de disco solo fueron posibles a partir del modelo 96K. También existieron algunos problemas de compatibilidad... hubo software que funcionaba en la versión 48K y que dejó de funcionar si el equipo era actualizado para la versión 96K...

¿Por qué fracaso Camputer Lynx? Principalmente se achaca a dos factores: el precio de los ordenadores era elevado al ser comparado con una competencia que también supo poner en el mercado buenos ordenadores de 8 bits, y los modelos Lynx apenas dispusieron de software comercial para utilizar en el equipo. Y, a diferencia de otros equipos británicos de éxito del momento, los ordenadores Camputers Lynx apenas se vendieron en Reino Unido, solo un 20% o 30% de los equipos vendidos fueron entregados en su país de origen. La mayoría de los ordenadores fueron vendidos en Francia, Grecia, o España. Se estima que, en total, fueron vendidas unas 30.000 unidades.

En junio de 1984 la empresa Camputers quebró por culpa de más de medio millón de libras de deuda, siendo sus activos asumidos por Anston Technology bajo la idea de relanzar aquellos productos, algo que nunca se llegó a materializar. En la actualidad existe un emulador de Camputers Lynx de origen francés llamado CamLynx.

Dragon Data

En 1982, al comenzar la nueva década de los años ochenta, una gran empresa británica fabricante de juguetes llamada Mettoy buscó introducirse en el nuevo mundo de la *informática personal* que comenzaba a tener una gran proyección comercial a nivel mundial.

Mettoy, con sede en Gales, creó la empresa Dragon Data buscando fabricar un microordenador doméstico... y nació el ordenador Dragon 32.

Ordenador Dragon 32.
Foto de dominio público.

En agosto de 1982 fue lanzado al mercado el nuevo microordenador Dragon 32, llamado así por sus 32 Kilobytes de memoria RAM, que contó con doble salida para televisión y salida monitor (raro para la época por su elevado coste), interfaz de cinta, un microprocesador Motorola 6809 de 8 bits, y 0,9 Megahercios de velocidad.

El equipo contó con tres características importantes: era un ordenador muy robusto; era compatible con el software del famoso ordenador de Tandy TRS-80 —de gran fama en aquellos años—; y contó con un sistema operativo llamado OS-9 creado por Microware Systems Corporation y diseñado para el procesador Motorola 6809, que compartió ciertas similitudes con el UNIX por ser multiusuario, multitarea, y gestionar redes locales.

Como anécdota, el ordenador Dragon 32 incorporó el lenguaje de programación BASIC creado por una emergente empresa —en aquellos años— llamada Microsoft. Además del Dragon 32, existió también el modelo Dragon 64 que contó con 64 Kilobytes de memoria RAM, un color de carcasa diferente, y un puerto serie RS-232.

Ordenador Dragon 64. Licenciada bajo CC0 1.0 Universal (https://creativecommons.org/publicdomain/zero/1.0).

Los equipos Dragon 32/64 dispusieron de un buen ritmo de ventas, pero la empresa Mettoy arrastraba en aquella época deudas de anteriores productos; los problemas financieros eran importantes. La compañía Radio Shack (Tandy Corporation) —empresa de gran éxito en aquel momento— estuvo interesada en adquirir Dragon Data, pero la operación se truncó.

En el año 1984 se fundó en España, con el ánimo de introducirse en el mercado de la *informática personal*, una sociedad anónima llamada Eurohard, S.A; aprovechando la cancelación de la compra de Dragon Data por parte de Radio Shack, Eurohard, con ayuda de diferentes entes españoles, compró en agosto de 1984 la empresa Dragon Data.

La empresa trasladó su sede de Gales a España, estableció la sede comercial en Madrid, y su fábrica de ordenadores en Casar de Cáceres

(Extremadura). La fabricación de los ordenadores Dragon 32/64 pasó a ser ejecutada —exclusivamente— en España.

A partir de 1984 Eurohard continuó la fabricación de los modelos Dragon 32/64 bajo el nombre Dragon Data, pero… ¡con un «Made in Spain» en su etiqueta!… aquellos equipos se convirtieron en la serie de ordenadores de 8 bits de origen extremeño.

Posteriormente lanzaron el modelo Dragon 200, que fue el primer modelo de Dragon Data como marca española. Aquel modelo era, en realidad, un Dragon 64 con una carcasa más baja y diseñada para colocar un monitor encima —muy similar al popular TRS-80—. Otra novedad incorporada al Dragon 200 fue la tecla «Ñ» del teclado.

Con el modelo Dragon 200 Eurohard ganó, el 6 de febrero de 1985, un concurso de la Consejería de Cultura de la Junta de Extremadura para el suministro de sistemas informáticos a centros educativos. Por ello, en Extremadura, el ordenador fabricado por la nueva empresa Dragon Data fue popular entre los escolares. Seguidamente la empresa intentó lograr lo mismo a nivel nacional, presentando el equipo en una oferta para ganar el concurso del Proyecto Athenea del Ministerio de Cultura. No ganaron aquel concurso y, ante aquel escenario, decidieron rescatar el olvidado proyecto galés llamado Dragon MSX.

Uno de los movimientos más importantes de la empresa española Dragon Data fue la creación de un nuevo modelo Dragon MSX que cumplía todos los estándares del sistema abierto japonés MSX. Aquél fue un movimiento importante e interesante, ya que buscó abrir al nuevo ordenador Dragon MSX —también denominado MSX-64— a un interminable mercado de software creado para aquella arquitectura asiática.

En realidad, como se comenta en el párrafo anterior, se hace necesario aclarar que la idea de portar los ordenadores al sistema MSX fue iniciada en Gales… en España fue rematada.

El lanzamiento del nuevo equipo —que pretendió cambiar la estrategia empresarial de Dragon Data— coincidió con la suspensión de pagos de la nueva empresa Eurohard y, por ello, solo se tiene constancia de la existencia de un ordenador Dragon MSX propiedad del coleccionista David F. Gisbert que fue presentado al público en la MadriSX 2001.

La empresa comenzó su andadura en España con buen pie, pero su escasa evolución tecnológica —aun siendo una máquina muy robusta con software muy atractivo— en comparación a los fabricantes punteros a nivel mundial, le hizo sucumbir ante el empuje de grandes máquinas como las series Amstrad CPC, Spectrum ZX, o los ordenadores Commodore 64.

Además, a mediados de los años ochenta, España no era un referente mundial en la fabricación de ordenadores para la *informática personal*, la exportación a terceros países fue complicada para la nueva Dragon Data. No obstante, la empresa británica reconvertida a española, luchó mano a mano a nivel mundial con las grandes empresas de los ordenadores «ochenteros» de 8 bits: las dos británicas Amstrad y Sinclair, y la americana Commodore.

La fábrica de Cáceres cerró sus puertas en mayo de 1987 y, con el cierre, se dio fin al ordenador «ochentero» de 8 bits fabricado en Extremadura. Para los amantes de la retroinformática, y de la informática de los años ochenta, cualquier equipo Dragon 32/64 es una gran pieza de colección digna del mejor museo de la informática.

Y esta historia no podía terminar de otra forma que no fuera dejando su propia leyenda urbana... en muchos foros de Internet se lleva hablando hace años que muchos ordenadores Dragon fueron tirados al basurero extremeño de Alcuéscar; en cierto modo, este asunto recuerda a la famosa leyenda urbana —posteriormente confirmada— sobre el videojuego ET de Atari.

Enterprise

Una compañía británica llamada Sinclair copaba en el año 1983 una importante cuota de mercado gracias al *ordenador personal* llamado ZX Spectrum; eran los primeros años de la *informática personal*, y eran los años de «debut» de los primeros ordenadores de pequeño tamaño totalmente integrados. Para ese mismo año de 1983 otra empresa británica —de gran solera en el área de la electrónica— llamada Amstrad ya estaba trabajando en otra serie de ordenadores... la serie CPC. El primer ordenador de la exitosa serie fue el Amstrad CPC 464.

En el mismo año 1983, una empresa de Hong Kong llamada Locumax decidió recurrir a otra empresa británica llamada Intelligent Software para encargar el diseño de un *ordenador personal*... en Locumax deseaban entrar en el mundo de la *informática personal*, especialidad que crecía sin parar.

En 1984, después de numerosos retrasos, fue lanzado al mercado un nuevo *ordenador personal* llamado Enterprise, saliendo al mercado dos modelos diferentes: Enterprise 64 y 128 —que señalaban los Kilobytes de memoria RAM del modelo—.

Aunque el equipo fue presentado en septiembre de 1983 y lanzado al mercado en abril de 1984, las primeras unidades no fueron entregadas hasta febrero de 1985, hecho que deterioró la imagen de una empresa que tuvo una preventa que alcanzó las 80.000 unidades, todas reservadas antes del lanzamiento.

Toma parcial de un Enterprise 64, con su característico joystick verde integrado en el teclado. Foto de Marcin Wichary (https://www.flickr.com/people/8399025@N07). Licenciada bajo CC BY 2.0 (https://creativecommons.org/licenses/by/2.0/).

El ordenador Enterprise tuvo una presencia destacable en Europa... por ejemplo, en España, muchas tiendas vendieron el equipo, y también muchas academias lo utilizaron para su formación, además de ofertar la venta del equipo a sus alumnos.

En el apartado estético el ordenador destacó mucho, teclas grises combinadas con algunas verdes, rojas, o azules, e incorporó una característica concreta que le diferenció de todos los competidores de aquellos años: un «joystick» en el lado derecho del teclado para poder realizar determinados movimientos y jugar a los videojuegos de la época.

Diseñar un ordenador desde cero, era costoso, pero diseñar un ordenador superior en características a toda la competencia era más difícil todavía. El Enterprise 64 incorporó, al igual que los ordenadores de Sinclair o Amstrad, el microprocesador Zilog Z80; pero también incluyó otras características únicas como un «chip» de vídeo bautizado como «Nick», muy superior a los aportados por Amstrad y Sinclair, así como incluyó una ROM con un sistema operativo llamado EXOS y un procesador de textos.

El lenguaje BASIC, llamado IS-BASIC, debía ser cargado mediante un cartucho externo, algo que le diferenció de los Amstrad, por ejemplo, que en su memoria ROM incluyeron el Locomotive BASIC... en cambio el sistema operativo CP/M era de carga externa.

El equipo Enterprise también incorporó un gran chip de audio al que bautizaron con el nombre de «Dave». Otras características muy importantes para la época fueron: una gestión de red local que permitía conectar hasta 32 equipos entre sí; una gráfica que podía mostrar hasta 256 colores en alta resolución; una memoria RAM ampliable hasta 4 Megabytes, cantidad impensable para aquella época.

El retraso fue el gran enemigo del Enterprise 64 o 128 ya que, para cuando salió al mercado, Sinclair había copado el mercado y Amstrad ya hacía tiempo que llevaba vendiendo unidades del exitoso Amstrad CPC464. La empresa Locumax siguió los pasos de Amstrad con Amsoft y creó la empresa Entersoft, destinada a crear software para su serie de ordenadores Enterprise... pero también llegó tarde, ya que Sinclair y Amstrad también se repartieron ese mercado en Europa, dejando a un gigante como Commodore 64 —que dominaba el mercado americano— en un tercer lugar.

Sin ningún tipo de rubor podemos afirmar que los modelos Enterprise fueron más potentes que los modelos de Sinclair o Amstrad y, aun siendo competitivos en precio, no tuvieron el éxito esperado en el mercado. ¿Por qué? Por ser un claro ejemplo de lo que es un fallo en la estrategia comercial de «marketing» y venta; no supieron vender el producto y, en cambio, arrasaron otros equipos claramente inferiores, pero con una buena estrategia comercial.

El equipo informático Enterprise, a lo largo de todo su desarrollo, tuvo muchos nombres como DPC (Damp Proof Course), Elan, Samurai, Lansay, Oscar, Flan para, finalmente, ser llamado como se conoce en la actualidad. Como dato curioso cabe destacar que se fabricó un periférico para el ordenador Enterprise que era un emulador de hardware del ZX Spectrum, lo que permitía «convertir» a un Enterprise en un ordenador Spectrum.

Poco tiempo después de su lanzamiento la empresa fabricante del Enterprise quebró, y las 20.000 últimas unidades en almacén fueron enviadas a Hungría, país donde el equipo arrasó y creó una gran comunidad de usuarios; allí hubo empresas que desarrollaron y lanzaron, en años posteriores, software nuevo para la máquina.

En la actualidad, en Hungría, el equipo se mantiene como un ordenador «leyenda» donde es muy codiciado por los amantes de la retroinformática.

A finales de los años ochenta, allá por el año 1988, programé en el IS-BASIC sobre un ordenador Enterprise y, realmente, era un equipo muy bueno tecnológicamente hablando... pero se había quedado aislado en el mercado frente a los dos fabricantes europeos más importantes.

También recuerdo ver el Enterprise 64 en el escaparate de un centro de formación donde se impartían clases particulares de matemáticas o inglés, y donde se impartía algo de materia informática, aunque muy poca cosa. En el año 1989, el Enterprise 64 se podía adquirir por unas 60.000 pesetas de la época —unos 360 euros en la actualidad—.

Coleco Adam

En junio de 1983 la empresa Coleco anunció el inminente lanzamiento al mercado, en octubre de 1983, de un dispositivo llamado Coleco Adam. ¿Qué era? Una especie de híbrido entre *ordenador personal* y videoconsola.

Antes de todo aquello, en agosto de 1982, Coleco anunció el lanzamiento al mercado de una nueva consola llamada ColecoVision, nacida para competir con la exitosa Atari 2600... la primera consola de éxito comercial mundial.

Entre otras cosas, la videoconsola ColecoVision podía utilizar los cartuchos de Atari 2600, y el éxito no se hizo esperar superando el millón de unidades vendidas en los inicios de 1983. Con el paso del tiempo, el producto llegó a superar los seis millones de unidades vendidas.

En 1983 llegó la Crisis del Videojuego, y Coleco descatalogó la videoconsola ColecoVision en la primavera de 1984. Antes de eso, durante el año 1983, la empresa había trabajado en el proyecto de Coleco Adam que pretendió encarnar simultáneamente a los dos mundos de éxito del momento: el *ordenador personal* y la videoconsola. En realidad, Adam era vendido bajo dos formatos completamente diferentes: un *ordenador personal*, y un dispositivo de expansión que podía ser conectado a una videoconsola ColecoVision.

El dispositivo de expansión fue llamado Expansion Module #3, y permitió convertir a la videoconsola en un *ordenador personal* Coleco Adam. El otro formato, el *ordenador personal* Adam, nació con un amplio catálogo de software y contó con ranuras compatibles con ColecoVision que permitieron el uso de sus cartuchos y periféricos.

Las primeras unidades del Coleco Adam, una cantidad menor a las cien mil unidades, fueron entregadas con retraso a finales de 1983, incluyendo también numerosos fallos de funcionamiento. Y los problemas de desarrollo continuaron hasta que el 2 de enero de 1985 la empresa anunció que el producto Coleco Adam era descatalogado y liquidadas todas las existencias en almacén.

El ordenador Coleco Adam contó con unas características técnicas que lo asemejaban a otros ordenadores personales del momento: un microprocesador Zilog Z80, 64 Kilobytes de memoria RAM, dos interfaces de cinta integrados para entrada y salida de datos, y un puerto llamado AdamNet que permitió la conexión externa de unidades de disco.

Respecto al software, el ordenador incluyó el BASIC AppleSoft, un procesador de textos almacenado en memoria ROM, y el sistema operativo CP/M adquirido de forma opcional.

La idea de fusión con el modelo ColecoVision tuvo éxito y críticas favorables, pero el producto creado no obtuvo ese mismo resultado... exactamente el contrario.

El equipo Coleco Adam incorporó una impresora de margarita, y la fuente de alimentación de todo el sistema, curiosamente, se encontraba en el interior de la impresora... por lo tanto, para trabajar con el equipo, era necesario tener encendida la impresora constantemente.

El principal problema, el gran fallo a destacar del Coleco Adam, era que aquel ordenador generaba tal cantidad de energía electromagnética en su arranque, que era capaz de borrar cualquier información de cualquier unidad de cinta o disquete que estuviera insertado, o incluso que estuviera cerca del equipo. En realidad, el fallo podía afectar a cualquier otro dispositivo electrónico cercano que fuera sensible a las corrientes electromagnéticas.

La cantidad y visibilidad de los fallos del ordenador Coleco Adam fueron tan importantes que a la empresa Coleco le costó unas pérdidas de 50 millones de dólares en menos de un año. Pero todos aquellos fallos no fueron un obstáculo para que muchos amantes de la retroinformática consideren al equipo como una pieza de importante valor.

En los años posteriores, los entusiastas de ese ordenador continuaron desarrollando software y periféricos para el equipo, incluso desde el año 1989 se lleva celebrando un evento llamado Adamcon que reúne a los entusiastas del ordenador de Coleco en diferentes ciudades de Estados Unidos y Canadá.

Sistema MSX

En junio de 1983 fue presentado en Japón un estándar de microordenador doméstico de 8 bits llamado MSX, sistema diseñado por Kazuhiko Nishi, que buscó cubrir un área de mercado con la idea de lograr una estandarización de sistemas.

Para el año 1983 a IBM se le había ido de las manos el asunto PC con el asunto de «La Habitación Limpia» y era, en ese momento, un estándar importante, pero en ordenadores de muy elevado precio y con más enfoque hacia la pequeña empresa que al usuario doméstico.

En Japón, y dentro del área de los pequeños microordenadores de 8 bits basados en el exitoso procesador Zilog Z80, vieron la posibilidad de crear un nuevo estándar... era un nicho diferente al generado por el IBM PC... y así nació el sistema MSX.

Sony Hit Bit MSX. Foto de Marcin Wichary (https://www.flickr.com/photos/8399025@N07). Licenciada bajo CC BY 2.0 (https://creativecommons.org/licenses/by/2.0/).

La principal característica del sistema MSX que siempre le ha diferenciado de otros estándares informáticos fue la independencia de empresa alguna, no hubo una única empresa que promoviera el estándar; sí hubo una larga lista de empresas que fabricaron equipos basados en el estándar.

La segunda característica importante fue el microprocesador elegido, el Z80 de Zilog de gran rendimiento y gran éxito. Otra característica importante fue que el sistema incluyó un lenguaje de programación MSX BASIC creado por Microsoft... también existió una versión de MSX-DOS compatible, en cierto modo, con el MS-DOS que Microsoft desarrolló para el IBM PC.

La memoria RAM incorporada dependió del fabricante y del modelo: 8, 16, 32, 64, y 128 Kilobytes. Para la entrada de información contaron aquellos equipos MSX con cartuchos, y para la entrada/salida era posible conectar un interfaz de cinta o unidades de disco externas.

El sistema MSX tuvo gran éxito en Japón, pero el salto a Europa y América fue realmente complicado. En España, por ejemplo, los equipos MSX tuvieron mucha presencia, y en los asuntos docentes o lectivos fueron muy utilizados, pero siempre por debajo de otros ordenadores no-estandarizados como la serie Amstrad CPC o la serie Spectrum. En realidad, el estándar japonés llegó tarde al mercado europeo... para cuando había llegado, la cuota de mercado del resto de sistemas propietarios era demasiado grande.

En el caso de América, concretamente en Estados Unidos, las empresas japonesas evitaron entrar en competencia contra un mercado muy fuerte liderado por empresas americanas como Commodore International. Además, pocos fabricantes optaron por comercializar en el mercado estadounidense máquinas del sistema MSX, únicamente Yamaha y Spectravideo.

Teniendo en cuenta que en los años de dominio del procesador Z80, el mercado más importante en la *informática personal* estuvo en Europa... llegar tarde al viejo continente fue el mayor problema del sistema MSX; ciertamente el fracaso del sistema MSX estuvo en el mercado británico dominado por Amstrad y Sinclair Research sumado, secundariamente, al poco alcance en un mercado estadounidense dominado por Commodore.

En el comienzo de la década de los años noventa, los ordenadores compatibles PC ya dominaban el mercado de la *informática personal*... apenas quedaban ordenadores basados en el Zilog Z80, y todos los microordenadores Amstrad, Spectrum, o MSX, comenzaron a sucumbir ante el empuje de los compatibles PC.

El sistema MSX tuvo, posteriormente, varias evoluciones sobre el estándar inicial como fueron MSX-2, MSX-2+, o MSX-TurboR —el único que no era de 8 bits, sino de 16 bits—, pero todas ellas tuvieron poca presencia en Europa y América; posiblemente la evolución que más presencia tuvo después del MSX fue el MSX-2, por su conocida potencia gráfica que fue utilizada en temas de edición de vídeo.

Como dato curioso es importante comentar que más de cien empresas llegaron a fabricar sistemas MSX o periféricos para ellos, y alguna que otra empresa, como es el caso de Amstrad, se sumaron a la norma quedando a la espera de ver cómo evolucionaba el mercado.

Aunque el estándar MSX no fue líder en Europa y América, es importante afirmar que fue un sistema muy estable y con buen rendimiento, además de comentar que sí contó con presencia en los hogares, aunque quizás no la deseada o necesaria para ser un estándar internacional. En España, los ordenadores basados en el sistema MSX fueron equipos fáciles de encontrar en hogares, academias de informática, y colegios —seguramente los modelos más populares en España fueron los conocidos bajo los nombres de Philips VG-8020 y Dynadata DPC-200—.

Ordenador MSX Philips VG-8020. Foto de Sailko (https://commons.m.wikimedia.org/wiki/User:Sailko). Licenciada bajo CC BY 3.0 Unported (https://creativecommons.org/licenses/by/3.0).

El sistema MSX tuvo gran alcance e importancia en los años ochenta y fue un sistema aperturista muy popular y, por ello, debo dedicar un par de apartados para contar algunos datos muy interesantes.

Nacimiento del MSX desde el BASIC de Microsoft y el SVI-318

En la idea original del sistema MSX no solo participó Kazuhiko Nishi, también participó una empresa que comenzaba a crecer mucho en aquellos años... la empresa Microsoft de Bill Gates. En realidad, el peso de Microsoft en la creación del MSX fue mucho mayor de lo que se piensa, ya que Kazuhiko Nishi llegó a un acuerdo con Bill Gates en 1979 para ser el distribuidor de la empresa americana en Asia, naciendo Microsoft ASCII, entidad de la que Nishi fue vicepresidente hasta el año 1986.

La motivación en la creación del sistema MSX no fue otra que la de estandarizar el lenguaje BASIC de Microsoft... es decir... una motivación en el camino de dejar de crear versiones de BASIC diferentes para cada fabricante y plataforma, para crear un estándar de *ordenador personal* adaptado a las necesidades del lenguaje BASIC de Microsoft, y así comercializar una única e universal versión... así de importante y extendido era el lenguaje BASIC en los primeros años ochenta.

Para lograr el objetivo era importante contactar con otros fabricantes que pudieran terminar comercializando el nuevo sistema MSX, y uno de los primeros contactos que tuvo Nishi fue con Konosuke Matsushita, presidente de Matsushita Electronics —que actualmente conocemos como Panasonic—; ambos eligieron un ordenador como el equipo base sobre el cual definir el nuevo estándar: el ordenador de Spectravideo SVI-318.

Ordenador SVI-318. Foto de Igor Clukas. Licenciada bajo CC BY 2.5 (https://creativecommons.org/licenses/by/2.5).

En mucha documentación obrante en Internet se menciona, principalmente, a dos consolas concretas como posible origen del sistema MSX: Colecovision y la SEGA SG-1000, y aunque el MSX hereda algunas cosas comunes de las consolas —el cartucho, por ejDmplo—, la realidad es que un MSX es más un *ordenador personal* que un dispositivo específico de juego, y la similitud en lo que a características refiere es mucho más cercana al SVI-318.

Las grandes empresas japonesas evitaron entrar en competencia contra un mercado americano muy fuerte liderado por empresas como Commodore International o Apple, pero fue una empresa americana —llamada Spectravideo— la que aportó el ordenador que fue la influencia inicial sobre el sistema MSX. En los años de vigencia comercial del sistema MSX únicamente las empresas Yamaha y Spectravideo distribuyeron el sistema en América.

En definitiva, las características básicas de cualquier sistema MSX vinieron finalmente definidas, en su mayor parte, por lo que era el ordenador personal SVI-318: microprocesador Zilog Z80, memoria ROM de 32Kb con MSX BASIC de Microsoft pregrabado en ROM, memoria RAM de 8 a 64 Kilobytes, modo de vídeo compatible con chips de Texas Instruments... pero, curiosamente, el SVI-318 fue incompatible con el sistema MSX nacido después.

El sistema MSX se basó en el SVI-318 como punto de partida del estándar, introduciendo después una serie de mejoras. Por lo tanto, el modelo

SVI-318 no fue un MSX, ni fue compatible con aquellos ordenadores debido a diferencias de BIOS, puertos de entrada y salida, y el formato de grabación en disco.

Posteriormente, la propia Spectravideo lanzó al mercado en el año 1983 el modelo SVI-328 bajo la ya nacida especificación MSX... pero ese equipo adoleció de las mismas incompatibilidades que el anterior. Hubo que esperar otros dos años, a 1985, para que Spectravideo lanzara su propio ordenador MSX totalmente compatible... fue llamado SVI-728.

Ordenador SVI-328. Licenciada bajo CC0 1.0 Universal (https://creativecommons.org/publicdomain/zero/1.0).

Una vez creado en 1983 el primer prototipo de ordenador personal MSX bajo la influencia del equipo SVI-318 original de Spectravideo, importantes empresas apostaron por la fabricación de dicho sistema... Sony, Mitsubishi, Toshiba, o Philips.

El misterioso origen del nombre MSX

Después de la explicación del nacimiento del Sistema MSX debo ir al grano... la elección del nombre MSX, que es uno de esos grandes misterios de la informática clásica. Oficialmente siempre se ha creído, de forma mayoritaria, que el nombre hace referencia a «MicroSoft eXtended Basic». Hubo comentarios que afirmaron que ese significado fue el que Nishi le contó a Bill Gates... Microsoft era el gran aliado al que había que cuidar...

En abril de 1997 Bussines Japan publicó un artículo firmado por Kuniji Ikeda titulado «Dennou no samuraitachi» —Los samurái de los pensamientos electrónicos—, y en el texto se explicó que el acrónimo elegido iba a ser MNX, que provenía de Matsushita y Nishi, siendo la X una referencia al poder ilimitado. El Sistema MSX no solo fue una arquitectura nacida de la mano de Microsoft, sino que nació apoyada por grandes fabricantes como Sony, Toshiba, Hitachi, o Sanyo... y también la empresa Matshushita, que intervino en el desarrollo del MSX en importante medida. Matshushita es lo que en la actualidad todo el mundo conoce como Panasonic.

Por lo visto, el acrónimo MNX no pudo ser utilizado por una cuestión de derechos... ya estaba registrado... así que fue descartado. Entonces, según se explicó en el artículo de Ikeda, se decidió cambiar la letra «N» por una «S» en honor a Sony, primera empresa en licenciar el nuevo sistema, afirmando después a todas las empresas licenciadas que la «X» hacía referencia a la empresa creadora del sistema, la empresa que presidía Nishi. Posteriormente, en 1985, Nishi aportó una nueva versión del origen del nombre al afirmar que fue adoptado por influencia del Misil MX disparado por primera vez en junio de 1983 en California.

La última versión oficial del nombre MSX fue dada a conocer por el propio Kazuhiko Nishi en una convención de informática clásica en Tilburg (Holanda), lugar donde afirmó que el significado de las siglas era: «Machines with Software eXchangeability» —Máquinas con posibilidad de intercambio de Software—.

No obstante, a día de hoy, y con tantas versiones dictadas por el propio Kazuhiko Nishi, el origen del nombre MSX sigue siendo origen de intenso debate, y solo queda lugar para la opinión personal de cada uno. En mi caso, y a modo de opinión personal, considero que la primera versión (MicroSoft eXtended basic) y la última (Machines with Software eXchangeability) son las que creo verídicas y totalmente factibles; lo creo así porque la última es la que verdaderamente encaja con la finalidad original del Sistema MSX, además de ser la última confirmación en boca del propio Nishi, y la primera definición porque existe una creencia muy arraigada que fue el significado que Nishi contó a Bill Gates para tener a la empresa Microsoft contenta, ya que fue la gran valedora del proyecto MSX.

Apple Lisa y Apple Macintosh

En este libro ya traté el asunto del entorno gráfico de Apple nacido a través de lo que Steve Jobs pudo ver de las investigaciones del Xerox PARC en el año 1979. Desde ese instante nació, en manos de Steve Jobs, el proyecto Apple Lisa, un ordenador basado en entorno gráfico, algo impensable en aquellos primeros años de la *informática personal.*

En realidad, el proyecto de Apple Lisa había nacido en 1978, antes de la visita de Jobs al Xerox PARC; en 1979 nació, bajo la jefatura de Jef Raskin, el proyecto Apple Macintosh, un proyecto al que asignaron inicialmente a cuatro personas, siendo considerado poco importante por la propia dirección de la empresa Apple; Michael Scott, CEO de Apple de 1976 a 1981, intentó, en varias ocasiones, terminar abruptamente con el proyecto. Fue Scott cuando el 25 de febrero de 1981, conocido como «Miércoles Negro» dentro de la historia de Apple, al despedir a cuarenta empleados de Apple, intentó dar por finalizado el proyecto Macintosh; Raskin suplicó y, finalmente, Scott dio unos meses más de prórroga al proyecto.

El proyecto Lisa se transformó en el objetivo principal de Steve Jobs hasta que en 1981 la junta vio a Steve Jobs como un peligro para el proyecto Apple Lisa, entonces fue retirado del proyecto y Michael Scott invitó a Jobs a involucrarse en el proyecto Macintosh. Existe otra versión que dice que desencuentros de Jobs con John Couch, jefe de proyecto en Lisa, fueron el detonante de la salida del primero del proyecto en cuestión.

Ordenador Apple Lisa. Licenciada bajo CC0 1.0 Universal (https://creativecommons.org/publicdomain/zero/1.0).

Desde mi punto de vista, deduzco que le llevaron a un proyecto que la propia dirección de Apple pensaba que tarde o temprano sería cancelado. Aquello fue el inicio del fin de la primera etapa de Steve Jobs en Apple, ya que en 1983 llegaría John Sculley a Apple, y los continuos enfrentamientos con la dirección de la empresa terminarían con su despido en el año 1985.

Cuando Jobs recaló en el proyecto Macintosh en lo primero que insistió, obsesionado con lo que había visto en el Xerox PARC, fue en reconvertir la estrategia principal del proyecto hacia un sistema operativo de entorno gráfico —Jef Raskin había iniciado un proyecto de ordenador con sistema operativo basado en texto—.

Aquello hizo que ambos proyectos, Lisa y Macintosh, fueran en paralelo y de la mano, y se creó una alta competencia entre ambos equipos. En la biografía oficial de Steve Jobs escrita por Walter Isaacson, y en el libro de Michael Moritz *Steve Jobs & Apple*, existen varios pasajes que dejan entrever, con total claridad, la animadversión de Jobs hacia el proyecto Lisa una vez que estuvo fuera, y las rencillas y guerras entre ambos equipos.

También existieron algunos «topos», de un lado y del otro, que pasaron información de un lado y la recibieron del otro. Por eso, ambos proyectos en su producto final dispusieron de detalles comunes, aunque, finalmente, les separaron muchas diferencias. Y esto no quiere decir que aquellos «topos» actuaran con maldad, porque hubo casos como el de Bruce Daniels y Steve Capps, asignados al proyecto Lisa, que mostraron avances de su proyecto a Steve Jobs llegando incluso a proponer que algunos fueran portados al Apple Macintosh, como veremos más adelante.

El ordenador Apple Lisa fue anunciado el 19 de enero de 1983, y lanzado a la venta poco tiempo después bajo un descomunal precio de 9.995 dólares. Y se convirtió en el segundo gran fracaso de la compañía Apple; debemos recordar que el primero, aunque menos sonado, fue el Apple III. Como anécdota, añadir que el anuncio de televisión del Apple Lisa fue protagonizado por un joven y desconocido actor llamado Kevin Costner.

Apple Macintosh 128. Foto de Álvaro Ibáñez (https://www.flickr.com/people/48600106280@N01). Licenciada bajo CC BY 2.0 (https://creativecommons.org/licenses/by/2.0/).

El ordenador Apple Macintosh fue presentado el 22 de enero de 1984, justo un año después del Apple Lisa, y fue un rotundo éxito. Para la presentación se emitió en la Super-Bowl un anuncio dirigido por Ridley Scott basado en el libro 1984 de George Orwell. El 24 de enero de 1984 salió a la venta el equipo y fue un éxito... había nacido una larga y exitosa serie de ordenadores que llega hasta nuestros días, saga conocida popularmente como «MAC».

El proyecto Lisa cometió muchos errores, pero quizás el más importante fue prescindir de Steve Jobs; Wozniak era el cerebro de la electrónica de la que se sirvió Apple para llegar al éxito, pero Jobs siempre fue el genio que supo por qué apostar y como vender el producto. Estoy convencido que el fracaso de uno, y el éxito del otro, tuvo como eje central la persona de Steve Jobs.

También es importante destacar que Apple no destacó, principalmente, por crear nuevas tecnologías, sino que destacó por apostar por tecnologías creadas por terceros y llevarlas al éxito. Además del entorno gráfico que Xerox no supo explotar, hubo otras tecnologías como el iPod basado en MP3, el SmartPhone, o el iPad, que fueron tecnologías nacidas en manos ajenas a Apple que solo la empresa de Jobs y Wozniak supo explotar y globalizar.

No debo cerrar este capítulo de los años ochenta de Apple sin tratar dos relatos que considero muy interesantes dentro de la historia de la *informática personal* aportada por la empresa de Cupertino.

El Anuncio 1984 del Apple Macintosh

A finales del año 1983 fue estrenado el anuncio de presentación del primer Macintosh... y ya que iba a ser lanzado en enero de 1984, a la agencia de publicidad de Apple, Chiat Day, se le ocurrió la idea de basar la historia en el famoso libro 1984 de George Orwell, y poner como protagonista al famoso Gran Hermano. Para rodar el anuncio fue elegido Ridley Scott, famoso en aquel momento por dirigir la exitosa película Blade Runner.

El anuncio empezó a ser planificado a finales de 1982, y Andy Hertzfeld contó en el año 1983 la verdadera historia del comercial, ya que estuvo a punto de no ser estrenado y ser sustituida aquella mítica campaña que, finalmente, se convirtió en leyenda de la televisión.

En el año 1968 Jay Chiat fundó la agencia de publicidad, y con su equipo de talentos, con el director creativo Lee Clow y el redactor Steve Hayden, crearon los primeros anuncios de televisión de Apple. Por ejemplo, crearon la campaña que lanzó al ordenador Apple Lisa, incluido un comercial de televisión protagonizado por Kevin Costner cuando todavía era desconocido.

A finales de 1982 a Brent Thomas, director de arte, y a Steve Hayden se les ocurrió la idea de hacer una campaña publicitaria basada en el lema «Por qué 1984 no será como 1984». Chiat Day lo intentó vender a varios clientes, incluido Apple, donde se propuso que fuera utilizado para un anuncio impreso en el Wall Street Journal para promocionar el Apple II. Pero la empresa de Cupertino no lo aceptó, y la idea quedó en suspenso hasta la primavera de 1983, cuando el equipo de marketing del proyecto Mac se reunió para comenzar a trabajar en el lanzamiento del nuevo ordenador, que estaba programado para enero de 1984.

Al director de marketing de Macintosh, Mike Murray, y a Steve Jobs, les encantó la idea de Chiat Day: «sería un anuncio inspirador», como Jobs pretendía que fuera. Pero hacía poco que un nuevo CEO había llegado a Apple, John Sculley, y necesitaban la aprobación para un enorme presupuesto de producción... más de 750.000 dólares para un anuncio de un minuto. Y consiguieron la aprobación.

Para dirigir el rodaje del anuncio Chiat Day contrató a Ridley Scott, aclamado en ese momento por dirigir la película Blade Runner, un largometraje distópico y visionario, que era precisamente el estilo requerido para rodar el anuncio de Macintosh de 1984.

El anuncio fue rodado en Londres, en Shepperton Studios, ya que Ridley Scott tenía allí fijada su residencia, y varios ejecutivos de Apple y Chiat Day, incluidos Mike Murray y Steve Jobs, viajaron a Londres en la semana de rodaje.

Ridley reunió a casi doscientas personas para interpretar a los trabajadores calvos oprimidos pagando 125 dólares al día por participar. El papel de joven heroína fue más difícil de elegir, ya que la mayoría de las modelos tuvieron problemas para girar el pesado mazo. Al final fue elegida una experta lanzadora de disco llamada Anya Major.

A Andy Hertzfeld le tocó un trabajo extra surgido durante el rodaje: escribir un programa básico de Apple II para mostrar números y gráficos impresionantes en la pantalla para superponerlos en la imagen de Gran Hermano.

Lee Clow y Steve Hayden presentaron un borrador del comercial al equipo de Apple unas semanas después, y todos quedaron fascinados. Se mostró por primera vez en la conferencia anual de ventas de Apple de octubre de 1983 en Honolulu. La respuesta fue tan buena que Apple reservó dos espacios de sesenta segundos y treinta segundos, de un precio de más de un millón de dólares, para mostrar el comercial durante la XVIII Superbowl, evento a celebrar el 22 de enero de 1984, dos días antes del lanzamiento oficial del Mac.

Mike Murray y Steve Jobs proyectaron el anuncio para la junta directiva de Apple en diciembre de 1983 buscando la aprobación definitiva del enorme gasto de la Superbowl. Pero ahí llegaron los problemas... todos los miembros externos de la junta despreciaron el anuncio, y Mike Markkula sugirió que Apple comenzara a buscar una nueva agencia de publicidad; uno de los miembros de la junta comentó que era el peor anuncio que había visto en su vida. Steve Jobs y Mike Murray quedaron devastados.

El primer efecto de la pésima recepción de la junta obligó a John Sculley a pedir a Chiat Day que vendiera ambas franjas horarias que habían comprado para la Superbowl. Pero Jay Chiat solo vendió el espacio de treinta segundos, comunicando a Apple que no era posible vender el más largo en una fecha tan tardía. Apple consideró usar ese espacio para un comercial más convencional, pero, finalmente, decidió arriesgar con el anuncio de 1984.

Burrell Smith y Andy Hertzfeld decidieron ver la reacción de una audiencia real, así que fueron a ver la Superbowl a un bar cerca de Stanford llamado Oasis. El bar estaba lleno y ambos creyeron escuchar un pequeño murmullo en el bar después de la emisión del anuncio, pero les resultó muy complicado saber a ciencia cierta si existió alguna reacción significativa.

Esa noche el anuncio volvió a aparecer en los programas de noticias nocturnos; se convirtió en noticia en sí misma. Se emitió decenas de veces en programas de noticias en los siguientes días; una publicidad gratuita para Apple estimada en aquellos años en cinco millones de dólares.

Al contrario de la opinión de la junta, el anuncio, que casi fue cancelado por la propia Apple para su emisión, se convirtió en una auténtica leyenda en el mundo de los anuncios publicitarios; fue elegido como el mejor de la década, obtuvo numerosos premios, y pasadas varias décadas se considera uno de los mejores comerciales de televisión de la historia.

El Icono Oculto de Apple

En el inicio del año 1982 una empresa llamada Franklin Computer lanzó al mercado un ordenador personal llamado Franklin Ace 100, dispositivo que fue una copia total del Apple II... habían replicado no solo el hardware, sino también el software de la máquina original.

La realidad de los primeros años ochenta era que el aspecto legal de los derechos de autor sobre la nueva *informática personal*, nacida un lustro antes, no estaban nada claros, y así varias empresas se animaron a clonar ordenadores de éxito de terceros. Pero Apple demandó a Franklin Computer en marzo de 1982.

La batalla legal no fue fácil para ambas partes, de hecho, Apple perdió el juicio en la primera instancia... pero ganó en la corte de apelaciones. Y el caso Apple contra Franklin Computer fue un recurso habitual dentro de otras diputas legales durante los siguientes treinta años.

En realidad, Franklin Computer recurrió al concepto de «compatibilidad» para argumentar su defensa... no negó que hubiera clonado el Apple II en su ordenador Ace 100, pero afirmó que no podría crear su propia versión de software sin romper la compatibilidad.

El fallo de la Corte de Apelaciones determinó dos nuevas situaciones no previstas legalmente hasta ese momento: el software construido con un lenguaje de programación de aspecto humano estaba sujeto a derechos de autor, y el lenguaje «máquina» (binario), incluso el software pregrabado en ROM, también estaban sujetos a derechos de autor.

La Corte de Apelaciones falló a favor de Apple, pero Frankin Computer siguió los pasos del conocido caso de «La Habitación Limpia» para clonar la BIOS del IBM PC y, posteriormente, creó nuevos clones de Apple utilizando aquella puerta legal. Pero fue demasiado tarde para la empresa, y el mercado ya había tomado otro rumbo.

No obstante, en Apple, y con el asunto del Franklin Ace 100, entraron en total precaución y Steve Jobs decidió que había que encontrar una forma que, en un supuesto juicio, se pudiera demostrar si un ordenador de la competencia era un clon ilegal de algún modelo de Apple.

Susan Kare diseñó un icono de «Robado de Apple», y Steve Capps utilizó una técnica para comprimir el icono en la ROM… de esta forma ocupó poco espacio y, además, lo ocultó a ojos de los ingenieros de la competencia que se pudieran dedicar a clonar su ROM. Después fue desarrollada una subrutina, ocultada entre otros programas de datos, para mostrar el icono en pantalla al llamar, con un depurador, a una dirección hexadecimal seguida de una letra «G».

Se cree que aquella rutina nunca fue usada por Apple en conflicto legal alguno, muy rápido se encontró un método legal para clonar una ROM. Por ello, en diferentes fuentes, se afirma que la historia del icono «Robado de Apple» fue descubierta por Steve Jasik, creador del desensamblador MacNosy.

En mayo de 1985 Steve Jasik escribió en MacTech el primer comentario documentado sobre el icono, comentando que en diciembre de 1984 había encontrado en la ROM de Apple un código fuente inalcanzable que al ser invocado provocaba el cuelgue del ordenador.

En abril de 1986 Erik Westra, siguiendo el comentario anterior de Jasik, escribió en MacTech afirmando creer que ese código fuente inalcanzable parecía ser un icono. En agosto de 1986 Jasik escribió, de nuevo, mencionando explícitamente al icono «Robado de Apple», y comentando que había hablado con Andy Hertzfeld, histórico empleado de Apple, que le confirmó que en el pasado habían dejado mensajes ocultos de derechos de autor en algunas de las memorias ROM creadas en la empresa de Cupertino.

Aunque, inicialmente, se creó un icono para mostrar el mensaje de software robado, no mucho tiempo después fue sustituido por un práctico mensaje de texto sin grafía alguna.

No se debe dejar de lado la historia del icono «Robado de Apple», ya que es buque insignia de los primeros años donde fueron fraguados los derechos de autor en la creación del software más básico de los primeros ordenadores personales de la historia.

Commodore 64

En el año 1984 la nueva *informática personal* iniciaba su camino hacia la popularidad mundial y, en aquellos años, Europa y Reino Unido, principalmente, reinaron en la categoría de microordenadores de uso doméstico basados en los microprocesadores de 8 bits como el Zilog Z80; los ordenadores Spectrum Sinclair, Amstrad CPC, y algunos basados en el sistema MSX, comenzaron a arrasar en el mercado. La *informática personal* se popularizó gracias a aquellos pequeños —y llamativos— ordenadores.

Pero América resistió a aquellos equipos gracias a un fabricante de Pensilvania (Estados Unidos) llamado Commodore International; empresa fundada en 1954 por Jack Tramiel que, al principio, se centró en la reparación de máquinas de escribir.

En los primeros años setenta Commodore tomó el control de un fabricante de calculadoras y microprocesadores llamado MOS Technology, y así nació una generación de ordenadores de indudable valor histórico.

Inicialmente, la empresa americana trabajó en un proyecto llamado VIC-20, y aquel escalón previo derivó en otros dos proyectos, VIC-30 y VIC-40.

En agosto de 1982 Commodore Internacional presentó el ordenador personal VIC-40, bautizado con el nombre definitivo de Commodore 64 —o popularmente conocido como C64—, creado por el equipo formado por Robert Russell, Robert Yannes, y David A. Ziembicki. El equipó contó con un microprocesador MOS Technology 6510, 64 Kilobytes de RAM, y unas magníficas tarjetas gráfica y de sonido. Una característica importante fue su sistema operativo GEOS que contó con un interfaz gráfico, algo no muy habitual en aquellos primeros ordenadores de 8 bits de arquitectura propietaria.

Ordenador Commodore 64. Foto de dominio público.

El ordenador C64 fue una revolución y un éxito total, sobre todo en América, que impidió que las grandes marcas británicas triunfaran en el continente americano. En América, el C64 fue el ordenador más importante de 8 bits de la década de los años ochenta, y fue el equipo de mayor calidad gráfica entre los ordenadores de 8 bits a nivel mundial... en Europa dominaron las dos grandes marcas británicas, pero el equipo Commodore 64 también tuvo una presencia importante, aunque inferior a los competidores.

El éxito del Commodore 64 fue tal que, actualmente, se considera el *ordenador personal* más vendido del mundo en la corta historia de la informática, con una estimación de 17 millones de unidades vendidas.

El computador Commodore 64 contó con un sistema de cartuchos que le permitieron una gran capacidad para la expansión, así como la arquitectura del hardware creado por la empresa americana siempre tuvo una calificación de excelente.

Una curiosidad importante sobre el Commodore 64 fue la incorporación de la tecla «Commodore», añadida en el teclado estándar; aquella tecla permitió acceder a una serie de funciones especiales propias del fabricante. Y aquella tecla, también, inspiró a otros gigantes de la informática como

Microsoft y Apple, que terminaron por incorporar otra tecla especial en el teclado para acceder a funciones extra propietarias.

Otra curiosidad fue la «no actualización» del BASIC del V-20 a un BASIC adaptado a la potencia gráfica del V-40, y esto conllevó la inexistencia de comandos en el lenguaje BASIC para realizar las tareas gráficas propias del V-40 que nunca existieron en el V-20… era necesario recurrir a «POKEs»… el BASIC de Commodore nació por medio de una licencia de Microsoft obtenida en 1976, y Commodore prefirió no incluir las nuevas capacidades para evitar pagar a Microsoft un nuevo «royalty» de varios millones de dólares con el fin de incluir las nuevas modificaciones.

En la actualidad se pueden encontrar en tiendas unos teclados para conectar a televisiones que, en su interior, en realidad, cuentan con un ordenador Commodore 64 completo. También es importante destacar que el C64, a lo largo del tiempo, se convirtió en un ordenador de culto hasta el punto que existen varias consolas de videojuegos que incluyen emuladores de Commodore 64.

El equipo Commodore 64 fue fabricado, bajo licencia de Commodore Internacional, en muchos países. Pero, también, existieron clones fabricados sin la oportuna licencia del fabricante americano. También es importante añadir que prácticamente en pocos lugares en Internet se menciona que el predecesor del Commodore 64, el VIC-20, no fue un proyecto base del primero como se dejó entrever, sino que fue un ordenador lanzado al mercado y ostenta el récord de ser el primer equipo en superar el millón de unidades vendidas; finalmente se vendieron 2,5 millones de unidades del Commodore VIC-20.

En 1982, en Japón, fue lanzado al mercado el ordenador Commodore MAX, una adaptación del Commodore 64 creada por Commodore Japan Limited, equipo que fue un C64 más económico porque contó con 2 Kilobytes de RAM en lugar de los 64 Kilobytes del C64, y no era posible conectar unidades de disco o impresoras.

El equipo MAX también fue lanzado en países como Alemania como el nombre VC-10 o en Estados Unidos bajo el nombre de Ultimax; lugares donde el Commodore MAX fracasó estrepitosamente y triunfó el C64.

En el año 1985 Commodore International lanzó al mercado una versión superior al C64, el ordenador Commodore 128, pero aquella versión no creó la expectación del primero. Entonces, la empresa americana, creó el C64C que fue una revisión del Commodore 64 original que únicamente afectó al diseño y la estética… una carcasa nueva para el mismo hardware.

Una última curiosidad... a finales del año 2006 el famoso «console modder» llamado Benjamin J. Heckendorn —conocido en Internet como Ben Heck—, comenzó a transformar un C64C en un portátil o «laptop»; aquel equipo «modelado» finalizó su transformación a finales de 2008 y es, en la actualidad, una auténtica obra de arte accesible a través de fotografías en Internet... un homenaje al gran ordenador que fue el Commodore 64.

El ordenador Commodore 64 es una pieza de culto dentro de la informática, muy superior en calidad gráfica y sonido a cualquier ordenador de 8 bits de su época y, en la actualidad, cuenta con una gran comunidad de usuarios que siguen manteniendo con vida al fantástico equipo de origen americano. El C64 es toda una leyenda de la informática... el *ordenador personal* más vendido en la historia de la informática.

Jack Tramiel

Jack Tramiel nació en Lodz (Polonia) en el año 1928, y emigró a Estados Unidos en el año 1947. Su verdadero nombre era Jacek Trzemiel. Nada más llegar a Estados Unidos se alistó en el ejército, y allí aprendió a reparar equipos de oficina como máquinas de escribir, por ejemplo. En el año 1953, mientras trabajaba de taxista, solicitó un préstamo de 25.000 dólares con el que compró una tienda de reparar máquinas de oficina situada en el Bronx de Nueva York. Aquella tienda se llamó Commodore Portable Typewriter.

En el año 1955 Jack Tramiel dio un paso más al llegar a un acuerdo con una empresa Checoslovaca para ensamblar y vender máquinas de escribir en Estados Unidos, pero, por asuntos políticos, existían, en aquellos años, severas restricciones para la importación en Estados Unidos de productos procedentes de países enmarcados dentro del Pacto de Varsovia, así que creó la empresa Commodore Business Machines en Toronto (Canadá).

Posteriormente, la empresa Commodore creada por Jack Tramiel pasó por sendas crisis empresariales; la primera por culpa de la invasión en el mercado norteamericano de máquinas de escribir japonesas que hicieron inviable la venta de las checoslovacas, hecho que forzó a Tramiel a vender una parte de la empresa al inversor Irving Gould; la segunda cuando la empresa se introdujo en el mercado de las calculadoras digitales basadas en LED, fabricadas utilizando el chip de Texas Instruments, empresa tejana que se dio cuenta del potencial mercado que se estaba perdiendo, decidiendo quitar de en medio a Commodore para fabricar sus propias calculadoras a un precio imposible para la empresa de Tramiel.

Durante la segunda crisis, Irving Gould volvió a inyectar dinero para rescatar a la entidad y, en ese momento, Jack Tramiel tomó una decisión vital para el futuro de Commodore... comprar a la empresa MOS Technology con el dinero de Gould en el año 1976.

En realidad, como ya se ha comentado, la historia sobre la compra de MOS Technology por parte de Commodore Business Machines es más compleja, existiendo varias versiones sobre lo que sucedió, pero la realidad es que la primera terminó integrada en la segunda empresa, y con la primera llegó a Commodore Chuck Peddle, que fue la persona que convenció a Jack Tramiel que las calculadoras no eran el futuro, y sí lo era el mundo de la *informática personal* con los nuevos *ordenadores personales* domésticos que comenzaron a proliferar en aquellos años.

Con la compra de MOS Technology por parte de Jack Tramiel y su empresa, alcanzaron al *ordenador personal* MOS KIM-1 y Chuck Peddle, y con aquello como base nació el primer *ordenador personal* de una empresa histórica como es Commodore... el Commodore PET. Posteriormente llegó el equipo Commodore VIC-20 y, finalmente, el Commodore VIC-40 que fue renombrado como Commodore 64, el *ordenador personal* más vendido de la historia de la informática.

En enero de 1984 Jack Tramiel renunció a la compañía que él había fundado al estar en desacuerdo con Irving Gould sobre la forma de dirigir la empresa. No mucho tiempo después fundó una nueva empresa llamada Tramel Technology, Ltd con la que buscó diseñar un *ordenador personal* de nueva generación.

En julio de 1984 Tramel Technology compró otra famosa empresa, Atari Inc, propiedad de Warner Communications en aquel momento, y la nueva empresa Tramel Technology cambió su denominación para ser llamada Atari Corporation. Tan solo seis meses después de la llegada de Jack Tramiel a Atari, la empresa lanzó al mercado un ordenador famoso por ser vanguardia de la tecnología... el ordenador Atari ST —ordenador que será tratado más adelante—.

En algunas publicaciones en Internet se califica a Jack Tramiel como el «Anti-Jobs», al ser considerado el antítesis de Steve Jobs, debido a que él consideraba que los *ordenadores personales* debían ser baratos, incorporando un discreto diseño sin detalles... lo más importante para él era, sin duda, el precio final del equipo.

Pero también existieron muchas similitudes entre ambos: la empresa Atari comprada por Tramiel fue la entidad donde Steve Jobs tuvo su primer empleo en el año 1974, y ambos salieron por la puerta de atrás de las históricas empresas que habían fundado. Jack Tramiel se retiró en el año 1996, año en el que vendió Atari Corporation a Jugi Tandon Storage, y falleció el 8 de abril de 2012 en California a la edad de ochenta y tres años.

No hay duda que Jack Tramiel jugó un papel principal y destacado dentro del desarrollo de la primitiva *informática personal* a finales de los años setenta y principios de los ochenta, y su nombre estuvo directamente ligado a dos empresas históricas dentro de la informática: Commodore y Atari.

Un hecho muy curioso sobre la vida de Jack Tramiel tuvo que ver con sus competidores en cada instante... lanzó al mercado el equipo Commodore 64 para competir con el exitoso Atari 400 del momento y, posteriormente, al salir de Commodore, su papel fue el opuesto... lanzó al mercado el famoso Atari ST para competir contra el Commodore Amiga 500 creado por Jay Miner, que cayó en las manos de una empresa Commodore ya separada de Jack Tramiel. Un cruce de empresas que es, sin duda, realmente curioso.

Commodore SX-64

En el año 1982 Commodore lanzó al mercado su modelo más exitoso, el ya tratado ordenador Commodore 64 (VIC-20)... había nacido el *ordenador personal* más vendido de la historia. En ese mismo año de 1982 la empresa Osborne Computer Corporation había lanzado el primer portátil comercial de la historia —con permiso del GRiD Compass 110—... el equipo Osborne 1. Entonces, Commodore International, decidió desarrollar un equipo similar... el ordenador Commodore SX-64.

Dos Commodore SX-64. Foto de Marcin Wichary (https://www.flickr.com/people/8399025@N07). Licenciada bajo CC BY 2.0 (https://creativecommons.org/licenses/by/2.0/).

En el año 1984 Commodore finalizó con éxito el proyecto Commodore VIP-64, comercialmente conocido como Commodore SX-64 o Commodore Executive 64. ¿Qué era ese ordenador? Era un Commodore 64 transformado a portátil… que no portable…

Portable no era porque, de igual forma de otros equipos anteriores como el Osborne 1, pesaba diez kilos y medio. Pero sí trajo una innovación nunca vista, el primer portátil que incluyó un monitor a color.

Finalmente, el equipo tuvo más defectos que virtudes, y fue un rotundo fracaso para una empresa Commodore International acostumbrada al gran éxito de un gran Commodore 64.

La falta de portabilidad del Commodore SX-64 no solo tuvo que ver con el excesivo peso, sino también con la inexistencia de batería para almacenar la electricidad necesaria para operar sin toma eléctrica cercana… el ordenador siempre debía estar conectado a la corriente.

El ordenador Commodore SX-64 fue lanzado con un año de retraso, en enero de 1984, al precio de venta al público de 995 dólares. Como características principales, además de la pantalla a color de cinco pulgadas, incorporó un microprocesador MOS 6510 a 1,02 Megahercios de velocidad, 64 Kilobytes de memoria RAM, y una unidad de disco de 5¼ pulgadas. Respecto al software, en su memoria ROM incluyó el lenguaje de programación Commodore BASIC.

El modelo SX-64 nació con fallos como, por ejemplo, los problemas de compatibilidad. En el equipo Commodore 64 se utilizó, mayoritariamente, el interfaz de cinta para cargar y grabar el software, y en el ordenador SX-64 se incluyó disquetera y ranura para cartuchos… no era posible conectar un interfaz de cinta por no disponer del puerto correspondiente; y el factor de compatibilidad entre el C64 y el SX-64 se diluyó.

En lo referente a la compatibilidad, además, el color de pantalla predeterminado cambió a un texto azul sobre fondo blanco, buscando una mejor legibilidad en una pantalla tan pequeña… aquello podía causar problemas de compatibilidad con programas que asumían el fondo azul predeterminado del C64. Y, precisamente, la pantalla y su tamaño fueron los principales factores que impidieron una buena comercialización del producto.

Una historia muy curiosa sobre el Commodore SX-64 está relacionada con las unidades de disco. En la publicidad del momento se mostró un equipo con dos unidades de disco de 5¼ pulgadas, en cambio casi todas las unidades comercializadas conservadas en la actualidad disponen de una única unidad de disco. Dice la leyenda que el sistema de energía del SX-64 no podía generar la suficiente potencia eléctrica para hacer funcionar a ambas disqueteras al mismo tiempo.

Originalmente, el ordenador SX-64 también nació con un fallo en la unidad de cartuchos; incorporó un cable no apropiado que provocaría que futuros cartuchos no tuvieran opción de ser utilizados en la máquina. El fallo obligó a sustituir, a posteriori, ese cable en los ordenadores distribuidos.

El ordenador Commodore SX-64 tuvo presencia en el mercado dos años —fue descatalogado en 1986—, y durante ese periodo fueron registradas unas ventas de un total de 85.000 unidades aproximadamente; se desconoce la cantidad exacta de ventas, y la aproximación se obtuvo por medio de los números de serie comercializados... el equipo SX-64 fue un fracaso para lo que estaban acostumbrados a vender en Commodore International. No obstante, el ordenador Commodore SX-64 se convirtió, como otros muchos ordenadores carentes de éxito comercial, en una pieza codiciada para los amantes de la retroinformática.

Dynadata DPC-200

Al principio de los años ochenta un distribuidor de ordenadores de origen español llamado Dynadata dejó de distribuir equipos informáticos para convertirse en fabricante de ordenadores. Para mayor exactitud es necesario aclarar que inicialmente era distribuidor de otras marcas para posteriormente crear una marca propia con la idea de comercializar sus propios equipos... pero fabricados por terceras empresas.

Dynadata creó su marca para comercializar tres tipos diferentes de ordenadores, la gama PC compatible, portátiles PC, y ordenadores domésticos. En aquellos años el ordenador PC era considerado demasiado sofisticado para ser un ordenador doméstico, y los ordenadores domésticos hacían referencia a otros sistemas informáticos como, por ejemplo, el Sistema MSX, por ejemplo.

En el año 1985 Dynadata comercializó un *ordenador doméstico* basado en el Sistema MSX que era fabricado por Daewoo... el Dynadata DPC-200 MSX. El equipo incorporó un monitor monocromo y una unidad central integrada en el teclado, e incluyó como microprocesador al mítico Zilog Z-80 y un total de 64 kilobytes de memoria RAM. Como método de entrada de datos dispuso de dos puertos de lectura de cartucho MSX, y como método alternativo de entrada/salida de datos contó con un interfaz de cinta considerado periférico externo.

Como periféricos opcionales se podían adquirir joysticks para jugar, unidad externa de disquetes de 2.8, 3.5, o 5,25 pulgadas —algo muy moderno en aquella época—, o incluso un interfaz de red.

En el apartado de software el modelo DPC-200 contó con un desarrollo bastante extenso, pudiendo aquel sistema disponer de muchos videojuegos y algunas aplicaciones no-lúdicas como, por ejemplo, algún compilador.

Por ser un equipo bastante asequible económicamente, y gracias a su BASIC integrado, el ordenador DPC-200 tuvo mucho éxito en España, principalmente en el emergente negocio de las academias de informática. La informática era una ciencia en crecimiento calificada por muchos como «el futuro profesional» y, por ello, existió mucha demanda de cursos presenciales de informática... y el método más habitual era comenzar por el BASIC. Muchas academias de informática utilizaron al Dynadata DPC-200 como herramienta de formación.

Con la llegada de la nueva década de los años noventa, Dynadata fue perdiendo presencia hasta desaparecer del mercado informático, y el Sistema MSX como tal, como ya se ha comentado anteriormente, sucumbió ante el gran empuje de los sistemas compatibles con la arquitectura IBM PC.

Miles de personas en España dieron sus primeros pasos en la informática con el equipo doméstico de Dynadata, y muchos tuvimos ocasión de usar aquel equipo a fondo. No hay duda que marcó una época muy importante de la *informática doméstica.*

Sinclair QL

Corría el año 1984 y la empresa Sinclair Research era famosa gracias a ordenadores de éxito mundial como el Sinclair ZX Spectrum de 8 bits ya mencionado en este libro, equipo que incorporó, como no podía ser de otra forma, el microprocesador Zilog Z80. El nuevo ordenador QL de la empresa británica Sinclair buscó la modernización de los *ordenadores personales* que habían nacido tan solo unos pocos años antes.

Fotografía 53. Ordenador Sinclair QL. Foto de Telecarlos. Licenciada bajo CC BY 3.0 Unported (https://creativecommons.org/licenses/by/3.0).

La principal novedad del Sinclair QL fue el cambio de proveedor para el microprocesador, aventurándose la empresa británica a introducir en el nuevo modelo de ordenador un microprocesador Motorola 68008 que operaba con un ciclo de reloj de 7,5 Megahercios.

Otra novedad fue la inclusión de un sistema operativo multitarea grabado en la memoria ROM, toda una novedad, ya que en aquellos años lo habitual en los *ordenadores personales* era incluir un intérprete de lenguaje BASIC.

El sistema operativo fue diseñado por Tony Tebby, y el nombre comercial elegido para el software fue Sinclair QDOS. Además, la memoria ROM también incluyó el lenguaje de programación SuperBASIC diseñado por Jan Jones.

Hasta la fecha de presentación del Sinclair QL, la serie 68000 de Motorola solo había sido incluida en el Apple Lisa. Poco tiempo después fue incluido un microprocesador similar en el Apple Macintosh. Un poco más tarde, los ordenadores Atari ST y Commodore Amiga se unieron al grupo de ordenadores cuyo cerebro contaron con un Motorola 68000.

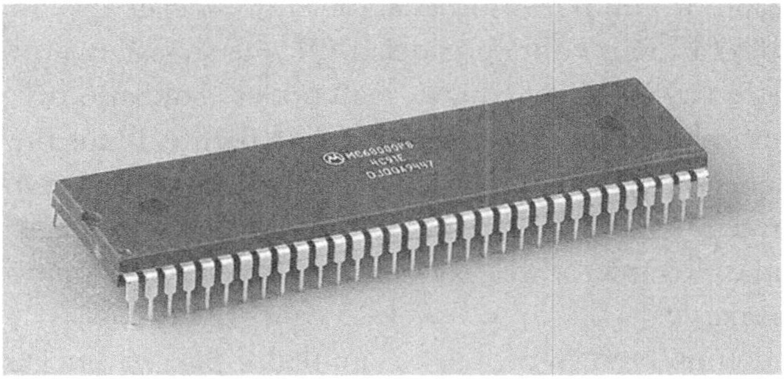

Microprocesador Motorola 68000. Foto de Sebastian Koppehel (https://commons.wikimedia.org/wiki/User:SKopp). Licenciada bajo CC BY 4.0 International (https://creativecommons.org/licenses/by/4.0).

El ordenador Sinclair QL nació y fue comercializado con un gran número de fallos. Uno de los principales problemas vino de la mano de la elección del procesador Motorola 68008, que era un Motorola 68000 pero con bus de datos externo de 8 bits. El microprocesador Motorola 68000 era un procesador de 32 bits con un bus de datos externo limitado a 16 bits. En el año 1984, diseñar y fabricar un equipo completo con bus de datos de 16 bits era costoso, así que Sinclair recurrió al Motorola 68008 para comunicarse con el resto de componentes mediante el bus de 8 bits. Esta decisión provocó que, en el equipo final, el microprocesador acumulara grandes tiempos de espera mientras el resto de los componentes procesaban la información con la mitad de ancho, tan solo 8 bits.

Sinclair tuvo, en 1983, la idea de crear unas unidades de almacenamiento de bajo coste a medio camino entre la cinta magnética y la unidad de disco. Aquella unidad se llamó microdrive y fue incluida, también, de serie en el Sinclair QL, siendo fuente de innumerables errores y fallos de fiabilidad; el constante roce entre cabezal y cinta provocaba cortes en la propia cinta. La memoria ROM también incluyó numerosos errores que tuvieron que ser corregidos en diferentes etapas mediante «firmwares» externos.

El ordenador Sinclair QL nació con grandes capacidades y características para la época, incluyendo un gran afán por evolucionar tecnológicamente. Pero las decisiones tomadas y el diseño original provocaron que el equipo no se situara, comercialmente hablando, en el lugar para el cual fue diseñado. En 1986 Amstrad compró la empresa Sinclair, decidiendo abandonar la serie Sinclair QL.

Un joven Linus Torvalds, creador del Linux, tuvo como primer ordenador un Commodore VIC-20; cuando aquel ordenador dejó de cumplir su expectativa, compró un nuevo ordenador… un Sinclair QL. Inicialmente, lo que más inspiró a Linus sobre el Sinclair QL fue su sistema operativo multitarea grabado en la ROM del equipo. Para poder estudiarlo tuvo que crear su propio desensamblador para obtener el código fuente. Linus fue encontrando diferentes fallos en el sistema creado por Sinclair, pero, al estar grabado el sistema operativo en una ROM, no pudo modificar todo lo que requería modificar. Además, los microdrive fallaban mucho, así que compró una unidad de disco externa.

Con el tiempo creó su propio ensamblador para el Sinclair QL, además de crear el programa GMOVE, que fue una extensión del SuperBASIC.

Después de terminar con los trabajos sobre el sistema operativo, Linus decidió crear clones de videojuegos para el Sinclair QL, todos ellos escritos en ensamblador, aplicaciones que funcionaron muy bien. Algunos de ellos fueron publicados en revistas de informática… un medio que tuvo Linus para ganar dinero. Entre los clones de videojuegos creados por Linus se encuentran Asteroids y el famoso Pac-Man.

Podemos afirmar, sin género de duda, que el Sinclair QL introdujo a Linus Torvalds en el mundo de los sistemas operativos, y aquellas prácticas con el Sinclair QDOS ayudaron a Torvalds a obtener el conocimiento suficiente sobre el área en cuestión.

No mucho tiempo después, Linus terminaría por crear un sistema operativo —para la comunidad— basado en Unix tan famoso como es el Linux. En la actualidad, el Sinclair QL es recordado, principalmente, por ser la segunda fuente de las prácticas informáticas de Linus Torvalds... porque el equipo Sinclair QL no puede ser recordado por un efecto comercial —casi inexistente— debido a los errores de concepción. No obstante, diferentes empresas continuaron desarrollando para la arquitectura del QL y, actualmente, todavía existen algunas empresas que desarrollan hardware y software para la arquitectura creada por Sinclair en 1984. Todo a pequeña escala.

Indescomp

A lo largo de esta obra he ido relatando la historia universal de la *informática personal* y, con ello, la historia del *ordenador personal*. Pero, en determinadas etapas importantes, la he focalizado en España, ya que tal como indiqué en el prefacio de este libro mi idea es «mantener durante toda la obra dos objetivos paralelos: hablar de la historia del *ordenador personal* a nivel mundial, y destacar, en apartados concretos, la historia centrada en España».

Y llegada la mitad de los años ochenta debo tratar, focalizado en España, el asunto de la empresa Indescomp y la serie de ordenadores de 8 bits Amstrad CPC ¿por qué? Porque un servidor vivió aquella época de forma totalmente directa, y no me cabe la menor duda que aquello fue el germen de inicio de la primera fase de informatización masiva de los hogares en España.

Y ahora debo hablar de una empresa nacida en 1982, llamada Indescomp, fundada por José Luis Domínguez que, sin duda alguna, se puede considerar el Steve Jobs español. Tengo el privilegio de llevar un largo tiempo en contacto personal con José Luis y, a través de mis conversaciones con él, he podido recopilar una más que interesante historia del *ordenador personal* en España.

En el año 1982 fue fundada en España la empresa Indescomp, cuya finalidad era el desarrollo de software siendo su fuerte el mundo de los videojuegos, sector casi inexistente en España en ese año 1983, y todavía en una fase primaria en el resto del mundo.

La entidad fue fundada por José Luis Domínguez que, en aquellos años, perseguía un sueño... crear una nueva empresa relacionada con los ordenadores personales de 8 bits que estaban emergiendo en aquellos años. Y así creó una empresa llamada Indescomp destinada, inicialmente, a distribuir videojuegos para el ordenador Sinclair ZX81 del que ya he hablado antes. De la distribución, Indescomp pasó a crear títulos propios.

De ahí nacieron grandes logros como, por ejemplo, títulos propios como La Pulga (Bugaboo) o Fred, los primeros videojuegos totalmente creados en España y que triunfaron a nivel mundial; los que iniciaron en 1983 la conocida como Edad de Oro del Software Español, vigente hasta el año 1992.

Respecto al apartado del software y los videojuegos debo comentar que dedicaré un espacio muy importante en la parte de videojuegos de esta obra, ahora debo centrar el desarrollo de este capítulo en el apartado del hardware.

Posteriormente, José Luis Domínguez persiguió con Indescomp la idea de no solo distribuir software, sino distribuir también algún ordenador que pudiera deslumbrar.

José Luis Domínguez en la presentación del Amstrad PC1512 en el Scala del Meliá Castilla (Madrid) el 13 de diciembre de 1986. Foto cedida por José Luis Domínguez.

El nombre Indescomp es el acrónimo de «investigación y desarrollo de computadoras», y después del inicio basado en la venta de videojuegos del Sinclair ZX81, la entidad pasó a vender ordenadores que ya hemos tratado en esta obra: Atom Acorn, y Spectravideo MSX.

En realidad, Indescomp se estaba quedando atrás en la parte de hardware, y Domínguez sabía que el éxito de su empresa empezaba por el software, pero debía continuar por el hardware. El ordenador Commodore 64 ya estaba introducido; el prometedor Dragon 32 estaba merodeando a Investrónica, la empresa que fundó El Corte Inglés para primero distribuir ordenadores personales, y después fabricarlos. Además, la misma Investrónica, seguramente la empresa de informática más importante de España en ese momento, tenía los derechos de distribución de la gran apuesta del momento: el ordenador ZX Spectrum. Así que Indescomp no tenía por donde atacar, respecto a los equipos punteros.

Buscó a un socio importante, llamado Carlos Morales, y con él, logró la distribución de un nuevo equipo americano de la marca Spectravídeo, fabricante ya tratado en el apartado de MSX. Pero, poco tiempo después, Domínguez se dio cuenta que aquello no era lo que buscaba, y Morales y Domínguez separaron sus caminos… el primero permaneció con la distribución del Spectravideo, y el segundo siguió un nuevo camino abriendo una vía basada en apostar por un ordenador nuevo de un fabricante llamado Amstrad que iba a lanzar una prometedora serie de computadoras de 8 bits.

Mientras tanto, Domínguez había hecho algunos viajes a Londres para ofrecer los videojuegos La Pulga y Fred a distribuidoras de Reino Unido. Y consiguió que Quicksilva, que se mostró entusiasmada con ambos videojuegos, aceptara vender los videojuegos en el país anglosajón.

No mucho tiempo después, en otro viaje donde presentaron cuentas en Quicksilva e Indescomp cobró su primer cheque de importancia, donde supieron que ambos videojuegos habían copado la lista de más vendidos y La Pulga había sido número uno en ventas durante un par de meses, al comprar una revista de informática, Domínguez supo de la existencia de una nueva serie de ordenadores que iba a lanzar una empresa dedicada a equipos de alta fidelidad llamada Amstrad. Entonces supo que aquello era lo que tenía que llevar a España.

Inmediatamente José Luis Domínguez se puso en contacto con Amstrad y logró hablar con Robert Watkins, Director Técnico de aquella entidad. El mensaje de respuesta que recibió era que Amstrad no estaba interesado en negociar nada para vender en España.

A partir de ahí pasó el tiempo en Indescomp con varios intentos infructuosos por contactar con Alan Michael Sugar, fundador de Amstrad y empresario de fama en Reino Unido con títulos de Sir por la Monarquía Británica y Lord por el Gobierno Británico. Ningún intento sirvió para alcanzar el deseo de distribuir los ordenadores Amstrad en España.

No mucho tiempo después, José Luis Domínguez cambió su estrategia y decidió volver a Londres y concertar una cita con Robert Watkins, pero esta vez se iban a presentar como los creadores de La Pulga —que en Reino Unido se había distribuido a través de Quicksilva bajo el nombre The Flea— y Fred, y querían ofrecer el desarrollo y distribución de los videojuegos para la nueva serie Amstrad. En la empresa británica ya habían oído hablar de aquellos videojuegos que copaban la lista de ventas y, entonces, aceptaron la reunión en persona. Así Indescomp llegó a un acuerdo con Amstrad para el desarrollo y distribución de aquellos videojuegos en la serie CPC; volvió a

España con un contrato y con un prototipo del futuro Amstrad CPC debajo del brazo.

Pasado un tiempo, llegó el momento de volver a Londres para presentar el videojuego terminado a Robert Watkins, y en aquella demostración Domínguez insistió en que fuera mostrada a Alan Sugar en persona. Aquella petición no gustó, pero Domínguez logró el objetivo de entrevistarse en persona con el fundador de Amstrad.

Alan Michael Sugar preguntó por el dinero que iba a costar lanzar aquellos videojuegos para Amstrad, y el fundador de Indescomp los ofreció gratis si le permitía vender los ordenadores Amstrad en España. Y así Indescomp se hizo con la distribución de los equipos de Amstrad en España.

Conseguir aquello significó traer a España una serie de ordenadores que fueron líderes en ventas durante unos cuántos años y que provocaron el estallido de la primera informatización destacable en los hogares españoles. ¿Por qué aquello aportó a la informatización doméstica? Porque aquellos equipos dejaban un margen de ganancia pequeño, pero eran asequibles en el precio final para los hogares… además de contar con un hardware innovador y excepcional.

José Luis Domínguez (izquierda) con Alan Michael Sugar, fundador de Amstrad PLC. Foto cedida por José Luis Domínguez.

El Corte Inglés, además de vender los Spectrum ZX y los propios de Investrónica en la década de los ochenta, también vendió cientos de miles de equipos Amstrad que Indescomp le proporcionaba, y aquello empezó a dar luz a una *informática personal* que contaba con muy poca presencia en España… algunos entusiastas, pero nada masivo.

Yo viví aquellos años con mucha intensidad, mi primer ordenador me lo regalaron mis padres en diciembre de 1986 —comprado en El Corte Inglés de Oviedo (Asturias), siendo el equipo distribuido por Indescomp— un fabuloso Amstrad CPC6128 muy superior en características a cualquier otro ordenador de 8 bits del momento; quedé fascinado con el ordenador, y de aquello nació mi pasión por las teclas, toda mi carrera profesional actual como informático, y todos mis éxitos en mis proyectos personales como los libros, mis blogs, el software desarrollado, y los premios que he ganado a nivel nacional e internacional. Todo eso nació el día que cayó en mis manos un Amstrad CPC.

Por supuesto que el ordenador ZX Spectrum fue un grandísimo e histórico computador, incluso el propio José Luis Domínguez, en una entrevista que le hice en diciembre de 2019, ante la pregunta: «¿El modelo de ordenador personal que más le cautivó en los años ochenta?», me respondió literalmente: «Primero el Sinclair Spectrum, y después el Amstrad CPC 464 color». Pero, en España, viví algo diferente, la serie Amstrad, comercialmente hablando, se comió al Spectrum, y con ese ordenador vino la primera fase de importante informatización de los hogares españoles... la segunda —de mucha mayor dimensión— llegaría en los años 1993 y 1994 con la rápida expansión de los ordenadores PC clónicos. También tuvo que ver que José Luis Domínguez aplicó en Indescomp la misma estrategia que Apple en sus primeros años, gran inversión en campañas publicitarias. Pero, además, la serie CPC fue extraordinaria en características, rendimiento, y fiabilidad... yo mismo lo pude comprobar con mi Amstrad CPC6128 de 1986.

Los Amstrad CPC fueron ordenadores de gran calidad de fabricación, sin problemas de funcionamiento que destacar, que contaron con un amplísimo catálogo de aplicaciones y que, además, incorporaron soluciones tecnológicas poco comunes en otros equipos del momento, además de contar con un monitor propio para el ordenador; el modelo CPC6128 incorporó de serie una unidad de disco cuando ningún otro computador de 8 bits contaba con ello.

Así, en España, nacieron tres leyendas de la informática personal en el apartado del hardware: Amstrad, Indescomp, y José Luis Domínguez. Y esto no fue reconocido en aquellos años, empezó a ser reconocido en los últimos años al convertirse tanto la serie de ordenadores de Amstrad como La Pulga o Fred en objetos de culto; hoy muchos coleccionistas y seguidores están recuperando para la historia de la informática de España a aquellos pioneros.

La empresa Indescomp facturó en el año 1982 unos 30 millones de pesetas, en 1983 sobre 200 millones, en 1984 aproximadamente 2.000 millones, en 1985 la cantidad de 8.000 millones, en 1986 unos increíbles 14.000 millones, y en 1987 la cifra récord de 21.000 millones de pesetas; aquello terminó con

José Luis Domínguez vendiendo Indescomp en el año 1987 a Alan Michael Sugar por 50 millones de libras, que eran 6.400 millones de pesetas al cambio; una venta increíble tan solo cinco años después de su fundación. En ese momento, la empresa Indescomp se transformó en Amstrad España.

José Luis Domínguez en la actualidad.

José Luis Domínguez permaneció durante un tiempo como presidente de Amstrad España y consejero de Amstrad PLC, la empresa matriz británica, pero la estrategia viró de la informática doméstica hacia la informática enfocada a la empresa. Amstrad se introdujo en el mundo PC con un exitoso modelo Amstrad PC1512 primero, y un Amstrad PC1640 después. José Luis Domínguez era totalmente partidario de seguir atacando la línea doméstica, y Alan Michael Sugar quería caminar por el mundo del PC Compatible. Aquello fue el inicio del fin de la relación de José Luis Domínguez con Amstrad, ya que allá por el año 1989 llegó a un acuerdo de salida de la empresa vestido con forma de destitución de cara a los medios de comunicación.

En diciembre de 2019 le pregunté a José Luis cuál había sido la clave del éxito explosivo de Indescomp, él me respondió: «La ambición... aquella frase de Herry Ford "Think Big" caló muy hondo en mi persona y forjó una personalidad de luchador en busca del mayor éxito posible. Después, por las personas que me acompañaron en este camino, también hacer accionistas a aquellos que me aportaban las carencias que yo tenía en determinadas especialidades empresariales y, finalmente, utilizar toda mi experiencia y estrategia como vendedor para convencer a Alan Sugar que, aunque sin dinero, sin saber inglés, y sin tener conocimientos de informática, yo era su hombre para España».

No deseo terminar este apartado, vital en la historia de la informática de España, sin compartir alguna anécdota. Y qué mejor que compartir una que me proporcionó el propio José Luis Domínguez:

«Recuerdo cuando Alan Sugar vino con su mujer Ann —con motivo de la primera gran convención de distribuidores en el Scala Melia de Madrid— a cenar en mi casa, aun modesta, en Madrid... estaba entusiasmado al comprobar in situ lo que estábamos montando en España, y me llevó a la terraza y me dijo: "José —así me llamaba... aunque yo le decía José Luis... pero no le entraba en la cabeza... nadie me llamaba José— estás tocando el cielo... ¡búscate ya una casa de lujo!... si es necesario yo te la regalo". Me dejó aturdido y sorprendido más por lo primero que por lo segundo, que por cierto nunca me volvió a decir y yo tampoco le dije nunca nada, pero, ese día, me sentí como 'uno más de la familia'... aquello me dio una enorme energía y una relación personal con él que no tenía nadie en el universo Amstrad...».

Una vez descrita la historia de una empresa tan importante, llega el momento de dedicar tiempo a algunos de los equipos más famosos fabricados por Amstrad PLC y distribuidos por Indescomp en España.

Amstrad CPC

En el año 1984 Alan Michael Sugar —o Lord Sugar—, por medio de su empresa Amstrad, presentó en el mercado un nuevo *ordenador personal* que pretendió mejorar los existentes hasta la fecha. El nuevo ordenador era un Amstrad CPC 464 que, como principal novedad, incorporó el interfaz de cinta en el propio teclado, además de incluir un monitor específico, monocromo o color según elección del cliente, con lo cual no se requería usar la televisión de casa para operar con el equipo. En la parte estética destacó un teclado con teclas en varios colores (negro, rojo, verde, y azul) que dio al equipo un toque realmente llamativo.

Ordenador Amstrad CPC464. Foto de Anton Chiang (https://www.flickr.com/people/28785338@N00). Licenciada bajo CC BY 2.0 (https://creativecommons.org/licenses/by/2.0/).

El equipo Amstrad CPC 464 contó con un excelente microprocesador Zilog Z80, dispuso de la nada despreciable cantidad de memoria de 64 Kb de RAM —elevada para la época para un ordenador de uso personal— y, en caso de contar con monitor de color, dispuso de un vivo juego de colores. En el apartado del software incluyó el sistema operativo CP/M y famosos intérprete Locomotive BASIC.

En la ROM vino pregrabado el BASIC, y su intérprete era lo primero mostrado en pantalla una vez encendido el equipo. Pero la posibilidad de ejecutar un sistema operativo como el famoso CP/M permitió un mundo de posibilidades más allá del uso normal de los equipos personales de la época, que eran utilizados —básicamente— para jugar.

El ordenador Amstrad CPC 464, rápidamente, se convirtió en un gran éxito... pero al año siguiente fue presentando su hermano mayor, el modelo Amstrad CPC 6128.

El CPC 464 inició una época de expansión sin igual de la *informática personal* en España, principalmente por sus avances y por contar con un precio de venta accesible al público en general, pero el Amstrad CPC 6128 se convirtió en la revolución que logró que la *informática personal* empezara a contar con importante presencia en el país. Sus avances tecnológicos, su precio, sus gráficos llamativos...

Ordenador Amstrad CPC6128. Foto de Wojciech Pędzich (https://commons.wikimedia.org/wiki/User:Wojciech_P%C4%99dzich). Licenciada bajo CC BY 4.0 International (https://creativecommons.org/licenses/by/4.0).

El Amstrad CPC 6128 se presentó oficialmente en 1985, duplicó la memoria RAM del CPC 464… de 64 Kb pasó a tener 128 Kb, característica muy importante para la época. Pero la gran diferencia entre los modelos estuvo en la unidad lectora… el teclado incorporó una unidad de disco en lugar de una unidad de cinta. En la *informática domestica personal* apenas existían unidades de disco en aquella época, y aquella unidad de disco de tres pulgadas permitió cargar programas en pocos segundos, sin necesidad de esperar los cinco o diez minutos que tardaba una cinta en cargar cualquier programa, por pequeño que fuera. Eso sí, el disco dispuso de dos caras, pero la unidad lectora no era de doble cara… era necesario dar vuelta al disco para poder acceder al contenido de la otra cara.

El Amstrad CPC 6128 se convirtió en un gran éxito en muchos países, pero en España fue un computador esencial en la explosión de la *informática personal*. En los años 1985 y 1986 los equipos Amstrad CPC inundaron los domicilios, pero fue, concretamente, el modelo CPC 6128 el que aportó una mejora importante tecnológica, hecho que animó a muchas personas a comprar un ordenador para su domicilio.

En el año 1985 fue lanzado al mercado español un extraño y poco común modelo llamado CPC472, que era idéntico al famoso Amstrad CPC464, pero incluyó un total de 72 Kilobytes de memoria RAM... 8 Kilobytes más que su antecesor.

El manual oficial del Amstrad CPC472 indicaba que aquella memoria no era accesible por los programas ni por el usuario; los 8 Kilobytes extra de diferencia con el CPC464 eran utilizados para unas rutinas propias necesarias para el funcionamiento de la máquina... pero aquella explicación no era acorde con la realidad.

En agosto de 1985 fue publicado en el Boletín Oficial del Estado Español el Real Decreto 1558/1985 promovido por el Ministro de Hacienda Carlos Solchaga, en el cual se establecía un arancel de 15.000 pesetas para las importaciones de ordenadores personales extranjeros que no superaran los 64 Kilobytes de memoria RAM. ¿Por qué? La explicación es un tanto complicada.

En el año 1984 una empresa española llamada Eurohard, junto con una sociedad que dependía del Gobierno de España, decidió adquirir a precio de saldo, 150 millones de pesetas, una empresa radicada en Gales llamada Dragon Data. Aquella empresa había creado los ordenadores personales Dragon 32 y Dragon 64 ya tratados en esta obra.

La idea era fabricar ordenadores Made In Spain, para después informatizar los colegios españoles. Así que la sede comercial de Eurohard se estableció en Madrid, y la fábrica de ordenadores en la provincia de Cáceres, en Extremadura.

En 1985 Indescomp ya era todo un éxito en España y aquello fue, entre otras posibilidades, una amenaza para el proyecto español de Dragon Data. Así que el Ministro de Hacienda estableció el arancel que perjudicaba los intereses de Amstrad y cualquier otra empresa importadora de ordenadores personales, y favorecía los intereses de otros entes como, por ejemplo, Dragon Data y Eurohard.

En realidad, el arancel original fue impuesto a muchos tipos de máquinas electrónicas un mes antes mediante el Real Decreto 1215/1985, con un impuesto que variaba entre 15.000 y 300.000 pesetas según características de la máquina... aquello conllevó una gran presión de fabricantes extranjeros muy poderosos, y el ministro Carlos Solchaga tuvo que suspender sus vacaciones, viajar en agosto de 1985 a Palma de Mallorca, lugar de vacaciones del Rey Juan Carlos I, para que el monarca firmara un nuevo decreto donde el arancel se limitaba a microordenadores exclusivamente.

La respuesta desde Reino Unido fue, entonces, crear un ordenador Amstrad que tuviera más de 64 Kilobytes de RAM, y que mejor que coger el Amstrad CPC464 y añadirle 8 Kilobytes inútiles. Se añadió un chip soldado a una placa auxiliar, pero sin ser conectado con ningún otro componente, por lo tanto, era imposible que tuviera utilidad alguna, mucho menos la explicada oficialmente en los manuales, creando así el modelo Amstrad CPC472.

Debido a que no había espacio para un nuevo chip, los diseñadores del parche sacaron los chips ROM y los colocaron en una placa secundaria, junto con el chip RAM 4164 adicional. Conectaron los pines en la ROM desde la placa secundaria a los pines correspondientes en la placa principal. Los cables fueron lo suficientemente duros como para dificultar dar vuelta a la placa secundaria y revelar la verdadera trampa: no se conectaron cables desde el chip DRAM a la placa principal. ¡Incluso los pines de alimentación no estaban conectados!

El ordenador CPC472 es un equipo raro, difícil de encontrar. ¿Por qué? Porque el arancel duró menos de medio año... la entrada de España en la Unión Europea el 1 de enero de 1986 eliminó cualquier arancel con otros países componentes como, por ejemplo, Reino Unido, lugar de procedencia de los ordenadores Amstrad. Aquello hizo innecesario seguir con aquella estrategia de chips de memoria inútiles. Con el fin del arancel, llegó el final del CPC472.

Durante de la corta vida de aquel arancel llegaron otras leyes que obligaron a españolizar el teclado y software de los equipos importados... los Reales Decretos 1250/1985 y 2707/1985. ¿Quizás otra táctica para promover el mercado de ordenadores de origen español? Quién sabe. El caso es que Amstrad empezó a comercializar el modelo CPC472, por primera vez, con ROM y teclado en español, y cuando el arancel terminó lanzaron un renovado CPC464 con ROM y teclado en español también. El CPC472 había desaparecido para siempre.

Dragon Data diseñó y lanzó al mercado un ordenador español Llamado Dragon 200 pero, para ese momento, la posibilidad de informatizar los colegios españoles se había esfumado, y la competencia de Indescomp y Amstrad era demasiado fuerte... con el tiempo el proyecto español de Dragon Data terminó por quebrar...

Las razones por las cuáles el modelo CPC472 solo existió en España son obvias, lo que no fue tan obvio fue la culpabilidad de aquel movimiento para crear un modelo con 8 Kilobytes de memoria RAM. Durante muchos años se creyó que fue algo orquestado por Indescomp por su cuenta y riesgo sin contar con el fabricante, quizás porque durante años Amstrad negó la existencia del modelo CPC472. Pero la realidad es que Alan Michael Sugar describió el asunto en sus memorias como algo hecho con el conocimiento y el permiso de la empresa británica Amstrad.

También se llegó a declarar que la tarjeta y el parche habían sido obra de técnicos de Indescomp, pero Alan Michael Sugar dejó claro en su autobiografía que la solución propuesta y su ejecución fue obra de técnicos de la empresa británica Amstrad... el indudable tesón de José Luis Domínguez, que convenció al máximo mandatario de Amstrad de cambiar su opinión original de no hacer negocios en España, y que convirtió la exportación de los ordenadores a nuestro país en uno de los bastiones más importantes del negocio de la empresa británica, la entidad de Sugar dio solución al problema particular de Domínguez e Indescomp en España cuando el segundo solicitó ayuda con las trabas del arancel y la españolización del teclado y ROM.

Para toda la gama de ordenadores Amstrad CPC fue desarrollado una gran cantidad de software, tanto lúdico como aplicaciones del estilo a hojas de cálculo, procesadores de texto, programas educativos, etcétera. La suma de gran cantidad de software junto con la rapidez de carga de las aplicaciones hizo crecer un sentimiento de curiosidad en la gente acerca del mundo de la *informática doméstica.*

La serie CPC de Amstrad estuvo vigente hasta el comienzo de la década de los años noventa, cuando el uso masivo de la *informática personal* —y los grandes avances tecnológicos— sumieron en el olvido a aquellos equipos. Y así se mantuvieron muchos años.

En la actualidad, existe una comunidad muy grande de personas, amantes de lo «retro», que han desenterrado a los viejos CPC para ponerlos otra vez de moda… y vuelven a estar muy presentes dentro de la categoría de «grandes clásicos».

Muchos profesionales de la informática, y otros muchos aficionados a esa ciencia, le deben mucho a la serie CPC de Amstrad, ya que descubrieron esa tecnológica gracias a aquellos ordenadores británicos que, sin duda alguna, marcaron una época… merecen estar en el «Salón de la Fama» de la informática.

Amstrad PCW

La idea original de la serie PCW no era competir con el mundo de los 8 bits, ni con Apple, ni con el mundo PC que acababa de emerger; la idea era diferente: competir con las máquinas de escribir más modernas como la Olivetti de pantalla dedicada. Las siglas PCW significan «Personal Computer Word processor», y se vendió como tal: un equipo diseñado específicamente para ser un procesador de textos… una máquina de escribir informatizada.

La serie PCW fue un camino un poco posterior y paralelo a la serie CPC, debutando con los modelos 8256 y 8512, y aquellos equipos estuvieron llenos de innovaciones y de grandes diferencias con respecto a otros equipos informáticos del momento.

En primer lugar, debemos destacar la integración: los equipos PCW fueron vendidos con monitor, teclado, e impresora… todo en una unidad indivisible.

La segunda característica de la integración tuvo que ver con la placa base que iba en el interior del monitor, y sus características unidades de disco de 3 pulgadas que también estaban alojadas en el monitor; incluso la idea original fue integrar la impresora dentro del conjunto, pero diversos problemas en el desarrollo provocaron la modificación del proyecto para terminar por ser un periférico más externo, aunque parte de la funcionalidad de la mencionada impresora estaba en el interior del monitor.

Uno de los objetivos buscados con la serie de ordenadores Amstrad PCW fue el bajo coste económico; existió un plan de lanzar un «ordenador-máquina de escribir» competitivo, económicamente hablando. Para abaratar costes no se incluyó un conector Centronics, reduciendo el coste de implementación de la impresora; se eligió el procesador Zilog Z80 por ser más barato que los modelos del momento de la empresa Intel; se incluyó, únicamente, un monitor de fósforo verde, sin existir la posibilidad de color.

En el caso de la impresora se diseñó con un carácter tan sencillo que se retiraron tantos componentes de uso estándar, que solo era utilizable en los propios equipos Amstrad PCW. En cambio, en el caso de la memoria RAM, utilizaron 256 o 512 Kilobytes; mucha memoria para la época, inicialmente incompatible con la persecución del objetivo de bajo coste. Aquello fue así porque el desarrollo del Amstrad PCW coincidió en tiempo con una importante bajada del precio de la memoria RAM.

Para abaratar más, tampoco incorporó una ROM que incluyera el software más básico de arranque.

Otro dato importante: aunque la nueva gama de ordenadores de Amstrad contó con el Z80 como microprocesador, y también contó con la misma disquetera de la serie CPC del mismo fabricante, curiosamente, ambos modelos de equipos (CPC/PCW) eran totalmente incompatibles entre sí.

Amstrad PCW8512. Foto de Marcin Wichary (https://www.flickr.com/people/8399025@N07). Licenciada bajo CC BY 2.0 (https://creativecommons.org/licenses/by/2.0/).

En el apartado del software, la serie PCW incorporó un disquete con el CP/M 3.1, y otro disquete con el LocoScript, el procesador de textos que acompañó a aquella serie de ordenadores y la característica final que necesitó para ser una máquina de escribir informatizada.

Los ordenadores PCW no contaron con disco duro, por lo que para operar con el equipo era necesario arrancar el ordenador desde el disquete del CP/M. Curiosamente, el LocoScript no requería un sistema operativo por debajo, por lo que el ordenador arrancaba sin problemas directamente con aquel software desde su disquete.

La serie PCW también contó con su propio BASIC, un excelente Mallard BASIC que era incompatible en muchos aspectos con el Locomotive BASIC de los ordenadores Amstrad CPC.

¿Cuál era la diferencia entre los modelos 8256 y 8512 del Amstrad PCW? La memoria: el primero contó con 256 Kilobytes de RAM, el segundo contó con 512 Kilobytes. Y también las disqueteras: el primero contó con una disquetera en el monitor, el segundo contó con doble disquetera.

Aquellos equipos fueron un rotundo éxito en el mercado... fue otra forma de ver el procesamiento de textos: la serie PCW fue líder de ventas y, durante un tiempo, tuvieron mucha presencia en los hogares, y en la mediana o pequeña empresa también.

Su intromisión en el mercado se dio en un momento ideal... se dio en una época de «vacío tecnológico», ya que los ordenadores de 8 bits basados en sistemas propietarios de cada fabricante comenzaron a perder fuerza, y el mundo PC comenzaba a tener una importante presencia. Ya entrados los años noventa, con la irrupción total del mundo PC, el PCW se fue diluyendo. Se dejaron de vender, pero muchos propietarios de aquellos equipos siguieron usándolos durante muchos años.

Posteriores a los modelos 8256 y 8512 existieron los modelos 9512 (1987), 9256 (1991), 9512+ (1991), PCW10 (1993), y PCW16 (1996), que fue el último modelo, y el que cambió por completo el hardware y el software adoptando un estilo «Apple Macintosh»... pero apenas tuvo presencia en el mercado. Ninguno de esos equipos tuvo el éxito y proyección de los dos primeros, y no eran fáciles de encontrar en los hogares.

En mi caso y en el año 1987 dispuse en mi domicilio de un Amstrad PCW 8256, y utilicé aquel equipo a modo de procesador de textos, además de programar en BASIC, y utilizar su CP/M.

Compaginé aquel equipo con un Amstrad CPC 6128, por lo que deseo aportar una *opinión personal* basada en una visión totalmente práctica y realista de la utilización de aquel equipo.

En primer lugar, debo afirmar que el PCW aparentaba ser un equipo más profesional que el CPC, el cual era más pensado para asuntos lúdicos y para asuntos con mayor dependencia de los gráficos. Aparte he de comentar que la total incompatibilidad entre el PCW y el CPC fue un punto negativo para mí, sobre todo valorando que ambos utilizaron un procesador Z80 y la misma unidad de disco. En segundo lugar, debo destacar que el software LocoScript fue un gran procesador de textos a la altura del famoso WordStar, dominante de la especialidad en aquellos años.

La posibilidad de pantalla a color hizo más llamativo al CPC y, al mismo tiempo, el excesivo carácter «máquina de escribir» del PCW hizo que se portara muy poco software para aquella serie de ordenadores. Existieron videojuegos para el PCW, y otro tipo de software no-lúdico también, pero era realmente difícil encontrar aplicaciones para aquella serie.

En mi opinión, la serie PCW contó con gran estabilidad y un buen funcionamiento, pero su excesivo «encasillamiento» en su mundo cerrado para el procesamiento de textos provocó que, un año después, vendiera mi PCW 8256 para comprar el que fue primer PC Compatible.

Aunque los equipos Amstrad PCW desaparecieron del mercado ya entrados los años noventa, contaron con su momento de gloria, sobre todo los modelos 8256 y 8512, y marcaron un estilo propio en lo que a concepción de su diseño concierne. Aquellos ordenadores merecen su propio espacio en la memoria histórica de la informática.

Commodore Amiga

La empresa americana Commodore, después de su exitoso Commodore 64, avanzó un paso más al lanzar un nuevo modelo de ordenador llamado Commodore Amiga 500. El éxito del Commodore 64 en América fue abrumador; en Europa tuvo una presencia mucho menor por culpa del éxito de otros equipos fabricados por las empresas británicas Sinclair y Amstrad.

La serie de ordenadores Amiga comenzó su desarrollo en el año 1982, y salió al mercado en el año 1985 bajo el nombre «The Amiga from Commodore», poco tiempo después fue renombrada como Amiga 1000.

La idea original para la serie Amiga era la de ser una consola de videojuegos, pero según avanzó el proyecto se encaminó a ser un *ordenador personal*. El primer modelo se alejó de la estética y distribución del Commodore 64 para parecerse más a un IBM PC, y fue un equipo que contó con problemas importantes; el primero, no fue incluido en ROM el sistema AmigaOS, porque aquel sistema operativo contó con serios problemas en el momento de ser lanzado el ordenador en el mercado. En realidad, la primera versión del Amiga, solo fue vendida en Estados Unidos y Canadá, y hubo que esperar a una segunda versión fabricada en Alemania que incluyera PAL para que fuera apta para el mercado europeo.

Commodore Amiga 1000. Foto de Blake Patterson (https://www.flickr.com/people/35448539@N00). Licenciada bajo CC BY 2.0 (https://creativecommons.org/licenses/by/2.0/).

En el año 1987 Commodore lanzó al mercado el segundo modelo de Commodore Amiga, el modelo 500, y ese ordenador cambió radicalmente la serie, ya que volvió a la estética del Commodore 64… todo integrado en la carcasa del teclado. También es cierto que el ordenador Amiga 500 fue lanzado en coincidencia en el tiempo con otro modelo, el equipo Amiga 2000… modelo más parecido al ordenador Amiga 1000 que inició la serie. En realidad, el Amiga 500 nació para ser la «gama baja» de toda la serie.

Los cuatro primeros ordenadores de la serie Amiga contaron con el famoso microprocesador Motorola 68000, incluyendo una memoria RAM importante para la época; el ordenador Amiga 500 contó con 512 Kilobytes de RAM. Lo más destacado del equipo fue su calidad gráfica y su gran calidad de sonido… aquello le hizo diferente.

El modelo Amiga 500 contó con conexiones NTSC para el mercado americano, y conexiones PAL para el mercado europeo. La conexión PAL permitió al equipo alcanzar una resolución gráfica superior, soportando un modo Overscan de unos impresionantes 704×576 píxeles en aquella época. Sin duda las características del equipo le hicieron acreedor de una gran fama.

Ordenador Amiga 500. Foto de Marcin Wichary (https://www.flickr.com/people/8399025@N07). Licenciada bajo CC BY 2.0 (https://creativecommons.org/licenses/by/2.0/).

¿Cómo era visto el Commodore Amiga 500 en la España de finales de los ochenta? Pues nada mejor para explicar esto que describir lo que uno mismo vivió en aquella época.

La serie Amiga comenzó a contar con relevancia en el mercado español a finales de 1988, cuando el mundo PC comenzaba a inundar el mercado doméstico. Si bien se describe que el modelo Amiga 500 fue uno de los equipos de Commodore de mayor éxito en Europa, y de mayor éxito contando también a modelos de otro fabricante, lo que viví en aquellos años en España fue diferente.

En realidad, la mayoría de los que tenían *ordenador personal* en 1989 ya contaban con un IBM PC. Los 32 colores simultáneos sobre una paleta de 4096 chocaron frontalmente con la visualización monocroma de la tarjeta gráfica Hércules, y los 4 colores sobre una paleta de 16 de la gráfica IBM CGA que podían mostrar los ordenadores PC de la época. Además de la abrumadora diferencia en el apartado gráfico, en el apartado de sonido era todavía aun mayor, ya que el equipo Amiga 500 contó con 4 canales de sonido digitalizado, contra el básico altavoz «beep» de un PC.

En el año 1989 los ordenadores de 8 bits ya estaban en la senda de la decadencia, y la mayoría de la gente optó por comprar un PC. ¿Por qué? Porque era el ordenador que ofrecía la total compatibilidad en una arquitectura comercializada por muchos fabricantes diferentes, porque además contaba con presencia en las empresas, y porque se consideró a aquellos ordenadores PC Compatibles como la arquitectura de utilidad para el futuro, aun siendo tecnológicamente inferior.

El ordenador Commodore Amiga 500 dispuso de gran popularidad... ver en acción los gráficos y el sonido era espectacular en aquella época, aun así, en mi ciudad, pocos se aventuraron a comprar para su domicilio un Amiga 500 cuando el mundo de la compatibilidad PC ya había irrumpido; en definitiva, el éxito del equipo quedó subrogado al éxito del creciente PC.

En el año 1989 conocí y compartí conocimientos de informática con mucha gente, y solo conocí a una persona que tuviera en su casa un ordenador Amiga 500; la mayoría partían de un Sinclair o Amstrad para, progresivamente, ir pasando a la arquitectura creada por IBM... que fue la que finalmente sobrevivió comercialmente hasta nuestros días junto con los ordenadores Apple.

Entre mis recuerdos tengo grabadas imágenes del año 1989 al ver el ordenador Commodore Amiga 500 funcionando, con grandes gráficos en pantalla —y mejor sonido en el ambiente—, en el departamento de Informática de El Corte Inglés; recuerdo suspirar por aquel pionero de los equipos multimedia. En cierto modo muchos nos quedamos perplejos con lo que aquel equipo de precio asequible podía realizar, pero la mayoría ya estábamos dentro del mundo PC.

En el año 1991 el ordenador Amiga 500 fue descatalogado por el lanzamiento del nuevo modelo Amiga 500 Plus que incluyó algunas mejoras y que, curiosamente, no fue vendido en Estados Unidos.

Respecto a la totalidad de la serie Amiga solo cabe decir que la empresa Commodore International cerró el 29 de abril de 1994, y con ello dejó de comercializar aquellos equipos. No obstante la serie Amiga, sobre todo el Amiga 500, son equipos leyenda que, en la actualidad, cuentan con una gran comunidad de fervientes seguidores, teniendo aquellos ordenadores una importante presencia en el mercado de la retroinformática, además de contar con nuevos desarrollos de software ejecutados para esa máquina por intrépidos amantes de la serie.

Quizás el ordenador Amiga 500 no tuvo el éxito comercial en España que sí tuvieron otros equipos o arquitecturas, pero sí dispuso del éxito de la crítica que alabó aquel diseño avanzado para su época.

Es importante comentar que aquella mítica saga Amiga no nació, al principio, dentro de la famosa empresa Commodore International; en realidad aquella fabulosa serie había empezado a nacer de la mano de Jay Glenn Miner en una empresa ajena a la creadora del Commodore 64.

Jay Miner comenzó a trabajar desarrollando productos para el sector médico, y terminó a finales de los años setenta trabajando para una famosa empresa llamada Atari. En octubre de 1977 Miner y su equipo pudieron ver lanzada al mercado su gran creación, la consola de juegos llamada inicialmente Atari Video Computer System, y Atari 2600 después. Posteriormente, Jay Miner y su equipo trabajaron para Atari con la idea de diseñar un ordenador completo. Y así nacieron los modelos Atari 400 y 800.

La tecnología creada por Miner y su equipo logró superar, en diferentes aspectos, a los ordenadores más famosos en aquellos años como el Apple II o el TRS-80.

En aquella época Nolan Bushnell, del que hablaré en la parte de videojuegos, vendió la empresa Atari a Warner Communications, y la nueva dirección se negó a dejar de lado la utilización del microprocesador MOS 6502 en favor del magnífico Motorola 68000 que deseaba explotar Jay Miner; aquello provocó la salida de Miner de Atari.

En el año 1982 Larry Kaplan, famoso programador del Atari 2600, ofreció a Jay Miner la posibilidad de crear una nueva empresa para construir una gran máquina de videojuegos. Al proyecto se sumó David Shannon Morse, vicepresidente de marketing en Tonka Toys en aquellos años, que pasó a ser el CEO de la nueva empresa Hi-Toro para trabajar con Kaplan y Miner.

Al poco de nacer la empresa Hi-Toro, Larry Kaplan abandonó aquel proyecto cayendo todo el peso del desarrollo del nuevo producto para el mundo de los videojuegos sobre Jay Miner. Pero aquello también le dio total libertad en el desarrollo; el primer paso fue seleccionar al ansiado microprocesador Motorola 68000 como el cerebro de aquella nueva máquina... el gran objetivo de Miner cuando desarrollaba productos para Atari.

Otra hecho importante fue la decisión de Jay Miner de cambiar el enfoque del desarrollo de una consola de videojuegos hacia un *ordenador personal*, decisión tomada a espaldas de los inversores de Hi-Toro pero que, posteriormente, fue vital para la salvación del proyecto debido a la crisis nacida en las consolas de videojuegos; aquel diseño no resultó ser una consola, sino que fue un *ordenador personal*... y pudo sortear la crisis del momento.

El nombre Hi-Toro de la nueva empresa de Miner y Morse resultó coincidir con otra empresa que ya existía en Japón, por lo que fue tomada la decisión de cambiar de nombre: la empresa pasó a llamarse Amiga Inc. Además, se llevó con total secreto —entre tanta competencia— el desarrollo del producto, así que decidieron diseñar y comercializar periféricos para la consola Atari 2600, y de esta forma se logró financiación además de conseguir, también, despistar a la competencia.

Jay Miner trabajó duro para crear un *ordenador personal* que tuviera gran potencia en el aspecto gráfico, y también gran calidad de sonido. El aspecto gráfico fue innovador al incorporar nuevas tecnologías como un estupendo modo HAM —«Hold and Modify»—, obteniendo el producto final un resultado gratificante... seguramente el mejor equipo de su generación.

Al llegar el año 1984 la empresa Amiga Inc. y su CEO David Morse tenían intención mostrar al mundo las capacidades gráficas y de sonido del nuevo ordenador, que tuvo diferentes nombres en clave como, por ejemplo, Lorraine. Pero faltaba financiación para lanzar el equipo al mercado, y recurrieron a otras grandes empresas de informática con la idea de afrontar la entrada de algún nuevo inversor.

Al final, y por casualidades de la vida, solo Atari estuvo dispuesta a invertir 500.000 dólares en el lanzamiento de aquel equipo con la condición de recuperar el dinero en un tiempo máximo de un año, y si no era cumplido el plazo la tecnología pasaría a ser propiedad de la empresa inversora. Además, Atari se garantizó un año de exclusividad en la venta de aquella nueva máquina.

Aquella oferta no era buena, pero fue aceptada por David Morse por la imperiosa necesidad del dinero. Y la oferta nunca llegó a materializarse de forma definitiva.

Ahora viene la parte más retorcida de esta historia:

En enero de 1984 Jack Tramiel, fundador de Commodore International, fue obligado a dimitir después de una serie de desacuerdos internos, y para julio de 1984 el propio Tramiel había comprado la división de informática de la empresa de la que provenía Jay Miner, Atari Corporation.

A finales del año 1984 se materializó la famosa oferta de Atari sobre el proyecto de ordenador de nombre en clave Lorraine, propiedad de la empresa dirigida por David Morse, pero se coló en un último instante la antigua empresa de Tramiel, Commodore International, y ofreció los 500.000 dólares que ofrecía Atari además de otros 24 millones más para comprar la totalidad de la empresa Amiga Inc. dirigida por David Morse. La oferta fue aceptada y, entonces, nació la serie Commodore Amiga que conocemos hoy en día, siendo lanzado al mercado el modelo Amiga 1000 que hizo debutar a toda la saga.

Al final todo fue un cruce de caminos entre Atari y Commodore con Jay Miner como protagonista principal, pero fue Commodore la empresa que definitivamente lanzó al mercado la famosa saga de ordenadores Amiga. Y Jack Tramiel buscó, poco tiempo después, una venganza sobre su antigua empresa Commodore International creando el fantástico ordenador Atari ST.

Respecto a Jay Glenn Miner, la persona más importante a destacar dentro del mundo Amiga, cabe la posibilidad de contar una historia realmente extraña.

Jay Miner llevó siempre a todas partes a su perrita Mitchy —que en otras fuentes aparecer como Mitchie—, y uno de los motivos que valoró como importante al emprender el nuevo camino en Hi-Toro fue que le permitieran llevar al trabajo a su perrita, siempre y cuando Dave Morris, presidente en aquel momento de Hi-Toro, no viera que aquello pudiera provocar alguna objeción entre el resto de componentes del equipo. Y no causó problema alguno, siendo el can muy popular dentro del ambiente laboral.

En una ocasión, y ante la pregunta de Mike Nelson —de Amiga User International— en una entrevista en septiembre de 1992 en la que solicitó a Jay Miner que resumiera cómo era trabajar en el Amiga, Miner respondió: «¿Lo mejor de trabajar en el Amiga? Lo primero es que se me permitió llevar a mi perro al trabajo, y eso marcó una pauta de todo el ambiente del lugar. Era más que la compañía de Mitchy. El hecho que ella estuviera allí significó que las otras personas no serían tan críticas con algunos de los que contratamos que, francamente, eran bastante raros. Había tíos que venían a trabajar con mallas púrpura y sandalias de conejito rosa. Dale Luck tenía el aspecto del típico vagabundo hippie de la calle, con su pelo largo, y estaba bastante ido. De hecho, todo el grupo estaba bastante ido. Yo no iba a decir nada, sabía del talento cuando lo veía, e incluso Parasseau era un poco raro. Se hace el trabajo, y eso es todo lo que importa, no me preocupa cómo salieran las soluciones, incluso aunque la gente estuviera trabajando en casa».

En la respuesta Jay Miner deja patente que su perrita Mitchy contó con su propio rol dentro de la empresa desarrolladora del ordenador Amiga; para él era fundamental en su vida aquella mascota. Pero la participación de Mitchy llegó mucho más lejos... incluso antes de la llegada a Hi-Toro... en Atari, y en la puerta del despacho de Jay Miner, Mitchy tuvo su propia placa con su nombre debajo del propio de su dueño. Y, también, tuvo su propia tarjeta de identificación como un empleado más, pase de seguridad conseguido por Al Acorn, diseñador del famoso videojuego PONG... para que la perrita pudiera acceder a las oficinas de Atari.

Ya metido en el mundo del ordenador Amiga, la perrita tuvo su hueco estelar dentro del primer equipo Amiga que fue lanzado al mercado el 23 de julio de 1985: el Commodore Amiga 1000. En el interior de la carcasa fueron grabadas las firmas de todas las personas que participaron en el desarrollo del equipo que tuvo el honor de ser el primero de la saga. Pero también se incluyó una firma que no pertenecía a ningún empleado... la huella de la perrita Mitchy fue grabada exactamente al lado de la firma de su dueño.

La relación de Mitchy con el ordenador Amiga fue más lejos aún; David Needle, ingeniero informático que participó en el diseño del ordenador Amiga 1000, afirmó en alguna ocasión que todos los diseños previos de Jay Miner pasaron el filtro de aprobación de la perrita. David Needle tenía su mesa de trabajo justo al lado de la mesa de Jay Miner y relató que, en varias ocasiones, los diseños y bocetos creados por Miner eran mostrados a Mitchy... si la perra movía la cabeza en un gesto de desaprobación, el boceto iba directo a la papelera. Así con un boceto tras otro hasta que no hubiera gesto de desaprobación.

Teniendo que cuenta que la serie Commodore Amiga, sobre todo en la versión económica del Amiga 1000 —que fue el modelo Amiga 500—, fue una revolución tecnológica muy avanzada para su época y dispuso de un gran éxito mundial, cabe decir, al menos, que la perrita Mitchy tuvo buen gusto al elegir qué bocetos no desaprobaba.

Atari ST

En el verano de 1984 Jack Tramiel compró a Warner Communications la empresa Atari… hacía pocos meses que había renunciado a la empresa que había fundado llamada Commodore International, dejando en plena rampa de lanzamiento a la futura leyenda de la informática… la Serie Amiga.

Aquella serie de ordenadores nacida con el lanzamiento del Amiga 1000, y viendo refrendado su éxito con el económico modelo Amiga 500, fueron llevados al mercado bajo unas características muy revolucionarias en lo que a calidad gráfica y sonido refiere. Pero Atari estaba a punto de trazar exactamente el mismo camino y, casi simultáneamente con Commodore, cuando Jack Tramiel llevaba solo seis meses como propietario de la empresa, lanzó un ordenador basado en el mismo microprocesador que los primeros Amiga —el procesador Motorola 68000— revolucionario por operar de forma interna bajo una arquitectura de 32 bits y contar con un bus externo de 16 bits.

El ordenador fue bautizado con el nombre de Atari ST, e incluyó grandes aspectos gráficos y de sonido, de la misma forma que lo hizo la serie Amiga.

Llama poderosamente la atención la competencia que estaba generando Jack Tramiel a Commodore poco tiempo después de abandonar esa empresa… en pocos meses ya estaba compitiendo contra un nuevo diseño llamado a «matar», definitivamente, a los primeros *ordenadores personales* de 8 bits. Y, además de competir contra los ordenadores que estaban a punto de salir al mercado, estaba en plena competencia contra una empresa que él mismo había fundado muchos años atrás.

La coincidencia en el tiempo del Atari ST y el modelo Amiga 1000 declaró —con total claridad— que uno no buscó competir con el otro, en realidad se encontraron casi al mismo tiempo en el «campo de batalla» tecnológico de mediados de los años ochenta. Es importante aclarar que el Amiga 1000 fue lanzado al mercado solo unos pocos meses antes que el equipo Atari 520ST que logró hacer debutar con garantías de cierto éxito a la nueva serie de ordenadores de la empresa de Tramiel.

El verdadero objetivo del ordenador Atari ST fue competir con el Apple Macintosh y, por ello, recibió el apodo de «Jackintosh»… incluyó una gran capacidad gráfica, interfaz MIDI, y un entorno gráfico a modo de sistema operativo. Los músicos y diseñadores gráficos vieron en el Atari 520ST una herramienta de gran utilidad, y contó con otros importantes avances como una interfaz para conectar un disco duro, y unidad de disco integrada.

Atari 520ST. Foto de Blake Patterson (https://www.flickr.com/photos/35448539@N00). Licenciada bajo CC BY 2.0 (https://creativecommons.org/licenses/by/2.0/).

Si nos fijamos en el mercado español de la segunda mitad de los años ochenta, el Atari ST fue un ordenador considerado como un equipo fantástico y —esto es demasiado obvio— superior a cualquier ordenador de 8 bits que dominaba el mercado en aquellas fechas de 1985. Pero la realidad es que, todavía centrados en el mercado español, el ordenador Amiga arrasó dejando a un lado al equipo Atari ST... que terminó por ser una especie de leyenda sin trono.

El Atari ST fue un ordenador que tuvo mucha presencia en estudios musicales, y la serie Amiga tuvo mucha mayor presencia en los estudios de vídeo donde fue muy utilizado, principalmente, en el aspecto de rotulación en directo de imágenes de televisión. En realidad, el Atari ST destacó en los estudios musicales por incluir el interfaz MIDI que dio mucho juego, además de ser bastante más barato que un ordenador Amiga 1000. Pero poco tiempo después, Commodore lanzó el modelo Amiga 500 como versión económica del Amiga 1000, y terminó por reducir la diferencia de precio entre ambas series a una cantidad mínima... acercó al equipo Atari ST al abismo.

Siguiendo el devenir de lo que estoy contando, la primera clave a destacar es la idea preconcebida que el modelo Atari ST nació para ser el «Jackintosh» y combatir al Apple Macintosh, pero este artículo deja entrever claramente un giro inesperado que lleva al ordenador creado por la empresa de Steve Jobs a estar fuera de la historia... nos hemos centrado en la inesperada realidad, que no fue otra que la auténtica batalla tuvo como eje central al enfrentamiento entre Atari 520ST y Commodore Amiga 1000. Y la realidad fue que esa batalla entre ambos equipos, bajo mi opinión, terminó por caer del lado de la empresa Commodore. Para llegar a esta conclusión es importante tener en cuenta que, para muchos usuarios, el diseño del Atari ST estuvo más enfocado a ser una actualización de los ordenadores de 8 bits que copaban los hogares en 1985; en cambio el ordenador Commodore Amiga estuvo más enfocado a ser una especie de arquitectura revolucionaria, incluyendo muchos avances que llegaron a la informática unos años después.

Un dato importante que no debemos obviar del Atari ST fue que Gary Kildall, fundador de Digital Research, desarrolló originalmente el entorno gráfico GEM Desktop para ese ordenador, software que después intentó introducir, sin éxito, en la serie PC mediante los modelos Amstrad PC1512 y PC1640. Al entorno gráfico no le faltó ingenio, y fue la «Killer App» que buscó colocar al ordenador de Atari en la cima del éxito.

Atari desarrolló y fabricó hasta 17 modelos diferentes de Atari ST entre los años 1985 y 1991, existiendo también otros cinco modelos de 32 bits entre los años 1990 y 1993, además de otros tres modelos de portátiles comercializados entre 1989 y 1991.

El ordenador Atari ST también tuvo una larga lista de «clones» u ordenadores compatibles, el último lanzado no hace mucho... en el año 2011.

No hay ninguna duda que la gama Atari ST fue una gran serie de ordenadores que para nada pueden ser despreciados, pero al mirar la preferencia de los usuarios de la segunda mitad de los años ochenta, tampoco existe duda alguna que el nicho concreto de mercado que ocupó la máquina de la histórica empresa Atari fue copado por la serie Amiga... al menos en el mercado europeo.

Sharp X68000

En el apartado gráfico y de sonido en la década de los ochenta la serie de ordenadores de Commodore Amiga y Atari ST dominaron el «ranking» de mejor tecnología.

Existe otro ordenador de aquella época que no es muy conocido pero que superó en características a los Commodore Amiga y Atari ST... el ordenador bautizado bajo el nombre de Sharp X68000. Primer dato importante a destacar fue el hecho que las tres arquitecturas compartieran el mismo microprocesador: Motorola 68000.

El primer modelo de Sharp X68000 —también conocido con el nombre de x68k— fue lanzado en el año 1987; el último modelo fue lanzado seis años después, en el año 1993. Los primeros modelos fabricados entre 1987 y 1990 incorporaron un sistema operativo de interfaz de comandos en texto que, curiosamente, es considerado por muchos un «clon» del sistema operativo de Microsoft llamado MS-DOS, principalmente por la similitud en algunos de los comandos. Aquel sistema operativo fue llamado Human68k.

A partir del año 1990, y hasta la salida del último equipo en 1993, el sistema operativo Human68k estuvo acompañado de un entorno gráfico de ventanas llamado SX-Window. Para rematar el desarrollo del equipo x68k, la empresa Hudson Soft, que había creado muchos títulos para Nintendo, colaboró con Sharp desarrollando software para la máquina como, por ejemplo, el sistema operativo y el entorno gráfico.

En lo referente a las cuestiones técnicas, el primer modelo de x68k incluyó 1 Megabyte de memoria RAM, dos unidades lectoras de 5¼ pulgadas —que no mucho tiempo después fueron sustituidas por unidades de disco de 3½—, y una velocidad de procesamiento de 10 Megahercios. Los primeros modelos del ordenador no incluyeron el entorno gráfico SX-Window, pero sí incluyeron, en algunas pantallas, una interfaz gráfica de usuario que fue llamada VS.

Con respecto a unidades de disco del tipo de los discos duros, el ordenador incluyó un extraño interfaz llamado SASI, pero, con el tiempo, la controladora de los modelos de x68k terminó por migrar al famoso interfaz SCSI.

Uno de los puntos fuertes del equipo Sharp X68000 fueron las grandes posibilidades de expansión que eran casi infinitas. Por ejemplo, mediante una tarjeta de expansión de hardware, el equipo podía emular a un ordenador PC.

En el centro torre de un Sharp X68000, en la izquierda placa base, y en la derecha tarjeta gráfica. Foto de Dave Jones (https://www.flickr.com/people/58072483@N02). Licenciada bajo CC BY 2.0 (https://creativecommons.org/licenses/by/2.0/).

Un dato importante sobre el ordenador Sharp X68000 fue el diseño ultramoderno de la carcasa que, en la actualidad, no desentonaría con ningún equipo moderno contemporáneo. Otro dato importante sobre el x68k fue que contó con un botón «power» que, en lugar de apagar y encender el equipo, lo dormía apagando despacio el monitor y otros componentes… un sistema «stand-by» que todavía tardaría varios años en llegar al mundo PC.

El equipo también destacó por albergar las mejores conversiones de videojuegos de máquinas recreativas… incluso se puede afirmar con rotundidad que muchos videojuegos de máquinas recreativas fueron desarrollados en el x68k.

Una curiosidad, el equipo X68000 se vendió desde su inicio en el habitual color beige utilizado por todos los fabricantes, pero Sharp también lanzó una versión en negro tanto para carcasa, como teclado, y monitor. Sobre esto debo apuntar que, por las causas que fueran, todos los ordenadores personales de los ochenta y noventa contaron con el habitual beige —casi gris— hasta que, a finales de los noventa, con el mundo clónico en pleno auge, se empezaron a vender masivamente carcasas, teclados, ratones, y monitores en color negro; fue un «boom» lo de comprar un equipo de color negro, la moda del momento, y todo el mundo quería ordenadores en ese color.

Antes de todo aquello solo alcanzo a recordar que el Sharp X68000 y los ordenadores Next de la empresa de Steve Jobs creada cuando fue despedido en 1985, utilizaron el negro corporativo en sus equipos.

El ordenador Sharp X68000 es poco conocido y no tuvo un éxito masivo debido, principalmente, a dos factores: el primer factor, el equipo solo fue comercializado en Japón; el segundo factor, el equipo dispuso de un precio muy elevado y poco competitivo… unos 3.000 dólares del año 1987. No obstante, en Japón, el computador x68k fue un equipo muy popular y, en la actualidad, se sigue desarrollando software para ese magnífico ordenador.

El ordenador Sharp X68000 es, actualmente, uno de los equipos más demandados en el mercado de la retroinformática, llegando a pagarse cantidades económicas importantes si el equipo está completo y operativo.

Lo que no hay duda sobre el x68k es que fue un equipo muy avanzado para la época… el único ordenador personal de 16 bits que podía competir con el Amiga y Atari ST para terminar por superarlos con rotunda claridad.

Toshiba T1100

En los primeros años ochenta fueron lanzados al mercado los primeros ordenadores personales considerados portátiles... más bien portables. Eran equipos preparados para ser movidos de ubicación con mayor facilidad, pero eran muy pesados, en torno a los treinta kilos, y ocupaban un tamaño poco manejable. Ordenadores como el ya tratado en este libro Osborne 1, o el IBM Portable, fueron equipos nacidos en la primera mitad de los ochenta, siendo los precursores de los actuales portátiles.

A mediados de los ochenta IBM, en pleno auge del mundo PC, lanzó al mercado el modelo 5140 o IBM PC Convertible que realmente redujo su peso y tamaño a medidas similares a los portátiles modernos... aquello sí era realmente algo portátil.

El 3 de abril de 1986 IBM, que era la empresa que marcaba tendencia en el mundo de la *informática personal* en aquella época, presentó su IBM PC Convertible. Pero, curiosamente, antes de todo aquello, Toshiba lanzó al mercado el 28 de abril de 1985 un modelo llamado T1100 que, hoy en día, es considerado, mayoritariamente, el primer portátil PC compatible de la historia.

El primer ordenador portátil conocido fue el GRiD Compass presentado en abril de 1982, equipo que he tratado en capítulos anteriores. El primer portátil PC fue el modelo IBM PC 5140 de 1986, y el primer portátil compatible PC, para muchas fuentes, fue el Toshiba T1100 anterior al de IBM. Se anuncia así en la mayoría de fuentes, pero esto no es cierto, debido a que existió otro PC lanzado un poco antes, también en el año 1985, de nombre KayPro 2000. Así que el modelo T1100 fue nombrado por la propia Toshiba como el primer portátil PC Compatible «masivo» de la historia. La palabra «masivo» le diferencia del KayPro 2000.

El ordenador Toshiba T1100 incorporó un microprocesador Intel 8088 a 4,77 Megahercios de velocidad, 256 Kilobytes de RAM, una tarjeta gráfica CGA, pantalla LCD monocroma, una unidad de disquete de 3 ½ pulgadas y 720 Kilobytes de capacidad, y una batería de niquel-cadmio con una autonomía de ocho horas.

Como accesorios opcionales se podían adquirir unidades externas de 3 ½ y 5 ¼ pulgadas, una ampliación de memoria de 256 Kilobytes, un módem, y un puerto serie RS-232. No contó con la posibilidad de añadir un disco duro.

El modelo T1100 nació dentro del proyecto «Brighter Blue» de Toshiba con el que buscó entrar en el mundo PC; el equipo final pesó algo más de cuatro kilos, y su precio giró en torno a los cuatro mil dólares. Para fortalecer al equipo Toshiba llegó a acuerdos con las empresas de software más importantes del momento: Microsoft, Lotus, y Ashton-Tate con el objetivo que su software más importante fuera distribuido en los novedosos discos de 3 ½, no solo en discos de 5 ¼.

Toshiba T1000. Foto de kirillt (https://www.flickr.com/photos/44124385773@N01). Licenciada bajo CC BY 2.0 (https://creativecommons.org/licenses/by/2.0/).

El modelo Toshiba T1100 fue un éxito, incluso por encima del posterior IBM 5140 y, después de ese modelo, llegó el T1100 Plus en 1986, equipo que fue clonado en la Unión Soviética mediante el ordenador Elektronika MS 1504; el modelo Plus incorporó 640 Kilobytes de RAM, un microprocesador Intel 8086 con una velocidad de 7,16 Megahercios, y doble disquetera de 3 ½ pulgadas.

Posteriormente, en 1987, Toshiba lanzó al mercado los modelos T1000 y T1200 que incluyeron una novedad nunca vista en el mundo PC; aquellos modelos venían con un chip ROM de 256 Kb con el sistema operativo MS-DOS pregrabado, por lo tanto, no era necesario arrancar el sistema operativo desde disco por no contar con disco duro.

Con el Toshiba T1100 la marca nipona entró al mundo portátil PC y, desde aquella, no ha dejado de crear y comercializar ordenadores portátiles de gran calidad. Aquel ordenador hizo historia en aquellos míticos años ochenta.

Investrónica

La década de los años ochenta fue una época dorada para el desarrollo de la *informática personal* nacida en los setenta, y toda la generación de ordenadores de 8 bits que apabullaron al principio, empezaron a morir al llegar los años noventa.

Entre tanto *ordenador personal* de 8 bits, no hay que dejar en el tintero una empresa que, en España, aportó mucho a esa generación de 8 bits «ochentera»… Investrónica.

En 1980 la gran empresa española El Corte Inglés fundó una filial llamada Investrónica, enmarcada en la filial textil Induyco, y dedicada a la distribución de productos de informática. Eran los años de moda de la *informática personal*; la gran época de expansión de la informática de usuario cuyo gran protagonista fue el pequeño *ordenador personal* basado en microprocesador de 8 bits.

Al principio, Investrónica buscó distribuir los equipos informáticos de mayor éxito del momento, terminando por ser el importador y distribuidor oficial en España de equipos fabricados por la empresa británica Sinclair… equipos como, por ejemplo, la serie Spectrum de gran éxito en Europa al estar basada en uno de los microprocesadores más rentables de la *historia del ordenador personal*: el Zilog Z80. Pero, en el año 1985, y por culpa de un decreto sobre las tarifas arancelarias en España —asunto ya comentado con el apartado del Amstrad CPC472—, se comenzaron a gravar las importaciones de ordenadores fabricados en Asia y CEE; aquello forzó a la empresa española a cambiar su estrategia pasando de distribuidor a fabricante… así Investrónica se convirtió en la segunda empresa en España que fabricó ordenadores.

En el año 1985 Investrónica presentó en el SIMO de Madrid el ordenador ZX Spectrum +128, un equipo totalmente fabricado en España en conjunción con Sinclair. Lo curioso de esta historia es que el equipo salió al mercado español antes que fuera lanzado por la empresa propietaria de la serie Spectrum en Reino Unido; el ordenador Spectrum 128+ salió al mercado español de la mano de Investrónica en septiembre de 1985, en cambio Sinclair vio retrasado el lanzamiento al mercado británico hasta febrero de 1986, porque la empresa británica buscó liquidar el stock de equipos antiguos antes de presentar el nuevo modelo.

Ordenador ZX Spectrum + 128. Foto de ccwoodcock (https://www.flickr.com/people/79238217@N06). Licenciada bajo CC BY 2.0 (https://creativecommons.org/licenses/by/2.0/).

En el año 1986 Amstrad PLC, la empresa de Alan Michael Sugar, compró las marcas de Sinclair, y el primer ordenador lanzado bajo el auspicio del nuevo propietario fue el modelo ZX Spectrum 128 +2 que, casualmente, dispuso de una estética muy similar al Amstrad CPC464. Poco antes, Investrónica había lanzado un «clon» de Sinclair: el ordenador Inves Spectrum+, que estuvo basado en el original Spectrum ZX de 48 Kilobytes de la empresa británica. Pero la llegada de Amstrad a Sinclair provocó que la nueva empresa propietaria cancelara el acuerdo de distribución para España firmado con Investrónica.

Es importante comentar que el «clon» de Spectrum creado por Investrónica contó con ciertas incompatibilidades con el software desarrollado para los productos oficiales de Sinclair, en principio producido porque la ROM creada por Investrónica fue traducida de forma inexacta. Aquellas incompatibilidades provocaron cierto desengaño de los usuarios con los equipos creados por la empresa española.

La cancelación del acuerdo de distribución de Sinclair con Investrónica fue el primer paso de Amstrad como nuevo propietario: su distribuidor oficial ya era Indescomp, y así terminó por enfocar, también, la vía judicial, ya que la salida al mercado del «clon» de Spectrum fabricado por Investrónica terminó en demanda judicial por considerar el demandante que existió infracción de «copyright».

El 29 de septiembre de 1997 quedaron liquidados los asuntos legales entre ambas empresas cuando el Tribunal Supremo desestimó el recurso de casación de Amstrad, por lo que el tribunal declaró finalmente que Investrónica no infringió el «copyright».

Una vez cancelado el acuerdo de distribución con la antigua Sinclair, Investrónica tuvo que modificar su estrategia. Con la llegada de los ordenadores 100% compatibles con el IBM PC, y gracias al desarrollo de la técnica de «clonación» aplicada por terceros llamada «La Habitación Limpia», a Investrónica se le abrió un nuevo y gran mercado donde fabricar «clonando» —como la mayoría de los fabricantes del mundo PC del momento—. Comenzó a fabricar ordenadores Inves PC que tuvieron gran éxito en España, llegando a copar una parte importante del mercado nacional de la *informática personal*.

En 1986, una vez perdida la distribución de Sinclair por decisión de Amstrad, Investrónica fabricó el primer PC construido en España y lo bautizó con el nombre de Inves 512 X, equipo que incorporó —a modo de su componente principal— el famoso microprocesador Intel 8088.

En el año 1998 Investrónica llegó a un acuerdo con IBM para fabricar el modelo de ordenador IBM Aptiva. Los ordenadores PC vendidos bajo la marca Inves, contaron durante varios años de gran presencia en domicilios y empresas.

En el año 2004 Induyco vendió la empresa Investrónica al grupo francés Lectra. Y aquella operación terminó en el año 2007 en un arbitraje, además de contar con otros problemas legales en el trayecto de la disputa. La discrepancia tardó varios años en ser cerrada, hecho que sucedió cuando Induyco perdió los sucesivos recursos, teniendo que abonar una cantidad económica a Lectra que rondó los 20 millones de euros con costas judiciales incluidas.

Relacionado con la empresa Investrónica existe una anécdota que no deseo obviar en este libro. Entre los años 1986 y 1987, en un puro estilo de leyenda urbana, se difundió un rumor —seguramente cogiendo como base los sobradamente conocidos problemas de compatibilidad del Inves Spectrum+— que un determinado comando ejecutado en el ordenador daría «muerte cibernética» al equipo.

El rumor quedó refrendado cuando la que era, posiblemente, la publicación más famosa en España del mundo de 8 bits, Microhobby, publicó en el número 156 de diciembre de 1987 una nota de aviso sobre el riesgo creado en el Inves Spectrum+ al ejecutar el siguiente comando:

BORDER 5 RANDOMIZE USR 4665

En la sección «Consultorio» de la revista, y en respuesta a una consulta de un usuario de un equipo Inves Spectrum+ sobre los conocidos problemas de compatibilidad, los redactores incluyeron en la respuesta el siguiente texto: «Aprovechamos para avisar a los usuarios del Inves, que nos ha llegado el rumor que ejecutando: BORDER 5 <intro> RANDOMIZE USR 4665 <intro> se avería el ordenador. No hemos tenido aún ocasión de comprobarlo (de funcionar, supondría cargarse el ordenador) pero esperamos poderlo verificar en un futuro. En una ocasión dijimos que era imposible averiar un ordenador desde el teclado; bien, esta sería la excepción que confirma la regla».

El texto publicado en Microhobby no tuvo desperdicio, en primer lugar, porque quedó patente que no estaban dispuestos a averiar un ordenador realizando la prueba, y después porque, en una época que no existía Internet abierto al público, la importante difusión del medio ayudó a avivar la leyenda urbana del software que puede dañar el hardware.

En realidad, podría considerarse un mito aquello de averiar hardware desde un software, pero es arriesgado hacer tal afirmación, porque la BIOS, las memorias ROM, y el «firmware» de muchos dispositivos es, simplemente, software, y si algún virus consiguiera eliminar este tipo de programas, sería igual a matar el hardware.

También, en la actualidad, existen dispositivos como el pendrive «asesino» que puede averiar ordenadores con la simple conexión al puerto USB, pero, en realidad, es hardware provocando daño a hardware. No obstante, se hace complicado averiar el hardware de un ordenador por medio de software, porque el software más delicado «encajado» en hardware, no es tan accesible como se piensa a nivel de programación, aunque no creo que sea imposible.

Durante dieciséis años la leyenda urbana se mantuvo sin que nadie realizara las oportunas pruebas para dar fin al rumor… para bien o para mal. En el año 2003 apareció un emulador para la serie de ordenadores ZX de Sinclair, y su autor —llamado César Hernández Baño— afirmó que era el único emulador que podía emular a la versión Spectrum de Investrónica. El autor demostró que con aquellos dos comandos no sucedía absolutamente nada dañino dentro del emulador. Una vez realizada la prueba, y teniendo en cuenta que una prueba ejecutada en emulador no puede negar totalmente el rumor, se hizo la prueba en un equipo real… y nada pasó.

En realidad, al ejecutar aquellos dos comandos, se generan unas llamadas a unas direcciones determinadas de la ROM del equipo que terminan por bloquear al ordenador, apareciendo ciertos caracteres basura... un simple bloqueo del sistema que se resuelve, sin riesgo alguno, apagando y encendiendo de nuevo la máquina. Y todo ello quedó demostrado en un vídeo que circula por Internet donde se puede ver la prueba realizada. Por lo tanto, podemos afirmar, sin duda alguna, que el «RANDOMIZE de la muerte» es una auténtica leyenda urbana por quedar demostrado que era un rumor falso e infundado.

A finales de los años ochenta, y primeros noventa, la informática personal de los 8 bits daba sus últimos coletazos antes de sucumbir al mundo PC, y en aquellos años todavía hubo tiempo para las últimas versiones...

SAM Coupé

En el año 1989 nació un ordenador fabricado por la empresa británica Miles Gordon Technology (MGT) llamado SAM Coupé. En realidad, era un «clon» del famoso ZX Spectrum fabricado por la también famosa empresa británica Sinclair.

La empresa Miles Gordon Technology fue fundada en junio de 1986 por Alan Miles y Bruce Gordon —dos antiguos empleados de Sinclair que abandonaron la empresa cuando fue adquirida por Amstrad—, dedicándose a fabricar periféricos para el famoso, en aquellos años, ZX Spectrum. En 1988, cuando los pequeños ordenadores de 8 bits comenzaron a flaquear frente a los ordenadores PC Compatibles, en MGT empezaron a trabajar en un «clon» del ZX Spectrum... pero con características mejoradas. En el año 1989 fue lanzado al mercado el ordenador SAM Coupé.

Para el nuevo equipo la empresa desarrolló el software SAMDOS como sistema operativo, y el SAM BASIC como lenguaje de programación. El equipo también admitió la ejecución del famoso CP/M.

En lo referente a las características técnicas, el equipo original contó con un microprocesador Zilog Z80B a 6 Megahercios de velocidad, y 256 Kilobytes de memoria RAM. En la carcasa se incluyó, integrada, una unidad de disquete.

Lanzar al mercado un ordenador de 8 bits cuando emergían los de 16 bits compatibles entre sí, fue un gran reto. Si a esto se suman defectos en la fabricación de la ROM que obligaron a crear una nueva memoria para poder solucionarlos, entonces tenemos un equipo difícil de vender; en los primeros meses únicamente fueron vendidas 8.000 unidades, y para junio de 1990 la empresa MGT ya había quebrado.

Alan y Bruce crearon, posteriormente, una nueva empresa llamada SAM Computers Ltd con la idea de retomar la comercialización del ordenador SAM Coupé. En julio de 1992 la nueva empresa también quebró.

Una empresa llamada West Coast Computers compró, en noviembre de 1992, todo el «stock» de ordenadores SAM Coupé, realizó pequeñas modificaciones en el hardware, y lanzó un nuevo ordenador llamado SAM Élite. Esta empresa también cerró en agosto de 1994, finalizando así la historia iniciada con el SAM Coupé. Entre los años 1989 y 1994 se estima que fueron vendidas unas 12.000 unidades del ordenador en todas sus variantes.

En realidad, y una vez dejado de lado el problema con la ROM, el ordenador SAM Coupé era muy avanzado en características y contó con grandes posibilidades a un precio realmente bueno... muy por debajo de otros ordenadores similares. Además, contó con la característica añadida de emular —vía hardware— al clásico Spectrum de 48 Kilobytes. No obstante, el ordenador llegó tarde y la campaña publicitaria fue inexistente... en España fue un ordenador conocido por muy poca gente.

En muchos medios especializados se define al SAM Coupé como un *ordenador personal* único, y muy avanzado para su época, por contar con la posibilidad de ampliar la memoria RAM hasta unos impensables 4 Megabytes, una gráfica con 128 colores simultáneos, un excelente sonido y, sobre todo, una emulación incorporada de serie vía hardware para ser transformado en un Spectrum.

Pero no hay que olvidar que, en 1985, cuatro años antes del lanzamiento del SAM Coupé, el ordenador Enterprise 64/128 contó con la posibilidad de ampliar a 4 Megabytes de RAM, una gráfica muy superior con 256 colores simultáneos, un gran sonido y, también, dispuso de su propio cartucho que podía emular por hardware al ZX Spectrum, aunque no incorporado de serie.

El ordenador SAM Coupé era un buen equipo, pero no fue tan innovador como se afirma en muchos artículos en Internet si tenemos en cuenta a competidores como el ordenador Enterprise 64 que, además, contando el segundo con poca presencia en España, fue mucho más conocido que el creado por la empresa de Alan y Bruce. Además, si tenemos en cuenta que el Enterprise 64 llegó tarde al mercado, nos podemos imaginar lo tarde que llegó el SAM Coupé si fue lanzado cuatro años después.

También es importante destacar que en España existen amantes de la «retroinformática» que operan sobre el ordenador SAM Coupé, y todavía se puede encontrar en Internet algún anuncio, fechado a finales del año 2016, donde se anuncia el lanzamiento de algún videojuego —totalmente nuevo— creado para ese ordenador. En cierto modo, la saga continúa viva...

Commodore 65

En los años ochenta, los ordenadores fabricados por Commodore International triunfaron gracias a un gran hardware gráfico y de sonido; equipos como el Commodore 64 y 128 fueron un éxito —sobre todo el primero, ya tratado en esta obra, por ser el *ordenador personal* más vendido de la historia—.

Pero también hubo lugar, dentro de la gran empresa Commodore International, para crear algún prototipo entre unos y otros modelos: el Commodore 65, también llamado C64DX... fue un modelo de *ordenador personal* muy poco conocido diseñado por Fred Bowen y los miembros del equipo de Commodore Business Machines («CBM»)... un modelo de ordenador que cuenta con gran valor en el mercado de la «retroinformática».

El modelo Commodore 65 fue diseñado entre los años 1991 y 1992 siendo un ordenador a medio camino entre el Commodore 64 y la famosa serie Amiga de la misma empresa.

En realidad, afirmar que el Commodore 65 está a medio camino no quiere decir que fuera un modelo puente del Commodore 64/128 hacia el Commodore Amiga, ya que ambos modelos están muy solapados en tiempo de diseño y comercialización: la serie C64/C128 tuvo presencia en el mercado desde 1982 hasta 1994 y la serie Amiga desde 1985 hasta el año 1995. Lo que quiere decir es que el ordenador Commodore 65 fue una mejora del Commodore 64, siendo totalmente compatible con ese modelo y, al mismo tiempo, utilizó tecnología de la serie Amiga.

La primera característica destacable del C65 fue que incorporó una unidad de disco de 3½ pulgadas a la derecha del teclado, integrando todo el sistema en lo que corresponde al teclado. Esta característica recuerda claramente al Amstrad CPC 6128. También incorporó un chip gráfico de tercera generación que mejoró las prestaciones gráficas con respecto al C64. Además de lo comentado, fue destacable la incorporación del Commodore BASIC 10 que suprimió las limitaciones aplicadas, en lo que a los comandos gráficos refiere, sobre las versiones C64/C128 por culpa de la estrategia de la empresa Commodore International para el ahorro de «royalties» a pagar a Microsoft.

El Commodore 65 es un modelo de ordenador difícil de encontrar porque nunca fue comercializado, y se estima que únicamente fueron fabricadas entre 50 y 200 unidades de las que, en la actualidad, solo se han reportado la existencia de unas pocas de ellas.

En Internet se rumoreó que el proyecto Commodore 65 no fue comercializado por culpa del gerente financiero de Commodore International Irving Gould, que no vio interés comercial en la salida de aquel modelo. La mayoría de las unidades salieron de Commodore International en el año 1994, cuando la empresa fue liquidada al entrar en bancarrota.

El gran inconveniente que tienen que afrontar los escasos usuarios del C65 es la nula existencia de software para ese modelo concreto, solo es utilizable el software de C64/C128 que pudiera ser compatible.

En la actualidad, se estima la existencia de no más de 60 ordenadores C65 que sobrevivieron al paso del tiempo, y algunos de ellos fueron vendidos a través de plataformas de subastas como eBay por importantes cantidades económicas.

En octubre de 2015 se reportó la venta de un Commodore 65 por 22.827 euros; en noviembre de 2016 se reportó la venta de otro C65 por 17.000 dólares. No hay duda que el Commodore 65 es una «rareza» de importante valor para los coleccionistas «retro» de la informática.

El ordenador C65 ha creado, a lo largo del tiempo, una comunidad de entusiastas muy importante hasta el punto de existir un proyecto abierto llamado Mega65.org que busca construir un ordenador de 8 bits llamado Mega65 bajo licencia «LGPL» —tanto en hardware como en software—; el equipo Mega65 está totalmente basado en el Commodore 65.

Es importante comentar que, aunque el ordenador Commodore 65 hubiera sido comercializado, hubiera tenido difícil prosperar en un mercado de la *informática personal*, que allá por el año 1992 estaba totalmente dominado por los ordenadores PC y los Apple.

Ya en la década de los años noventa, la *informática personal* viró hacia el mundo Apple en Norteamérica, y hacia el mundo PC en el resto del mundo… la *informática personal* había cambiado por completo, siendo dominada por la arquitectura abierta creada con el primer IBM PC.

CAPÍTULO 7.
EL MUNDO PC

El ordenador PC y sus compatibles se transformaron, a finales de los ochenta y primeros noventa, en la única arquitectura a nivel mundial —con el permiso de Apple— de la *informática personal*... el mundo PC fue el auténtico protagonista de una *informática de usuario* en evolución...

El nacimiento de la arquitectura abierta creada por IBM PC fue el primer paso para que los compatibles pudieran dominar el mundo de la *informática personal*, pero no fue el único factor... el nacimiento de los ordenadores compatibles primero, gracias a estrategia de «La Habitación Limpia», sumado al nacimiento del ordenador clónico, lograron el objetivo de universalizar una arquitectura que, en primer lugar, nació para cubrir la necesidad de una única empresa llamada IBM.

Pero antes de tratar el histórico y vital asunto de «La Habitación Limpia», deseo hacer una pequeña parada para contar la historia del «Caso Jarndyce Versus Jarndyce», un hecho anecdótico que nos establecerá una imagen real de la influencia de IBM en la sociedad de los años sesenta a los ochenta del siglo XX.

Jarndyce Versus Jarndyce

El caso Jarndyce contra Jarndyce es una disputa legal de ficción que forma parte de la trama en la obra *Casa Desolada* de Charles Dickens, publicada en veinte entregas entre marzo de 1852 y septiembre de 1853.

El argumento del libro de Dickens está basado en una disputa sobre una herencia que se prolonga durante generaciones y, al final, cuando termina y se emite un dictamen a favor de los demandantes, todo el patrimonio obtenido queda en manos de la justicia para abonar los costes judiciales. En realidad, Dickens ataca con la trama al Tribunal de Cancillería de Inglaterra y Gales en aquellos años, al considerar aquella entidad como completamente inútil.

En la década de los años setenta la todopoderosa IBM, también conocida como el «Gigante Azul», ya venía siendo desde tiempo atrás la empresa de informática más importante a nivel mundial, y sus ordenadores primero, y mini-ordenadores después, solían marcar el camino a seguir por la competencia. A finales de los setenta decidió apostar, también, por el microordenador y por la informática personal; por medio del grupo «The Dirty Dozen», IBM creó y lanzó a la venta en 1981 el primer IBM PC.

Para aquellas fechas, y tal como se cita en numerosa bibliografía, IBM era el objeto de todas las demandas de la competencia, y también IBM era el origen de otras muchas. Pocos se atrevían a copiar nada de los productos IBM por miedo a ser arrollados por su maquinaría legal. En el libro *El Alma de una nueva Máquina* Tracy Kidder afirma: «Virtualmente se creó una gran empresa legal para defender a IBM en este caso».

Debo afirmar que en la frase «en este caso», Kidder se refirió a una gran investigación a la que fue sometida IBM por parte del Departamento de Justicia durante algo más de una década. El último día de la Administración Johnson, el 17 de enero de 1969, comenzó la investigación que debía determinar si el control por IBM de casi el 75% del mercado de ordenadores norteamericano se había alcanzado con prácticas de carácter monopolístico.

La investigación se extendió hasta el 12 de enero de 1982, cuando la Administración Reagan determinó que la posición predominante de IBM no se había alcanzado ilegalmente. Dando fin a una disputa judicial que se alargó durante doce años.

Y aquí viene la explicación de «Jarndyce versus Jarndyce», porque esa frase, nacida en la obra de Dickens, con el paso del tiempo se convirtió en una expresión asociada a cualquier disputa legal que se alarga en el tiempo sin remedio; una frase popular para determinar cuando la maquinaría legal opera con extrema lentitud. Y es el mismo Tracy Kidder quién afirmó, en su libro Premio Pulitzer de 1982 ya mencionado, lo siguiente: «El juicio más grande, el Jarndyce versus Jarndyce, estuvo vinculado con el intento del Departamento de Justicia de deshacer IBM».

Alrededor de ese juicio nació el poderoso departamento legal con el que IBM intimidó a los competidores durante los años setenta, y perdió su fuerza allá en el año 1983, el día que a algunos fabricantes se les ocurrió utilizar el método de «La Habitación Limpia» para clonar la BIOS del IBM PC esquivando por completo las demandas legales del Gigante Azul, naciendo así el Compatible IBM PC que terminó por dominar el mundo de la informática durante las siguientes décadas.

La habitación limpia

Una vez relatada la anécdota, retomo el camino. En el verano de 1981 nació el ordenador IBM PC y, con ello, la explosión de la arquitectura x86 que, en muy poco tiempo, pasó a dominar por completo el mundo de los *ordenadores personales*. Y con el paso de los años surgió un segundo concepto que revolucionó de nuevo la *informática personal*: el ordenador clónico.

A medio camino de un hecho y el otro sucedieron otros acontecimientos de gran importancia. Y uno de ellos fue el recurso de algunas empresas para el uso de la técnica conocida bajo el nombre de «La Habitación Limpia», suceso que revolucionó la informática por completo.

Como ya se comentó en capítulos anteriores, con el nacimiento del PC IBM creó una arquitectura abierta que fue licenciada a terceros fabricantes, para que pudieran construir dispositivos y elementos que pudieran ser integrados en los sistemas informáticos de aquella arquitectura. La idea de IBM fue, sin duda alguna, genial... del PC prácticamente nada era de IBM: el microprocesador era de Intel, el sistema operativo de Microsoft, el resto de componentes de otros fabricantes. Todo aquello se licenció, y los fabricantes, al ser una arquitectura del gigante dominador de la informática, se lanzaron a crear para IBM... los beneficios para la empresa eran ilimitados.

El único componente del PC que sí era de IBM era la BIOS, todas aquellas rutinas más básicas necesarias para el arranque y chequeo del sistema; el elemento conocido como BIOS era el componente fundamental para el funcionamiento del PC. Y con la BIOS, la empresa IBM se garantizó el control total sobre la arquitectura PC. Algunos fabricantes intentaron replicar la BIOS, pero cuando llegaron las demandas del poderoso departamento legal de IBM, aquellos intentos de clonar fueron frustrados.

En un ejercicio de transparencia, IBM incluyó en los manuales de cada PC vendido el código fuente completo de la BIOS. Para muchos ahí estuvo el gran error de IBM, para otros simplemente fue un acto de protección ante una supuesta denuncia de monopolio, y lo podían hacer gracias a una completa confianza en el departamento jurídico de la empresa. De hecho, durante un tiempo, la BIOS fue inviolable... pero no porque no fuera posible replicarla, sino gracias al miedo a una más que segura demanda legal del gigante de la informática.

En el año 1983 Compaq lanzó al mercado el primer ordenador totalmente compatible con el IBM PC que no llevaba la BIOS oficial de IBM; el ordenador Compaq Portable, un equipo que cuenta con dos menciones importantes: ser el primer PC totalmente compatible no fabricado por IBM, y el primer PC portable —que no portátil, porque no era fácil de transportar—. Esta es la versión oficial, el primer «PC Compatible de la historia», pero tengo muchas dudas al respecto que aclaré en próximos párrafos.

¿Cómo logró Compaq eludir los problemas legales de IBM? Pues utilizando una técnica que tiempo después fue bautizada bajo el nombre de «La Habitación Limpia».

El concepto de «La Habitación Limpia» se basó en utilizar dos equipos de desarrolladores: el primero que, mediante ingeniería inversa y el hecho que el código fuente de la BIOS de IBM era público, analizó y estudio la BIOS original; el segundo que, con las especificaciones del primer equipo, y con la premisa que no debían conocer nada del código original de IBM, diseñaron un nuevo código que era completamente diferente en estructura y diseño, y completamente idéntico en funcionalidad. Así Compaq logró quitar a IBM su seguro de vida para mantener el dominio sobre la arquitectura PC.

No obstante, para muchas personas que conocen la historia de la «La Habitación Limpia», no tienen a la empresa Compaq como el invitado necesario en la historia de la clonación del PC... para muchos fue Phoenix Technologies el protagonista en esta historia. Aquella empresa desarrolló una BIOS propia, un par de años después de Compaq y que bautizó con el nombre de «Phoenix BIOS»... lo logró utilizando la misma ingeniería inversa, y la misma técnica de «La Habitación Limpia».

Entonces... ¿Por qué se destaca a Phoenix por encima de Compaq? Porque Compaq con su BIOS hizo lo mismo que IBM con la suya, no comercializarla a terceros y usarla únicamente en beneficio de su propia línea de equipos informáticos, cerrando su tecnología a los fabricantes externos. De esa forma Compaq se convirtió en el gran rival de IBM en un mercado cerrado a dos fabricantes en lugar de uno. Y Compaq creció mucho gracias a su BIOS.

¿Qué aportó Phoenix Technologies? La verdadera revolución del mundo PC... porque Phoenix comercializó su BIOS a cualquier fabricante que la quisiera incorporar en sus equipos. Y llegaron los auténticos compatibles de la arquitectura PC... se terminó definitivamente con el monopolio de IBM primero, y de la dupla IBM y Compaq después.

Es importante aclarar que no hay que confundir ordenadores «compatibles» con ordenadores «clónicos», son conceptos diferentes, y la revolución de los «clónicos» no llegó con la BIOS de Phoenix, llegó más tarde cuando pequeños distribuidores, y los propios consumidores, comenzaron a ensamblar sus propios equipos PC. Con Phoenix llegó la revolución que relaciona a muchos fabricantes comercializando sobre la arquitectura PC y creando un auténtico estándar informático a nivel mundial.

¿Quién salió ganando con «La Habitación Limpia»? ¿Compaq, Phoenix, el usuario final? Lógicamente los tres salieron ganando, y el gran perdedor fue IBM, que dejó de tener el control sobre una arquitectura creada por ellos mismos. Pero la gran ganadora con el asunto de las BIOS compatibles fue Microsoft. Mientras otros perdían el control, las nuevas BIOS compatibles promovieron la creación de un gran estándar informático de alcance mundial... pero el software de gestión más básico del equipo, desde el punto de vista del usuario, era el sistema operativo, el PC-DOS primero, y el MS-DOS después, y en ello no tuvo competencia la empresa de Bill Gates.

El «boom» del ordenador PC con su compatibilización y su masificación favoreció totalmente al dominio de Microsoft para transformar a aquella entidad en la mayor empresa de software del mundo... a río revuelto, ganancia de pescadores. Y Bill Gates tuvo la caña preparada en el momento oportuno.

Después de Phoenix Technologies, otros fabricantes crearon otras BIOS compatibles de gran repercusión como, por ejemplo, American Megatrends con la AMI BIOS, o Award Software International que en el año 1998 se fusionó con la propia Phoenix.

La historia que gira alrededor de «La Habitación Limpia» es realmente interesante, y es una historia no muy conocida, y que tuvo una importante repercusión en la *informática personal*. Sin duda todo lo contado en este artículo provocó cambios de suma importancia para una transformación «aperturista» en la informática de usuario.

¿Cuál fue realmente el primer PC Compatible de la historia?

En el año 1982 Rod Canion, Jim Harris y Bill Murto fundaron una empresa llamada Compaq Computer Corporation, que llegó a ser la empresa líder de ventas de ordenadores a nivel mundial en la década de los años noventa... la duradera serie Compaq Deskpro fue un éxito total en los ochenta y noventa. En el año 2002 se fusionó con la histórica Hewlett-Packard, y en el año 2013 la marca Compaq fue totalmente integrada en la primera.

Como ya he comentado, IBM lanzó en 1981 una arquitectura abierta que fue licenciada a terceros fabricantes para que pudieran construir dispositivos y elementos que pudieran ser integrados en los sistemas informáticos de aquella arquitectura.

Al Gigante Azul el control de la arquitectura PC se le fue de las manos... en un mundo de los años ochenta donde cada modelo de ordenador personal sufría de una arquitectura cerrada que lo hacía incompatible incluso con otros modelos del mismo fabricante, otras empresas pioneras vieron el negocio de estandarizar o universalizar la arquitectura abierta de IBM PC gracias a la intervención secundaria de otras tantas empresas, ajenas a IBM, en el proceso fabricación de casi todos los componentes PC. Pero estaba el problema de la BIOS, que era el director de orquesta del IBM PC y era lo único desarrollado y patentado por el Gigante Azul. Clonar aquello mediante ingeniería inversa era igual a enfrentarse al gigantesco departamento legal de la empresa IBM y, con total seguridad, perder finalmente. Pero en el año 1982 alguna empresa decidió utilizar el sistema de «La habitación limpia» para clonar la BIOS sin violar la patente. Y gracias a ese sistema, nacieron las primeras BIOS clonadas ajenas a IBM y nacieron los primeros ordenadores Compatibles con IBM PC, equipos de coste final muy inferior, e incluso, en muchos casos, más potentes que el original.

En marzo de 1983 fue entregada la primera unidad vendida de Compaq Portable, un ordenador portable (que no portátil por su envergadura y peso) que incluyó una BIOS propia de Compaq creada mediante el método de «La habitación limpia». Esto dio el pistoletazo de salida a la compatibilización del mundo PC y su arquitectura fuera del control de IBM, abaratando precios y empezando a nacer entre la población la idea de una compatibilidad totalmente real entre ordenadores de diferentes fabricantes, algo que también estaba intentando crear el sistema MSX en los primeros años ochenta y que, finalmente, no logró estandarizar al sucumbir al empuje del mundo PC. Así el PC empezó a arrinconar a los pequeños ordenadores de 8 bits de arquitectura cerrada, llegando a los años noventa donde solo quedaron los Apple y el mundo PC para la informática personal.

¿Pero la historia es así de sencilla? Pues no, no es tan sencilla. En la informática personal hablar de «el primero» en lo que sea, siempre es complicado, porque terminan por aparecer actores desconocidos que pueden perturbar lo asimilado originalmente. La primera historia de la informática personal la escriben, a su antojo, las grandes corporaciones que tienen mucho poder e interés en ello. Pero, con el paso de los años, se van conociendo a otros actores que pudieron ser y estar antes que las grandes corporaciones y que permanecieron como «pioneros olvidados».

Oficialmente, el Compaq Portable fue el primer compatible PC de la historia, y así figura en mucha documentación... en la mayoría. Pero no fueron los únicos que en 1982 estaban clonando la BIOS de IBM, ni fueron los únicos en construir un ordenador PC Compatible.

En junio de 1982, recordando que el Compaq Portable fue presentado en noviembre de 1982, la empresa Columbia Data Products presentó en la feria COMDEX un ordenador bautizado con el nombre de MPC 1600, que dispuso de dos modelos más potentes y baratos que el IBM PC 5150 original; un modelo con dos disqueteras, y otro modelo con disquetera y disco duro de 12 Megabytes. Para lanzar ese equipo clonaron legalmente la BIOS del IBM PC de la misma forma que lo hizo Compaq.

En 1982 una empresa llamada Eagle Computer presentó el primer ordenador que incluyó un Intel 8086, descartado originalmente por IBM para el PC por el elevado coste de su arquitectura, siendo sustituido en el IBM PC 5150 por el económico Intel 8088. El equipo Eagle 1600 podía ejecutar MS-DOS, pero no era totalmente compatible, pero al ver la expectación que podía generar un compatible PC, decidió lanzar al mercado el modelo Eagle PC, también presentado en la feria COMDEX de 1982, que fue comercializado después del MPC 1600, pero antes que el Compaq Portable... por lo tanto sería el segundo ordenador PC Compatible de la historia.

A primera vista Compaq Portable sería el tercer ordenador PC Compatible de la historia, y sería el primer equipo portable compatible con IBM PC, con permiso del MPC VP, un ordenador también portable y totalmente compatible con IBM PC nacido del MPC 1600 y que también fue lanzado al mercado en 1983.

Estudiando más a fondo el asunto se encuentran algunas referencias que indican que Eagle Computer no clonó legalmente la BIOS del IBM PC, sino que directamente usó parte del código del IBM PC sin licencia. En la edición del 9 de junio de 1984 del New York Times fue publicado un artículo titulado «La batalla por la supervivencia de Eagle» donde Ronald N. Mickwee, presidente de la entidad, afirmó que en febrero de 1984 tres abogados de IBM se presentaron en su oficina acusando a la empresa de violar las patentes del Gigante Azul, dando un plazo de seis semanas para retirar del mercado los ordenadores Eagle compatibles con el IBM PC. La empresa fabricante del Eagle PC se vio forzada a parar la producción y a crear su propia BIOS, como hizo Compaq, con el gran coste de tiempo, dinero, y conocimiento que aquello conllevaba, y la empresa no sobrevivió mucho tiempo más; muchas fuentes afirman que la demanda de IBM fue el principal causante del final de Eagle Computers. Ser un compatible PC implica legalidad, y por tanto requiere contar con una BIOS propia desarrollada legalmente. Aunque en mucha documentación se menciona al Eagle PC como el segundo ordenador compatible PC de la historia, no lo fue por los problemas legales; se cae de la lista.

Quedan El Columbia MPC 1600 como el primero, de junio de 1982, y el Compaq Portable lanzado al mercado en enero de 1983 como segundo ordenador. Rod Canion, cofundador de Compaq Computer Corporation arrojó dudas a la cuestión en su libro editado en el año 2013 titulado *How Compaq Ended IBM PC Domination and Helped Invent Modern Computing*, donde menciona al equipo MPC 1600 como un ordenador que no fue totalmente compatible con el IBM PC. ¿Realmente el MPC 1600 no fue totalmente compatible con el IBM PC? Sobre esto encontré información de personas relacionadas con el ordenador de Columbia que afirmaron que posiblemente existieron problemas de incompatibilidad al principio, por fallos en el desarrollo de la BIOS, pero para cuando salió el Compaq Portable ya estaban solucionados. Algunas personas reportan en Internet que hicieron pruebas en 1985 con rutinas en Pascal sobre el MPC 1600 donde no detectaron incompatibilidad alguna. Además, en 1984, la revista *BYTE* publicó una revisión del MPC VP, la versión portable del MPC 1600, donde fue declarado ordenador 100% compatible con el IBM PC.

¿Y por qué se tiene en cuenta al Compaq Portable como el primer PC Compatible de la historia? Quizás porque el MPC 1600 no tuvo el éxito comercial de Compaq en ventas, ni tampoco desde el punto de vista empresarial. La empresa Compaq fue todo un referente desde 1982 hasta su desaparición como marca propia en 2013 de la mano de Hewlett-Parckard, y aquello tuvo un importante peso. Lógicamente, la expansión de los ordenadores Compaq fue brutal, y aportaron mucho más al mundo compatible PC, pero, según lo que he podido estudiar, eso no puede negar que el Columbia MPC 1600 fue el primer ordenador de la historia totalmente compatible con IBM PC, con BIOS propia, y el Compaq Portable sería el segundo, aunque este último sí sería el primer portable totalmente compatible con el mundo PC.

No existe duda alguna que el verdadero empujón al mundo PC no lo dio IBM con la creación de esa arquitectura abierta PC, sino cuando la clonación legal de la BIOS creó el mundo PC ajeno a IBM... mucho más barato y, por tanto, más accesible al público en general. Pero tampoco debemos obviar que el nacimiento del compatible PC no fue el único factor, la aparición de la

BIOS de Phoenix para PC en el año 1984, vendida a cualquiera que la quisiera comprar, permitió a otros fabricantes más pequeños que no tenían capacidad de crear su propia BIOS legal, incorporar aquella. Y aquello fue el definitivo empujón que permitió al mundo PC hacerse con el mercado de la informática personal hasta nuestros días.

A continuación, me gustaría hacer otro pequeño inciso, un breve parón, para hablar de la importancia, no reconocida, que pudo tener en la historia de la informática personal la empresa española Computec.

Primer ordenador español compatible con IBM PC y primer Z80 español

Aunque en la mayor parte de la documentación existente en Internet figura que en el año 1978 Alberto Sánchez y Gaspar Granados fundaron una empresa llamada Computer Technology de España, en realidad fue constituida en diciembre de 1981 para trabajar en productos de tecnología electrónica. El 100% del capital de la empresa CTE era español, contaba en el año 1985 con 20 empleados, 25 millones de pesetas de capital social, y dos socios —los mencionados al principio de este párrafo—. No fue hasta 1983 cuando en la empresa se tomó la decisión de entrar en el emergente mundo de los microordenadores.

No hay duda que la empresa Computer Technology de España fue pionera en el país a la hora de crear ordenadores propios y fabricados allí, y fue en el verano de 1984, una vez creados varios prototipos, cuando se diseñaron dos equipos totalmente compatibles con IBM PC; y así nació el ordenador Computec XP.

La empresa española CTE diseñó y fabricó la placa base de sus compatibles con IBM PC, así como creó también la tarjeta gráfica, la controladora de impresora, y las tarjetas de red y comunicaciones. Los circuitos impresos eran subcontratados a otras empresas, también españolas.

La empresa de Sánchez y Granados se centró en el Proyecto Atenea del Ministerio de Educación del Gobierno de España para lanzar al mercado unos equipos que pudieran entrar en el sistema educativo, siendo totalmente españoles, y así, para el desarrollo, recibió dinero público a mediados de los ochenta; 4 millones de pesetas a fondo perdido, y 17 millones de pesetas a un 10% de interés. Esas ayudas fueron asignadas en el marco de la creación de nuevos productos tecnológicos.

Al ser el Proyecto Atenea del Ministerio de Educación y Ciencia un objetivo principal para la entidad, en colaboración con otra empresa dedicada a fabricar productos electrónicos llamada Comelta, decidieron lanzar al mercado un equipo llamado Computec S/1 basado en el microprocesador Zilog Z80, que eran los ordenadores más populares en ese momento, ya que el mundo PC todavía no había llegado a los hogares españoles por ser equipos de elevado coste. Respecto a esto debo aclarar que en la mayor parte de documentación que mencionan al modelo Computec S/1 se afirma que fue un ordenador creado a finales de los ochenta, dato que no es cierto, ya que en el año 1984 ya estaba a la venta y se anunciaba en revistas especializadas.

Los ordenadores basados en Z80 e Intel 8088 de CTE no tuvieron el éxito deseado, aunque sí lograron entrar en el mundo educativo español, ya que existe un manual de informática del Ministerio de Educación y Ciencia del año 1987 donde se describe el uso de procesadores de texto y hojas de cálculo en ordenadores Computec XP. Pero aquella apuesta, con mucha competencia, no fue suficiente.

Existe muy poca información sobre CTE y los ordenadores que esa entidad creó y lanzó al mercado y, por ello, es difícil conocer más a fondo la historia de aquellos equipos nacidos en torno al Proyecto Atenea. Oficialmente, el primer PC Compatible totalmente diseñado y fabricado en España fue el Inves 512X, de la empresa Investrónica propiedad de El Corte Inglés, equipo lanzado al mercado en 1986. Podría quedar la duda si el primer equipo PC Compatible español pudo ser el modelo Computec XP, pero no hay fechas concretas de lanzamiento, y su éxito en el mercado fue limitado, al contrario del Inves 512X que sí tuvo un éxito aceptable.

Mientras no haya otros datos, el Inves 512X fue el primer PC español frente al Computec XP... pero... ¿el Computec S/1 pudo ser el primer ordenador basado en Zilog Z80 totalmente español? No he encontrado referencias de otro equipo 100% español basado en Z80 fabricado antes, el primero se remonta a 1985, también fabricado por Inves, el modelo Inves Spectrum+. En cambio, el modelo Computec S/1 ya estaba a la venta como novedad en 1984. No es descartable que el equipo de CTE y Comelta fuera el primer Z80 español.

El ordenador Computec S/1 salió a la venta con 64 Kilobytes de RAM, dos unidades de disco de 5,25 pulgadas con expansión para dos más, monitor de fósforo verde de 24 líneas y 80 columnas, salidas RS-232e y Centronics, teclado con 15 teclas de función, pudiendo opcionalmente conectar hasta 4 unidades de disco duro de 10 Megabytes cada una. Con el equipo se entregaba el sistema operativo CP/M, el procesador de textos WordStar, el intérprete MBASIC, y la hoja de cálculo Logicalc.

Como dato importante comentar: en los años ochenta en los microordenadores de 8 bits basados en Zilog Z80 se encontraba el hardware integrado en teclado, pudiendo disponer o no de monitor separado. Pero el ordenador Computec S/1 fue lanzado con la apariencia de un ordenador PC, con su torre, monitor, y teclado, todo separado. El último dato que se tiene de la empresa CTE fue su disolución en el año 2000, después de estar activa durante diecinueve años, desde el año 1981.

Apricot PC

En el año 1965 fue fundada una empresa británica llamada Applied Computer Techniques (ACT) destinada a la fabricación de computadoras. Veinte años después, en 1985, la empresa fue renombrada bajo la razón social Apricot Computers, Ltd. Antes de llegar al cambio de nombre la empresa ya fabricó su primer microordenador en el año 1982.

En septiembre de 1983 la empresa, todavía con nombre ACT, lanzó su primer ordenador compatible con IBM PC llamado Apricot PC… sin duda entre los primeros equipos compatibles con IBM PC. Pero, a lo largo de su historia, la empresa británica sufrió cambios en su filosofía de trabajo... apostó desde el principio por la compatibilidad con IBM PC, pero también, simultáneamente, creó ordenadores de arquitectura similar a los del Gigante Azul sin ser compatibles con ellos.

También es cierto que el modelo Apricot PC no fue totalmente compatible con IBM PC, ya que no fue clonada en su totalidad la BIOS de IBM... por ejemplo, el equipo se colgaba si se intentaba ejecutar dBASE III. Posteriormente, Apricot ofreció convertir esos equipos en 100% compatibles cambiando la placa base original por otra más moderna basada en el procesador Intel 80286 (AT).

Una de las características más importantes de la empresa Apricot fue que, en los primeros años, y cuando todos los grandes fabricantes tenían externalizada la fabricación de sus ordenadores a empresas de localizaciones geográficas donde era más barato fabricar, por ejemplo, Taiwan, aquella entidad contó con su centro de I+D en Birmingham, ejecutando la fabricación en Escocia.

Además, en Apricot también fueron creadas líneas de ordenadores domésticos como el modelo Apricot F1, y también líneas de servidores muy profesionales y de gran calidad como, por ejemplo, el modelo Apricot VX FT Server lanzado al mercado en el año 1989... Y siempre nadando entre la compatibilidad e incompatibilidad con IBM PC.

¿Por qué incluyo en este libro a la empresa Apricot? Porque es un fabricante histórico; porque marcó algunos hitos en la historia de la informática. Por ejemplo, fue el primer fabricante que incluyó en sus equipos una unidad de 3½ pulgadas, incluso antes que Apple y algunos años antes que IBM popularizara la unidad con su famoso modelo PS/2 —algunas fuentes matizan que fue el primer equipo no japonés en utilizar esa unidad—. También fue el único fabricante que contó con la arquitectura Microcanal (Bus MCA) creada para el IBM PS/2 cuando la propia empresa IBM la había abandonado... una arquitectura de gran calidad, pero con grandes desventajas en lo referente a los costes de fabricación y que terminó por desaparecer.

Además de lo descrito anteriormente, también está señalado el ordenador Apricot VX FT Server como el primer equipo en el mundo en contar en su interior con un microprocesador Intel 80486.

En el año 1990 Mitsubishi compró Apricot con la idea de utilizar su estructura para competir contra otras marcas japonesas que contaban con mayor cuota de mercado del mundo PC en aquellos años como, por ejemplo, NEC. En la actualidad es conocido que Apricot contó con la capacidad de fabricar absolutamente todo lo relacionado con sus ordenadores sin externalizar, pero la falta de adaptación y las políticas de alta calidad sin esa externalización le hizo ir a contracorriente de la competencia en diferentes momentos críticos.

En el año 1999 Mitsubishi cerró la empresa para, nueve años después, realizar un nuevo relanzamiento de la marca presentando un notebook y, posteriormente, dos modelos de portátiles.

IBM PCjr

Dos años después del lanzamiento del primer PC, en el año 1983, IBM anunció la inminente salida de un nuevo ordenador para competir en el mercado más económico... un equipo PC de menor coste que fue bautizado con el nombre de IBM PCjr —Junior—. Finalmente, el equipo salió a la venta en marzo de 1984.

Dentro de la serie IBM PCjr existieron dos modelos: el 4860-004 y el 4860-067. El primero incorporó 64 Kilobytes de memoria RAM e interfaz de cinta; el segundo incorporó 128 Kilobytes de memoria RAM y unidad de disco de 5 ¼ pulgadas con 360 Kilobytes de capacidad. En este punto es importante destacar el interfaz de cinta... no mucha gente conoce que en el mundo PC también existió el interfaz de cinta, ya que la imagen que se tiene del mundo PC, desde el primer momento, era con una disquetera de 5 ¼ pulgadas de serie al principio, y la de 3½ pulgadas unos años después —con el IBM PS/2 se popularizó aquella unidad de disco—.

Ambos modelos de ordenador incorporaron en su interior un microprocesador Intel 8088 a 4,77 Mhz, que era más rápido que el Zilog Z80 que dominaba el mercado en aquellos años al ser el «core» de diferentes sistemas como Amstrad, Spectrum, o MSX.

El microprocesador Intel 8088 era una versión de 16 bits con bus externo de 8 bits más económica que el microprocesador más importante de Intel en aquellos años, el procesador Intel 8086 que contó con 16 bits internos y externos y que requería un hardware alrededor demasiado costoso para la época. También es cierto que el primer IBM PC lanzado en el año 1981 tampoco incorporó el procesador Intel 8086, así que la diferencia de precio entre un PC y un PCjr no tenía que ver con el microprocesador usado.

Ordenador IBM PCjr. Licenciada bajo CC0 1.0 Universal (https://creativecommons.org/publicdomain/zero/1.0).

En el apartado gráfico el IBM PCjr incorporó una tarjeta gráfica muy vistosa para la época... una CGA Plus que mejoraba las prestaciones del IBM PC. Y, por ello, para el lanzamiento del PCjr, IBM encargó a la empresa desarrolladora de videojuegos más importante del momento, Sierra On-Line, un videojuego que pudiera aprovechar la potencia gráfica del nuevo modelo de ordenador. Y nació la saga King Quest... una serie de videojuegos conversacionales de gran éxito alcanzado, finalmente, fuera del mundo PCjr.

El equipo PCjr nacido en el año 1984 fue lanzado con un gran despliegue publicitario por parte de IBM, pero aun así fue un rotundo fracaso hasta el punto que, a mediados del año 1985, fue retirado de la venta. Se especuló mucho sobre el motivo del fracaso, entre otras cosas se le echó la culpa al diseño del teclado con sus grandes espacios entre teclas, que fue la queja más habitual hasta el punto que IBM decidió cambiar dicho componente... pero la realidad es que el precio del IBM PCjr doblaba al de otros equipos de 8 bits de gran éxito como el Commodore 64, aunque las prestaciones del PCjr fueran muy superiores a las del mundo 8 bits del MOS Technology 6510 o del Zilog Z80. Y, además, dentro de ese mundo PC, el PCjr demostró cierta incompatibilidad con algunas aplicaciones de software de importancia en el mundo de los ordenadores compatibles.

El ordenador PCjr también contó con el problema de una arquitectura que no permitía, fácilmente, ampliaciones. Además, el PCjr no contó con zócalo para poder incorporar al coprocesador matemático Intel 8087.

IBM abandonó la idea de diseñar equipos PC orientados a un mercado económico... hasta el año 1990 que, nuevamente, presentó un equipo económico llamado IBM PS/1; pero esta vez fue un equipo que dispuso de presencia en el mercado y de un destacado éxito.

Con respecto al IBM PCjr, aunque tuvo poca presencia, hubo tiempo para que una empresa norteamericana llamada Tandy fabricará un «clon» llamado Tandy 1000, computadora que tuvo más éxito porque contó con un precio inferior, mayor posibilidad de ampliación, y mantuvo una total compatibilidad con el mundo PC. Su éxito quedó demostrado porque el equipo Tandy 1000 estuvo presente en el mercado desde finales de 1984 hasta el año 1993.

El ordenador clónico

Desde que existe la *informática personal o de usuario* se han producido varias revoluciones en el mundo de la informática: la liberalización de Internet para uso comercial, la aparición de la banda ancha, la movilidad mediante «tablets» y «smartphones», y un largo etcétera.

Una de las grandes revoluciones de la informática se produjo en el principio de la década de los años ochenta... el lanzamiento del primer IBM PC que fue el origen de la arquitectura abierta que tanto necesitaba la *informática personal*... algo que ya se ha tratado en varias ocasiones a lo largo de este libro.

Existe otro hecho relacionado con el mundo PC, que es la aparición de los ordenadores clónicos, que tuvieron gran influencia en un «boom» de la informática en los hogares. Pero el concepto puede ser ambiguo... quizás algo confuso... realmente, ¿qué es un ordenador clónico?

He de reiterar, nuevamente, la misma historia, porque es realmente importante para el devenir de la *informática de usuario*... el primer IBM PC fue lanzando al mercado mundial en agosto de 1981, y una de las decisiones de IBM fue construir aquel equipo mediante una arquitectura abierta para, posteriormente, licenciar a otros fabricantes ajenos a IBM para que pudieran fabricar sobre aquella arquitectura, pero siempre bajo el control de la propia IBM gracias a su BIOS propia. Sin duda aquello fue una gran idea, ya que los ordenadores de cualquier fabricante de la competencia eran totalmente incompatibles con los ordenadores del resto de fabricantes. Incluso algunos fabricantes creaban modelos que eran totalmente incompatibles con otros modelos de la misma marca.

La arquitectura abierta de IBM rápidamente atrajo a otros fabricantes para construir ordenadores similares, logrando una gama de ordenadores PC totalmente compatibles entre sí independientemente de quien fuera su fabricante. La empresa Columbia Data Products construyó en el año 1982 el primer PC ajeno a IBM.

Rápidamente se fueron sumando cientos de fabricantes, y la arquitectura IBM PC se convirtió en el estándar de la compatibilidad entre ordenadores personales. Y la primera explosión del mundo PC se logró cuando IBM perdió el control sobre su arquitectura en el mismo instante que terceros fabricantes «clonaron» su «BIOS», logrando eludir los escabrosos problemas legales.

La arquitectura abierta era un arma de doble filo y, con el paso de los años y la existencia de «BIOS» de terceros, en los primeros años de la década de los noventa comenzó a proliferar la venta de los componentes sueltos para PC y, con ello, nació lo que se conoce como el *Ordenador Clónico*, que es el montaje de un ordenador mediante piezas sueltas con independencia del fabricante. El modelo de fabricación clónica se puede dividir en dos fases:

Primera fase:

Pequeños distribuidores de ordenadores compatibles PC vieron los beneficios de comprar las piezas sueltas de un ordenador, montarlo por sus propios medios, y vender el equipo a un precio muy inferior al marcado por los grandes fabricantes. En los años 1990-1991 distribuidores y tiendas de informática comenzaron a crear sus propias «líneas de ordenadores». El éxito fue total, ya que la diferencia de precio entre un clónico y un ordenador de marca era muy importante.

Segunda fase:

El conocimiento del hardware del mundo PC y la facilidad de acceso a la compra de piezas sueltas por parte del usuario final, ayudó a que muchos usuarios en informática dejaran de adquirir ordenadores clónicos en tiendas y distribuidores, para pasar a comprar directamente las piezas y a ensamblar sus propios equipos en casa. Esto se convirtió en una nueva vuelta de tuerca más, que logró rebajar los precios un poco más todavía, y permitió a los usuarios ampliar poco a poco sus ordenadores PC, en vez de sustituir el equipo completo cuando se producía la obsolescencia. En los años 1995-1996 fue, aproximadamente, cuando empezaron a proliferar los «ordenadores caseros».

Con la aparición del ordenador clónico, el mundo PC se dividió en *clónicos* y *ordenadores de marca* —ya fueran de IBM o compatibles—, y la diferencia de precio entre marca-clónico fue tan grande que en el año 1994 se produjo un «boom» en la venta de ordenadores gracias al nuevo tipo de ordenadores compatible... mucho más asequibles para la clase media y baja.

El clónico era más barato que un ordenador de marca, pero también es necesario apuntar que el equipo de marca solía contar con algún tipo de fabricación exclusiva y unos controles de calidad que garantizaban la total estabilidad del equipo, evitando incompatibilidades entre los diferentes componentes que lo componían.

En el clónico se conjuntaban piezas que, en ocasiones, eran inestables entre sí, provocando incompatibilidades, además de no contar con control de calidad alguno en su ensamblado. El principal motivo de la elección de un clónico en una compra de ordenador tenía que ver con el ahorro económico.

Con el paso de los años, los ordenadores de marca bajaron mucho su precio hasta el punto de casi igualar el de los ordenadores clónicos y, por ello, en la actualidad, el clónico ya no está tan de moda... aunque aún sigue contando con muchos adeptos, principalmente usuarios a los que les agrada personalizar su PC gastando la menor cantidad posible de dinero.

En la actualidad es más común ver ordenadores de marca tanto en domicilios, como en las empresas, pero el clónico ni mucho menos ha desaparecido... hay que reconocer que fue factor imprescindible para la globalización doméstica del PC Compatible, y para que las grandes marcas rebajaran los precios de sus equipos.

La empresa IBM perdió el control de su arquitectura abierta PC tan solo dos años después de lanzarla al mercado, pero en alguna que otra ocasión intentó recuperar, si éxito, el control de esa línea de ordenadores que creció en proporción geométrica durante muchos años...

Montando un ordenador clónico a finales de los años noventa

Una vez explicado con detalle qué es un ordenador clónico, me gustaría incluir a continuación, en esta obra, un relato; una vivencia real con respecto al mundo de los ordenadores clónicos.

A mediados de los años noventa, y en plena fiebre comercial de los ordenadores PC «clónicos», el sistema de autoensamblaje comenzó a ser popular más allá de la pequeña tienda de informática... llegó al usuario final. En realidad, con una base media de conocimiento sobre software y hardware, cualquier persona se podía enfrentar al ensamblado de su propio ordenador... o a actualizar un equipo más antiguo.

En el último lustro de la década de los años noventa se extendió la fiebre del «homemade» o «hecho en casa» en el mundo de la informática personal, donde los usuarios se aventuran a comprar los componentes y a montar —o actualizar/ampliar— sus propios ordenadores. En realidad, solo era necesario un conocimiento medio sobre hardware y software, un destornillador de estrella y, como mucho, unas pinzas parecidas a las de depilar. En el aspecto de las ampliaciones, lo más común era la sustitución de placa base, microprocesador, y memoria RAM.

Nos situaremos en el año 1998... a finales de los noventa el gran debate al montar un ordenador «clónico» estaba en si se debía elegir un microprocesador Intel o AMD; Intel ofrecía el Pentium II mientras AMD ofrecía la novedosa serie K6 nacida gracias a la compra de la empresa NexGen, y el posterior uso de su tecnología. En el año 1998, por ejemplo, el AMD K6-2 era uno de los microprocesadores más vendidos; buen rendimiento y precio más económico que la histórica empresa Intel; AMD buscó ocupar el mercado del Pentium II. La comunidad estaba muy dividida entre los defensores de Intel y los de AMD, y la segunda había quitado un porcentaje de mercado a la primera que nadie había logrado restar hasta ese momento desde el lanzamiento del primer microprocesador de la historia, llamado Intel 4004, en el año 1971.

El asunto del microprocesador se había convertido en un dolor de cabeza para el usuario final en el aspecto de la elección... los zócalos de Intel habían cambiado. Hasta la llegada del Pentium II, tanto AMD como Intel, utilizaban el mismo Socket 7, pero con la nueva serie de Intel nació el microprocesador en «slot», en detrimento del «socket» —no mucho después volvería al «socket»—. Por lo tanto, un Pentium II requería una placa base con «Slot 1», y un AMD K6 requería el nuevo zócalo «Super Socket 7». Al elegir un microprocesador, quedaba muy condicionada la elección de la placa base... se había creado una bifurcación inexistente hasta el momento. Y el hecho de cambiar de fabricante de procesador implicaba cambiar la placa base también. El siguiente paso, después de elegir el procesador, era la elección de un buen disipador y ventilador para el microprocesador, elementos imprescindibles en aquella época debido a la alta emisión de calor.

Una vez elegido el microprocesador, que lo común en el año 1998 era comprar un AMD K6-2 o un Intel Pentium II, tocaba elegir la placa base... y el asunto se complicaba un poco. La velocidad del bus (FSB o «Front Side BUS») variaba según el tipo de placa base, solían contar con varias velocidades; y el microprocesador era configurado mediante un multiplicador sobre el FSB. Por ejemplo: un Intel Pentium II a 300 Megahercios de velocidad era montado sobre una placa base de 66 Megahercios de velocidad y un multiplicador para el microprocesador de 4,5. Si ejecutamos el cálculo del FSB sobre el multiplicador obtenemos los 300 Megahercios de velocidad. Lo normal era configurar ambos valores mediante el uso de dos juegos de «jumpers» existentes en la placa base. En lo referente al FSB de la placa base, lo común en 1998 era disponer de velocidades 66 o 100 Megahercios, que eran las velocidades usadas para los microprocesadores de la época. Más tarde llegarían placas base de 133 Megahercios.

Para facilitar la labor de montaje del ordenador clónico, existían placas base configurables mediante la modificación de valores en BIOS y, para mayor facilidad del usuario, también existían algunas placas que auto detectaban la configuración correcta, por ejemplo, las placas base QDI. En realidad, los amantes del montaje de ordenadores clónicos, preferían una placa base con «jumpers» que también permitían la posibilidad de hacer «overclocking».

Elegir un buen «chipset» para la placa base era otro de los factores clave, ya que el juego de chips determinaba las diferentes posibilidades de nuestra placa base y qué microprocesadores admite. En 1998 era muy popular el «chipset» Intel Triton que, curiosamente, también soportaba microprocesadores AMD; algunos muy populares fueron: Intel 430VX o 430 HX. En el caso de AMD, se podía encontrar placas con un chipset propio, por ejemplo, el AMD-640.

En el apartado de la memoria RAM no había lugar a mucha elección que no fuera la cantidad de memoria, lo normal era elegir módulos DIMM SDRAM de 168 contactos de la misma velocidad que el FSB de la placa base elegida (66 o 100 Megehercios). En lo referente a la tarjeta gráfica, se utilizaba el puerto AGP y lo normal era comprar una buena tarjeta gráfica con aceleración 3D vía hardware... las famosas aceleradoras popularizadas por 3dfx Interactive con su Vo0doo. En el año 1998, entre las tarjetas gráficas más deseadas por los usuarios en España se encontraban los modelos Matrox Mystique y Matrox Millenium, aunque muchos usuarios se tenían que conformar con la económica S3 Virge o, quizás, una ATI 3D Rage gastando algo más de dinero.

En lo referente a las unidades de disco se incorporaba de serie a unidad de 3,5 pulgadas, un lector de CD-ROM (las grabadoras comenzaban a tener presencia, pero eran caras), y un disco duro de 3,2 Gigabytes de capacidad. Todas las unidades eran conectadas mediante el estándar IDE —pocos se podían permitir unidades y controladora SCSI—.

Las tarjetas de expansión a insertar utilizaban los zócalos PCI que, para aquella época, ya eran ranuras «Plug and Play» que permitían la autoconfiguración... ya no era necesario configurar los «jumpers» de la tarjeta de expansión para elegir manualmente el canal de comunicación con el microprocesador (IRQ), y el canal de acceso directo a memoria (DMA). Lo normal era añadir al ordenador una tarjeta de sonido, por ejemplo, una Ensoniq AudioPCI bajo un coste menor, o una ¡Sound Blaster Live! para mayor coste y calidad del producto. También se solía insertar en las ranuras de expansión PCI un módem de 56600 bits por segundo, necesario para la conexión a la emergente red Internet. Es importante comentar que, a finales de los noventa, comenzaron a proliferar placas base con algunos componentes integrados como, por ejemplo, la tarjeta de sonido. Con el paso del tiempo se integró también en placa base la tarjeta de red Ethernet con conexión RJ45, apenas utilizada en la informática personal en 1998 debido a que las redes de banda ancha y los «routers» no habían llegado a los hogares.

Una vez definidos todos los componentes del equipo, solo era necesario un destornillador de estrella y unas pinzas de depilar, en el caso de necesidad de configurar los «jumpers». Los usuarios más eruditos utilizaban una muñequera conectada a tierra para descargar la corriente electrostática durante el proceso de montaje. El primer paso, antes de introducir la placa base, era configurar, mediante los «jumpers» oportunos, la velocidad FSB y el multiplicador correcto para el microprocesador a insertar.

Durante el proceso de montaje del equipo, posiblemente, lo más delicado era la inserción de la placa base sobre la carcasa, ya que debía quedar totalmente aislada para no generar una derivación de corriente. En ese punto había que combinar la colocación de los tornillos metálicos elevadores en, al menos, cuatro puntos, junto con la correcta sujeción de la placa base mediante tornillos colocados en esos mismos elevadores. Además, era necesario utilizar elevadores de plástico que impedían que la placa base tocara la carcasa en puntos donde no existía sujeción. En este proceso era donde se hacía necesario encajar todos los agujeros en posiciones estándar de la placa base con respecto a otras posiciones estándar en la carcasa... en algunos casos había que hacer malabares para lograr la coincidencia de los mejores puntos de sujeción, porque no siempre encajaba placa y carcasa a la perfección.

Una vez sujeta la placa base, el gran «drama» de los usuarios instaladores menos experimentados era conectar todos los pines «led» y botones de la carcasa en la placa base. En realidad, no era tan difícil, solo era necesario conocer las abreviaturas en inglés de cada pin en la placa base y dejar a la suerte que tanto el fabricante de la carcasa, como el de la placa de base, hubieran tenido a bien etiquetar correctamente cada elemento. Además, junto con la placa base, se acompañaba una hoja descriptiva de esas conexiones a modo de manual.

El siguiente paso era insertar las unidades de disco en los zócalos libres más adecuados de la carcasa, de tal forma que pudiera entrar el microprocesador con su ventilador y disipador dejando algo de hueco libre. Posteriormente, se conectaban todas las unidades de disco a la controladora IDE mediante las oportunas mangueras, y se insertaban las tarjetas de expansión: gráfica, tarjeta de sonido, módem.

Una vez montado el equipo, tocaba encenderlo por primera vez, configurar la BIOS, y empezar el proceso de instalación del sistema operativo y los «drivers» necesarios para hacer funcionar en el sistema operativo algunos dispositivos como el «chipset», la tarjeta gráfica, el módem, la tarjeta de sonido, etcétera. La instalación de «drivers» era otro de los momentos complicados para el usuario, ya que, dependiendo del hardware y del sistema operativo, a veces surgían mil conflictos.

Para la ampliación de un equipo informático en el año 1998, debido a la separación de zócalos provocada por Intel, era necesario sustituir placa base y microprocesador. Y, en muchas ocasiones, la memoria RAM también. El proceso era desconectar todo y extraer solo placa base y microprocesador, para insertar los nuevos componentes. Pero las ampliaciones que se solían hacer eran ejecutadas por usuarios «amateur» y, en ocasiones, no se tenían en cuenta aspectos como la potencia de la fuente de alimentación, ya que las necesidades energéticas de ordenadores más completos iban en aumento al utilizar más componentes (aunque los microprocesadores redujeran su voltaje progresivamente); no solía dar buen resultado ampliar un ordenador más antiguo cambiando solo placa base y microprocesador si previamente no se había valorado la potencia de la fuente de alimentación antigua, o el espacio libre en la carcasa para una posible necesidad mayor de ventilación —cuanto más moderno el microprocesador más emisión de calor—.

Ahora llegamos a la parte más fea del ensamblado de un ordenador en el año 1998, la parte en la que los componentes nuevos llegaban defectuosos. En el año 1998, y dependiendo de los canales de distribución de los componentes y su control de calidad, al usuario final llegaban muchos componentes defectuosos: placas base, tarjetas gráficas, memoria RAM, etcétera. Encontrar un microprocesador defectuoso era más complicado, pero no era imposible.

Mi conclusión final, después de muchos años de experiencia, fue que el porcentaje de componentes que llegaban defectuosos al comprador final era tan grande, que los que ensamblábamos muchos ordenadores «clónicos» a finales de los noventa, siempre teníamos un juego extra de placa base, microprocesador, y memoria RAM totalmente contrastado en el correcto funcionamiento. Aquel juego extra se utilizaba, únicamente, para averiguar qué componente venía defectuoso cuando el ordenador no funcionaba. Era muy común devolver componentes informáticos que llegaban al usuario final defectuosos; el más devuelto, sin duda alguna, era la placa base seguida de cerca por las tarjetas módem PCI, que eran extraordinariamente delicadas.

Aunque muchos aspectos de este breve relato serían comunes para el montaje de un ordenador «clónico» en la actualidad, el sentido es retornar a la época donde, seguramente, mayor vigencia tuvo el montaje y ampliación de ordenadores por parte del usuario final.

Spectravideo SVI-838

En el año 1981 Harry Fox y Alex Weiss fundaron en Estados Unidos una empresa llamada Spectravision nacida para ser un complemento a una *informática personal* que emergía con fuerza, desarrollando videojuegos para la famosa consola Atari 2600, para terminar, fabricando ordenadores personales. En 1982 la empresa fue renombrada bajo el nombre Spectravideo, debido a problemas legales por coincidencia del nombre original con un sistema de televisión para hoteles.

En este libro ya he mencionado varias veces a esta empresa, sobre todo porque su ordenador SVI-318 fue la base para crear todo un estándar de arquitectura llamado MSX, asunto tratado en capítulos anteriores.

En el año 1986, con la experiencia adquirida sobre el famoso estándar asiático MSX, la empresa Spectravideo presentó un modelo único en la historia de la informática personal llamado SVI-838. Y aquel ordenador fue único porque fue el híbrido de dos sistemas diferentes... un equipo PC fusionado con el carácter gráfico del sistema MSX-2.

En 1985 los ordenadores compatibles PC, casi nacidos por un cúmulo de casualidades, contaban con un rendimiento gráfico muy pobre por ser una arquitectura abierta con dos estándares muy básicos en el aspecto del color y la resolución: CGA y Hércules. Los ordenadores Commodore Amiga, Atari ST, o Sharp X68000 eran el referente del momento en el apartado gráfico y de sonido, pero una revisión del sistema MSX, llamada MSX-2, también llegó con la etiqueta de calidad gráfica, y aquel fue el camino elegido por Spectravideo, fiel seguidor del sistema MSX, para crear un ordenador «diferente».

Así nació el ordenador compatible PC SVI-838 —también llamado X'Press 16—, un equipo PC con doble procesador gráfico, una tarjeta gráfica compatible CGA por un lado, y otra gráfica Yamaha V9938 del estándar MSX-2 por otro lado. Para añadir potencia al equipo, el SVI-838 incorporó un excelente procesador de sonido. El equipo podía ejecutar software en cartuchos de MSX-1 si era añadido en el sistema el adaptador SVI-811.

¿Qué permitía realizar el equipo SVI-838? Aprovechar lo mejor de cada mundo, la compatibilidad con el mundo PC, y la potencia gráfica y de sonido del mundo MSX-2. Para el equipo fue desarrollada una versión propia de GW-BASIC —similar la MSX2 BASIC— llamada Enhanced GW-BASIC... la idea era aprovechar en el PC todos los modos MSX2 y su excelente procesador de sonido.

El ordenador híbrido contó con el famoso microprocesador Intel 8088 a 4,77 Megahercios de velocidad, 256 ó 640 Kilobytes de RAM, una o dos unidades de disco de 5¼ pulgadas, contando con la posibilidad de incorporar un disco duro de 20 Megabytes de capacidad. En el caso de incorporar el adaptador SVI-811, el ordenador también incluía un microprocesador Zilog Z80 para la compatibilidad con los cartuchos MSX-1.

El equipo SVI-838 fue el último de la compañía Spectravideo relacionado con un sistema MSX que nunca llegó a cuajar del todo, posteriormente lanzarían otros dos modelos de ordenador totalmente centrados en un mundo PC que estaba progresando en importante medida en lo que a cuota de mercado refería. Y en 1988 la empresa cesó en la producción y distribución de ordenadores.

En España los ordenadores Spectravideo fueron muy populares, siendo distribuidos por grandes cadenas comerciales, pero, principalmente, alcanzaron notoriedad los dos últimos equipos que eran exclusivamente ordenadores de arquitectura PC. El equipo híbrido SVI-838 fue conocido en España, pero tuvo una menor repercusión en un mercado nacional donde la arquitectura PC estaba progresando por encima de cualquier otra.

IBM PS/2

Un breve resumen y recordatorio:

Para el año 1987 la empresa IBM, también conocida como el Gigante Azul, tenía un oscuro panorama sobre el mundo PC... arquitectura abierta de ordenadores de la cual perdió el control cuando la empresa Compaq logró «clonar», por primera vez, la BIOS... el único dispositivo del PC propiedad de IBM y con el que podían controlar al mundo PC; el suceso conocido como «La Habitación Limpia» hizo nacer al primer compatible PC: el ordenador Compaq Portable nacido en el año 1983.

Del éxito inicial en 1981 al crear el mundo PC, el Gigante Azul cayó, a mediados de los ochenta, en una clara incertidumbre... sobre todo por el fracaso del ordenador IBM PCjr lanzado al mercado en 1983.

El mundo PC se le escapaba de las manos al Gigante Azul, ya que otros fabricantes ya no dependían de la BIOS de IBM para crear ordenadores PC totalmente compatibles, que eran vendidos a un precio final muy inferior al ofertado por los equipos del Gigante Azul.

Para el año 1987, IBM trabajó en la segunda generación del ordenador PC buscando diferenciar claramente su arquitectura de la usada por las empresas «clonadoras» del ordenador PC. El único camino era innovar y crear una nueva arquitectura que, manteniendo la compatibilidad, ofreciera una nueva tecnología presente y futura que pudiera encarrilar de nuevo a IBM para el control del mundo PC. Entonces, en 1987, nació la generación de ordenadores IBM Personal System/2 o PS/2.

El resultado final fue el que dictó la historia... la generación PS/2 no fue un éxito comercial. ¿Cómo va a competir un ordenador que costaba 500.000 pesetas contra un PC Compatible de otro fabricante que costaba la mitad? El aspecto económico, en la informática de finales de los ochenta y principios de los noventa, era muy importante. Pero también es cierto que la mayoría de usuarios compraron sin conocer, en realidad, las ventajas y desventajas de cada producto; y también que, para la mayoría de los *usuarios domésticos*, los beneficios del nuevo ordenador de IBM no eran aplicables en el día a día.

El ordenador IBM PS/2 no fue un éxito comercial, pero sí marcó el devenir el mundo del PC en varios aspectos que voy a comentar y que marcaron la diferencia a partir de 1987... empezando por la arquitectura de BUS Microcanal.

En el ordenador IBM PS/2, la empresa incluyó la arquitectura Microcanal (MCA) en un momento en el que imperaba el primitivo BUS ISA. La nueva arquitectura del BUS era la forma con la que IBM tuvo la ocurrencia de intentar recuperar el dominio del mundo PC, ya que esa arquitectura era tecnológicamente muy superior al BUS ISA, obligando a los fabricantes a diseñar nuevas tarjetas de expansión adaptadas al nuevo BUS. Y al fabricar para la arquitectura Microcanal, IBM pidió a cada fabricante un «royalty» por cada modelo que utilizara aquella tecnología, así como pretendió cobrar otra cantidad por cada PC vendido.

La arquitectura Microcanal fue un gran avance tecnológico hasta el punto que el BUS PCI, nacido cinco años después, no mejoró las prestaciones del diseño de IBM; el MCA de 1987 ya incluyó una gestión Plug and Play del hardware, así como era un BUS de 32 bits contra los 16 bits del BUS ISA, estándar del momento.

El intento de IBM de sustituir la función de la BIOS, que controló la fabricación del PC original de 1981, por el Microcanal para logar el mismo efecto en 1987 salió mal, ya que los fabricantes no siguieron a aquella moderna arquitectura, eligiendo la opción de esperar a la inercia evolutiva del mundo PC Compatible, posteriormente gestionada por otros fabricantes como Intel, empresa creadora del BUS PCI en 1992.

Supongamos que los fabricantes de los diferentes componentes del mundo PC hubieran seguido al Microcanal nublados por su gran avance tecnológico, entonces IBM hubiera recuperado, sin duda alguna, el control del mundo PC, porque cobraría por cada PC vendido al lograr la estandarización de un BUS que era mucho más difícil de replicar legalmente que otros productos. El MCA fue un hardware registrado, como la BIOS que también estuvo protegida legalmente... pero en 1983 fue «clonada»... al fin y al cabo, la BIOS era software y era más fácil de replicar sin caer en la ilegalidad.

La estrategia diseñada entorno al BUS MCA falló, pero la generación PS/2 incluyó otras características que definieron a aquellos equipos como lo más avanzado en el mundo PC del momento. Por ejemplo, diseñaron un ordenador para operar con el microprocesador de 16 bits Intel 8086, cuando el mundo PC operaba, mayoritariamente, con la versión reducida de 8 bits del Intel 8088.

Lógicamente, la arquitectura de un ordenador de 8 bits es más sencilla y barata de desarrollar en lo que a los componentes refiere que la de un procesador de 16 bits. En realidad, los modelos base del PS/2 incorporaron un Intel 8086, pero otros modelos superiores incluyeron, también, los procesadores Intel 80286 (286), Intel 80386 (386)... incluso la serie PS/2 llegó a incorporar el procesador Intel 80486 (486); pero ningún modelo de PS/2 incluyó el microprocesador Intel 8088 que dominaba —totalmente— el mundo del PC Compatible a finales de los años ochenta.

Otra característica importante de la serie PS/2 fueron los conectores de teclado y ratón utilizados... una nueva especificación, más pequeña de tamaño, llamada mini-DIN. Coloquialmente, se llamó a la nueva especificación «conectores PS/2». Los conectores mini-DIN, incluidos por primera vez en el PS/2, se convirtieron en un estándar del mundo PC, y solo fueron sustituidos cuando se popularizaron los teclados y ratones USB.

En el apartado de la unidad de disco flexible, IBM también innovó en la generación de ordenadores PS/2, ya que se deshizo de la anticuada unidad de 5¼ pulgadas, para incluir una nueva unidad de disco de 3½ pulgadas. En realidad, aquella unidad de disco, fue popularizada por Sony, pero la especificación que triunfó, y que se convirtió en un estándar, fue la unidad de IBM de alta densidad con 1.440 Kilobytes de capacidad... los discos de alta densidad.

En el apartado de la tarjeta gráfica, la empresa IBM se aventuró a incluir la estupenda VGA que, en aquellos años, era todo un lujo por la gran calidad de la resolución, además de incluir una amplia paleta de colores inexistente en otras tarjetas gráficas del mundo PC; una tarjeta gráfica innovadora y costosa —económicamente hablando— para el año 1987. En los dos modelos más bajos de la gama PS/2, los modelos 25 y 30, no se incluyó la VGA con el ánimo de abaratar el precio final, en su lugar se incluyó una inédita gráfica MCGA, que era un punto medio entre la básica —y estándar del mundo PC— CGA y la costosa VGA. Ya en el año 1990, IBM creó una nueva especificación de tarjeta gráfica para la serie PS/2 llamada XGA, dispositivo que superó las características de la VGA tradicional. La tarjeta gráfica XGA no fue el paso previo de la SuperVGA, que es la base de las tarjetas gráficas usadas en la actualidad, pero sí que debió ser el siguiente nombre para las gráficas de alta resolución... finalmente se decidió mantener las siglas VGA dentro de los siguientes estándares.

En el apartado de la memoria RAM, el modelo PS/2 también fue innovador ya que incorporó los módulos SIMM de 72 pines, tecnología que poco tiempo después se convirtió en un estándar del mundo PC para todos los ordenadores fabricados bajo la famosa arquitectura abierta.

Otra característica importante sobre la serie PS/2 fue el sistema operativo, ya que en la serie PS/2 se incluyó —de forma nativa— el nuevo sistema OS/2 que estaba desarrollando IBM en colaboración con Microsoft, asociación que terminó abruptamente en los primeros años noventa. Con el final de la colaboración de Microsoft, y con el éxito del sistema operativo Windows, el sistema OS/2 desapareció del mundo PC.

Cuando IBM había perdido el control del mundo PC, existió el caso de otra empresa, llamada EPSON, que se aventuró a fabricar un «clon» idéntico al IBM PS/2 Model 30... aquel equipo fue llamado Epson PSE-30. El «clon» fabricado por Epson tuvo éxito comercial, ya que el precio de venta al público fue muy inferior al mismo modelo de IBM, obteniendo una gran aceptación al ser distribuido en Europa por algunas importantes cadenas comerciales de gran peso. El ordenador Epson PSE-30 popularizó en los hogares, en cierto modo, parte de la tecnología PS/2 como fue, por ejemplo, la tarjeta gráfica MCGA.

Dejando a un lado las estrategias comerciales fallidas de IBM para lograr de nuevo el control del mundo PC, la generación de ordenadores PS/2 influyó directamente en la evolución posterior de la arquitectura PC al utilizar nuevas especificaciones que terminaron por convertirse en estándar de la industria de los ordenadores compatibles. Aquella generación de ordenadores, no tuvieron un claro éxito comercial, pero fueron equipos tecnológicamente muy avanzados que encaminaron, en muchos aspectos, a terceros fabricantes hacia una línea de estándares desconocida hasta el momento de la salida del primer PS/2.

EPSON PSE-30

En el año 1988, la famosa empresa japonesa EPSON llevaba varios años fabricando, principalmente, impresoras y algunos equipos informáticos... y entonces decidió fabricar un «clon» del ordenador PC más deseado del momento, el IBM PS/2.

La idea era ofrecer unas prestaciones similares al IBM PS/2, pero a un precio más asequible que pudiera competir en el mercado con los compatibles PC, equipos ajenos a IBM que inundaban los hogares. Entonces, nació el ordenador EPSON PSE-30, que fue un «clon» del modelo IBM PS/2 Model 30.

Manuel Llaca trabajando en el año 1990 con un EPSON PSE-30.

Podríamos afirmar que la empresa japonesa casi «clonó» hasta el nombre, por la escasa diferencia entre PS/2 y PSE, además de incorporar el número 30 que hacía mención al modelo real y concreto clonado.

Primer dato curioso, el modelo PSE-30 fue el primer equipo ajeno a IBM que incorporó la famosa —y poco pródiga— tarjeta gráfica MCGA... y llegó más lejos si cabe... se desconoce la existencia de otro equipo ajeno al gigante azul que hubiera incorporado esa tarjeta gráfica.

El segundo dato curioso era el fabricante del microprocesador Intel 8086 que llevaba en su interior el ordenador EPSON PSE-30... el microprocesador fue fabricado por AMD en aquellos años en los que la «futura» empresa competidora de Intel trabajaba fabricando para esta.

El equipo EPSON PSE-30 fue un modelo puntual de la empresa japonesa que fue lanzado en solitario, y que tuvo su momento de gloria, entre otras cosas, gracias a la intensa promoción de El Corte Inglés, que dio mucho bombo al equipo en España —es importante tener en cuenta que, en los años ochenta, aquella famosa gran superficie comercial era el paraíso de los aficionados a la informática—.

Existen referencias en Internet donde se puede comprobar que un IBM PS/2 costaba un precio de 550.000 pesetas, frente a las 300.000 pesetas del ordenador PSE-30. Las características eran prácticamente idénticas entre ambos modelos, pero la diferencia en el precio de venta entre los dos modelos era importante.

En realidad, el equipo EPSON PSE-30 llegó al mercado español allá por el año 1990, y yo tuve un modelo del fabricante japonés en casa, ordenador comprado, precisamente, en El Corte Inglés. Y con aquella compra tuve oportunidad de contrastar —directamente— el ordenador fabricado por EPSON contra el IBM PS/2 Model 30 en el que se basó… en casa tenía el primero, y en el instituto cursaba la asignatura de informática utilizando un fabuloso IBM PS/2 Model 30. El resultado de mi comparativa fue que el «clon» de EPSON contaba con la misma calidad y fiabilidad que el original.

No obstante, el ordenador EPSON PSE-30 llegó al mercado cuando la serie PS/2 de IBM no había tenido éxito, principalmente por su elevado coste, y cuando empezaron a proliferar las pequeñas tiendas que ensamblaban sus propios ordenadores «clónicos».

El modelo de ordenador de EPSON tuvo espacio para su pequeño momento de éxito, llegando el equipo a muchos hogares en España; teniendo en cuenta que el equipo EPSON PSE-30 contó con una calidad y fiabilidad similar que el IBM PS/2 Model 30, pero a un precio muy inferior, no hay duda que la copia mejoró al copiado.

Antes de la salida al mercado de la nueva arquitectura del IBM PS/2, existieron unos ordenadores PC de gran éxito en Europa creados por la famosa empresa Amstrad, líder en la época de los microordenadores de 8 bits.

Cuando a un Instituto llega un director con espíritu tecnológico

En el apartado anterior acabo de mencionar el modelo de ordenador IBM PS/2 Model 30, y al Instituto donde cursé mis estudios de Bachillerato y COU. Y ahora deseo parar, momentáneamente, el curso normal de la historia relatada en esta obra para hablar de aquello… de aquel Instituto y de su director.

En el año 1988 empecé a cursar los estudios de Primero de BUP en el Instituto Leopoldo Alas Clarín de Oviedo (Asturias), centro educativo popular unos años después por ser el lugar donde cursó estudios el famoso piloto de Fórmula 1 Fernando Alonso y el famoso cantante español Melendi.

Allí cursé los tres años de bachillerato y el cuarto año de COU, momento en el que terminé en ese centro. En principio, debía empezar la Universidad, porque para eso se cursaba COU, pero finalmente me pasé a la Formación Profesional de informática en otro Centro Politécnico de Oviedo. En la Universidad terminaría años después, pero no en Asturias, sino en el País Vasco.

Los dos primeros años en el Instituto estuvieron bien, aprobé sin mayores problemas, aunque tampoco con unas notas especialmente altas, pero la asignatura de informática oficial, a la que solo pudimos acceder los que sacamos mejores notas en la asignatura de matemáticas —las plazas eran muy limitadas—, fue del todo decepcionante. En aquel Instituto solo había dos ordenadores muy antiguos, muy alejados de la realidad de la informática personal del momento, para un total de diez alumnos. Lo único que hicimos fue perder el tiempo.

En el año 1990, justo al comenzar Tercero de BUP, llegó un nuevo director al Instituto de nombre Alberto Sarachaga. Y todo cambió. ¿Por qué? Porque llegó un director entusiasta de la informática que le dio un vuelco al centro en cuanto a la informatización.

El aula de informática original era un «cuartucho», más parecido a un trastero que a un aula, de espacio muy reducido, siendo incómodo todo, hasta el hecho de permanecer allí un par de horas a la semana. El primer paso ejecutado por el director fue trasladar la asignatura a un aula de dimensiones más que aceptables, y de mayor comodidad.

Seguidamente llegaron al centro unos fabulosos ordenadores IBM PS/2 Model 30, valorados en medio millón de pesetas —tres mil euros al cambio, que era mucho dinero para el año 1990—, unos ordenadores nada accesibles a los hogares, y poco accesibles a la pequeña y mediana empresa. Y, además, sin compartir equipo; un ordenador por alumno.

La asignatura de informática en Tercero de BUP fue completamente diferente. Para aquella época hacía tiempo que tenía mi propio PC Compatible en casa —aunque no era un IBM—, y en el aula de informática pude trabajar con aquellos maravillosos PS/2 que eran realmente increíbles.

También cambió el contenido de la asignatura; pasamos a aprender el sistema operativo MS-DOS, y recibir una extensa y útil formación en procesamiento de textos, gestión de bases de datos, y hojas de cálculo en la famosa Serie Assistant de IBM, muy popular en aquellos años.

La influencia del director en la informática no solo fue decisiva para la docencia en aquel centro, sino que también lo fue para las tareas administrativas. En el Instituto comenzaron a crear formularios y todo tipo de documentos totalmente informatizados, y utilizaron medios más avanzados como las últimas impresoras del momento. El cambio tecnológico allí, con la llegada de Alberto Sarachaga, fue brutal.

Aula de informática del I. E. S. Leopoldo Alas Clarín de Oviedo, tomada en junio de 2002. Fueron las últimas fotos obtenidas del centro, en plena mudanza, ya que en el año 2003 el centro pasó a ocupar un nuevo edificio recién construido en otra ubicación, y éste fue derribado. Foto cedida por Alberto Sarachaga.

En 1991 comencé mi último curso en el Instituto Leopoldo Alas Clarín de Oviedo, y en ese año del COU no existía asignatura de informática —solo existía en segundo y tercero de BUP—, pero la informática continuó mejorando allí, llegando la primera tarjeta de sonido del mundo PC que vi en mi vida, la primera impresora láser, y otros periféricos y componentes que solo podía soñar con tener en mi casa, porque no era accesible de otra forma.

Pero todo aquello era accesible en el Instituto, y Alberto nos dejaba acceder al aula a unos cuántos que se nos daba bien aquello de la informática, pudiendo utilizar sin límite aquellos fantásticos recursos, aunque no fuéramos alumnos de la asignatura de informática.

Allí recuerdo crear las primeras canciones Dance electrónicas junto con un amigo del Instituto que controlaba mucho de una música electrónica todavía en periodo de nacimiento para la informática personal.

Casi tres décadas después pude recuperar el contacto con Alberto Sarachaga, ya jubilado como docente y director, y sentí mucho agrado cuando tuve conocimiento de que seguía desde la lejanía y por Internet, gracias a las redes sociales, todas mis andanzas como bloguero, como creador de sitios web, como escritor, y como ganador de algunos premios muy importantes.

En noviembre de 2021, sabiendo mi labor en la recuperación de la historia de la informática con mi blog *ParcelaDigital* y con mis libros de Historia de la Informática, y conociendo también que cuento con una colección personal de ordenadores y componentes de la informática clásica, donó a mi humilde museo un fabuloso ordenador Amstrad PPC512 del año 1988 en perfecto estado; un portable que escasea, que incluye unas características muy peculiares, además de incorporar incluso la mochila de transporte oficial del fabricante británico Amstrad.

Personas así son necesarias para que el conocimiento en informática fluya y llegue a la población normal. Y, para mí, personas como Alberto Sarachaga forman parte de la historia de la informática. Al menos forman parte de mis casi cuarenta años de historia con la informática, siendo factores decisivos para que hoy pueda escribir libros, artículos de blog, crear podcast, o videoblog sobre temas de la informática.

Amstrad PC1512 y PC1640

En el año 1986 la famosa empresa Amstrad, ya asentada con el éxito de su serie de ordenadores CPC y PCW ya tratados en el capítulo anterior, se animó a entrar en un mundo PC vertiginoso, que estaba creciendo mucho.

La entrada de Amstrad al mundo PC vino de la mano de dos modelos concretos: PC1512 y PC1640. Ambos modelos eran prácticamente iguales, compartían el fabuloso microprocesador Intel 8086 y características similares, pero les diferenció que el primero contó con 512 Kilobytes de memoria RAM, y el segundo 640 Kilobytes.

También les diferenció el monitor y la tarjeta gráfica, el modelo PC1512 incorporó una gráfica CGA con monitor en color para esa misma tarjeta, y el modelo PC1640 incorporó una novedosa y espectacular tarjeta gráfica EGA, con su monitor en color para la frecuencia concreta de la gráfica.

Aquellos ordenadores PC de Amstrad no eran baratos —el modelo Amstrad PC1512 costaba 139.900 pesetas más IVA en el modelo más económico, sin disco duro, con una única disquetera, y con monitor monocromo, y 299.900 pesetas más IVA la versión más cara con disco duro de 20 Megabytes y monitor a color—, pero fueron equipos que se vendieron muy bien, y muy ansiados por los primeros usuarios del mundo PC en España, destacando los colores y la calidad gráfica que no se podía encontrar en otros ordenadores compatibles PC del momento.

Además, ambos modelos también fueron la puerta de entrada al mundo PC del entorno gráfico GEM Desktop ejecutado sobre el MS-DOS, pero esa parte concreta sí que no triunfó.

No obstante, tanto el PC1512 como el PC1640 marcaron una época y fueron ordenadores muy destacados, algo que no sucedió con las siguientes evoluciones de la empresa Amstrad para el mundo PC, cuando lanzó al mercado las series 2000 o 3000, por ejemplo.

Amstrad PC1512. Foto de Marcin Wichary (https://www.flickr.com/photos/8399025@N07). Licenciada bajo CC BY 2.0 (https://creativecommons.org/licenses/by/2.0/).

Si bien el aspecto gráfico destacó gracias al modelo Amstrad PC1640, principalmente, no se debe olvidar que en el año 1986 existieron dos mundos gráficos opuestos en la arquitectura PC, y ambos fueron barrera el uno para el otro durante varios años.

Hércules y CGA

En el año 1981 IBM presentó los dos estándares gráficos para su nueva arquitectura abierta PC: MDA y CGA. La primera de ellas, «Monochrome Display Adapter», solo era capaz de presentar texto en monocromo de fósforo verde o fósforo ámbar. La segunda de ellas, «Color Graphics Adapter», era capaz de mostrar texto en 16 colores, y gráficos con 4 colores simultáneos en baja resolución (320×200 píxeles) o dos colores en alta resolución (640×200 píxeles); para aquellos años toda una revolución.

Tarjeta ATI Graphics Solution (CGA) del año 1985. Licenciada bajo CC0 1.0 Universal (https://creativecommons.org/publicdomain/zero/1.0).

La tarjeta gráfica MDA era más habitual en los ordenadores de uso empresarial, la tarjeta gráfica CGA era habitual para asuntos de ocio o para cualquier tarea que pudiera requerir el uso de gráficos.

En la actualidad nos parecerían ridículos aquellos gráficos generados por las tarjetas gráficas de la época, pero en aquellos años parecía increíble lo que eran capaces de hacer ambos estándares. Aquellas tarjetas gráficas desarrolladas por IBM, como padre del PC, rápidamente se convirtieron en el estándar.

En el año 1982 la empresa Hércules Computer Technology desarrolló para la arquitectura PC una tarjeta gráfica que bautizó con el nombre de Hércules Graphics Card. Aquella tarjeta gráfica se convirtió rápidamente en un referente por su alta resolución (720×348 píxeles), pero tuvo la carencia de ser monocromática, no podía mostrar colores. Pero su alta resolución era notable… la guerra estaba servida…

En España, en la segunda mitad de los años ochenta del siglo pasado, los ordenadores de arquitectura PC podían ser adquiridos con la tarjeta gráfica estándar CGA, o con la tarjeta gráfica Hércules. Como con Linux y Windows, o como con PC y Apple, se crearon dos bandos totalmente opuestos: los usuarios de CGA y los usuarios de Hércules.

Muchos vivimos aquellos años con suma intensidad, ya que el problema añadido estaba en el software: inicialmente el software era diseñado para una tarjeta… o para la otra. Algunos desarrolladores fabricaron software para ambas versiones, pero no eran muchos los que se animaban a duplicar el trabajo gráfico.

Corriendo sobre la tarjeta gráfica Hércules se pueden recordar míticos juegos como el «Ancient Art of War», o el «World Tour Golf» del año 1986. Pero, al mismo tiempo, el color aportaba mucho, y también se recuerdan míticos juegos en CGA como «La Abadía del Crimen», que, con sus cuatro colores, aunque la resolución fuera muy baja, era totalmente llamativo... y adictivo.

En aquellos años la tarjeta gráfica era elegida al comprar el PC y, después, no había vuelta atrás. ¿Por qué? Porque una tarjeta gráfica costaba una fortuna y, además, los monitores eran monofrecuencia, por lo tanto, cambiar tarjeta gráfica también implicaba la sustitución del monitor; los cambios costaban una fortuna. Tampoco tenía mucho sentido tener una gráfica CGA con monitor monocromo.

Una vez elegida la gráfica, comenzaba la guerra de software si la elección era la tarjeta Hércules. ¿Por qué? Porque la mayor parte del software gráfico era desarrollado para la CGA por ser tecnología de IBM, lo que en aquellos años era sinónimo de estándar.

En cambio, la tarjeta más común era la gráfica Hércules. ¿Por qué? Porque era más barata y, evidentemente, el monitor asociado siempre era monocromo; en aquellos años la diferencia de precio entre monocromo y color era enorme. Al final, disponer de una gráfica Hércules era sinónimo de tener que buscar software que hubiera sido desarrollado para aquella tarjeta, o para ambas gráficas.

En aquellos años, el debate CGA y Hércules era enconado y un tanto especial por lo novedoso de la tecnología del *ordenador personal*, y porque no existía ninguna red de comunicaciones global como Internet: la relación interpersonal entre los propietarios de los ordenadores PC era directa, creando debates «cuerpo a cuerpo». Sin duda alguna, cualquiera que pudo vivir aquella época la recordará con añoranza, y también recordará el «subidón» que se vivía al ejecutar un software que adaptado para Hércules.

A medio camino entre las tecnologías de aquel momento y las nuevas que estaban a punto de llegar, se comercializaron tarjetas gráficas duales: eran capaces de trabajar en modo CGA y Hércules, pero había trampa en ellas: la gráfica trabajaba en un modo vía hardware, y el otro modo era simulado mediante software; en la parte simulada se notaban las carencias en importante medida.

Con la llegada de la década de los años noventa del siglo pasado IBM perfeccionó la tarjeta CGA lanzando gráfica conocida como EGA —Enhanced Graphics Adapter— primero, y la VGA —Video Graphics Array— después.

La empresa Hércules Computer Technology también evolucionó creando la Hércules Incolor Card, pero era demasiado costosa y no tuvo el éxito esperado. En cambio, IBM dio un salto cualitativo con la tarjeta EGA al permitir dieciséis colores simultáneos en una alta resolución mejorada; la calidad gráfica era muy superior.

La tarjeta VGA llegó para revolucionar el mundo gráfico, y en este punto fue cuando comenzó la comercialización de los monitores multifrecuencia: un monitor para cualquier gráfica, en lugar de un monitor específico para cada tarjeta gráfica.

Tarjeta Sampo Mira VGA de 1987. Licenciada bajo CC0 1.0 Universal (https://creativecommons.org/publicdomain/zero/1.0).

Las tarjetas gráficas de hoy en día son de mucha mayor calidad y capacidad, pero siguen estando basadas en el estándar VGA desarrollado por IBM en el año 1987; por lo tanto, ese estándar ha perdurado durante treinta años: simplemente ha evolucionado en capacidad de memoria y en velocidad de proceso. Los monitores actuales también están basados en el estándar VGA y en la multifrecuencia.

Independientemente de todos los modelos y estándares de tarjetas gráficas existentes en la historia del *ordenador personal*, las gráficas CGA y Hércules forman parte de esa historia en un lugar destacado y con letras de oro.

Sin duda alguna, el recuerdo de aquellos años asociado a aquellos estándares es imborrable.

MCGA

En la década de los años noventa las tarjetas gráficas se estandarizaron totalmente bajo la especificación SVGA o Super VGA, y los monitores eran multifrecuencia, por lo tanto, podían funcionar sobre cualquier gráfica.

En el año 1987 IBM desarrolló una tarjeta gráfica llamada MCGA que fue incorporada en un par de modelos del famoso ordenador IBM PS/2 pero, curiosamente, ese mismo año también desarrolló la especificación VGA, que terminaría por ser el futuro estándar en el que se basarían las futuras tarjetas gráficas.

La calidad gráfica de la VGA para el año 1987 era realmente impresionante, si era comparada con la EGA, CGA, o la moderna Hércules Incolor. Pero la tarjeta gráfica VGA y su monitor eran realmente costosos económicamente, y cualquier ordenador que pudiera contar con aquellos componentes subía de precio en importante medida. Era la fruta prohibida de la informática.

En aquellos años del final de la década de los años ochenta empezaron a aparecer en el mercado algunos equipos —pocos equipos— de gran calidad gráfica a un precio más económico… incorporaron una gráfica MCGA («Multi-Color Graphics Array»).

En apariencia parecía ser igual que una VGA, porque en los comercios siempre eran mostradas imágenes espectaculares en baja resolución. Pero aquella tarjeta no era igual a la VGA.

La primera diferencia radicó en la alta resolución: la tarjeta VGA contó con una resolución de 640×480 píxeles y 16 colores simultáneos… la gráfica MCGA contó con una resolución de 640×480 píxeles y 2 colores simultáneos, por lo que no podía mostrar colores.

La segunda diferencia era la compatibilidad con las especificaciones antiguas: la VGA era totalmente compatible con CGA y EGA… la gráfica MCGA solo era compatible con CGA.

En los ordenadores que incorporaron MCGA se mostraban, a modo de exposición, pantallas a todo color en baja resolución… contaban con la misma de la VGA, pero lo que no se explicaba que aquella gráfica era inferior, y no solo porque no tuviera colores en alta resolución, sino porque era incompatible con la gráfica VGA en alta resolución, y con EGA en cualquier resolución.

Un ejemplo: cualquier juego desarrollado para EGA o para VGA en alta resolución, no podía ser ejecutado en un ordenador basado en MCGA. Solo podía ser ejecutado lo que hubiera sido desarrollado para CGA, o lo que hubiera sido específicamente desarrollado para la baja resolución VGA y sus 256 colores.

Ciertamente aquella tarjeta gráfica MCGA tuvo muy poco recorrido, pero tampoco es cierto lo que en muchos lugares de Internet se considera como oficial, que aquella gráfica solo fue montada en dos modelos de IBM PS/2 y nunca fue extendida a equipos ajenos a IBM. Como ya mencioné páginas antes, la gráfica MCGA fue montada en la serie de ordenadores EPSON PSE/30.

¿Por qué IBM lanzó simultáneamente en el año 1987 dos tarjetas gráficas tan parecidas? Pues se cree que la MCGA fue una gráfica estilo VGA más económica para montar en equipos IBM de gama inferior, para que aquellos ordenadores fueran más competitivos en el mercado.

No deseo terminar la parte dedicada al *ordenador personal* sin expresar que, en este libro, no voy a avanzar más allá de los primeros años noventa en lo que al microordenador refiere, ya que a partir de esa fecha las diferentes ramificaciones son extensas, y considero que esta obra está dedicada a ser una crónica del inicio de la *informática personal*.

Al mismo tiempo, no deseo cerrar este apartado sin mencionar un ordenador que, sin ser un pionero ni fundamental para la *informática personal*, guardo un aprecio personal excepcional… el ordenador Euro PC.

Euro PC

En el año 1989, cuando los ordenadores IBM PC compatibles comenzaron a imponerse a los sistemas basados en el Zilog Z-80 como Spectrum, Amstrad, o MSX, un fabricante alemán llamado Schneider Computer Division lanzó al mercado informático un ordenador con importantes innovaciones a un precio muy popular.

El mundo PC fue creado en torno a una torre, un monitor, y un teclado, a diferencia de los ordenadores basados en el procesador Zilog Z-80 que contaron, en su mayoría, con un teclado «todo en uno» y un monitor… Schneider buscó lanzar un equipo bautizado bajo el nombre de Euro PC que no contó con torre... todo integrado en el espacio del teclado.

Aquella estrategia era una especie de fusión de un ordenador PC con la imagen que se tenía del exitoso ordenador de 8 bits basado en el Z80.

El primer dato curioso sobre Schneider es que fue una empresa creada para fabricar y distribuir los productos de la británica Amstrad en Alemania, y al crear su propia gama de ordenadores PC tuvo que romper sus acuerdos con la mencionada empresa británica.

El ordenador Euro PC fue un equipo que tuvo bastante éxito en España durante un corto espacio de tiempo gracias a varios factores.

El primer factor era que contaba con un microprocesador Intel 8088 con una velocidad un poco superior a los primeros PCs: en total 9,54 megahercios de velocidad.

El segundo factor es que contó con una disquetera de 3 ½ pulgadas cuando todavía apenas se podían encontrar en otros equipos por su novedad... la disquetera habitual era de 5 ¼ pulgadas.

En tercer lugar, contó con 512 kilobytes de memoria RAM, que no estaba nada mal para el año 1989.

En cuarto lugar, el equipo vino acompañado de un monitor de color, y contó con la gráfica CGA desarrollada por IBM, la tarjeta más estándar del momento. Tampoco era habitual, en el año 1989, disponer de un ordenador PC que pudiera mostrar colores, aunque solo fueran cuatro simultáneos en baja resolución. Es importante comentar, de nuevo, que en aquellos años cambiar de tarjeta gráfica era un problema ya que los monitores eran monofrecuencia, por lo tanto sustituir la tarjeta gráfica venía acompañado de la obligación de cambiar el monitor, y ninguno de los dos componentes era baratos en el año 1989.

Si a todos los factores descritos en este apartado sumamos que el ordenador contó con un precio de venta al público muy inferior a lo que se podía esperar en la época, el Euro PC creó el caldo de cultivo necesario para alcanzar el éxito. En España fue un ordenador vendido en los mejores grandes almacenes, pero también es cierto que el éxito fue muy fugaz... el equipo rápidamente desapareció del mercado.

El fabricante Schneider continuó fabricando en los siguientes años otros modelos de PC más avanzados, pero la llegada del mundo «clónico» terminó por rematar a la división de informática, y su empresa matriz, con el paso del tiempo, terminó por abandonar el área de la informática.

Relacionado con el Euro PC no quiero desaprovechar la ocasión para contar una anécdota del día a día en aquellos años.

La informática moderna es muy diferente a la de hace treinta años, y el mejor modo de expresar el espíritu de la época se puede mostrar por medio de experiencias reales basadas en pequeñas situaciones cotidianas... por ejemplo, en el simple proceso de transferir archivos de un ordenador a otro.

En el año 1989 contaba en casa con un estupendo ordenador PC Compatible de marca Dynadata —ordenador fabricado por Daewoo—, que contaba con un microprocesador Intel 8088 que operaba a 8 Mhz de velocidad, 640 Kilobytes de memoria RAM, disco duro de 20 Megabytes, monitor monocromo en verde fósforo, y una unidad de disquete de 5¼ pulgadas. Sin duda un equipo destacado para un domicilio, ya que en aquella época los ordenadores domésticos que predominaban eran los pequeños equipos de 8 bits como el Amstrad CPC, ZX Spectrum, o Commodore 64.

En el año 1990 compré un Euro PC, y de ese ordenador me fascinó que llevara de serie una gráfica CGA y un monitor color, además de incorporar la famosa unidad de 3½ pulgadas —aunque de baja densidad—; todo ello por un precio de 99.000 pesetas, que era un coste final realmente excelente para un mundo PC realmente caro para los usuarios de la *informática personal* de aquellos años.

Me hice con el nuevo Euro PC buscando explorar la nueva tarjeta gráfica creada por IBM así como la nueva —y pequeña— disquetera... era como entrar en el mundo del fabuloso IBM PS/2, pero sin gastar las 500.000 pesetas que podía costar el nuevo ordenador basado en la arquitectura microcanal de IBM.

Cuando tuve en mi domicilio ambos equipos, uno al lado del otro, pensé que iba a necesitar transferir archivos de uno a otro —era una necesidad inevitable—, pero... ¿cómo los podía pasar? El Dynadata solo contaba con una unidad de disquete de 5¼ pulgadas; el Euro PC con una de 3½ pulgadas. En aquella época no existían apenas equipos con ambas disqueteras... tampoco existía Internet, ni el «cloud computing»... no había nacido el interfaz USB, ni el pendrive...

Al ordenador Dynadata no se le podía añadir una disquetera de 3½ pulgadas... solo cabía comprar una disquetera externa de 5¼ pulgadas para el Euro PC —no contaba con la posibilidad de añadir una interna por la evidente falta de espacio en el interior del teclado—. Pero aquel periférico extra era realmente caro.

Opté por una solución intermedia, comprar un software Link. ¿Qué era aquello? Un software especial que se instalaba en dos equipos y, mediante un cable serie, se podían transferir archivos en una especie de «peer-to-peer en puerto serie».

El «pack» incorporó el software en disquete de 3½ y 5¼ pulgadas. Lo encargué, y me costó 25.000 pesetas de la época... bastante más barato que comprar la unidad externa de 5¼ pulgadas para el Euro PC.

Para adquirir el software fui a una tienda de informática de la ciudad en la que vivía en aquellos años, ya que conocía y tenía confianza con su dueño.

En realidad, solo se podía comprar material del mundo PC en el fabuloso departamento de informática de El Corte Inglés o en esa tienda, el resto de comercios de la ciudad solo tocaban el mundo de los 8 bits.

Cuando llegó el pedido me fui a casa, instalé el software en ambos equipos —cada uno por medio de su formato de disquete—, y conecté ambos ordenadores utilizando un cable-serie, que tenía en casa para un módem externo de 1.200 bits por segundo, dispositivo que utilizaba para conectarme remotamente a equipos BBS. Después de ilimitados e infructuosos intentos, aquello no funcionó.

Al día siguiente fui a la tienda con el paquete del Link con intención de devolverlo, y cuando el dueño vio aquello fue a la trastienda y me entregó un cable. Resulta que el software Link para transferir archivos requería un cable especial serie, no podía ser utilizado con un cable estándar para módem, y también resulta que el cable venía con el producto original que yo había adquirido el día anterior... el dueño de la tienda se había quedado con mi cable pensando hacer otro negocio aparte... ¡le había pillado!... ¡menos mal que me conocía desde hacía algunos años! Puedo resumir la situación con aquella frase popular que dice: «la confianza da asco».

Una vez rescatado el cable «raptado» volví a mi domicilio, monté otra vez el sistema y... ¡voilá!... pude empezar a transferir archivos. Eso sí, como era una comunicación por puerto serie, el software pasaba muy lentamente... ¡menos mal que de aquella el tamaño del software era mucho menor que en la actualidad! En un par de días pude pasar todo el software que tenía en discos de 5¼ a los modernos disquetes 3½ pulgadas. No mucho tiempo después empezaron a ser comercializados ordenadores PC con ambas disqueteras incluidas de serie.

Entre inconvenientes tecnológicos y engaños, a finales de los años ochenta, el proceso de transferir archivos entre dos ordenadores con diferente disquetera resultó ser un auténtico mar de lágrimas para mí. Pero el objetivo se cumplió. En la actualidad sería mucho más sencillo todo... la infraestructura de la *informática personal* nada tiene que ver con la de hace treinta años.

Precios en los años ochenta

No deseo terminar este repaso a todos los ordenadores de los años setenta y ochenta, tanto de la serie PC como los pequeños equipos de 8 bits, sin mostrar una fotografía de los precios de venta de los ordenadores a finales de los años ochenta. Antes de cerrar la segunda parte de este libro, acompaño un breve resumen detallado.

Los precios están indicados en pesetas, por ser la moneda vigente en aquella época en España, e incluyo la conversión en euros. Pero, para tener una idea comparativa más exacta, sería necesario añadir al precio en euros el aumento de IPC desde finales de los ochenta hasta nuestros días. En mi conversión no he añadido el IPC.

Nos situamos a finales de los años ochenta, y hacía muy pocos años, menos de un lustro, que la *informática personal* había emergido más allá de los entusiastas de la electrónica para alcanzar a la población en general. Y en esa época, en los últimos años ochenta, comenzaba a emerger un nuevo sistema de compatibles con IBM PC que estaba ganando la batalla comercial a los pequeños ordenadores de 8 bits... pero... ¿qué ordenadores se ofrecían y cuánto costaban?

Así, por ejemplo, en el año 1988 Pryca (ahora Carrefour) ofrecía el famoso ordenador Amstrad CPC464, con 64 Kilobytes de RAM, microprocesador Zilog Z80, monitor de fósforo verde, e interfaz de cinta, a un precio de 47.800 pesetas (287,28 Euros); el Commodore 64 a 28.600 pesetas (171,89 Euros) con 64 Kilobytes de RAM, Casette y Joystick externos, y microprocesador MOS 6502; o el fabuloso Amstrad CPC6128 con 128 Kilobytes de RAM, microprocesador Zilog Z80, un espectacular monitor de color, unidad de disco de tres pulgadas, a un precio de 76.400 pesetas (459,18 Euros).

También comenzaban a ser ofertados los nuevos ordenadores compatibles con IBM PC que ofrecían pasar a un nivel superior, más profesional. Por ejemplo, Pryca ofrecía el estupendo Amstrad PC1512 de 512 Kilobytes de RAM, con microprocesador Intel 8088, monitor de color CGA, sin disco duro y con unidad de disco flexible de cinco y un cuarto pulgadas, todo ello por un precio de 165.900 pesetas (997,08 Euros).

Amstrad como fabricante, e Indescomp como distribuidora, eran las empresas del momento, pero no eran las únicas opciones dentro del mundo PC... Pryca ofrecía en 1988 el ordenador Commodore PC-1 por 83.500 pesetas (501,85 Euros)... un gran precio para un ordenador PC en aquellos años...

También ofrecía Pryca en 1988 periféricos como, por ejemplo, la impresora matricial de cinta de nueve agujas Amstrad DMP-3000... una impresora muy peculiar porque no contaba con rodillo, sino que imprimía sobre un plano horizontal desde arriba, tecnología que utilizaron las impresoras de chorro de tinta nacidas después. Precisamente allá por el año 1989 tuve en mi domicilio durante varios años una impresora DMP-3000 conectada a un ordenador PC Dynadata.

Los ordenadores compatibles con IBM PC llamados Dynadata, y fabricados por la empresa coreana Daewoo, también tuvieron mucha presencia allá en los años 1988 y 1989. A finales de los ochenta un PC Dynadata con microprocesador Intel 8088, disquetera de cinco y un cuarto de pulgadas, 640 Kilobytes de RAM, y un disco duro de 20 Megabytes era ofertado por 207.400 pesetas (1.246,50 Euros).

El Sistema MSX estaba también muy presente a finales de los años ochenta en el mercado publicitario con ordenadores como, por ejemplo, los modelos Dynadata DPC-200, Philips VG-8020, o Sony Hit Bit.

Tampoco se debe obviar a un superventas de aquel momento, el Commodore Amiga 500, que engatusaba a los compradores con sus gráficos y sonido espectacular... rondaba las 99.000 pesetas (595 Euros) allá por el año 1988.

En la rama de la empresa Sinclair, ya en decadencia, se podían ver los equipos ZX Spectrum 128 +3 a un precio de 44.000 pesetas (264,45 euros).

No debo dejar de lado tampoco a algunos equipos de menor tirón como, por ejemplo, el Enterprise 64, vendido normalmente en pequeños comercios, centros de estudios, incluso en algunas librerías, a un precio de 60.000 pesetas (360 Euros).

Entre las empresas que más publicidad lanzaban a finales de los años ochenta estaban, además de Amstrad, Commodore, y Sinclair, la empresa Investrónica, filial de El Corte Inglés, que vendió ordenadores Sinclair también, y que dispuso de una extensa gama de ordenadores propios compatibles con IBM PC... los primeros de fabricación española.

TERCERA PARTE
MICROPROCESADORES

CAPÍTULO 8.
LOS PIONEROS

El Laboratorio Shockley de Semiconductores abrió el camino de los transistores con sus investigaciones, hasta el año 1957 cuando ocho de sus empleados abandonaron el laboratorio para fundar Fairchild Semiconductor bajo el auspicio de Sherman Fairchild, que fue la empresa que, finalmente, hizo una importante labor desarrollando los transistores y el circuito impreso... el primer circuito impreso comercial... elementos fundamentales de una *informática personal* que nacería en la década de los años setenta.

Dos de los ingenieros que participaron en el inicio de la empresa Fairchild Semiconductor, Robert Noyce y Gordon Moore, decidieron fundar su propia empresa el 18 de julio de 1968... la llamaron Intel.

En el año 1970 Intel empezó una nueva carrera hacia el futuro, la carrera para crear el microprocesador, y esa carrera no fue posible hasta que llegó a Intel otro antiguo empleado de Fairchild Semiconductor... Federico Faggin.

Faggin diseñó, en 1971, el primer microprocesador comercial de la historia llamado Intel 4004, un procesador de 4 bits que abrió el camino para iniciar un nuevo mundo... el mundo de la *informática personal*. Y sus aportaciones no terminaron ahí, también diseño el procesador Intel 8008 a mediados de 1972, el primero de 8 bits, y participó también el desarrollo del primer procesador de éxito en la *informática personal*, el llamado Intel 8080 presentado en abril de 1974.

Para rematar el espectacular currículo profesional de Federico, Faggin fundó la empresa Zilog y creó el microprocesador Zilog Z80, que fue el emblema del desarrollo de la *informática personal* basada en 8 bits.

Los primeros *ordenadores personales* nacieron con el procesador Intel 8008 a modo de cerebro, pero los primeros equipos de éxito llegaron con el procesador Intel 8080 y el Z80 de Zilog.

MOS 6502

En el año 1974 ya habían salido al mercado los microprocesadores de éxito Intel 8008, 8080 y, poco después, el Motorola 6800 —no confundir con el procesador Motorola 68000, que fue posterior—; aquellos procesadores comerciales fueron el germen imprescindible para la miniaturización y la reducción de costes que necesitó la *informática personal* para que se pudiera considerar al ordenador como un producto de uso doméstico. En realidad, fueron otros dos procesadores llamados MOS 6502 y Zilog Z80 los que redujeron su coste final a precios populares, y los que empujaron al ordenador hacia el uso personal.

Omito otros procesadores anteriores como, por ejemplo, el modelo Intel 4004, primer microprocesador de la historia, porque fueron prototipos que no tuvieron salida comercial, sin desmerecer la importancia que tuvieron que fue indudablemente muy destacable. Posteriormente, hubo otros como, por ejemplo, el modelo Intel 8008, pero fueron procesadores realmente caros. La *informática personal* nació, entre otras cosas, dentro del abaratamiento de los componentes, ya que fueron entusiastas de la electrónica los pioneros que iniciaron el camino del *ordenador personal*. Por ello, inicio este capítulo tratando con detalle aquellos microprocesadores de gran calidad que tuvieron éxito por estar acompañados de un precio asequible y popular.

Debo recordar un extracto ya contado en esta obra… en el año 1973 Chuck Peddle llegó a Motorola para trabajar en el nuevo mundo de los microprocesadores en nacimiento. Y así nació, en 1974, el procesador Motorola 6800. En ese momento Peddle propuso a Motorola diseñar una nueva versión de Motorola 6800 mucho más económica, y que creía firmemente que mejoraría el rendimiento; la ejecutiva de Motorola rechazó la propuesta y, además, prohibió al equipo trabajar sobre esa idea.

Ordenador SWTPC de 1975 que incluyó el Motorola 6800. Foto de dominio público.

En el año 1975 una empresa llamada MOS Technology, creada en 1969, se dedicaba a la fabricación de componentes para las calculadoras que estaban de moda en aquella época. En esa empresa trabajaba John Paivinen, viejo amigo de Chuck Peddle, y el segundo recaló allí con la idea de realizar el proyecto negado en Motorola. El 19 de agosto de 1974 recaló Peddle en MOS Technology acompañado de otros siete ingenieros de Motorola: Harry Bawcum, Ray Hirt, Terry Holdt, Mike James, Will Mathis, Bill Mensch, y Rod Orgill.

El movimiento de personal de Motorola hacia MOS Technology no pasó desapercibido para la dirección de la primera, y el 30 de octubre de 1974, al darse cuenta que habían perdido un importante potencial intelectual, Motorola presentó varias solicitudes de patentes relacionadas con microprocesadores.

El antiguo equipo de Motorola llegó a MOS Technology, y allí diseñaron un nuevo microprocesador totalmente compatible —pin a pin— con el Motorola 6800, pero habiendo simplificado su diseño y multiplicado por cuatro el rendimiento del nuevo sobre el 6800. En junio de 1975 el producto estaba terminado, y fue lanzado al mercado un microprocesador bastante más potente a un sensacional precio de 25 dólares por unidad; entonces Motorola bajó el precio del 6800 de 175 a 69 dólares.

Posteriormente, el 3 de noviembre de 1975, Motorola solicitó una orden judicial en un tribunal federal para impedir que MOS Technology fabricara y vendiera el microprocesador, y aquello fue acompañado de una demanda por infracción de patente y robo de secretos comerciales. Motorola afirmó que la tecnología MOS era una copia de su microprocesador, y que Mike James se había llevado documentos confidenciales relacionados con el Motorola 6800 al abandonar la empresa.

El responsable de MOS Technology, Allen Bradley, decidió no luchar contra la denuncia; en marzo de 1976, la tecnología MOS Technology contaba con poca financiación y decidió resolver el caso por la vía más rápida y menos peligrosa para la estabilidad de la empresa... dejaron de producir el procesador MOS 6501, y pagaron a Motorola 200.000 dólares en daños, devolviendo los documentos confidenciales.

Para el momento de resolver las diferencias entre ambas empresas, MOS Technology ya contaba con el microprocesador MOS 6502 que, entre otras cosas, no era compatible pin a pin con el Motorola 6800, y así pudo evitar la empresa MOS Technology que ese modelo fuera también bloqueado judicialmente.

La primera vez que ambos procesadores —6501 y 6502— fueron anunciados conjuntamente fue en septiembre de 1975; el MOS 6501 a un precio de 20 dólares la unidad, y el modelo MOS 6502 a un precio de 25 dólares. Lógicamente, a partir de marzo de 1976, ya no pudieron vender el primer modelo, pero el MOS 6502 continuó produciéndose y, en mayo de 1976, Motorola respondió a la nueva competencia bajando el precio del Motorola 6800 a 35 dólares.

El procesador MOS 6502 terminó por convertirse en todo un éxito, siendo el motor de importantes equipos como, por ejemplo, los primeros ordenadores Apple, la famosa consola Atari 2600, o el también famoso BBC Micro.

Los microprocesadores Intel 8080 y Motorola 6800 abrieron el camino de la evolución del «cerebro» del *ordenador personal*, componente esencial para dar sentido a la idea de crear un ordenador doméstico, pero fueron los entusiastas de la electrónica los que empujaron hacia una necesaria evolución primaria del *ordenador personal*, y no se podían permitir el precio de aquellos microprocesadores; el procesador MOS 6502 ofreció el mejor precio con grandes prestaciones y, junto al Zilog Z80, promovió el impulso definitivo para la popularización de la *informática personal*.

Zilog Z80

Creado en el año 1976, fue el primer microprocesador utilizado en las primeras arquitecturas unificadas de diferentes fabricantes, antesala del IBM PC, como, por ejemplo, la arquitectura del sistema MSX. Podríamos afirmar que el procesador Zilog Z80 es el de mayor éxito en el mercado de la *informática personal* en toda la historia. Ese microprocesador alcanzó la mayor cota de popularidad en la segunda mitad de la década de los años ochenta del siglo pasado.

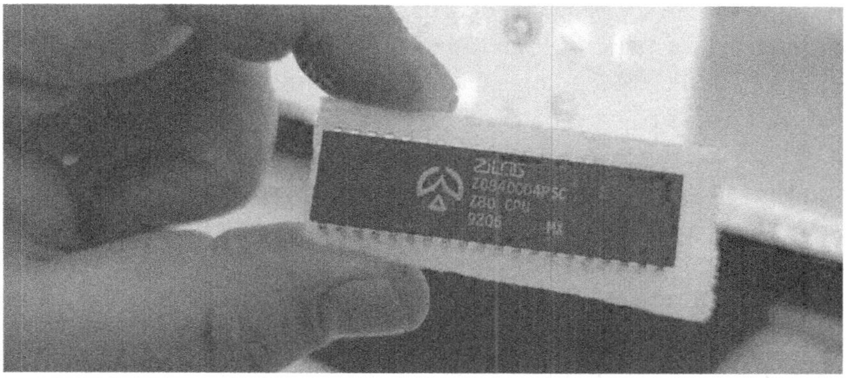

El microprocesador Zilog Z80 que forma parte de mi colección personal de la informática clásica.

La empresa Zilog fue fundada en el 1974 por Federico Faggin, que había trabajado anteriormente para Intel en los microprocesadores Intel 4004, 8008, y 8080. A los dos años de la fundación de la empresa fue lanzado al mercado el procesador Z80.

El microprocesador alcanzó las cotas más altas de popularidad cuando fue incorporado a ordenadores de gran éxito como el Sinclair ZX-80, Spectrum ZX, Amstrad CPC, o los ordenadores de la arquitectura MSX. En la década de los años noventa el microprocesador fue incorporado también a videoconsolas como SEGA Master System y SEGA Game Gear.

El éxito mundial provocó, también, que el procesador Z80 fuera un microprocesador clonado mediante ingeniería inversa por otros fabricantes como, por ejemplo, National Semiconductor, Sharp, o NEC.

Algunos datos curiosos sobre el procesador Zilog Z80: la fallida consola Amstrad GX4000 incluyó un Z80 «capado» que únicamente podía reproducir videojuegos en cartucho, y algunos secuenciadores MIDI, como el Roland MSQ700, también incluyeron un Z80 como cerebro del proceso... incluso fue utilizado para reproductores MP3... en realidad el uso del Z80 es mucho más amplio, y cuarenta años después sigue contando con mucha presencia en dispositivos del día a día.

Chip de procesador Zilog Z-80. Foto de Konstantin Lanzet. Licenciada bajo CC BY 3.0 Unported (https://creativecommons.org/licenses/by/3.0).

Después de pasadas cuatro décadas desde su creación, a vista del mercado «popular» informático, el microprocesador Zilog Z80 parece haber desaparecido de la escena tecnológica actual… sucumbido bajo los procesadores actuales diseñados bajo una tecnología muy superior. Nada más alejado de la realidad… el microprocesador Z80 sigue teniendo una presencia muy destacada en sistemas embebidos, algo que pasa desapercibido para el consumidor de *informática personal*. En el año 2009 todavía había noticias que el Z80 seguía fabricándose en grandes volúmenes.

Para la historia del Z80 es importante destacar que se han fabricado más de dos billones de unidades desde el año 1976 hasta la actualidad. Sin duda alguna, el mayor éxito en la *historia del ordenador personal*.

Federico Faggin

Federico Faggin comenzó a trabajar en Milán a los diecinueve años, en el año 1960, en el laboratorio de investigación de la famosa empresa italiana Olivetti.

Allí trabajó diseñando un ordenador experimental. Poco tiempo después dejó Olivetti para estudiar física en la Universidad de Padua, y allí, al terminar los estudios, pasó a ser profesor asistente.

En el año 1968 se trasladó a Estados Unidos y trabajó en un departamento de investigación y desarrollo de la famosa empresa Fairchild Semiconductor, empresa que introdujo el primer circuito integrado comercial, y que fue germen de la posterior —y famosa— empresa Intel.

En el año 1968 fue fundada la empresa Intel por tres empleados salientes de Fairchild Semiconductor; en 1970 recaló allí Faggin como director de desarrollo de, nada más y nada menos, que el primer microprocesador de la historia: el procesador Intel 4004. Posteriormente, en el año 1972, dirigió el diseño del primer microprocesador de 8 bits del mundo, el Intel 8008. Terminó su labor en Intel en 1974 dirigiendo el diseño del primer microprocesador que aportó un éxito comercial: el procesador Intel 8080.

En el año 1974 Faggin decidió fundar, junto a Ralph Ungermann, su propia empresa llamada Zilog Inc, y con la mirada puesta en un procesador Intel 8080 que mostró el camino del éxito comercial de los microprocesadores, decidió crear un microprocesador compatible con aquél, pero que pudiera alcanzar un rendimiento mayor… en el año 1976 lanzó al mercado el microprocesador Zilog Z80... posiblemente el microprocesador más rentable de la *historia del ordenador personal.*

La carrera empresarial de Federico Faggin continuó evolucionando al crear otras empresas tecnológicas como, por ejemplo, Cygnet Technologies en el año 1982, o Synaptics en el año 1986. También ocupó el puesto de CEO en otras empresas de tecnología no fundadas por él.

Faggin recibió numerosos premios de prestigio a lo largo de su carrera como el Premio Internacional Marconi Fellowship por sus contribuciones al nacimiento del microprocesador, la Medalla de Oro de la Ciencia y Tecnología de CNR —Centro Nacional de Investigación de Italia—, o el Premio IEEE W. Wallace McDowell en 1994 por el desarrollo de la primera tecnología de puerta de silicio, y por el diseño del primer microprocesador del mundo.

En el año 2011 fue creada la Fundación Federico y Elvia Faggin que apoya el estudio científico de la conciencia en universidades e institutos de investigación de los Estados Unidos.

Del impresionante currículo profesional de Faggin deseo destacar, principalmente, el desarrollo del microprocesador Zilog Z80, porque fue un procesador que dominó la época dorada de los ordenadores de 8 bits de los años ochenta, porque aquel diseño «vistió» a ordenadores leyenda como el ZX Spectrum o el Amstrad CPC, y porque entrado en el siglo XXI el Z80 seguía siendo un producto en fabricación para cubrir las necesidades de diversos sistemas embebidos... en definitiva... porque creó un dispositivo que es leyenda de la informática.

Además del microprocesador Intel 8080, o el Zilog Z80, existió algún que otro procesador que también forma parte de la *historia del ordenador personal...* por ejemplo el Motorola 68000.

Intel 8086 y 8088

En el año 1978 la empresa Intel lanzó al mercado un microprocesador de 16 bits llamado Intel 8086. Fue un microprocesador muy avanzado para la época, y marcó el camino a seguir en el desarrollo del primer PC de IBM tres años después, en 1981.

Pero aquel microprocesador requería, por su bus de datos de 16 bits, crear una arquitectura alrededor bastante costosa por su excesivo ancho de bus, sobre todo si era comparado a lo que existía a finales de los años setenta. Para abaratar el coste del diseño y fabricación de toda la arquitectura que le rodeaba, Intel lanzó un nuevo modelo de microprocesador con bus de datos de 8 bits.

En el año 1979 fue lanzado al mercado el modelo de microprocesador Intel 8088, que era idéntico y total compatible con el procesador Intel 8086 salvo en la longitud de la cola de instrucciones, y en el ancho del bus de datos... el primero contó con 8 bits de ancho, el segundo 16 bits.

Con el nacimiento del procesador Intel 8088 nació la conocida como familia de procesadores x86, y esa familia no fue sustituida hasta el lanzamiento de los procesadores de 64 bits o x64 —también llamada x86-64— que perteneció a la misma familia de instrucciones, pero con arquitectura de 64 bits. La familia de procesadores x86 es una arquitectura que sigue vigente en la actualidad en el mundo PC como base de los microprocesadores más modernos de la actualidad.

El lanzamiento al mercado del microprocesador Intel 8088 permitió diseñar una arquitectura de 8 bits más económica y, con el abaratamiento, se fomentó un mayor desarrollo del *ordenador personal* y, por ende, de la *informática personal*. Todo aquello aupó al microprocesador Intel 8088 a ocupar la lista histórica de microprocesadores más utilizados en la *informática personal*.

Posteriormente, llegaron las evoluciones propias de aquellos microprocesadores pioneros de la informática personal como, por ejemplo, el procesador Intel 80286, 80386, 80486, o Pentium.

Intel 80186

Como ya he tratado en esta obra, en el año 1979 Intel lanzó al mercado el procesador 8086, un producto con bus interno y externo de 16 bits de gran rendimiento para la época. En 1981, después de una fugaz prueba con el Motorola 68000, IBM decidió utilizar ese procesador para su primer IBM PC 5150.

Utilizar un microprocesador de bus externo de datos de 16 bits implicaba crear alrededor una costosa arquitectura para un ordenador personal. Así que Intel lanzó, en 1979, el procesador 8088, casi idéntico al 8086 internamente, pero con un bus de datos de 8 bits externo que permitió desarrollar una arquitectura menos costosa.

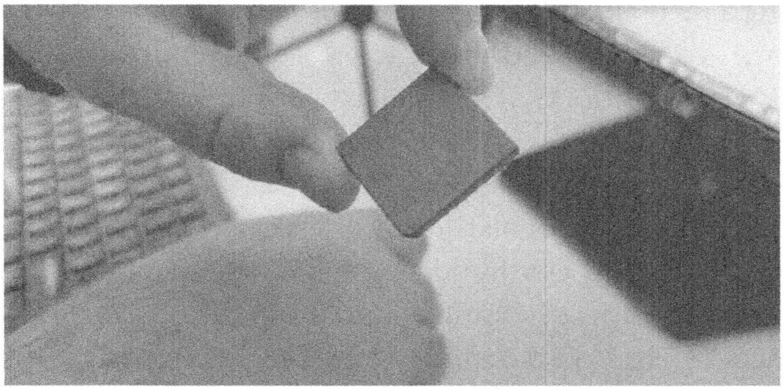

El microprocesador Intel 80186 que forma parte de mi colección personal de la informática clásica.

En 1982 Intel decidió mejorar el procesador 8086 lanzando al mercado un modelo nuevo llamado Intel 80186. Ahí nació la nomenclatura que fue utilizada para nombrar a un ordenador PC por su procesador, hasta la llegada del procesador Intel Pentium: 086, 186, 286, 386, y 486.

De la misma forma que hizo con los microprocesadores 8086 y 8088, Intel lanzó el 80186 y el 80188 como dos procesadores casi idénticos donde solo era diferente el bus externo: el primero de 16 bits, y el segundo de 8 bits. En el nacimiento del mundo PC el procesador más común fue el Intel 8088, y a todos aquellos ordenadores que lo incluyeron se les conoció como PC XT —de eXtended Technology—. En 1982 Intel lanzó el modelo 80286, microprocesador de 16 bits interno y externo para el cual no se creó una segunda versión de 8 bits. Aquellos ordenadores que incorporaron ese microprocesador se les conoció como PC AT —de Advanced Technology— o simplemente 286.

El lanzamiento del Intel 80186 fue seguido tan de cerca por el nuevo 80286 que el primero apenas tuvo presencia en el ordenador personal; muy pocos ordenadores personales incluyeron un 186. Lo habitual fue disponer de un PC XT con Intel 8088, o un PC AT o 286 basado en un Intel 80286. A finales de los ochenta muy poca gente se pudo permitir disponer en el hogar de un 286, de hecho fue, incluso difícil ver un PC XT en tiempos donde los microordenadores de 8 bits basados en Z80 dominaron el mercado personal.

Aunque la presencia del Intel 80186 en ordenadores personales fue puramente testimonial, no es un procesador raro ni difícil de conseguir en la actualidad, ya que se utilizó mucho en sistemas propietarios embebidos, y fue fabricado hasta el año 2007. Así que es un procesador accesible para los coleccionistas y amantes de la informática clásica.

¿Qué diferenció al Intel 80186 del 8086? El primero contó con un juego de instrucciones totalmente compatible para el segundo, algo que sigue sucediendo con los procesadores Intel actuales montados en el mundo PC, pero, además, incorporó siete instrucciones nuevas. También contó con una velocidad de frecuencia mayor, y con unos controladores adicionales que permitieron montar el procesador en arquitecturas con menor cantidad de circuitos integrados auxiliares. Por eso fue un procesador habitual en sistemas embebidos. La velocidad de proceso original del Intel 80186 fue de 6 Megahercios.

En el año 1987 Intel lanzó al mercado la segunda generación de la familia 80186/80188: los microprocesadores 80C186 y 80C188, siendo compatibles pin a pin con el 80186, y agregando nuevas características; la más destacada fue la inclusión de un coprocesador matemático 80187 totalmente integrado. En 1990 Intel lanzó una segunda mejora conocida como 80C186Ex, con diseño de 1 micrón y velocidad de 25 MHz.

La primera vez que utilicé un PC AT 286 en el año 1988

Hablar de las diferencias entre el PC XT, basado en el Intel 8088, y el PC AT, basado en el Intel 80286, me obliga a hacer una nueva parada en el orden lógico de mi relato, con la intención de describir mi primera experiencia personal con un ordenador AT, ocurrida en el año 1988. Considero que contar las experiencias personales de aquellos inicios de la informática de usuario activa el recuerdo a aquellos lectores que vivieron aquella época, y describe la atmósfera vivida a los lectores que no vivieron aquellos años tan especiales.

Como ya he comentado en pasajes anteriores, a finales de los años ochenta el mundo IBM PC y sus compatibles comenzaron a desplazar a los pequeños ordenadores de arquitectura propietaria basados en 8 bits como la serie Amstrad CPC, el modelo ZX Spectrum, el Sistema MSX, o el Commodore 64. Aquellos pequeños equipos comenzaron su declive a finales de los ochenta.

Contar con un equipo IBM PC era realmente costoso, económicamente hablando, y en 1983 el suceso conocido como «La Habitación Limpia», varias veces comentado a lo largo de este libro, abrió las puertas del mundo PC a otros fabricantes que construyeron nuevos equipos bajo esa arquitectura, mediante una clonación legal de la BIOS de IBM; aquello abarató el precio del PC cuando el mercado se empezó a llenar de ordenadores compatibles con el IBM PC... pero, aun así, seguían siendo muy caros al ser comparados a los microordenadores de 8 bits.

Los equipos PC eran considerados, en los ochenta, ordenadores profesionales... para tareas serias, y los pequeños microordenadores contaron con un carácter mucho más lúdico. Y en 1988, en España, era realmente difícil encontrar ordenadores PC en hogares particulares; lo que abundaban eran los ordenadores de 8 bits. De hecho, en 1988 conocí a mucha gente con ordenador en casa, pero muy pocos, casi nadie, con un PC en propiedad. Era habitual ver ordenadores PC en pequeñas y medianas empresas, pero no en los hogares.

En 1988 todavía no había cumplido catorce años y programaba en BASIC, y dominaba el sistema operativo CP/M. Pero quería acceder a un mundo más profesional... aprender MS-DOS, programar en Lenguaje C, operar con dBASE III, y trabajar con procesadores de texto de éxito como WordStar. Así que quería comprar un compatible PC.

Un ordenador Compatible PC con 640 Kilobytes de RAM, un procesador Intel 8088 de bus externo de 8 bits a 8 Megahercios, con tarjeta gráfica Hércules con monitor monocromo de fósforo verde, disco duro de 20 Megabytes y disquetera de 5,25 pulgadas costaba en torno a las 290.000 pesetas de la época; casi 1.800 euros al cambio. Ese ordenador era conocido en aquellos años bajo el nombre PC XT ya explicado. Mucho dinero para el año 1988. Si habláramos de un IBM PC original, aquello se disparaba más todavía.

En aquella época contaba en casa con un Amstrad CPC6128 y otro Amstrad PCW8256, y tuve la ocurrencia de hablar con el propietario de una de las pocas tiendas de informática abiertas en la ciudad en la que vivía en aquellos años, en Oviedo; el comercio vendía ordenadores PC Compatibles de la marca Dynadata, fabricados por la coreana Daewoo. Entonces le ofrecí un canje: mis dos ordenadores Amstrad por un Dynadata PC de las características descritas en el párrafo anterior, que era un equipo muy potente para un domicilio. Después de unos días meditando el asunto, el propietario de la tienda aceptó e hicimos el canje.

Cuando llegó el ordenador a casa pude empezar a trabajar con MS-DOS, y programar en BASICA primero, y en GW-Basic después, pero poco más podía hacer con el ordenador PC porque no tenía software ni conocía a nadie con otro PC en propiedad para intercambiar software.

Mi padre me puso en contacto con un compañero suyo de trabajo, de unos veinticinco años de edad, que estaba terminando los estudios universitarios de Ingeniería al mismo tiempo que trabajaba… tenía un PC en su domicilio que necesitaba para los asuntos de CAD/CAM de sus estudios. Quedamos en su casa para intercambiar software del mundo PC.

Cuando llegué a su domicilio me encontré una maravilla, un ordenador IBM PC AT, una auténtica joya. El ordenador conocido como PC XT, como ya he comentado antes, era aquel basado en el microprocesador Intel 8088 con 16 bits de bus interno, y un bus de 8 bits externo. Debo recordar que un ordenador PC AT era el basado en un procesador Intel 80286 de 16 bits de bus interno y externo, y a una velocidad de reloj mayor.

Aquel ordenador era, concretamente, un IBM PC 5170, un modelo que tenía 1024 Kilobytes de RAM, algo completamente inusual en aquella época, contaba con disco duro de 20 Megabytes, una tarjeta gráfica CGA, y un monitor de color. Aparte de lo que incorporaba de serie, el propietario le añadió un coprocesador matemático Intel 80287, ya que las aplicaciones de CAD/CAM que utilizaba lo requerían. Era un súper-equipo.

Ese equipo no lo había visto en ninguna empresa siquiera, lo habitual era encontrarse siempre con ordenadores PC XT. Lo primero a destacar era su teclado. Para la serie XT y AT la empresa IBM creó el teclado que, a día de hoy, sigo pensando que es el mejor jamás fabricado. Pulsar aquellas teclas era una sensación que no he vuelto a disfrutar en ningún otro teclado.

Lo segundo a destacar del equipo era su tarjeta gráfica CGA y el monitor a color. En 1988 lo más común era encontrar tarjetas gráficas Hércules, de resolución muy buena, pero monocromáticas, o tarjetas CGA, pero en fósforo verde o ámbar. Nada en color. La tarjeta CGA permitía 4 colores simultáneos en baja resolución si se contaba con un monitor a color, pudiendo elegir entre dos paletas diferentes: una de colores fríos, y otra de colores calientes. Aquello era excepcional, porque los pocos que contábamos con un PC en casa vivíamos bajo el eterno y único color del fósforo. Cambiar de tarjeta gráfica era costoso porque, además de cambiar el componente mismo, había que cambiar el monitor también. Cada tarjeta gráfica llevaba su monitor con la frecuencia que requería... no habían llegado los monitores multifrecuencia.

Para que se puedan hacer una idea, estimados lectores, les diré que en el año 1989 instalé una tarjeta gráfica CGA en mi ordenador Dynadata PC XT y compré un monitor de color Philips para aquella tarjeta; la broma costó 95.000 pesetas del monitor, y otras 60.000 pesetas la gráfica CGA. En total unas 155.000 pesetas de la época, más de 900 euros en la actualidad; mucho dinero para el momento.

Así que, en el domicilio de aquel compañero de trabajo de mi padre, pude trabajar con un ordenador que, en 1988, era la bomba de la informática personal, y pude conocer, por primera vez, la sensación del mítico teclado de IBM. En la actualidad, cuento en mi colección personal de la informática clásica con un teclado original IBM… el mejor teclado que pude tocar jamás, como ya he descrito anteriormente.

Aquel ordenador era increíble y muy difícil de encontrar en la época, y las características eran realmente muy buenas. Debo apuntar que, en el año 1988, ya existía la siguiente generación de ordenadores PC, los basados en el microprocesador Intel 80386, que abandonaron la nomenclatura XT y AT para ser, simplemente, conocidos como 386; los primeros ordenadores de 32 bits de bus interno... pero aquellos equipos solo se veían en revistas de informática; todavía tardaron un par de años en ser vistos en hogares y empresas.

Motorola 68000

En el año 1928 los hermanos Joseph y Paul V. Galvin fundaron la empresa Galvin Manufacturing Corporation aprovechando la quiebra de Stewart Battery Co. Utilizaron por primera vez el nombre comercial de Motorola al desarrollar una radio para coche en el año 1930.

Finalmente, en el año 1947, la empresa adoptó el nombre Motorola, que terminaría por ser la seña de identidad de una de las grandes e históricas empresas de tecnología con el paso de los años. Después de diseñar radios, «walkie-talkies», y los primeros dispositivos de telefonía móvil, Motorola terminó por introducirse en los años sesenta en un nuevo mundo… el diseño de los circuitos integrados.

Chip del procesador Motorola 68000. Foto de Konstantin Lanzet. Licenciada bajo CC BY 3.0 Unported (https://creativecommons.org/licenses/by/3.0).

En el año 1971 una empresa llamada Intel abrió un nuevo mundo de la informática al crear un dispositivo basado en un nuevo concepto: el microprocesador. En 1971 Intel presentó el primer microprocesador de la historia: el Intel 4004. En el año 1976 Motorola inició un proyecto llamado MACSS (Motorola Advanced Computer System on Silicon) que buscó diseñar un microprocesador que, con la evolución y el diseño de nuevas versiones, nunca pudiera perder la compatibilidad inicial.

La familia de procesadores Motorola 68k o M68K nació del proyecto MACSS, y el primer microprocesador de la serie fue el denominado bajo el nombre de Motorola 68000, lanzado al mercado en el año 1979, siendo un dispositivo electrónico que pretendió abrir una nueva era en la *informática personal* para el inicio de la década de los años ochenta; en realidad, podríamos afirmar que lo logró.

Después del nacimiento del procesador Motorola 68000 llegaron cuatro generaciones de microprocesadores de la familia, dando lugar a otros modelos posteriores como el 68008, 68010, 68012, 68020, 68030, 68040... hasta terminar en el Motorola 68060 de cuarta generación.

El primer dato curioso sobre el primer procesador de la familia M68K fue su nombre de modelo, en realidad el número 68000 era la cantidad de transistores que componían el microprocesador.

El procesador Motorola 68000 rápidamente se hizo popular, y empezó a dominar el mercado de los ordenadores basados en Unix, como las estaciones de trabajo de Sun Microsystems. La mayor cota de popularidad vino de la mano de Apple cuando, en los primeros años ochenta, incluyó al microprocesador como cerebro de los famosos ordenadores Apple Lisa y los primeros equipos de la famosa serie Apple Macintosh.

El procesador Motorola 68000 contó con un bus de datos de 16 bits, y de la misma forma que Intel lanzó un microprocesador Intel 8088 con bus de datos de 8 bits, con la finalidad de bajar los costes de desarrollo del modelo Intel 8086 de 16 bits, Motorola lanzó el microprocesador 68008 que contó con un bus de datos de 8 bits, y un bus de direcciones de 20 bits en las primeras versiones, y 22 bits en otras posteriores; una línea económica de microprocesador.

Respecto al concepto de la fabricación de procesadores diseñados para la reducción de costes, hay que tener claro que el objetivo no es, esencialmente, reducir el coste del microprocesador en sí mismo, sino reducir los costes de diseño de los restantes componentes del ordenador al reducir los anchos de los diferentes buses.

La familia de procesadores M68K se hizo muy popular gracias a ordenadores de éxito que incluyeron alguno de los modelos de la serie. Algunos de los famosos ordenadores que contaron con un M68K como procesador fueron, por ejemplo, la serie Commodore Amiga, Atari ST, Sharp X68000, o Sinclair QL... todos ellos tratados en este libro.

Algunas máquinas recreativas incorporaron algún procesador de la familia, y al mundo de las consolas de videojuegos también llegaron... por ejemplo, el procesador Motorola 68000 alcanzó a los modelos SEGA System 16 y SEGA Mega Drive.

Es importante comentar que la serie de microprocesadores de Motorola no únicamente fueron utilizados como cerebro principal de algunas series de ordenadores, sino también fue utilizado en otro tipo de sistemas integrados como en algunas de las primeras impresoras láser como, por ejemplo, Apple Laserwriter y HP Laserjet.

Para valorar la capacidad del Motorola 68000 lanzado en el año 1979 debe ser comparado con otro microprocesador parecido de la misma época: el famoso procesador Intel 8086. El segundo fue lanzado en el año 1978, y estaba compuesto de 29.000 transistores, contando con un bus de datos de 16 bits, bus de direcciones de 16 bits, y 14 registros en total de 16 bits cada uno. En definitiva, un microprocesador de 16 bits. El procesador Motorola 68000, lanzado un año después, estaba compuesto de 68.000 transistores, un bus de datos de 16 bits, bus de direcciones de 24 bits, y un total de 18 registros de 32 bits cada uno. En definitiva, el Motorola 68000 era un microprocesador de 32 bits. Una vez conocidas las principales diferencias, poco más se puede añadir con respecto a las posibilidades de la familia M68K.

Desde el punto de vista del desarrollo sobre la familia M68K, también era necesario tener en cuenta algunas particularidades propias del desarrollo, por ejemplo, en una rutina de servicio de una interrupción de nivel 7 no era posible tocar la máscara de interrupción del SR, ya que terminaba por generar una interrupción de nivel 7 y, con ello, el riesgo de una «recursividad infinita» que terminaría en un desbordamiento de pila.

Con el paso de los años fueron desapareciendo las plataformas que utilizaron la serie M68K debido a, principalmente, el empuje de la «total compatibilidad» del mundo PC, que aupó a Intel y AMD a la cima de la fabricación de microprocesadores. Solo se mantuvo Apple con sus Macintosh, hasta que Motorola, en colaboración con la propia Apple e IBM, lanzó al mercado en el año 1993 la familia de procesadores de arquitectura RISC llamada PowerPC, que fueron los microprocesadores que sustituyeron a la familia Motorola 68k en los Apple Macintosh a partir de 1994 —también fueron utilizado en algún sistema de IBM, Amiga, o Acube Systems—.

No obstante, en la actualidad, se siguen utilizando microprocesadores de la familia M68K: El modelo Motorola 68020 es utilizado en la red viaria de trenes francesa, en cohetes espaciales, o en aviones de combate. El microprocesador Motorola 68030 es utilizado en hardware para redes como, por ejemplo, diferentes «routers».

Posiblemente, el microprocesador Zilog Z80 sea el más recordado dentro de la corta historia de la informática, por ser el componente esencial de la primera *informática personal* de bajo coste basada en 8 bits; pero la familia Motorola 68k es una serie de procesadores que poblaron los *ordenadores personales* más potentes de la segunda mitad de los años ochenta, y crearon una tecnología que pudo competir directamente con la creada Intel, que persiguió una estrategia diferente.

El Coprocesador Matemático

En la actualidad, el concepto de coprocesador matemático ha caído en desuso hasta el punto que las nuevas generaciones, es fácil que ni siquiera hayan oído hablar de ese término.

En los primeros años de la *informática personal* los microprocesadores estaban limitados en lo que al cálculo matemático respecta, sobre todo en operaciones de coma flotante complejas. Por ello, fabricantes como Intel o Motorola desarrollaron procesadores secundarios que no eran de propósito general, sino que contaron con un propósito concreto: realizar cálculos matemáticos complejos. Y aquellos procesadores eran complementarios al microprocesador principal.

En los años ochenta, y primeros años noventa, existían algunos usuarios que compraban, a modo de extra, un coprocesador matemático para sus equipos, ya que determinadas aplicaciones de software lo requerían, por ejemplo, aplicaciones destinadas al diseño asistido por ordenador «CAD» —el famoso Autocad requería coprocesador para su ejecución—.

La arquitectura más popular a finales de los años ochenta era el IBM PC compatible, y el fabricante de microprocesadores más popular era Intel… entonces seguiré a Intel para explicar la cronología del coprocesador matemático.

El primer coprocesador matemático de la empresa Intel fue llamado 8231, siendo lanzando en el año 1979 como procesador complementario al microprocesador Intel 8080 de 8 bits.

En el año 1980 Intel lanzó el primer coprocesador matemático destinado a ser el complemento del primer microprocesador de 16 bits de Intel, el modelo 8086. El coprocesador fue bautizado con el nombre de Intel 8087.

En el año 1982 fueron presentados los microprocesadores Intel 80186 y 80188, que eran mejoras de los respectivos Intel 8086 y 8088. Al mismo tiempo, fue lanzado el coprocesador matemático 80187, que era el complementario para el 80186. En el caso del 80188 solo podía ser complementado por el antiguo 8087.

En el mismo año 1982 también fue lanzado al mercado el microprocesador Intel 80286, y su coprocesador complementario 80287. Después de un periodo de descanso de cuatro años, en 1986, Intel presentó el microprocesador 80386 y su coprocesador matemático complementario 80387.

Chip del coprocesador Intel 80187. Foto de Konstantin Lanzet. Licenciada bajo CC BY 3.0 Unported (https://creativecommons.org/licenses/by/3.0).

En el año 1989 Intel presentó un microprocesador muy revolucionario denominado 80486, que fue el primer microprocesador que incorporó coprocesador matemático de serie dentro del mismo encapsulado del núcleo principal… pero en la versión DX. Pero, al mismo tiempo, incorporó una línea de microprocesadores más económicos, la serie 486SX, que no dispuso de coprocesador matemático operativo en su interior. Por lo tanto, existió un coprocesador matemático 80487, pero… ¡cuidado!… en realidad, el 80487 era un 80486DX completo.

Con la serie 486 murió la nomenclatura ordinal mantenida por Intel hasta la fecha, para nacer la nomenclatura «Pentium» y, al mismo tiempo, todos los microprocesadores posteriores incorporaron siempre coprocesador matemático. Por lo tanto, se dejaron de fabricar como elementos separados; ya no era un extra.

No obstante, es importante destacar que en la familia x86 sí existió un 80587 creado por una compañía ajena a Intel llamada NexGen. En concreto, el coprocesador matemático fue llamado bajo el nombre de Nx587, que era el procesador complementario al Nx586. Y ahí terminó la historia de los coprocesadores matemáticos en la familia x86.

CAPÍTULO 9. PROCESADORES DE LOS OCHENTA Y NOVENTA

A finales de los años ochenta, y durante toda la década de los noventa, la informática personal se extiende rápidamente, y el microprocesador comienza a ser un dispositivo muy popular entre los usuarios.

Intel 80486SX

Entre los años 1989 y 1997 Intel fabricó una serie de microprocesadores que fueron realmente innovadores para la época... la serie Intel 80486.

La versión cara del microprocesador Intel 80486 fue el modelo DX, incorporando como novedad el coprocesador matemático integrado junto al microprocesador, todo ello bajo un encapsulado común, dejando de ser aquel coprocesador un extra.

Otra novedad fue la incorporación de una memoria caché interna junto con el microprocesador para agilizar el proceso, naciendo así la separación de memoria caché por niveles —hasta ese momento la única caché se encontraba en la placa base, alejada del procesador—.

Desde sus inicios Intel ya había fabricado versiones económicas de microprocesadores en paralelo a los modelos oficiales más caros; por ejemplo, diseñó y fabricó el procesador Intel 8088 que era más barato que el Intel 8086, o el microprocesador Intel 80386DX que convivió con una versión más económica llamada 80386SX.

Con la llegada de la serie 486 Intel mantuvo la nomenclatura de la serie anterior 386, creando la gama DX, más potente y cara, y una gama SX, menos potente y más barata. Pero... ¿qué diferencia real existió entre ambos procesadores? Y aquí nació el misterio.

En realidad, la diferencia entre el 80486DX y el 80486SX era que el segundo no disponía de coprocesador matemático. En principio, no había más diferencias. Lo extraño del 486SX era que, realmente, en su interior si existía un coprocesador matemático, pero se encontraba desactivado. ¿Y qué sentido tenía fabricar un coprocesador matemático para después ser anulado? En principio ningún sentido.

Existen muchas hipótesis que podrían explicar el asunto del coprocesador matemático anulado, y alguna de ellas incluso se da por cierta en algunas fuentes de gran importancia existentes en Internet. Vamos a exponer las hipótesis más comunes.

Primera hipótesis:

En la línea de producción del Intel 80486DX, en ocasiones, el producto sufría daños de fabricación. Una vez que un producto no pasaba el control de calidad por daños, si el daño se encontraba en el coprocesador matemático, se anulaba y se vendía más barato etiquetado como Intel 80486SX.

Segunda hipótesis:

Los primeros microprocesadores Intel 80486SX realmente eran una serie de microprocesadores Intel 80486DX que en la línea de producción sufrieron algunos defectos de fabricación que dañaron el coprocesador matemático. Intel decidió crear una línea de microprocesadores «light» para venderlos más baratos. Sobre esta hipótesis se afirma que una vez finalizada la venta de la serie dañada, se continuó fabricando la serie 80486SX por culpa de la gran demanda que tuvieron por ese modelo.

Tercera hipótesis:

El encapsulado del Intel 80486SX era diferente, de peor calidad que el DX para abaratar el coste de fabricación y así rebajar el precio de venta al público. Se puede sospechar que ese encapsulado requería, por el motivo que fuera, anular el coprocesador matemático para que todo el producto fuera estable.

La primera hipótesis es la explicación que, en mayor medida, se ofrece en Internet para resolver el porqué de la diferencia entre ambos procesadores. No pude encontrar ningún sitio oficial, que confirme el motivo real por el cual el 486SX incorporó un coprocesador matemático desactivado, así que todo lo expuesto son conjeturas.

El asunto del coprocesador matemático no era el único «expediente X» en la serie 486. A un ordenador equipado con un microprocesador Intel 80486SX se le podía añadir, aparte, un coprocesador matemático Intel 80487. La realidad era que el coprocesador matemático Intel 80487 realmente era un Intel 80486DX, y al ser insertado en un ordenador SX lo que hacía era anular al segundo y operar como procesador principal con toda la funcionalidad DX.

La historia de la serie 486 de Intel forma parte de las leyendas del hardware, seguramente podríamos calificar el asunto como leyenda urbana. Cuando menos, lo sucedido con el 486SX y el 487 no sigue unas pautas lógicas... seguramente faltará información importante que aclare todas las dudas sobre aquellos productos.

El multiplicador

En el año 1989 la empresa Intel presentó el microprocesador 80486DX, que fue un procesador muy revolucionario.

En el año 1992 Intel lanzó al mercado el microprocesador 80486DX2 a 66 Mhz de velocidad, un procesador que era idéntico al 486DX original salvo la parte correspondiente al circuito interno del reloj; básicamente lo que hacía era duplicar internamente la velocidad del bus externo. Podría afirmar que, con el nuevo microprocesador, nació el multiplicador que permitía operar a una velocidad superior mediante múltiplos de la velocidad del bus.

El microprocesador 486DX2 a 66 Mhz de velocidad era un procesador que incorporó un multiplicador 2X, es decir, operaba al doble de la velocidad del bus externo que era de 33 Mhz. En aquellos años también existió el 486DX2 a 50 Mhz, que fue un microprocesador con un multiplicador 2X sobre una velocidad de bus de 25 Mhz... pero fue un componente de mucha menor trascendencia, y muy poca presencia en el mercado.

Aquel microprocesador DX2 fue novedoso y, posteriormente, en futuros productos de Intel, con la introducción de la configuración manual de la velocidad del FSB —«Front Side Bus», o velocidad del «BUS»— y el multiplicador en placa base, se abrió la puerta a los usuarios para la ejecución de un proceso conocido como «Overclocking».

Además, el 486DX2 coincidió en España con un «boom» de la informática que, sumado al efecto clónico, y por tanto abaratamiento de los equipos informáticos, animó al usuario particular a comprar ordenador ... el microprocesador Intel 486DX2 fue —realmente— el más popular de toda la saga 486.

En el año 1994 Intel presentó el 486DX4 en dos versiones: 75 Mhz y 100 Mhz. El nuevo microprocesador no cuadruplicaba internamente la velocidad de la placa base según podía dejar entrever el sufijo, sino que la triplicaba, por lo que un 486DX4 a 75Mhz era montado en sistemas con FSB de 25 Mhz, y el 486DX4 a 100 Mhz era montado en sistemas con un FSB de 33 Mhz.

Lo curioso en el modelo DX4 fue que Intel ya fabricaba desde un año antes, en 1993, el microprocesador Intel Pentium que era una nueva tecnología con la que buscaba dejar atrás a la competencia. Pero el procesador Intel Pentium tuvo problemas en su ejecución, y prácticamente hasta el año 1995 no comenzó a tener presencia real en el mercado español. Entre uno y otro, el 486DX4 tuvo tiempo de ser un producto muy común en los *ordenadores personales*.

Con la saga DX2 y DX4 de Intel se hizo necesario introducir nuevos componentes en el ordenador como ventiladores y disipadores para colocar sobre el microprocesador, ya que las altas velocidades de proceso generaban demasiado calor, y requería añadir aquellos dispositivos de enfriamiento.

Algunos incorporaron solo disipador, otros ventilador y disipador, alguno que otro nada, pero el rendimiento bajaba si no se ventilaba adecuadamente.

Con la llegada del modelo Intel Pentium la disipación y ventilación directa sobre el microprocesador ya era elemento imprescindible hasta el punto que no usarlos no solo podía provocar la bajada de rendimiento, sino que, además, el excesivo calor podía dañar al microprocesador.

Las líneas 486DX2 y DX4 fueron protagonistas de una gran época de crecimiento de la *informática personal* en España, además de marcar el inicio de lo que serían los procesadores posteriores. Sin duda aquel microprocesador fue muy popular en unos años donde el usuario personal comenzaba a introducirse en el mundo de la informática, y dio la entrada a nuevos conceptos y a nuevos componentes dentro de los sistemas informáticos.

El overclocking

En los años noventa, con la aparición de los ordenadores clónicos y la evolución de la arquitectura del IBM PC original, se extendió rápidamente una práctica conocida con el nombre de «overclocking», proceso que hacía referencia al método seguido para forzar el rendimiento del sistema con el objeto de aumentar la velocidad del ordenador.

En los últimos años del siglo pasado fue una práctica muy habitual en aquellos usuarios de informática que contaron con los suficientes conocimientos de hardware para ejecutar el proceso con éxito.

Los ordenadores basados en la arquitectura IBM PC forman un sistema, o un conjunto, que debe funcionar en armonía dirigido por la batuta de un ciclo de reloj que marca los tiempos. Cuando hablamos de la velocidad de un ordenador, que en la década de los noventa era determinada mediante la unidad de medida megahercio, y actualmente se mide en gigahercios, normalmente solo se tenía en cuenta la velocidad del microprocesador. Pero en un sistema moderno existen muchas velocidades diferentes: la del FSB, la de la tarjeta gráfica, la de la memoria RAM, etcétera.

La velocidad FSB es la velocidad a la que circulan los impulsos eléctricos por el bus, que son los canales de comunicación de todos los dispositivos que forman el ordenador. Por lo tanto, podríamos afirmar que es la velocidad de la placa base del ordenador.

En los ordenadores de arquitectura PC, normalmente, las placas base son fabricadas para que funcionen sobre ellas una amplia variedad de microprocesadores de un mismo fabricante, y el método para elegir la configuración adecuada pasa por seleccionar la velocidad correcta de la placa base o FSB, y después un multiplicador que determina la relación entre la velocidad de la placa base y la velocidad del microprocesador.

Pongo un ejemplo: un ordenador del año 2000 que contaba con un microprocesador Intel Pentium III de 400 Mhz de velocidad, era montado sobre una placa base con una velocidad FSB de 100 Mhz. Por lo tanto, al seleccionar la velocidad en la placa base a 100 Mhz, posteriormente se debía seleccionar el multiplicador «4x» al configurar el microprocesador. Al multiplicar ambos se obtenían los 400 Mhz de velocidad para los que fue fabricado el procesador.

Los métodos para realizar la configuración eran diversos. El más habitual era la configuración vía hardware, ya que la mayoría de placas base, en su electrónica, contaron con un par de «jumpers» o puentes que permitían seleccionar la velocidad del FSB y el multiplicador. Por lo tanto, era necesario abrir el ordenador y utilizar unas pinzas…

Otro método era la configuración desde la BIOS del sistema por medio de los menús de configuración accesibles al arrancar el ordenador, por lo que no era necesario abrir el ordenador y revolver en la electrónica. Esto era así porque muchos fabricantes incorporaron la configuración vía software en lugar de hardware.

También existieron placas base que autodetectaban la velocidad FSB y el multiplicador, por lo que eran componentes electrónicos a los cuales no se les podía realizar un «overclocking». Este tercer caso era muy poco habitual.

Muchos usuarios de la *informática personal* buscaron obtener un mayor rendimiento en sus ordenadores, y la práctica del «overclocking» comenzó a ser algo habitual. ¿Cómo lo hacían? Sigamos el ejemplo iniciado anteriormente...

Si a nuestro ordenador Intel Pentium III de 400 Mhz de velocidad le modificamos algunos valores, forzamos la velocidad en el sistema. Por ejemplo, vamos a seleccionar 110 Mhz de FSB en lugar de 100 Mhz, y 4.5x de multiplicador en lugar de 4x. Al cambiar los «jumpers» o la configuración de la BIOS, pasamos de operar a 400 Mhz a trabajar sobre una velocidad de 495 Mhz. En total 95 Mhz extra.

Pero... ¡cuidado!... nuestro sistema va a consumir más energía, y el calor generado —y por tanto desprendido— por los componentes será mayor... el sistema puede volverse inestable.

Un microprocesador está diseñado para operar bajo unas condiciones concretas, si es forzado, la emisión extra de calor por el aumento de tráfico y consumo energético podría provocar daños irreversibles. Para ejecutar un «overclocking» era necesario tomar algunas medidas como eran:

No configurar velocidades exageradas; la diferencia entre la velocidad real y la forzada no debía ser grande. Normalmente el «overclocking» seleccionado debía ser un poco superior a la velocidad real para la que fue diseñado.

Se debían tomar medidas extra de refrigeración, y las medidas eran tomadas en función al grado de «overclocking» seleccionado. Se podían incluir ventiladores extra, ventiladores y disipadores de mayor tamaño, refrigeración por agua, o incluso incorporar una refrigeración por célula Peltier.

Con la ejecución de los métodos de «overclocking» muchos usuarios dañaron componentes y frieron, literalmente, sus sistemas, por lo que siempre era una práctica peligrosa, sobre todo si no se contaba con un buen conocimiento de lo que se estaba haciendo.

Y aun contando con el conocimiento adecuado, el riesgo existía también, aunque quizás en menor grado. También es necesario tener en cuenta que, si el «overclocking» a ejecutar implicaba gastar dinero en medidas de seguridad como la refrigeración, quizás fuera más rentable adquirir un procesador más rápido. El «overclocking» no siempre compensaba.

Con el paso de los años, el «overclocking» fue perdiendo fuerza debido a varios factores. En primer lugar, porque los precios del hardware informático se vieron reducidos con el paso de los años. En segundo lugar, porque los medios electrónicos portables como los móviles y las «tablets» redujeron las necesidades de uso de los ordenadores de arquitectura PC.

Nec V20

La conocida empresa japonesa Nec Corporation diseñó y fabricó durante años microprocesadores para computadoras. Entre los años 1982 y 1990 fabricó, concretamente, un microprocesador bautizado con el nombre Nec V20 que fue muy popular, sobre todo al final de la década de los años ochenta del siglo pasado.

El microprocesador Nec V20 era totalmente compatible con el famoso procesador Intel 8088 creado para los ordenadores IBM PC, de hecho, fue diseñado mediante ingeniería inversa sobre el original 8088. El diseño de la empresa japonesa era más eficiente ya que alcanzó una velocidad mayor que el original en el que se basó: cuando el microprocesador Intel 8088 alcanzaba en su «modo Turbo» 8 Mhz de velocidad, el Nec V20 podía alcanzar los 10 Megahercios.

Con la tecnología actual —y los movimientos de datos que tenemos hoy en día— tanto las velocidades de ambos como su diferencia serían ridículas, pero en aquellos años los 2 Mhz de diferencia eran importantes.

En versiones posteriores al procesador Nec V20, el fabricante japonés alcanzó velocidades de hasta 16 Mhz... y a misma velocidad en ambos procesadores, el rendimiento del Nec V20 era un 20% mayor al obtenido con el Intel 8088. Otra diferencia importante era el juego de instrucciones; además de las instrucciones compatibles con el Intel 8088, el Nec V20 incorporó un juego de instrucciones extra que le aportaron mayor potencia en determinados cálculos.

A finales de los años ochenta, muchos distribuidores de informática que contaban con acuerdos con grandes fabricantes de ordenadores PC compatibles, vieron la posibilidad de adquirir por separado, y por otros canales, los componentes, con la premisa de empezar a montar sus propios equipos informáticos, para terminar, creando sus propias marcas. Y nació el mundo de los ordenadores «clónicos» a nivel de distribución o gran comercio.

Cuando aquella práctica se convirtió en habitual, la competencia creció y fue, entonces, cuando proliferaron en España equipos compatibles con IBM PC que en su interior contaron con un Nec V20 en lugar del habitual Intel 8088.

Sospechamos —no tenemos la certeza— que el crecimiento de ventas del Nec V20 se debió a contar con un precio más competitivo que el producto de Intel en una época donde la competencia comenzaba a crecer mucho.

También es importante comentar que no solo Nec Corporation fabricó el microprocesador V20, la empresa japonesa también licenció la fabricación del componente a terceros como, por ejemplo, Sony o Sharp. En el año 1990 Nec Corporation dejó de fabricar el microprocesador V20 y, un tiempo después, abandonó el diseño y fabricación de microprocesadores basados en la arquitectura x86, aunque es necesario aclarar que nunca dejó de licenciar a otros fabricantes los diseños de sus procesadores x86.

Intel y AMD

En la arquitectura x86 y x64 del mundo IBM PC y compatibles existió, durante varias décadas, un dilema a la hora de elegir un ordenador... comprar un equipo informático con microprocesador Intel o AMD. Incluso siempre ha existido un debate entre los seguidores de un fabricante u otro. Pero la gran pregunta es... ¿cuántos saben que AMD tuvo un contrato con Intel para fabricar microprocesadores?

La relación entre Intel y AMD siempre ha sido muy estrecha, mucho más de lo que la mayoría de la gente cree, ya que existe una imagen global que ambas empresas, por ser rivales directos, están muy separadas entre sí. Pero tienen demasiadas cosas en común.

Podríamos empezar por Fairchild Semiconductor, empresa creadora del primer circuito integrado comercial, que fue el origen tanto de Intel como de AMD. La empresa Intel fue fundada en el año 1968 por unos físicos y químicos que provenían de la empresa Fairchild Semiconductor. La empresa AMD («Advanced Micro Devices») fue creada muy poco tiempo después, en el año 1969, por un grupo de ejecutivos que provenían de la misma empresa... de Fairchild Semiconductor. Aquí tenemos la primera gran coincidencia.

En el año 1981, la empresa IBM eligió al microprocesador de Intel 8086-8088 como el procesador que dará vida a los primeros equipos IBM PC. A partir de ahí, se creó una larga relación entre Intel y el mundo PC que permanece vigente actualmente. Pero en el año 1982, por normativa interna de IBM que exigía a dos fabricantes diferentes para cada chip, Intel firmó un acuerdo con AMD para que este último tuviera licencia para fabricar los procesadores Intel 8088 e Intel 8086, y así cumplir el requisito de los dos fabricantes para el mismo microprocesador.

Durante los años ochenta existieron chips fabricados por AMD que llevaron la firma de Intel. ¿Por qué aparecían ambos fabricantes en la serigrafía? Porque AMD es el que fabrica el chip, pero el diseño y la propiedad de la arquitectura pertenece a Intel. Podríamos decir que el segundo fabricante de los procesadores exigido por IBM, en este caso AMD, estaba bajo el yugo de un contrato de licencia de Intel.

En el año 1982 Intel lanzó al mercado el procesador 80286 y, en referencia al acuerdo con Intel, AMD fabricó el microprocesador.

Llegado el año 1986 los equipos IBM PC comenzaron a perder fuerza contra los ordenadores compatibles de arquitectura PC creados con aquello de La Habitación Limpia. Por lo tanto, surgieron muchas empresas que fabricaron ordenadores PC ajenas todas ellas a IBM, y que son las que, verdaderamente, crearon la onda expansiva del mundo PC que lanzó al mencionado sistema hacia una globalidad mundial.

Los fabricantes ajenos a IBM son los que tuvieron la cuota de mercado importante a finales de los años ochenta, y no exigieron dos suministradores diferentes para los microprocesadores. Entonces Intel vio el negocio y en el año 1986 presentó un nuevo e innovador microprocesador llamado Intel 80386, el cual no compartió en diseño y arquitectura con AMD... decidió romper el contrato con ellos.

Intel ya no necesitaba al segundo fabricante para vender sus microprocesadores. En este punto Intel y AMD se separaron definitivamente, comenzando la auténtica rivalidad y competencia en la lucha por controlar el mundo de los microprocesadores de la arquitectura PC. Y aquello más que separar... unió más todavía... misma guerra y un único rival enfrente.

Al mismo tiempo, los dos grandes fabricantes y con el paso de los años, evolucionaron hacia estrategias diferentes si excluimos a la guerra por el dominio del procesador del mundo PC, ya que Intel se extendió a los ordenadores Apple, y AMD compró ATI, y entonces decidió desarrollar procesadores exclusivos para el mundo de las tarjetas gráficas.

La batalla entre Intel y AMD por dominar el mundo de los microprocesadores ha sido muy dura —y muy larga— durante años, pero esto no implica obviar que ambas empresas fueron un tiempo socias y compartieron cosas en común.

No obstante, hay espacio para una pregunta... ¿fue AMD el primer gran competidor de Intel en el terreno de los microprocesadores?

En el año 1988 una empresa llamada Cyrix fue fundada por exempleados de Texas Instruments, y en sus primeros años desarrolló coprocesadores matemáticos de alto rendimiento para sistemas basados en 286 y 386. Poco tiempo después, la empresa Cyrix se transformó en un gran competidor de Intel.

Durante toda la década de los años ochenta Intel mantuvo un gran monopolio sobre los procesadores para la arquitectura IBM PC, solo Nec o NexGen, antes de ser adquirida la última por AMD, pudieron competir en algún momento dentro del mundo PC, pero en menor medida y en modelos concretos de procesadores.

En los primeros años de la década de los noventa fue cuando comenzaron a surgir los primeros fabricantes que crearon una oposición real a Intel, empresas que fueron más allá de la creación de un único modelo de procesador de éxito como pasó, por ejemplo, con Nec... pero... ¿quién fue el primer gran competidor de Intel? Esta pregunta no es fácil de responder... más bien es fácil «opinar» sobre ella.

En realidad, AMD es una empresa muy antigua —fundada en la década de los años sesenta del siglo pasado— contra una empresa como Cyrix, que fue fundada a finales de la década de los años ochenta.

Es importante recordar, de nuevo, que AMD operó como subsidiaria de Intel hasta finales de esa década de los años ochenta, por lo que aquellos años no fueron competidores de Intel, sino que fueron parte activa importante para mantener el monopolio sobre la arquitectura PC.

El primer microprocesador de éxito de AMD, después de la cancelación del acuerdo con Intel, fue el Am386 lanzado en el año 1991. En cambio, Cyrix lanzó sus primeros modelos de microprocesador en el año 1992 con la presentación de los modelos 486DLC y 486SLC.

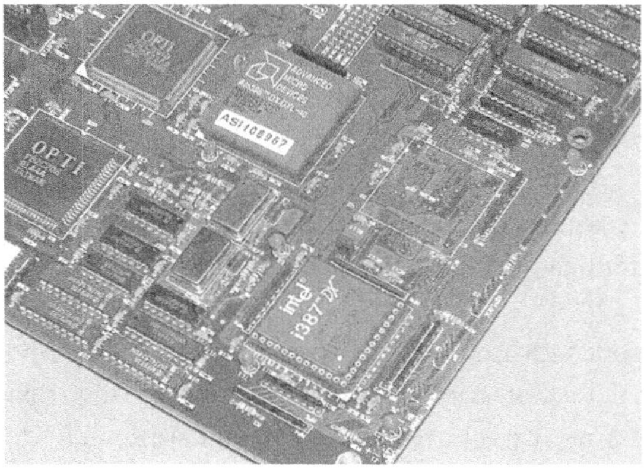

Placa base con procesador Am386DX y coprocesador matemático Intel i387DX. Licenciada bajo CC0 1.0 Universal (https://creativecommons.org/publicdomain/zero/1.0).

En principio, todo apunta a que AMD podría haber sido el primer gran competidor de Intel, pero, desde mi punto de vista, Cyrix fue realmente el primero ¿Por qué afirmo esto cuando las fechas y la antigüedad parecen confirmar lo contrario? Porque en mi opinión, que viví en directo aquellos años ochenta y noventa de la *informática personal*, comencé a oír hablar de Cyrix un tiempo antes de oír hablar, por primera vez, de AMD.

En cierto modo, las carreras en solitario de ambas empresas son casi paralelas… pero AMD tardó un poco más en popularizarse. En realidad, el nombre de AMD como competidor serio de Intel comenzó en el año 1996 a partir del lanzamiento del microprocesador AMD K5, y aumentó su competencia más todavía cuando la empresa adquirió a NexGen y utilizó su tecnología para presentar el AMD K6 en 1997, que fue la consolidación real de AMD como gran fabricante de microprocesadores opositor de Intel.

Microprocesador AMD K6. Licenciada bajo CC0 1.0 Universal (https://creativecommons.org/publicdomain/zero/1.0).

También es importante señalar que los diseños de Cyrix, obtenidos mediante una ingeniería inversa, fueron completamente independientes a los diseños de Intel. No obstante Intel, en algún momento, llegó a considerar a Cyrix como un importante rival y, entonces, demandó a la empresa por violación de patentes.

En el año 1997 sucedió lo contrario, Cyrix demandó a Intel por violación de patentes en los modelos Pentium Pro y Pentium II; ambos litigios fueron resueltos mediante acuerdos extrajudiciales entre ambas empresas. En el caso de AMD, en los primeros años, los diseños no eran del todo independientes de Intel... existió una pequeña dependencia del fabricante de microprocesadores más famoso del mundo PC.

Los microprocesadores Cyrix de las series 486SLC y 486DLC, en realidad, eran compatibles «pin a pin» con la serie 386 de Intel, por lo que podríamos afirmar que un 486 de Cyrix contaba con mayor rendimiento que un 386 de Intel gracias a ciertas mejoras tecnológicas, pero inferior en rendimiento si era comparado a un 486 de Intel.

Además, en los primeros procesadores Cyrix, fueron famosos los problemas con la emisión de calor... necesitaron de un buen ventilador y disipador, además de la necesidad de añadir pasta térmica sobre la superficie del microprocesador para lograr una mayor conducción del calor entre micro y disipador.

Posteriormente, Cyrix lanzó los modelos 486SRX2, 486DRX2, Cx5x86, Cx6x86, y en el año 1997 se fusionó con National Semiconductor para lograr una mayor potencia empresarial; al final terminó siendo comprada por Via Technologies que dejó, poco a poco, de usar activamente el nombre Cyrix y se perdió definitivamente como rival prometedor de Intel que fue en su momento. En cambio, AMD permaneció en la senda de crecimiento para terminar por convertirse en el rival más importante de Intel en toda la historia de la arquitectura IBM PC.

NexGen y AMD

¿Quién no conoce a Intel o AMD? Pues probablemente casi todo el mundo conoce a ambas empresas. ¿Y quién conoce a NexGen? Pues no mucha gente; las nuevas generaciones tienen difícil conocer a NexGen a no ser que exista una tendencia a buscar información sobre la informática de hace treinta años. Y entre las no tan nuevas generaciones tampoco es una empresa muy conocida... pero NexGen dispone de una curiosa historia.

En 1993, cuando Intel anunció un gran cambio dirigido a la tecnología de procesadores de los años noventa con el lanzamiento del Intel Pentium, la empresa norteamericana NexGen fue noticia al ser la primera empresa que lanzó al mercado un «clon» del microprocesador de Intel.

NexGen nació en California en el año 1986, siendo fundada por Thampy Thomas, y su propósito era fabricar semiconductores... microprocesadores de la familia «x86», que era la «niña bonita» de la arquitectura de procesadores de aquellos años.

Inicialmente la empresa fijó la mirada en la fabricación de un procesador de la familia 386, pero el resultado final fue un chip con un diseño tan extenso que fue inviable... y ya había llegado el 486 al mercado.

La empresa NexGen fue conocida, principalmente, por la diferente arquitectura de sus procesadores, ya que utilizaron las instrucciones estándar de la familia «x86» que, normalmente, rodaban en una arquitectura CISC, para incorporarlas al interior de un procesador con arquitectura RISC... una particularidad que le distinguió totalmente de otros fabricantes. Además, la empresa fue conocida por lanzar al mercado el último coprocesador FPU en la familia «x86»; el NexGen Nx587.

El segundo diseño de NexGen, anunciado en 1994, fue el modelo Nx586 —la empresa se saltó el 486—... la idea fue competir directamente con el Intel Pentium. Aquí sucedió un importante hecho: NexGen se convirtió en la primera empresa de la competencia en crear un «clon» del Pentium porque, para aquellos, años AMD estaba fabricando el K5, otro tipo de tecnología que le separó totalmente del Pentium.

En principio, el modelo Nx586, atendiendo al ciclo de reloj, era más rápido que el Pentium, pero las mediciones fueron hechas con un «chipset» más antiguo, y cuando NexGen quiso lanzar el procesador, el procesador Pentium había mejorado mucho su rendimiento gracias al «chipset» Triton. Además, el Pentium contó, al igual que el 486, con el coprocesador matemático integrado. En el caso del modelo Nx586, el coprocesador era un componente separado... el anteriormente mencionado coprocesador Nx587.

Posteriormente NexGen lanzó el Nx586-PF100, una nueva integración que incorporó procesador y coprocesador en un mismo circuito.

Otro problema del Nx586; era identificado como un 386 en los ordenadores PC, y las aplicaciones de software que requerían un procesador mayor al 386, no funcionaban.

No obstante, aun con todos los problemas comentados, el Nx586 aportó dos grandes movimientos en la mitad de la década de los años noventa del siglo pasado. El primero: la empresa Compaq, que había respaldado económicamente a NexGen en su creación, anunció que sus equipos iban a incorporar el Nx586 en lugar del Pentium, e incluso llegó a cambiar el nombre en publicidad y demos. Pero, finalmente, no llegó a utilizar masivamente el chip.

El segundo movimiento vino de la mano de AMD que, con el K5, no había logrado el objetivo propuesto tanto en ventas como en diseño, y de cara al nuevo K6 fijó su mirada en el Nx586 y en la peculiar arquitectura creada por NexGen.

AMD terminó por adquirir la empresa NexGen, noticia que fue hecha pública en diciembre de 1995. Y el nuevo procesador AMD K6 incorporó la arquitectura particular creada por NexGen para su familia «x86». En realidad AMD al adquirir a NexGen, cesó la fabricación de su procesador de sexta generación, y en su lugar utilizó el nuevo diseño de NexGen comercializado bajo el nombre de AMD K6.

Otro dato curioso fue que NexGen, antes de ser adquirida por AMD, anunció un «clon» del nuevo Pentium Pro de Intel, y tuvo la intención de presentarlo incluso antes que el producto original de Intel... un procesador anunciado con una fabricación muy limitada en unidades.

NexGen tuvo una trascendencia muy importante en el mundo del desarrollo y fabricación de microprocesadores y, sin embargo, fue una empresa que en la actualidad es poco conocida —y un tanto olvidada—. AMD comenzó a plantar una batalla «de tú a tú» a Intel con la llegada del AMD K6, y es un dato que no hay que obviar para valorar el trabajo de NexGen.

En el año 1996, y con aquel diseño original de NexGen, la empresa AMD se consolidó como el rival más importante de Intel, y creó una comunidad de usuarios de vertiginoso crecimiento, llegando a ser tan importante como Intel.

RapidCAD

En el año 1990 la famosa empresa Intel lanzó al mercado un nuevo, y extraño, microprocesador llamado RapidCAD; posiblemente sea el procesador comercial de Intel menos conocido, incluso es poco conocido por los que vivieron la *informática personal* allá en la década de los años noventa.

En principio puede parecer más un complemento que un procesador completo por su funcionalidad muy asociada al aspecto del procesamiento matemático... nada más alejado de la realidad... fue un procesador completo lanzado al mercado a modo de «actualización».

En cierto modo, el procesador Intel RapidCAD abrió la puerta a la estrategia de Intel de crear productos diseñados para actualizar otros anteriores; para muchos el modelo Intel Overdrive fue el primer microprocesador creado para actualizar a otros modelos anteriores de menor rendimiento, pero la realidad es que el primer microprocesador basado en esa filosofía fue el RapidCAD lanzado al mercado cinco años antes, en 1990.

¿Para qué fue diseñado el modelo Intel RapidCAD? Fue diseñado actualizar el microprocesador Intel 80386 buscando alcanzar un rendimiento similar al Intel 80486DX presentado un año antes, en 1989.

En aquellos años los procesadores eran realmente caros, y la diferencia entre el último modelo y su inmediato anterior era importante y, por ello, Intel buscó una opción intermedia que permitiera a los usuarios de la arquitectura 386 ampliar fácilmente su equipo para aumentar el rendimiento persiguiendo acercarse al rendimiento de un 486. En realidad, el modelo RapidCAD era un 80486DX sin caché interna y con una salida de pines equivalente al 80386.

En el mercado existieron dos tipos diferentes de procesadores RapidCAD: RapidCAD-1, que incorporó CPU y FPU —coprocesador matemático— y era insertado en el mismo zócalo del 386; y el RapidCAD-2, que era insertado en el zócalo del coprocesador matemático Intel 80387 (387), y que, únicamente, contenía una simple unidad PAL para generar la misma señal FERR que enviaba un coprocesador matemático 387.

El procesador Intel RapidCAD fue lanzado en dos versiones de 25 y 33 Megahercios, y algunos estudios de rendimiento determinaron que el uso de un RapidCAD en lugar de un Intel 80386 junto a su coprocesador 387 lograba una mejora basada en un aumento del 70% del rendimiento.

El rendimiento mejoraba enormemente si era usado en aplicaciones de diseño asistido por ordenador como, por ejemplo, el AutoCAD. De ahí que el nombre comercial del procesador terminara en CAD (Computer-Aided Design).

El microprocesador RapidCAD es el procesador más desconocido de Intel nacido dentro de la *informática personal* en los años de gran expansión, seguramente debido a un diseño que favoreció especialmente a un área de la informática tan concreta como el diseño asistido por ordenador.

En la actualidad se pueden encontrar algunas unidades de RapidCAD a la venta en eBay; los precios rondan los 150 dólares la unidad en subasta. Muchos de esos procesadores vendidos en subasta son comprados por coleccionistas de la informática «retro».

Intel OverDrive

En los primeros años noventa el mundo PC se había instalado en los hogares y experimentaba un gran crecimiento y, al mismo tiempo, una importante bajada de precios... el factor más importante para que lograr la ansiada popularización, que es sinónimo de éxito para un producto comercial.

Eran los primeros años de los ordenadores clónicos, y era la época donde antes de comprar un ordenador nuevo, se sustituía o se ampliaba el equipo viejo.

En el año 1993 los precios en la informática, en lo que a hardware refiere, habían bajado bastante, pero los costes seguían siendo importantes.

Para el verano de 1993 Intel tenía previsto el lanzamiento de un microprocesador que buscó añadir una filosofía diferente... estaba a punto de nacer el modelo Intel Overdrive. Finalmente, sufrió dieciocho meses de retraso y en Estados Unidos fueron lanzadas las primeras unidades al mercado en febrero de 1995.

¿Qué pretendió el modelo Intel Overdrive? Actualizar la potencia de los microprocesadores Intel 80486 (486) para rendir en valores similares a los de un Pentium.

La idea era insertar el procesador Overdrive sobre un equipo 486 de arquitectura más antigua en la búsqueda de mejorar las prestaciones. Dos opciones: se podía retirar el antiguo procesador para poner el nuevo Intel Overdrive, o en el caso de las placas base que contaban con un Intel 486 soldado directamente en placa (por ejemplo, algunos 486sx) —si contaban con un zócalo «Socket 1» extra— se podía insertar el procesador Overdrive en el zócalo, quedando anulado automáticamente el procesador antiguo. Por eso existieron dos tipos de Overdrive: uno de 168 pines para insertar en el zócalo de aquellos ordenadores basados en 486 cuyo procesador no venía soldado; y otro modelo con 169 pines, un pin más, para ser insertado en el zócalo «Socket 1» específico de las placas con procesador principal fijo.

En el año 1995 fueron lanzados al mercado dos procesadores Intel Overdrive, uno de 63 Megahercios de velocidad preparado para soportar los 25 Megahercios de velocidad FSB de algunos 486; otro de 83 Megahercios de velocidad que podía soportar indistintamente las velocidades FSB de 25 y 33 Megahercios de los 486.

Lo extraño de la primera serie de microprocesadores Overdrive tuvo que ver con la funcionalidad y la fecha en la que aparecieron por primera vez en el mercado. En el año 1995 fueron lanzados los procesadores de 63 y 83 Megahercios cuando ya existían los modelos 486Dx2 y 486Dx4 de 50, 66, 75 y 100 Megahercios de velocidad ¿Para qué lanzar un microprocesador parche cuando ya existían otros modelos que podían cubrir esa demanda? Además, ya existían los microprocesadores Pentium para gamas altas, y las series 486Dx2 y 486Dx4 para series más económicas.

En realidad, los primeros procesadores Overdrive se distinguieron de los Pentium por no tener el error de coma flotante, pero no alcanzaban su rendimiento. Y con respecto a los 486 se insertaban en el «Socket 1» —excepto los 486sx soldados en placa—. Entonces, ¿para qué crear una línea de procesadores Intel Overdrive? Es una pregunta a la que no tengo respuesta, ni tampoco logro atisbar el sentido de aquel procesador.

La gran ventaja que se puede obtener de los primeros Overdrive era la sencillez en la actualización… con sustituir el microprocesador, ya podíamos disponer de una mejora de rendimiento… pero no siempre era tan fácil de ejecutar la actualización, porque algunos zócalos ZIF eran duros de pelar.

Con respecto a las ventajas económicas, el procesador Overdrive podía ser más barato que otro microprocesador de Intel de aquellos años, pero también era más caro que procesadores de la competencia de Intel que comenzaron a inundar el mercado en aquella época. Lo más extraño fue el movimiento de Intel que aprovechó el anuncio de la salida del modelo Overdrive para informar de una bajada de precios del 45% en los procesadores 486 y Pentium.

La principal diferencia del Overdrive con respecto a otros modelos es la incorporación de serie de un disipador y, además, entre el procesador y el disipador existían unos reguladores de voltaje: soportaba unos rangos de voltaje más amplios… era la única forma de mantener una compatibilidad con cualquier procesador de tecnología más antigua, y así permitir la conexión a cualquier zócalo independientemente del voltaje que discurría.

Además, tampoco incorporaron los típicos «jumpers» en placa base para determinar el multiplicador a utilizar; el propio procesador podía determinar su multiplicador adecuado. En cualquier otro asunto de la arquitectura interna, el Overdrive era idéntico a un Pentium.

Todas las premisas definidas en párrafos anteriores nos llevan a determinar que el único factor que pudo distinguir al procesador Intel Overdrive con respecto a los Pentium regulares, o a los 486DX2, era la facilidad de actualización; solo era necesario sustituir el procesador principal por esa serie concreta sin tocar ningún otro componente. Y, en cierto modo, eso se traduce en dinero ahorrado también. Pero la serie Overdrive no obtuvo la repercusión comercial esperada, seguramente por la gran variedad de opciones disponibles en otras series de Intel.

¿Cuál fue la opinión del mercado sobre los procesadores Intel Overdrive? No era habitual encontrar ordenadores con Overdrive. Tampoco tuvo buena acogida el concepto de procesador «parche» dentro de la crítica especializada, debido a que se consideró que los dos primeros modelos aportaban un rendimiento igual o inferior a un 486Dx4. Además, existieron problemas de compatibilidad, porque no todas las placas base permitieron operar al Overdrive sin aparecer problemas con algunas partes concretas o en el conjunto entero del procesador.

En algunas revistas especializadas también se habló que las grandes mejoras en rendimiento por medio de actualizaciones de hardware, venían de la mano de sustituir placa base y microprocesador; cambiar solo el microprocesador aumenta el rendimiento en valores más discretos.

La filosofía del Overdrive era mejorar el procesador sin tocar ni la placa base ni algún otro componente, pero quizás no fuera rentable en determinados casos y momentos.

No era fácil encontrarse con procesadores Overdrive, en mi caso personal solo recuerdo haberme topado una vez con uno, pero la historia sigue siendo curiosa porque el Intel Overdrive diseñado para ser actualización del 486 y «Socket 1», cuando se apoderó el Intel Pentium del mercado, se mantuvo vivo varios años, ya que además de existir las actualizaciones para la arquitectura 486, posteriormente existieron nuevos modelos destinados a actualizar a la propia serie Intel Pentium.

Procesador Intel Pentium II Overdrive. Foto de Wyco. Licenciada bajo CC BY 3.0 Unported (https://creativecommons.org/licenses/by/3.0)

La historia del Overdrive terminó en 1998 con el «Socket 8», cuando Intel lanzó un modelo que permitió actualizar un Pentium Pro para obtener un rendimiento similar a los primeros Pentium II.

Intel Pentium

En el año 1989 Intel presentó el microprocesador Intel 80486, que fue una revolución tecnológica en muchos aspectos, como la incorporación del coprocesador o el uso de memoria caché de primer nivel, y sufrió varias evoluciones hasta terminar en el 486DX2 y 486DX4. Intel empezó a preparar su nueva gran revolución en el año 1993, cuando lanzó al mercado el Intel Pentium.

En la época del Intel 8088 ya existió el microprocesador japonés, el Nec V20 —ya comentado con anterioridad—, que hizo la competencia a Intel... sobre todo en equipos clónicos.

En la era del microprocesador 80386 surgió su competidor más famoso, y el único que le hizo frente y que, actualmente, sigue siendo su gran competidor, la empresa AMD. En la época de los 486 surgieron otros competidores de cierta fama como Cyrix.

El microprocesador Pentium incorporó muchas mejoras, y era un microprocesador innovador, pero en este apartado me quiero centrar en los movimientos estratégicos de Intel con respecto a la competencia del momento.

En el año 1993 a Intel le pesaba una competencia que había aumentado en muy pocos años y, además, contaba con otros problemas que facilitaban al competidor la labor. En la era del Pentium podemos hablar de la existencia de dos problemas principales, y dos soluciones de Intel para contrarrestar a la competencia.

Primer problema:

Hasta el modelo 80486 todos los microprocesadores llevaban una nomenclatura exclusivamente numérica, y una denominación basada exclusivamente en números no puede ser registrada. En todos los modelos de Intel hasta el año 1993, la nomenclatura quedaba reducida a los tres últimos dígitos del número oficial de microprocesador: 286, 386, 486. La competencia comenzó a usar esa misma numeración, lo que inducía a los usuarios no experimentados a no distinguir claramente el fabricante del microprocesador que incorporaba su ordenador.

Primera solución:

La posible confusión en el nombre popular del procesador fue un gran problema para Intel. Por eso, en el año 1993, al debutar el microprocesador que estaba llamado a ser el 586, cambió la nomenclatura a letras y lo bautizó con el nombre Pentium, registrando comercialmente dicho nombre. A partir de ese momento, la competencia o bien mantuvo la nomenclatura 586 y 686, o también cambió las letras a la suya, pero ya no pudo utilizar el mismo nombre que utilizaba Intel.

Segundo problema:

Una vez resuelto el problema de la nomenclatura, existía otro punto débil: el zócalo y su estandarización. Desde el Socket 1 hasta el Socket 4, que eran los zócalos usados por Intel para toda la serie 486, eran usados también por la competencia. Los microprocesadores Pentium I usaron los zócalos socket 5 y 7… la competencia también, sobre todo en lo referente al Socket 7.

Segunda solución:

Una vez finalizada la serie Intel Pentium I, en 1997 el fabricante lanzó al mercado la nueva serie Intel Pentium II que rompió con el sistema de zócalos estandarizado hasta el momento. Pasó de colocar el microprocesador dentro de un Zócalo a crear una tarjeta específica para él y crear el Slot 1 con forma de ranura.

En realidad, la versión oficial afirmaba que el tipo de ranura Slot 1 era más rápida. Y el tipo de circuito creado para el microprocesador disipaba mejor el calor, que en aquellos años la emisión de calor ya era un problema serio a solventar a la hora de diseñar un procesador. Pero en el ambiente de los usuarios de informática siempre se rumoreó que el sistema de ranura era una estrategia de Intel para no compartir el tipo de conexión de procesador y fijar un nuevo e importante obstáculo a la competencia.

Su principal competidor, AMD, creó el zócalo Super Socket 7 para seguir su línea de procesadores, y al cabo de un tiempo creó el Slot A siguiendo la línea de desarrollo de Intel en la serie Pentium II.

No mucho tiempo después los dos grandes fabricantes de procesadores abandonaron el sistema de ranura para volver a zócalos más avanzados como el Socket 370 en el caso de Intel, o el Socket 462 o Socket A en el caso de AMD.

Socket 462. Licenciada bajo CC0 1.0 Universal (https://creativecommons.org/publicdomain/zero/1.0).

La poca vigencia del sistema de ranura Slot otorga más fuerza al rumor sobre que fue un movimiento estratégico para bloquear a la competencia más que un avance tecnológico. A partir de ese momento la lista de zócalos fue creciendo sin parar, pero siempre con especificaciones diferentes para Intel y AMD.

Los microprocesadores de pegatina

En el año 1996 existía diferencia económica entre comprar un ordenador con Intel 80486 o uno con Intel Pentium, incluso existía una diferencia económica destacable entre comprar un ordenador basado en Intel Pentium de una velocidad comparado a otro de mayor velocidad.

En ese año 1996 se descubrió que algunos ensambladores de ordenadores habían vendido equipos basados en Intel Pentium a 75 Megahercios o 90 Megahercios como si fueran, en realidad, Pentium a 100 Megahercios. Y aquella trampa también se dio con ordenadores vendidos como Intel Pentium a 133 Megahercios cuando, en realidad, eran Pentium a 120 Megahercios… la historia de los microprocesadores de pegatina…

Otros casos reportados, más alarmantes si cabe, tenían que ver con el uso de microprocesadores 486 de otros fabricantes competidores de Intel, que eran más baratos, reconvertidos para ser vendidos como Intel Pentium oficial… este último caso fue puntual, pero fue el que más ganancia pudo reportar al estafador.

La historia de aquel engaño de los microprocesadores de pegatina fue, cuando menos, muy popular en el año 1996, sobre todo por las técnicas utilizadas para enmascarar la trampa, que fueron realmente curiosas una vez que se tuvo conocimiento de la magnitud de los hechos.

Con el paso de los años aquella historia se quedó en el olvido, y las nuevas generaciones de usuarios e informáticos nacidas con la portabilidad y los dispositivos móviles bajo el brazo, probablemente nunca hayan oído hablar de aquellos sucesos que tuvieron importante repercusión; no fueron sucesos aislados, fueron objeto de un fraude masivo.

El engaño fue dado a conocer cuando muchos usuarios comenzaron a reportar que sus ordenadores disponían de una pegatina entre el disipador y el microprocesador. Aquella pegatina certificaba que el microprocesador era un Pentium de 100 o 133 Megahercios de velocidad. Pero al ser retirada dicha pegatina, quedaba visible la serigrafía original donde se descubría que realmente era un Pentium a 75 o 90 Megahercios en el primer caso, o un Pentium 120 Megahercios en el segundo caso. Todo el engaño fue sustentado en unas pegatinas con una nueva descripción que eran pegadas encima de la serigrafía original de fábrica... así de básica fue la estafa.

Aquellos microprocesadores «renombrados» fueron llamados, coloquialmente, «microprocesadores de pegatina».

También fue cierto que muchos usuarios no se atrevieron a retirar la pegatina porque incluyó un mensaje que pasó a la historia de la informática: «Void garanty if removed».

Muy poco tiempo después, el engaño fue mejorado dejando de usar una pegatina para, directamente, pulir la serigrafía original de fábrica, normalmente en relieve, para serigrafiar una nueva descripción. A estos microprocesadores falseados se les conoció bajo el nombre de «microprocesadores remarcados».

¡Cuántos usuarios abrimos el ordenador para comprobar si teníamos la famosa pegatina! El caso de los «remarcados» era más complicado de comprobar ya que la calidad del pulido, y la nueva serigrafía, solía confundirse con facilidad con el serigrafiado original del fabricante. No obstante, existieron métodos vía software para detectar si el procesador era remarcado o no.

El gran problema del fraude de los remarcados —con o sin pegatina— ya no fue solo el «engaño» de vender un microprocesador superior siendo realmente inferior, sino que la práctica habitual con los remarcados fue hacer, además, un «overclocking», siendo configurados con unas características que realmente no disponían, con el objetivo de forzar la velocidad que se supone que debieran soportar, cuando realmente no estaban diseñados para ello. Y se dieron casos de microprocesadores quemados por ese «overclocking».

Con el paso de los años existieron otros fraudes similares, pero siempre en el marco de un hecho puntual... y sin llegar a ser algo masivo como los sucesos del año 1996, ocurridos en medio de un gran crecimiento del consumo informático en España, y que terminaron por estar en boca de todos los usuarios y aficionados a la *informática personal.*

AMD y Cyrix

AMD supo, en muchas ocasiones, utilizar tecnologías de terceros para mejorar la suya propia. En la década de los años, como ya se ha comentado, ochenta fabricó procesadores de arquitectura x86 con licencia de Intel... básicamente trabajó para Intel.

En el año 1997 en AMD no estaban contentos con el resultado del AMD K5 y decidieron adquirir la empresa NexGen y utilizar su más novedosa tecnología para crear el AMD K6. Y con estos dos casos no terminaron las relaciones entre AMD y otros fabricantes de microprocesadores...

Cyrix y AMD cuentan con una relación muy estrecha que va más allá de la competencia mutua para convertirse en el primer competidor de Intel de envergadura. Posteriormente, y con Cyrix fuera de juego, AMD utilizó una tecnología creada por el primero logrando el éxito de fabricar un «System on chip» centrado en el bajo consumo de energía... la temperatura siempre ha sido el gran reto de la evolución informática en lo que a hardware refiere.

Y nació el AMD Geode; con aquel producto se abrió el camino de lograr la fabricación del procesador de menor consumo eléctrico de la historia de la informática —hasta aquella fecha—.

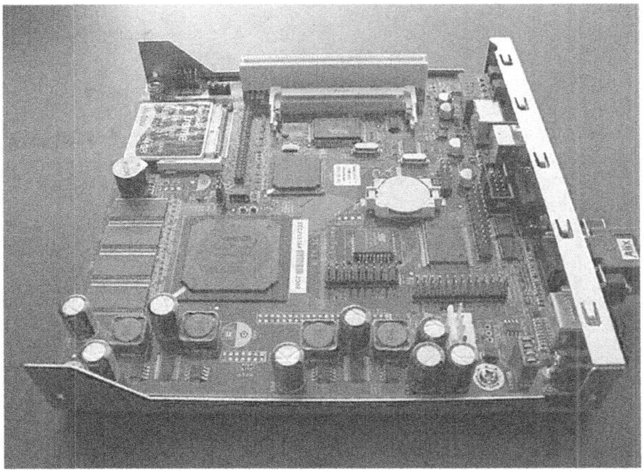

Placa base ALIX 1C con procesador AMD Geode. Foto de Jan Joris Vereijken (https://www.flickr.com/people/58706522@N00). Licenciada bajo CC BY 2.0 (https://creativecommons.org/licenses/by/2.0/).

A mediados de los años noventa Cyrix desarrolló una tecnología que bautizó bajo el nombre de Cyrix MediaGX, y era un procesador compatible con la arquitectura x86.

Pero en el año 1997 Cyrix y National Semiconductor se fusionaron, y fue esta última quién, bajo su nombre corporativo, lanzó al mercado el procesador Cyrix MediaGX… y le cambió el nombre por Geode.

En el año 2003 National Semiconductor vendió a AMD la tecnología Geode con la idea del segundo de desarrollar aquel producto centrado en sistemas embebidos. Posteriormente, AMD creó dos líneas de Geode: la LX que derivó del MediaGX original, y la NX que derivó del Athlon.

Sobre el Geode original basado en el MediaGX solo cabe añadir que en el año 2006 AMD diseñó y fabricó el que fue, en aquellos años, el procesador de más bajo consumo eléctrico; y su núcleo estuvo basado en aquel Geode.

Sin duda podría afirmar que AMD se basó en tecnología original de Cyrix para lograr en el año 2006 batir el récord de menor consumo eléctrico en un procesador. Y también podríamos afirmar que, aunque Cyrix pareció tener fin en el año 1997, al fusionarse con National Semiconductor su tecnología todavía perduró indirectamente, llegando a formar parte de los avances tecnológicos de AMD… Cyrix sobrevivió a su propio final.

CUARTA PARTE
LAS COMUNICACIONES E INTERNET

CAPÍTULO 10.
EL ORIGEN DE LAS REDES

En el año 1959 un físico de la Universidad de Illinois llamado Chalmers W. Sherwin sugirió al decano de la Facultad de Ingeniería William Everett la idea de un sistema computerizado para la asistencia educativa... estaba naciendo el sistema PLATO.

Llegados a este punto es importante mostrar el escenario en el que vivía la informática de finales de la década de los años cincuenta del siglo pasado: la *informática personal* todavía tardaría más de una década en nacer, los ordenadores eran gigantes solo accesibles a los gobiernos, a las grandes empresas, y universidades; nacieron en ese momento los primeros lenguajes de programación como el Fortran y COBOL, y los primeros compiladores. La electrónica en aquella primitiva informática todavía era algo por desarrollar.

Everett solicitó a otro físico llamado Daniel Alpert organizar una reunión para tratar la idea de Sherwin. Alpert, a su vez, comentó la idea con un asistente de laboratorio llamado Donald Bitzer que, finalmente, sugirió que era capaz de construir un prototipo sobre aquella idea base. A Donald Bitzer se le reconoce en la actualidad como el padre del sistema PLATO.

Donald Bitzer fundó, junto a otros compañeros, el Computer-based Education Research Laboratory (CERL) con la idea de evolucionar aquel sistema de asistencia a la educación... había nacido el sistema PLATO.

¿Qué era PLATO? Un sistema de tiempo compartido —posiblemente unos de los primeros sistemas de tiempo compartido de uso público de la historia— diseñado para ser ejecutado, en su primera versión, sobre el «mainframe» ILLIAC I («Illinois Automatic Computer»)... un ordenador considerado pionero al ser el primer sistema totalmente construido por un centro educativo de Estados Unidos. En versiones posteriores, el sistema corrió sobre un ordenador CDC 1604 («Control Data Corporation»). Para el desarrollo del software necesario en su fase inicial se utilizó el lenguaje Fortran.

El hardware del sistema PLATO fue diseñado por Bitzer y un grupo de ingenieros; el software fue diseñado por un conjunto de creativos que iban desde profesores hasta, incluso, algunos alumnos. De todo aquello nació un sistema de tiempo compartido donde los profesores y alumnos compartían para el acceso los mismos terminales gráficos de alta resolución conectados al «mainframe» principal. El sistema incorporó, posteriormente, un lenguaje de programación especial llamado TUTOR, lenguaje diseñado para escribir software educativo.

Sistema PLATO. Foto de Mtnman79 (https://en.wikipedia.org/wiki/User_talk:Mtnman79). Licenciada bajo CC BY 3.0 Unported (https://creativecommons.org/licenses/by/3.0).

A partir de 1960 el sistema PLATO fue reducido a un pequeño sistema soportado en una única aula con varios terminales de conexión. A partir del año 1972 PLATO sufrió una reestructuración en el interior de una nueva generación de ordenadores que permitieron hasta un millar de terminales conectados simultáneamente. Los terminales se conectaban al servidor central a una velocidad de 1.200 bits por segundo; una velocidad muy alta para la época.

Los terminales estaban formados por dos partes: un monitor monocromático (ámbar), y un teclado. En versiones más tardías del terminal llegaron a incorporar una interfaz de pantalla táctil.

Con su gran evolución, el sistema PLATO salió de la Universidad de Illinois para llegar a otros lugares del mundo. La gran habilidad para soportar un número elevado de terminales provocó la creación de una elevada comunidad de usuarios «online» en una época donde Arpanet —que posteriormente sería llamada Internet— estaba en una fase inicial de desarrollo.

Con la entrada en la década de los años ochenta, y la gran eclosión de la *informática personal*, el mundo PC era más económico que costear la creación de sistemas LMS como PLATO. Aun así, a mediados de los años ochenta, existieron operativos hasta un centenar de sistemas PLATO a lo largo del mundo.

El principio del fin del sistema PLATO vino de la mano del cierre del CERL en la Universidad de Illinois en el año 1994. Durante varios años después muchos sistemas PLATO continuaron operando, hasta que el último sistema dejó de funcionar en el año 2006. En el año 2004 se liberó para la comunidad de entusiastas un emulador de PLATO llamado Desktop Cyber.

En la actualidad, se conservan en una biblioteca de Minnesota algunas de las tarjetas perforadas que utilizó el sistema informático en sus primeros años.

Otro dato curioso es que el famoso videojuego Castle Wolfenstein, que fue influencia de los famosos Doom y Quake posteriores, se basó en los juegos de mazmorras creados en PLATO. También es importante destacar que en los años setenta y ochenta fueron diseñados en sistemas PLATO cientos de videojuegos multijugador, cuando la tecnología «online» apenas estaba desarrollada.

El sistema PLATO fue significativo en dos apartados diferentes: fue el primer sistema de gestión del aprendizaje, y también fue el primer sistema de comunicación en red de uso público. PLATO generó una de las primeras comunidades «online» de importancia, y las dimensiones sociales de su uso son más importantes de lo que realmente demuestra el conocimiento popular sobre ese sistema.

PLATO influyó en el desarrollo de aplicaciones y estructuras de software posteriores, así como en las normas que se encuentran en las comunidades de usuarios en Internet posteriores.

El Día de Internet

Antes de entrar a fondo en materia de comunicaciones, deseo tratar un hecho fundamental, la creación del Día de Internet a nivel mundial, refrendado por la ONU. Deseo hablar del proceso de nacimiento del Día de Internet porque, entre otras cosas, y además de ser una fecha anual fundamental para los que estamos en este mundo de Internet, fue un objetivo en el que participó una asociación española.

Internet fue el gran invento del tramo final del siglo XX, con una consagración y expansión exponencial de su red mundial durante los primeros años del siglo XXI en vigor. Por ello, y por lo que Internet aporta diariamente a la vida de todos, no podía faltar la declaración oficial de un Día Mundial de Internet. Y para conseguir aquello, la Asociación de Usuarios de Internet, radicada en España, tuvo un desempeño fundamental y ejemplar.

El 5 de julio de 1995 fue constituida en Madrid una nueva asociación llamada Asociación de Usuarios de Internet, cuya finalidad es promover, sin ánimo de lucro, el desarrollo de Internet, de la Sociedad de la Información y de las Nuevas Tecnologías, así como del equipamiento, aplicaciones, servicios e infraestructuras necesarias para ello, además de defender los intereses y los derechos de los Usuarios de Internet y de las Nuevas Tecnologías, y fomentar el buen uso de Internet, de las Nuevas Tecnologías y de sus aplicaciones en el hogar, en las empresas y en las Administraciones públicas; tanto para su uso en el ámbito personal como para su uso en actividades profesionales.

Uno de los primeros objetivos de la asociación, entre otros de gran interés también, fue la creación de los Premios AUI en el año 1997. Rápidamente el certamen se convirtió en los premios del mundo web generalista más importantes de España. Yo mismo participé, con una web antigua, en los Premios AUI del año 2002, logrando un quinto puesto final entre más de quinientos participantes, que no estuvo nada mal para un joven de veintisiete años que peleó en la final contra los sitios web de grandes entidades españolas.

En aquellos primeros años de la asociación AUI, la entrega de premios era celebrada en los primeros días del mes de febrero en el marco del Congreso Nacional de Usuarios de Internet e Internet, normalmente ejecutada en el Palacio de Congresos y Exposiciones de Madrid.

Volviendo la vista atrás, el 17 de mayo de 1969 se celebró, por primera vez, el Día Mundial de las Telecomunicaciones. Pasadas unas décadas, concretamente en el año 2004, la Asociación de Usuarios de Internet decidió marcar en el calendario el 25 de octubre de 2005 como la primera celebración del Día de Internet en España. Y en octubre de 2005 los Premios AUI pasaron a llamarse Premios Día de Internet, los más famosos de España en la actualidad que premian a sitios web en general.

Poco después, en noviembre de 2005, la Cumbre de la Sociedad de la Información celebrada en Túnez, a iniciativa de la Asociación de Usuarios de Internet, propuso a la ONU la celebración de un Día Internet a nivel mundial. La ONU acordó, mediante la resolución A/RES/60/252, fijar el 17 de mayo, Día Mundial de las Telecomunicaciones, como el Día Mundial de la Sociedad de la Información.

En noviembre de 2006, la Conferencia de Plenipotenciarios de la UIT en Antalya (Turquía) decidió celebrar el Día Mundial de las Telecomunicaciones y la Sociedad de la Información el 17 de mayo. En la Resolución 68 actualizada se invita a los Estados Miembros y los Miembros de Sector a celebrar todos los años ese día organizando programas nacionales apropiados según los criterios definidos en la propia web de la ONU:

«Estimular la reflexión y el intercambio de ideas sobre el tema elegido por el Consejo de la UIT; realizar debates sobre los diversos aspectos del tema con todos los miembros de la sociedad; elaborar un Informe que recoja las deliberaciones nacionales sobre los diferentes aspectos del tema, que se remitirá a la UIT y al resto de los Miembros».

Así fue celebrado, por primera vez, el 17 de mayo de 2006 el Día de la Sociedad de la Información. Y así fue celebrado, por primera vez, el 17 de mayo de 2007 el Día Mundial de las Telecomunicaciones y de la Sociedad de la Información. Y así nació, también, la Semana de Internet... siete días donde se celebran una serie de eventos de gran importancia en torno al Día Mundial de Internet.

Entre los eventos celebrados cada año se encuentra la gala de entrega de las estatuillas de los Premios Día de Internet, donde se premian a los mejores sitios web de España en varias categorías diferentes. Tuve el gran honor de ganar el 15 de mayo de 2020 la estatuilla del Premio Día de Internet en la categoría de Medios de Comunicación con mi blog *ParcelaDigital,* superando en la final a dos grandes entidades: BBVA y el blog de tecnología de Orange llamado *Nobbot.*

En la actualidad, la Semana de Internet y el Día de Internet se celebran mediante cientos de eventos de gran importancia en España y toda Latinoamérica, siendo la Asociación de Usuarios de Internet y el Comité de Impulso entidades fundamentales para su desarrollo. Y en los diferentes eventos participan grandes entidades tecnológicas de importancia mundial, así como también han participado personalidades como Bill Gates, Larry

Landweber, Vinton Cerf, Don Head, Irving Wladowski, Glen Ricart, entre otros.

No hay que olvidar tampoco que dentro de la Semana de Internet, en el mes de mayo de cada año, se celebran conferencias, eventos tecnológicos, congresos, concursos de fotografía, etcétera, manteniendo un estrecho contacto con entidades tan importantes como ASIMELEC, ANIEL, SEDISI, AUTEL, COMMERCENET, ASTEL, Internet Society (ISOC), Policy Oversight Committee , ICANN, EIBA, y los diferentes foros de la Comunidad Europea, y de la mano de patrocinios de importantes empresas del mundo de la tecnología, directamente relacionadas con Internet.

El Día de Internet y la Semana de Internet están muy estrechamente relacionadas con la Asociación de Usuarios de Internet, ya que, sin el empeño y participación de esa entidad, no hubiera sido posible nada de aquello que, en la actualidad, tiene un ámbito y alcance mundial.

Arpanet

Para la mayor parte de los usuarios Internet nació en la década de los años noventa, que es cuando la gran red se hizo visible para los usuarios en general.

En España Internet comenzó a tener presencia a partir del año 1995, cuando Telefónica presentó Infovía, el canal de acceso a Internet de bajo coste; pero el verdadero «boom» de Internet en España se produjo en los años 1999 y 2000 con el inicio y rápida expansión de las nuevas redes de banda ancha como «ADSL», o la fibra óptica.

No se ha de obviar que Internet tiene una historia anterior, que incluye casi tres décadas de investigación y de uso exclusivamente privado.

En realidad, la red que conocemos hoy en día, y la que se ha convertido en elemento de uso diario imprescindible en la vida de las personas, se comenzó a fraguar en el verano de 1968, y nació en el año 1969 con la adjudicación del primer contrato. Se bautizó con el nombre de Arpanet.

El propietario de la red no era otro que el Departamento de Defensa de los Estados Unidos, y su uso tenía como finalidad crear una red de comunicaciones militar.

La idea era, básicamente, crear una red que permitiera una comunicación informática entre distintas bases militares y que dicha red no cayera si alguna de ellas era destruida, además de la finalidad de crear una red sólida y estable. Así nació el Internet de hoy en día, que en aquella época fue llamado Arpanet.

Dentro del Departamento de Defensa de los Estados Unidos existía un departamento llamado DARPA —«Defense Advanced Research Projects Agency» o Agencia de Proyectos de Investigación Avanzados de Defensa— que fue uno de los puntos claves del desarrollo de Internet.

Así que, inicialmente, «Arpanet» era para uso militar controlado por departamentos de defensa.

En cambio, los primeros nodos se crearon en universidades; el primer nodo se construyó en la Universidad de California en Los Ángeles y fue conectado al centro de investigación de Stanford. Y durante muchos años la Universidad de California fue el eje central de Internet.

El desarrollo de la red Internet fue un proceso progresivo a lo largo de tres décadas, al principio era una red solo accesible y manejable por científicos debido a su estado primario y no existir herramientas para que personas profanas en la materia la pudieran utilizar.

Con el paso de los años la red fue recibiendo mejoras al añadir herramientas... en el año 1972 Ray Tomlinson creó el correo electrónico, en 1973 se creó el protocolo FTP —«File Transfer Protocol» o Protocolo de Transferencia de Ficheros—, en el año se comenzó a utilizar el protocolo «TCP/IP» en Internet, etcétera.

Primer router de Arpanet. Foto de Steve Jurvetson (https://www.flickr.com/people/44124348109@N01). Licenciada bajo CC BY 2.0 (https://creativecommons.org/licenses/by/2.0/).

En el año 1989 la red Internet permanecía cerrada dentro de un ámbito de uso privado, solo uso militar, científico, educativo, o gubernamental... porque la gran red permanecía siendo propiedad del Gobierno de los Estados Unidos. Al contrario de lo que mucha gente piensa, que Internet era una red cerrada y privada por el motivo de ser una tecnología que evitaba ser compartida con el mundo, sino porque la falta de herramientas que facilitaran su uso le impedían contar con un carácter comercial… ¿quién disponía de los conocimientos suficientes para desenvolverse por la red?

En el año 1989 en el CERN de Ginebra un grupo de científicos encabezados por Tim Berners-Lee creó el lenguaje «HTML», que sería la base de programación de etiquetas de lo que hoy conocemos como página web.

En el año 1990 el mismo equipo diseñó el primer cliente web, lo que ahora llamamos navegador, y construyó el primer servidor web. Si al «HTML», la web, y el servidor web le añadimos que en el año 1983 Paul Mockapetris creó el sistema de nombres de dominio «DNS», podemos afirmar que, oficialmente, habían nacido las páginas web, y con ello las herramientas básicas para dar sentido al carácter comercial de Internet.

En el año 1993 el Gobierno de los Estados Unidos levantó la prohibición del uso comercial de Internet, así como se inició la transición para dirigir a la gran red hacia una gestión no-gubernamental.

El 30 de abril de 1993 Internet pasó a ser de dominio público al entregar el CERN las tecnologías relacionadas con ella que permitían dotar a la red de las características adecuadas para el ámbito comercial. Y ese día nació Internet para el público en general.

A partir del año 1993 el carácter de uso comercial de Internet logró que la red evolucionara mucho más rápido año tras año, para llegar a convertirse en lo que conocemos hoy en día.

A unos países llegó más tarde que a otros, en España el primer servidor de Internet fue puesto en marcha en el mismo año 1993 en la Universidad Jaime I de Castellón de la Plana, pero Internet se comenzó a popularizar dos años después, en enero de 1995, cuando Telefónica aportó las primeras herramientas de conexión que permitieron un uso global con la garantía mínimo coste de conexión.

BBS y Sysop

En el año 1978 nació la primera BBS de la mano de Ward Christensen… y, entonces, nació la imagen del Sysop o System Operator.

¿Qué es una BBS? Una especie de servidor al que podía conectarse cualquier usuario mediante una aplicación de terminal como, por ejemplo, el Carbon Copy, software que cargaba una especie de aplicación remota en modo texto donde se podía obtener información de todo tipo, dejar mensajes en buzones de aquel servidor, y otro tipo de funciones primitivas.

En los años ochenta comunicar dos ordenadores parecía, en realidad, ciencia-ficción; poco a poco los *ordenadores personales* fueron llegando a los domicilios y ya no parecía tan lejano aquello de la comunicación remota.

Mediante un dispositivo llamado módem se podía conectar un ordenador a una línea telefónica estándar y, por medio de un software terminal de comunicaciones se podían realizar conexiones con otros ordenadores remotos.

Una BBS permitía realizar funciones tales como descargar software y datos, leer noticias, intercambiar mensajes con otros usuarios, disfrutar de juegos en línea, leer los boletines con información, etcétera; una BBS sería como una web actual, con la diferencia que toda la visualización era construida mediante códigos ASCII, es decir, pantallas en modo texto.

Para acceder a cada BBS era necesario colgar la llamada anterior, y realizar una nueva al teléfono directo donde se encontraba su servidor. Y para ahorrar costes era importante encontrar números de teléfono de una BBS que estuviera en la misma área metropolitana, para que el coste del tiempo de conexión fuera aplicado bajo una tarifa de llamada local.

Posteriormente nació un software llamado Fido que permitió interconectar diferentes BBS entre sí, y aquello dio lugar a una red llamada FidoNet para compartir mensajes, archivos, y crear grupos de discusión, todo ello en servidores BBS que estuvieran integrados dentro de aquella red.

Módem Nokia de 300/1200 bit por segundo expuesto en el Museo de Ordenadores y Consolas de Helsinki (Finlandia). Foto de dominio público.

Con la BBS nació la imagen del System Operator, que era la persona que gestionaba un servidor de aquellos; coloquialmente, se conocía al administrador de una BBS cualquiera bajo el nombre de Sysop. ¿Cuáles eran sus responsabilidades? Administrar la BBS, gestionar los usuarios, resolver los problemas que pudieran surgir… era una especie de «moderador» de la BBS a la que se accedía, pudiendo tener una misma BBS más de un Sysop.

La imagen del Sysop iba más allá de una simple administración debido a que, en muchos casos, el propio Sysop era el creador de la BBS, y la persona que la mantenía.

Para los que nos conectábamos a ordenadores remotos en los años ochenta, la imagen de un Sysop era la de un «ser informático superior», era lo que queríamos ser al llegar la edad adulta… un nivel de conocimiento informático superior, y una imagen muy venerada y respetada entre los aficionados a las comunicaciones informáticas.

Además de la veneración y el respeto, estaba la necesidad… en la mayoría de las BBS era necesario disponer de un usuario y contraseña para poder utilizar servicios como los mensajes entre usuarios, o para poder acceder a determinada información… para ello era necesario solicitar al Sysop ese usuario y contraseña.

Los Sysops también solían contar con algunos privilegios, por ejemplo, su «espacio privado» donde solo podía acceder el operador del sistema y sus amigos, o su entorno cercano dentro de la BBS; aquello era lógico si la mayoría de Sysop eran, además, las mentes creadoras de la BBS.

No obstante, también existieron Sysops que alcanzaron tal categoría por decisión de los creadores de una BBS determinada… o por una especie de herencia…

Existen Sysops que llegaron a contar con mucha popularidad entre los aficionados a las comunicaciones informáticas, incluso alguno de ellos, bajo la gran evolución de Internet, dejó su BBS y, con el paso del tiempo, volvió a retomar ese mundo… volviendo a retomar un papel de Operador del Sistema, cargo olvidado por una gran evolución de las comunicaciones modernas.

En la actualidad, existen muchas BBS activas, incluso en Internet existen comentarios que hablan de un repunte en la recuperación de servicios BBS.

En los últimos años ha crecido un sentimiento «retroinformática» que ha llevado a recuperar algunas de las BBS, por lo que, en la actualidad, vía Telnet o mediante algunas aplicaciones especiales, existen muchos destinos donde acceder a ese mundo «ochentero». Para los más melancólicos todavía existen activas algunas BBS que permiten la conexión mediante módem y línea de teléfono.

Originalmente, el término Sysop se aplicó a cualquier administrador de un sistema informático durante los años de dominio del mundo «Mainframe»... aquellos ordenadores gigantes que procesaban datos para grandes empresas. En los años ochenta y noventa el término se popularizó a nivel de usuario al ser utilizado —exclusivamente— para identificar al administrador de una BBS.

Según fue cayendo la popularidad de la BBS en favor del uso masivo de Internet, el término Sysop o System Operator fue cayendo en el olvido —salvo en el caso del software MediaWiki, que soporta a diferentes «wikis», que es utilizado ese término para identificar a los administradores o «bibliotecarios»—.

Para los que vivimos aquellas primitivas conexiones entre ordenadores de los años ochenta la imagen del Sysop nos despierta respeto, así como nos recupera gratos recuerdos de una gran época donde la *informática personal* estaba en el curso de una etapa primaria en tecnología y conocimiento.

Fidonet

En el año 1984 Tom Jennings desarrolló en San Francisco un software de comunicaciones que era capaz de interconectar ordenadores entre sí por medio de un acceso telefónico; lo llamó Fido, programa informático que más adelante daría lugar a la red FidoNet.

Para esa época ya existían los servicios BBS —la primera nació en el año 1978 bajo el nombre de CBBS o Computerized Bulletin Board System—.

Enseguida, algunos responsables de servicios BBS, vieron la gran utilidad del software FidoNet, y empezaron a interconectar los servidores BBS que, hasta ese momento, eran unidades individuales, naciendo así una red de servidores BBS llamada FidoNet.

Un año después de la creación del software Fido, en 1985, la red FidoNet contaba con 160 servidores BBS conectados en Estados Unidos.

Antes de continuar cabe aclarar que FidoNet se considera, en diversa documentación existente en Internet, como un precursor de la red Internet... nada más alejado de la realidad.

Internet pone a disposición de los usuarios el acceso a múltiples servicios como el mundo web, correo electrónico, FTP, TelNet, etcétera. La red FidoNet contó con un reducido número de servicios concretos. Entonces debemos considerar a FidoNet como un sistema paralelo a Internet, nunca un precursor de la famosa red contemporánea.

Un dato importante sobre FidoNet es que nació para ser una red global de ordenadores basada en servidores que pudieran trabajar «off-line», es decir, que no siempre estaban conectados a la red, a diferencia de los servidores de Internet que siempre están conectados a su red mundial; son diferentes conceptos de red universal.

La red FidoNet estaba subdividida en seis zonas geográficas, prácticamente coincidentes con continentes geográficos, salvo el caso de América que estaba dividido en América del Norte e Iberoamérica. Posteriormente cada zona era dividida en regiones que integraban nodos locales.

En el año 2007 se eliminó la sexta zona geográfica de FidoNet, que correspondía al continente asiático, y fue integrada en la tercera zona que correspondía originalmente a Oceanía.

El principal servicio a destacar de FidoNet fue Netmail, un sistema que permitió a los usuarios de la red enviar mensajes privados a otros usuarios, independientemente del servidor BBS al que habitualmente se conectaran... podría ser considerado un servicio paralelo al actual correo electrónico de Internet, pero en aquella época era un servicio lento, los mensajes podían tardar algunos días en llegar al destinatario por el complejo sistema requerido para viajar entre los nodos, además que no existían conexiones permanentes a la red entre aquellos nodos. Además, era un servicio sin una clara seguridad, ya que los diferentes administradores de los BBS se reservaban el derecho de revisar los mensajes privados enviados entre usuarios de FidoNet.

Después del servicio Netmail nació el servicio Echomail, una especie de precursor de lo que ahora se conoce como Foros de Discusión, también precursor de los grupos de noticias del Internet primitivo, servicio actualmente en desuso... quizás también fue una imitación del servicio Usenet nacido en el año 1979 en la Universidad de Duke.

El sistema de correo de la red FidoNet evolucionó permitiendo subir archivos que eran catalogados mediante una distribución temática, debiendo incluir el famoso fichero de nombre «file_id.diz» con la información de cada programa subido para, posteriormente, ser listado en la red.

Un dato curioso sobre FidoNet tiene que ver con algunos de los comportamientos del Internet comercial actual como, por ejemplo, el uso de emoticonos mediante caracteres ASCII, o el acto de evitar escribir en mayúsculas porque se considera que se está gritando... esos comportamientos del Internet actual nacieron, en realidad, en FidoNet como normas básicas establecidas para los usuarios.

Con el nacimiento de Internet y su rápido crecimiento, el uso de redes BBS cayó en picado y, con ello, el uso y acceso a FidoNet... aunque no desapareció totalmente.

Como dato de uso reciente es importante comentar que en el año 2014 se consideraba que el uso de FidoNet a nivel mundial era el 15% de lo que llegó a ser. No obstante, la red FidoNet, y su diseño conceptual, son leyenda de la comunicación entre ordenadores... incluso existe un importante grupo de usuarios que considera a FidoNet una estructura de red más positiva en concepción que el actual Internet.

La BBS del Politécnico San José de Badajoz

Justo en este momento, después de hablar de la BBS, el Sysop, y la red Fidonet, deseo hacer una nueva parada. Y esta vez para hablar de un ejemplo real de una BBS creada con pocos medios y mucha ilusión dentro del ámbito de la educación en España, concretamente en la Comunidad Autónoma de Extremadura, en la capital de la provincia de Badajoz, en la ciudad homónima.

En enero de 2021 conocí a Juan de Dios Portalo a través de su hermano Paco Portalo, ya mencionado en esta obra. Paco Portalo me habló de la gran cantidad de proyectos informáticos centrados en la enseñanza en los que su hermano se había metido a lo largo de los años. Y, entre unas cosas y otras, me habló de un fabuloso proyecto de una BBS creada en el año 1992 en el centro de educación donde era profesor. Aquello me pareció realmente interesante y, sin duda alguna, para mí es una historia que merece ser recordada. A continuación, quiero reproducir aquí esa maravillosa historia.

En el año 1989 Juan de Dios Portalo, profesor de Informática en el Instituto Politécnico de San José de Badajoz, tiró un cable telefónico desde el despacho del secretario del centro hasta el aula, lugar donde enseñó a los alumnos que, mediante un módem, se podía consultar en línea el Boletín Oficial del Estado. Llegaron hasta la puerta del mismo BOE, pero no pudieron acceder porque requería conocer una clave. No obstante, aquello fue una experiencia única para los alumnos, en una época donde el ordenador ocupaba únicamente una muy pequeña parte de los domicilios en España.

Antes ahondar en la historia principal de este artículo, debo presentar algunos antecedentes. El concepto de enseñanza online, o aula virtual, ya había nacido en España antes de la llegada de Internet. En 1984 el Ministerio de Educación y Ciencia puso en marcha el Proyecto Atenea, un plan experimental destinado a la introducción racional de las nuevas tecnologías de la información en las enseñanzas básica y secundaria. El plan solo afectaba a los centros educativos del Ministerio, y abarcó cinco años, hasta 1989. Hasta el año 1995 no llegó Infovía, y fue en ese año cuando Telefónica y el Ministerio de Educación y Ciencia llegaron a un acuerdo que facilitó la salida a Internet de los centros y, con ello, una conectividad entre colegios e institutos mucho más accesible tanto en el sentido económico, como en el técnico.

En los ochenta todo era más difícil; no existía una red Internet donde consultar cualquier cosa y aprender de todo a golpe de «clic», predominaban los sistemas operativos abstractos basados en comandos y un sencillo modo texto; lograr cualquier objetivo con un ordenador implicaba saber... o pegarse con el ordenador hasta aprender.

En el año 1992 Juande Portalo inició el proyecto de BBS para su Instituto mediante un documento de justificación que rezaba así: «La implantación creciente de Redes de Información es la réplica de la tecnología actual a la necesidad de intercambio y necesidad de ampliar conocimientos entre instituciones, profesionales, educadores. La implantación de la información digitalizada hará necesario la explotación de sistemas de comunicaciones que permitan el flujo de la información en múltiples formatos: audio, imagen, texto, etcétera. Inevitablemente este fenómeno ha de afectar al desarrollo de buena parte de actividades en nuestra sociedad e incluso hará aparecer otras nuevas que ahora apenas podemos vislumbrar, como el teletrabajo, la telemedicina...».

La idea original de crear una BBS surgió durante el curso 1989-90 en la clase donde Juande Portalo impartía la asignatura de «Explotación de Sistemas Informáticos», del 2º curso del Bachillerato de Administración y Gestión de entonces. El experimento con el módem de 1989 descrito al inicio de este artículo despertó una gran curiosidad e interés en el alumnado, y aquello hizo que su profesor pensara en la importancia de acometer un proyecto más interesante.

Portalo se apoyó en compañeros del Instituto que fueron fervientes colaboradores como Ana Gutiérrez de Tena, Francisco Ortega, Pepi Merchán, Tilina Márquez, entre otros, y al equipo directivo encabezado por Ángel Villalba.

Página principal de la BBS del Politécnico San José, del año 1992.

Una vez nacida la idea, el camino fue crear un sistema servidor de información, un boletín interactivo para intercambiar información o acceder a noticias de interés. Lo viable en aquella época estaba claro: Implantación de una BBS. Y los alumnos debían de convertirse en la imagen del «Sysop» de aquel servidor.

En palabras de Juande: «Lamentablemente, aunque el balance de la experiencia fue muy positivo mientras duró, la idea se abandonó cuando llegaron las fechas de exámenes, vacaciones y fueron surgieron nuevos y ambiciosos retos para llevar a la práctica como la instalación del cableado de red en todo el centro, la instalación de nuestra primera red local de Novell Netware...»

Viví aquellos años ochenta de la informática de 8 bits y el nacimiento del mundo PC en forma de explosión... programé en diferentes lenguajes, me conecté a BBS repartidas por toda España, y viví aquellas experiencias con gran intensidad. Por todo ello, conozco de primera mano la capacidad de ingenio, el esfuerzo, y la motivación que requiere atender un proyecto de ese tipo en el año 1992. Y como tal, lo menciono en esta obra para que esto sea conocido y se valore como realmente merece.

Posteriormente, permanecí en contacto con Juande Portalo, primero vía correo electrónico, después vía Whatsapp, y tuvimos algunos asuntos en común. Por ejemplo, en diciembre de 2021 Juande Portalo me invitó a participar como ponente de una charla en unas jornadas que celebran todos los años a las puertas de la Navidad organizadas por el Instituto de Enseñanza de

Secundaria Castelar de Badajoz, que son extensibles a todos los estudiantes de informática de la provincia de Badajoz.

Aquella invitación fue muy importante para mí, y acepté sin dar tiempo ni a pestañear, porque para mí fue una ocasión más de poder divulgar mi conocimiento, mi filosofía de trabajo y vida en la informática, y poder mostrar a los jóvenes y futuros informáticos décadas de experiencia comprimidas en cincuenta minutos.

Juande Portalo es un ejemplo más, como el ya comentado de Alberto Sarachaga, director del Instituto Leopoldo Alas Clarín de Oviedo hasta su jubilación; personas que unificaron la labor educativa con la informática, y que buscaron sin descanso aplicar su visión tecnológica dentro de la enseñanza. El mundo necesita más docentes así.

Videotex e Ibertex…

En los años setenta nacieron dos servicios para las comunicaciones por vía telefónica: la BBS (Bulletin Board System) nacida en Estados Unidos en 1978, y el sistema Videotex nacido en Reino Unido en 1972.

El sistema Videotex se había pensado para combinar la televisión con la línea telefónica bajo la idea de acceder a servicios en línea que facilitaran el día a día en los asuntos domésticos. Inicialmente requería un televisor y una norma concreta para realizar la comunicación... no servía cualquier modulador/demodulador de onda. Posteriormente, el dispositivo fue evolucionando, contando con pequeños terminales propios de pantalla y teclado integrado que solo permitían el acceso exclusivo a Videotex.

Como ya he explicado, el sistema BBS se utilizaba en cualquier ordenador y, mediante un módem, se podían realizar llamadas puntuales a diferentes bases de datos con información y otros servicios como mensajería... esas bases de datos eran las BBS.

¿Qué diferenciaba a Videotex de BBS? El Videotex, como he mencionado, nació para ser utilizado en televisores estándar, aunque después terminó por migrar a terminales propios u ordenadores estándar. Además, mediante un sistema global de largos códigos numéricos de identificación, se accedía a los diferentes servicios... un precursor de las páginas web actuales con su IP asociada.

La BBS era diferente, se accedía por medio de un ordenador estándar y un módem, y se llamaba directamente al equipo que contenía cada BBS concreta. Por lo tanto, cambiar de BBS significaba colgar y hacer nueva llamada. Con el nacimiento de Fidonet se unificaron muchas BBS en un único acceso auspiciado por esa red, siendo aquello muy similar al Videotex en el aspecto de conectividad.

En el año 1990 Telefónica, de aquella empresa pública con el monopolio de las comunicaciones telefónicas en España, decidió crear su propio sistema Videotex para implantarlo en España, siendo bautizado bajo el nombre de Ibertex.

En el año 1989 contaba con un módem de 300/1200 bit por segundo conectado a mi ordenador Dynadata PC, y realizaba puntuales llamadas a diferentes BBS nacionales. Pero las BBS eran bases de datos en formato texto, y había que pagar el tiempo de conexión como una llamada calculada sobre la tarifa de la localización geográfica de la BBS... si la BBS estaba en el extranjero, se pagaba el tiempo de conexión de llamada internacional, si era local, el precio de llamada más barato de Telefónica. Evidentemente llamaba a BBS nacionales, porque en mi provincia no había ninguna activa que pudiera conocer; siempre existía el estrés de hacer las cosas rápido para cortar cuanto antes la llamada.

En el año 1991 comencé a ver terminales Ibertex en muchos negocios de cierto tamaño; concretamente, la primera vez que vi un terminal Ibertex, fue en la cadena Gaylo que contó con una importante red de tiendas en Asturias, superficies de importante tamaño donde vendían electrodomésticos, televisores, ordenadores... incluso contaron con videoclub propio en la época de furor del VHS y el BetaMax. Aquel terminal de Gaylo era utilizado por el propio comercio para uso interno... aquello me fascinó.

El Ibertex de 1991 permitía acceder al servicio por una única vía de entrada a la red y bajo una única y constante tarifa para el tiempo de conexión. Además, contaba con pantallas gráficas, muy discretas, pero podían mostrar dibujos e imágenes, algo que no hacían las BBS donde todo era modo texto.

El Ibertex también permitía determinados servicios no existentes en las BBS, como hacer compras en línea en determinadas grandes superficies, por ejemplo. El sistema era sencillo, se accedía llamando a Ibertex (031), y desde allí, mediante un sencillo navegador y por medio de un largo número identificativo que empezaba por el símbolo «*» y terminaba con el símbolo «#», se accedía a una especie de primitiva web del servicio concreto solicitado. En Ibertex estaban, por ejemplo, las páginas amarillas de Telefónica, El Corte Inglés —pudiendo hacer compra en línea del supermercado Hipercor—, y otros servicios diferentes.

Aquello era algo muy superior a lo que ofrecían las BBS del momento, ya que el concepto BBS era, principalmente, la idea de aportar información sobre un tema concreto, espacio creado, casi siempre, por algún entusiasta de la informática con grandes conocimientos de las comunicaciones de la época. Ibertex iba más allá, era un precursor de lo que conocemos hoy como Internet con sus páginas web.

Ibertex también tuvo sus defectos... un poco lento en la carga, y la gran dificultad para encontrar los códigos identificativos de servicios que operaban dentro de aquella red. Aun así, y en el año 1991 que todavía Internet tenía restringido el uso público, aquello llamaba la atención de cualquier aficionado a la informática con módem.

Decidí equipar a mi ordenador Dynadata PC con lo necesario para poder acceder a Ibertex sin la necesidad de comprar un terminal Videotex que, al fin y al cabo, era una pantalla con teclado integrado bastante inútil, porque solo permitía acceder a Ibertex... no era un ordenador normal. Entonces tuve conocimiento que mi módem soportaba las normas V21 —para la conexión a redes conmutadas de 300 bit por segundo— y V22 —para la conexión a redes conmutadas de 2400 bit por segundo—, que eran las necesarias para acceder a las BBS y cualquier otro tipo de comunicación conmutada. Pero mi módem, y el de cualquier otro usuario, no cumplían la norma V23 —para la conexión a redes conmutadas de 600 y 1200 bit por segundo— necesaria para las velocidades de subida y bajada de Ibertex.

En ese año de 1991 compré un módem interno para ranura ISA que cumplía las normas V21, V22, y V23, por lo tanto, podía conectarme a cualquier red conmutada vigente en el momento, además de poder acceder a Ibertex. El módem costó 50.000 pesetas de la época, que no era poco. Lo instalé yo mismo en el ordenador, siendo de aquellas ranuras antiguas que había que seleccionar en el hardware, mediante jumper, el IRQ de comunicación con el procesador y el DMA de acceso directo a memoria.

Una vez instalado el modem, y a través del número especial 031 de telefónica, pude acceder, por primera vez y a una única y razonable tarifa de conexión por tiempo, a Ibertex, un nuevo mundo remoto con gráficos... y algún color si contabas con tarjeta gráfica CGA en el ordenador, como era mi caso. Allí accedí a la tienda en línea de Hipercor, las páginas amarillas, o el sistema para hablar con grupos de gente en línea... el precursor del chat de Internet. Para conseguir los códigos identificativos para acceder a los servicios solía comprar revistas de informática que publicaban tanto números de teléfono de BBS como los códigos de servicios operativos en Ibertex.

Aquello fue la apertura a un nuevo mundo fascinante, mucho más llamativo que las BBS o Fidonet y, durante un tiempo, a menudo, venían amigos a mi casa... no se creían aquello que podía comprar desde casa o hablar con gente de cualquier punto de España desde el teclado... siempre tenía que demostrarle a alguien que aquello era real.

La aplicación utilizada para acceder a cualquier servicio de Ibertex equivaldría hoy al navegador web de Internet, los servicios equivaldrían a las páginas web, los códigos de identificación a las direcciones IP, y el chat al servicio IRC que nació en Internet en la segunda mitad de los años noventa. En Internet se creó el DNS para convertir las IP en nombres en texto fáciles de recordar... los dominios de Internet; en Ibertex nunca existió algo parecido al DNS, y el principal inconveniente era memorizar aquellos largos números para cada servicio.

La pasión por Ibertex duró poco porque no tuvo éxito; pocas empresas pusieron sus servicios allí, y pocos negocios instalaron terminales para sus operaciones. Además, en septiembre de 1995, Telefónica creó Infovía, un servicio similar al Ibertex que permitió unificar el acceso a Internet en el número 050, aplicando una tarifa única de llamada local para todos los accesos a la nueva red independientemente de la situación geográfica. Aquello mató a Ibertex, y animó a los usuarios a ir entrando en Internet, una red mucho más avanzada, de acceso mundial, que permitía páginas más completas y dinámicas que incluían gráficos y fotos.

En 1995 ya accedía desde casa a Internet en lugar de Ibertex y, de nuevo, tuve que cambiar el módem... para navegar por Internet en sus primeros años se requería, al menos, un módem de 9.600 bit por segundo. En el año 1996 desarrollé mi primera web en un HTML básico. No obstante, guardo un grato recuerdo de aquellos años de experiencia en la red Ibertex.

Una experiencia real...

En el año 1990 contaba con 15 de años de edad y llevaba casi tres años de experiencia haciendo «mis cosillas» con un ordenador —ya comentado en diferentes apartados de este libro— Dynadata PC compatible, equipo fabricado por la empresa coreana Daewoo.

A la corta experiencia del mundo PC se sumaba otro año más de experiencia dentro del mundo de los ordenadores de 8 bits y del Zilog Z80 gracias a mis experimentos con un Amstrad CPC6128.

En aquel año de 1990 no se podía afirmar que Internet no existiera, en realidad *La Gran Red* existe desde 1969 cuando nació ARPANET, que es lo que ahora se conoce como Internet… asunto ya comentado páginas atrás…

El caso es que ARPANET tuvo, inicialmente, un uso exclusivamente militar, aunque poco a poco se le fue dando un uso gubernamental y académico. Pero no es hasta el año 1993 cuando la actual red Internet se liberó al público en general para un uso comercial y personal.

En aquella época hacía tiempo que nos inundaban películas como *Juegos de Guerra*, donde niños y jóvenes realizaban conexiones informáticas mediante una línea telefónica y, también, en las revistas asomaban aquellos moduladores/demoduladores de onda que permitían conectar a dos ordenadores entre sí mediante la línea telefónica estándar.

Pero en España, y para un adolescente de quince años, aquello seguía siendo un poco de ciencia ficción. En aquella época, entre finales de 1989 y principios de 1990, mis padres me regalaron un módem, ya comentado en el apartado anterior… y con ello me regalaron acceso a las redes de comunicación que se abrieron para mí por primera vez.

Mis padres me compraron un módem externo en el departamento de informática de El Corte Inglés… un estupendo módem que podía operar bajo las velocidades de 300 y 1200 baudios, o bits por segundo si se prefiere —en aquella época un baudio venía a equivaler un bit por segundo, pero esa correlación no siempre se da por motivos que ahora no procede explicar—.

El vendedor me avisó que también vendían modems de 2400 baudios, pero ya me dejaron claro que esa velocidad no estaba soportada por las líneas de Telefónica en España en aquella época, de hecho, también me informaron que, en muchas ocasiones, tampoco podría alcanzar los 1200 baudios y tendría que operar a 300 baudios nada más.

Ahora es el momento de hacer un paréntesis en esta historia para explicar que allá por los años ochenta el departamento de Informática de El Corte Inglés era la Catedral de la Informática para los aficionados a esa ciencia y, al mismo tiempo, los empleados de aquel departamento estaban muy preparados en la materia; Investrónica era de El Corte Inglés, y la mítica Indescomp trabajó mano a mano con esa cadena de grandes almacenes. Y la prueba estaba en que, durante muchos años, siempre se podían encontrar a los mismos empleados en el departamento de Informática hasta el punto que llegué a hacerme amigo de la mayoría. Evidentemente eso no pasa hoy en día, ni en El Corte Inglés ni en ninguna otra gran superficie.

Finalmente, me llevé para casa aquel módem. Eso sí, el dispositivo solo incluyó el cable de alimentación, el cable serie para la conexión al puerto RS-232 de 25 pines del ordenador era un accesorio debía ser adquirido aparte.

En principio no compré un cable porque quería intentar la primera conexión con uno perteneciente a un software Link —el mismo que detallé en el capítulo del Euro PC—, que era un software para conectar dos ordenadores entre sí vía puerto-serie y pasar información—lo había comprado tiempo atrás para poder pasar software y archivos de un ordenador con disquetera de 5,25 a otro ordenador que disponía de disquetera de 3,5 pulgadas—.

Como cabía esperar, el cable del Linker no funcionó... el emparejado de pines no era el necesario para una conexión remota por medio un módem. Fui a otra tienda especialista en cables y contraté la fabricación de un cable-serie... me costó 5.000 pesetas de la época.

El siguiente paso fue utilizar un programa de comunicaciones, por ejemplo, el Carbon Copy, y conectar el módem a la línea de teléfono de la casa de mis padres ¿Con qué podía realizar conexiones? Con ordenadores con BBS.

No todo era tan sencillo; en primer lugar, para poder conectarme a una BBS, tenía que conseguir su teléfono que me permitiera llegar hasta ella. Y, en segundo lugar, lo ideal era encontrar ordenadores con BBS en tu ciudad. ¿Por qué? Porque si vivía, por ejemplo, en Asturias, y me conectaba a una BBS de Málaga, el tiempo de conexión se pagaba al precio de una llamada Interprovincial. Si encontraba una BBS localizada en mi ciudad, el precio del tiempo de conexión era del mismo coste que una llamada local... mucho más barato. No voy a comentar nada sobre hacer llamadas a ordenadores BBS en Estados Unidos por ejemplo... ¡inviable!

Es importante destacar que, normalmente, una BBS era montada sobre un gran ordenador, y por ello no había muchas, ya que mantener una BBS era sinónimo de elevado coste. Encontrar teléfonos de conexión a ordenadores con una BBS detrás era realmente un problema... ¿por qué? Porque en mi ciudad no conocía a nadie que tuviera un módem y ya se hubiera aventurado a entrar en ese mundo y tuviera una lista de números de teléfono en su poder, y porque no existía un Internet abierto al mundo, ni un Google donde actualmente se encuentra toda la información que se solicita.

El último recurso era comprar revistas especializadas en informática que tuvieran una sección con lista de teléfonos de centros BBS. Compré muchas revistas hasta encontrar un par de ellas que habían publicado una lista de números de teléfono con centros BBS detrás; el problema estaba en que todos los teléfonos pertenecían a otras provincias diferentes a la mía en aquellos años.

No quería cargar con grandes facturas de teléfono a mis padres, así que me conecté a diferentes BBS en España, no más de 20 conexiones, aprendí sobre aquello, y después utilicé el módem para otros menesteres e investigaciones.

Telefónica empezó a publicitar el nuevo sistema de conexión basado en un estándar británico bautizado con el nombre de Videotex... el servicio Ibertex tratado en el apartado anterior.

Debo recordar que aquella red tenía la particularidad de contar un único acceso a todo el sistema mediante varios números de teléfono —según el tipo de información a consultar— 031, 032, 033, 034, 035, y 036. Aquello permitió acceder por medio de un único número telefónico para alcanzar toda la información existente dentro de aquella red... ya no era necesario buscar una infinidad de números de teléfono. Ese sistema fue, en cierto modo, el paso previo a la llegada del famoso 050 de Infovía que permitió a los usuarios en España acceder a Internet bajo un coste económico en lo que al tiempo telefónico de conexión corresponde.

Aquellos números de acceso a Ibertex contaron con un coste personalizado según cada caso, y no eran más caros que una llamada interprovincial; en determinados casos se podía abonar un precio de coste de llamada local.

Además de la ventaja de conexión única, la red Ibertex también contó con otra ventaja, las conexiones se daban a una velocidad entre 2400 y 9600 baudios... muy superior a los 1200 baudios de mi primer módem. Otro dato importante era que la red Ibertex presentaba gráficos, aunque muy rudimentarios, cuando los accesos vía BBS solo mostraban texto.

Como expliqué en el apartado dedicado a Videotext, el módem que tenía no me sirvió por la norma, y tuve que comprar uno nuevo válido. Una vez insertado el nuevo módem en la ranura de expansión ISA de mi ordenador, me conecté por primera vez a Ibertex. Aquella fue la primera vez que vi gráficos en pantalla obtenidos de forma remota y, también, pude contar con la posibilidad de realizar la compra del Hipercor desde casa, o conectarme a algo nuevo que se utilizaba para hablar remotamente con gente... lo llamaban «chat»; esa parte concreta era la que realmente tuvo la capacidad de sorprender a mis amigos cuando les enseñaba en mi casa el nuevo juguete... no entendían como era posible hablar con gente vía teclado por medio del ordenador... era lo nunca visto y, en algunos casos, no me creyeron y pensaron que aquello era un farol... pensaban que les tomaba el pelo.

El caso es que aquello llamado Ibertex era más avanzado que la BBS, pero también contó con sus inconvenientes: si bien no era necesario conseguir números de teléfono para conectarme a diferentes servicios, una vez dentro de Ibertex era necesario conocer y anotar el número larguísimo de identificación también ya tratado en el apartado dedicado al Videotex.

Posteriormente, fueron creados los servidores DNS en el inicio de Internet para evitar precisamente eso, tener que conocer los números de identificación para llegar a cada página web, que en el caso de Internet eran las famosas IP.

Después de muchas conexiones y varios meses de jugar con Ibertex, dejé de conectarme porque existían pocos servicios y me cansé rápido de todo aquello. No volví a realizar ninguna conexión hasta el año 1996 cuando, por medio de un módem interno de 14.400 bits por segundo, me conecté por primera vez a Infovía... y con ello accedí a la nueva Internet.

Es importante destacar que experimentar con las conexiones remotas en aquella época, en la que reinaron los accesos a BBS e Ibertex, era realmente complicado porque era necesario aprender sobre aquello por uno mismo... no existía un Google donde consultar la información necesaria para llevar a buen puerto las pruebas de acceso. Y no me resultó fácil lograr conectarme a mi primera BBS ni conseguir la primera conexión a Ibertex. Otra época... otro mundo tecnológico.

CAPÍTULO 11.
LOS PRIMEROS PASOS DE INTERNET

Entre marzo de 1989 y diciembre de 1990 fue desarrollado, en el CERN de Suiza, el sistema de distribución de documentos de hipertexto conocido popularmente World Wide Web; había nacido el interfaz web. Fue desarrollado por el inglés Tim Berners-Lee con la inestimable colaboración del belga Robert Cailliau. Antes de todo eso, ya había nacido IMDB. Si no existía la web como tal... ¿dónde nació IMDB? En Usenet... el sistema global de discusión en Internet nacido en el año 1980.

El nacimiento de IMDB se comenzó a gestar en el año 1989 cuando un usuario publicó una discusión sobre actrices atractivas en un grupo de noticias. A partir de ahí otros usuarios comenzaron a recopilar en una lista nombres de actores y actrices. Así fue naciendo una base de datos que, originalmente, fue construida por Col Needham, Dave Knight, y Andy Krieg.

El 17 de octubre de 1990 nació —oficialmente— IMDB, tomando como inicio cuatro bases de datos diferentes —directores, actores, actrices, y actores fallecidos— que, al ser fusionadas, crearon el IMDB original.

Para el año 1991 Cold Needham publicó una herramienta basada en «Shell Scripts» de UNIX para permitir la consulta de los datos existentes; todos los desarrollos de Cold Needham para IMDB fueron ejecutados, inicialmente, mientras realizaba su labor profesional en Hewlett-Packard... poco tiempo después dejaría la empresa para dedicarse en exclusiva a una IMDB en total ebullición.

En el año 1993 se creó una interfaz para el correo electrónico donde podían realizar consultas, al mismo tiempo que Rob Hartill desarrolló una web que estuvo alojada en los servidores de la Universidad de Cardiff; había nacido la web de IMDB, y se llamó Cardiff Internet Movie Database. En los siguientes tres años la web fue mejorada, en contenido y servicios, gracias a la labor de un grupo de voluntarios.

En el año 1996 IMDB se constituyó como empresa en Reino Unido bajo el nombre de The Internet Movie Database Ltd, siendo Col Needham el propietario principal, así como la viva imagen del fundador detrás de la web dedicada al mundo del cine.

En el año 1998 el fundador de una emergente empresa llamada Amazon, Jeff Bezos, llegó a un acuerdo con Col Needham y el resto de accionistas para adquirir el 100% de IMDB. Las cifras hablaron de 55 millones de dólares en el precio de venta, así como un puesto de director ejecutivo para Needham.

Amazon había nacido en el año 1994 para dedicarse, exclusivamente, a la venta de libros por Internet; con la compra de IMDB buscó vender cintas de vídeo y discos DVD.

Con el paso de los años IMDB continuó con un gran ritmo de crecimiento hasta convertirse en el dominador total en lo que a base de datos dedicada al mundo del cine refiere. Hablando de números, se puede decir que IMDB dispone de más de 83 millones de usuarios, casi 5 millones de títulos activos en su base de datos, y más de 8 millones de personalidades dadas de alta en su base de datos.

Si hablamos de tráfico el dato es inverosímil: 250 millones de usuarios únicos al mes. La aplicación web de IMDB se ha descargado más de 115 millones de veces.

Como dato curioso cabe comentar que, en el año 2011, una actriz demandó a IMDB por más de 1 millón de dólares por revelar su edad, considerando que le perjudicó a la hora de encontrar trabajo en el mundo del cine. La demanda no prosperó finalmente después de algunas sentencias… y algún que otro recurso.

En el año 2011 la web de cine también fue demandada por Rovi Corporation por infracción de patentes; IMDB ganó de nuevo, en primera instancia, pero la empresa denunciante apeló a posteriori.

El dato más curioso tiene que ver con la fecha de nacimiento de los protagonistas de su base de datos; un grupo de 10 ganadores de Premios Óscar, junto con otros 71 nominados a premios tan importantes como los Emmy, Globos de Oro, y Óscar, solicitaron a IMDB retirar de la web su fecha de nacimiento.

Es importante destacar que, en el año 2002, nació IMDBPro, una versión de pago de la web, siendo destinada a los profesionales del mundo del cine para que puedan gestionar los datos relacionados con su labor profesional que están almacenados en la base de datos de la web.

Respecto al idioma español, existe el dominio web *IMDB.es*, perc al cargar la web bajo ese domino, aparece en idioma inglés. En este aspecto IMDB cuenta con una importante carencia en un mercado en español muy poblado, permitiendo a otra web, dedicada también al cine y nacida en España llamada FilmAffinity, destacar en esa especialidad en la lengua hispana.

Aunque IMDB tiene una clara carencia en algún que otro idioma de importancia —quizás por ser el hermano pequeño de Amazon, y por ello no se le presta el 100% de la atención—, no hay duda que en el idioma inglés domina totalmente el área de la base de datos dedicada al mundo del cine.

Está claro que IMDB es una leyenda del World Wide Web que nació antes, incluso, que la propia Web. Y precisamente por esa curiosa historia, encabeza, en este libro, el capítulo dedicado a los inicios de Internet.

La Universidad Jaime I de Castellón

En el año 1993 Internet fue liberado para el uso comercial, lo que implicó que la red pasó a estar accesible para la población en general a nivel mundial. En el año 1995 Telefónica puso en marcha Infovía… un sistema de acceso a Internet que logró que la red fuera popular en España.

En el año 1994 fue creado el primer gran buscador de páginas web de Internet con carácter universal, bautizado con el nombre de Yahoo. En ese mismo año ya estaban operando en Internet —con anterioridad— otros buscadores como Webcrawler, Wandex, Lycos… pero el que más notoriedad alcanzó fue Yahoo… era el más famoso. El buscador Google no fue fundado hasta cuatro después, en 1998.

¿Qué hay de los buscadores de Internet de origen español? El primero fue Olé, creado en enero de 1996 y, posteriormente, integrado en Lycos–Terra al ser adquirido por Telefónica en el año 1999. El segundo fue Ozú, creado también ese mismo año 1996 y manteniendo actividad como buscador hasta el año 2012… el más longevo de los buscadores españoles primitivos.

Hasta aquí disponemos de la información oficial que se puede encontrar en muchas páginas web en Internet. Pero hay una entidad educativa, con sede en Castellón, que fue pionera de Internet en España por varios motivos.

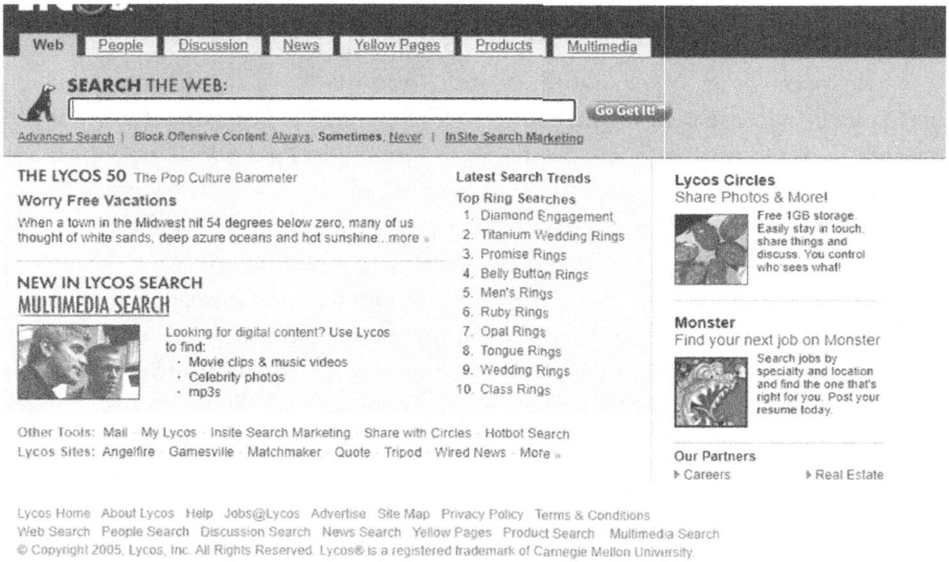

Web de Lycos en el año 2005.

La Universidad Jaime I de Castellón creó en el año 1992 el primer servidor de Gopher de España. ¿Qué es Gopher? Un sistema para mostrar información mediante menús en forma de árbol… sistema predecesor a las páginas web.

En el año 1993, aquella misma Universidad puso en marcha el primer servidor de Internet de España, y así lo identificó el propio CERN en su directorio. Haber sido responsable del primer servidor de Internet en España es un gran honor… una mención de gran importancia.

En el año 1993 la universidad, de la mano de Jordi Adell, comenzó a trabajar en lo que sería bautizado como Mapa de Recursos de Internet. El mapa fue evolucionando hasta que, por el crecimiento de los datos, se reconvirtió en buscador de Internet… el 1 de junio de 1996 se puso en marcha Dónde?. La dirección web de acceso al buscador era: «donde.uji.es». En el nuevo proyecto, además de Jordi Adell, trabajaron otras personas de la universidad como Enric Navarro, Toni Bellver, Carles Bellver, e Ismael Sanz.

Si nos atenemos a la fecha oficial de puesta en marcha de Dónde?, Olé fue el primer buscador de España, Ozú el segundo, y Dónde? el tercero. Pero si atendemos al directorio Mapa de Recursos, el primer buscador español sería Dónde?. De hecho, después del cierre del buscador Dónde?, la página estuvo varios años activa, y el año de inicio de proyecto presentado en la web por sus propios desarrolladores fue fechado en el año 1993. En ese caso, Dónde?, sería el primer buscador español de Internet y de los primeros a nivel mundial, ya que fue puesto en marcha el mismo año que inició su andadura el primer buscador de Internet conocido en todo el mundo, desarrollado por el MIT, llamado Wandex. El buscador de la Universidad Jaime I cerró sus puertas oficialmente en el año 1999.

Como dato curioso y anecdótico, el nombre de Dónde? fue elegido por Jordi Adell, y aunque para la mayoría de los usuarios del buscador ese nombre hacía únicamente un guiño a la palabra buscar (¿dónde está?), realmente tenía doble sentido porque era un acrónimo de «Directorio Online de España».

Para mí no es importante declarar cuál fue el primer buscador español de Internet, porque cualquiera de los tres buscadores mencionados en este artículo marcó una época para los primeros usuarios que tuvieron acceso a Internet en España. Utilicé, diariamente y desde el año 1996, los tres buscadores españoles con el ánimo de encontrar páginas web en Internet, además de usar, también, Yahoo, Lycos, o Altavista.

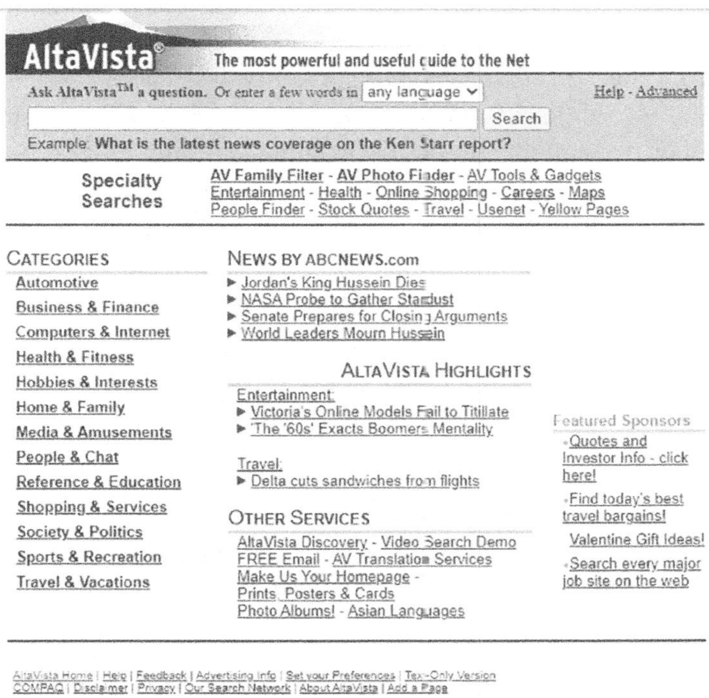

Web de Altavista en el año 1999.

Lo que sí queda patente es la huella dejó en la Internet española la Universidad Jaime I de Castellón: primer servidor Gopher de España, primer servidor de Internet de España, buscador propio de éxito en los primeros años de Internet en España... No hay duda de la gran aportación hecha por la universidad y por las personas que estuvieron adscritas a todos aquellos proyectos, encabezadas por Jordi Adell.

Aunque aquellos proyectos no fueron longevos, la universidad castellonense es parte fundamental de la *historia de la informática personal* de España por las grandes aportaciones a una Internet inicial que apenas contaba recursos y era muy desconocida en el país.

Olé...

En enero de 1996, fue presentado al mundo de Internet el primer buscador de páginas web disponible en español llamado Olé; tan solo unos meses antes del nacimiento de otros buscadores en español tan famosos como fueron Ozú y Dónde? de la Universidad Jaime I de Castellón.

En el año 1995 José Vallés Rovira —Pep Vallés para los amigos—, después de haber perseguido su gran oportunidad en diferentes sectores, recaló en la Fundación Catalana per la Recerca (FCR), organismo en parte público, de la Generalitat de Catalunya, y en parte privado, participada por una serie de grandes empresas. Allí fue gestado y nació el primer buscador de páginas web —con permiso de Dónde?— en español... fue bautizado con el nombre de Olé.

En primera instancia Pep Vallés llegó al FCR gracias a disponer de importantes contactos, y la fundación deseaba su cartera de contactos para vender un producto novedoso... el proveedor de acceso a Internet llamado Cinet.

Pero Pep, junto a José Gaspa Rovira, proyectaron un buscador de Internet que presentaron al FCR. La fundación acogió positivamente la idea promovida, principalmente, por el gran éxito que ¡Yahoo!, comenzaba a cosechar en aquellos años.

El acuerdo inicial fue que la FCR reconocía la paternidad del proyecto a sus creadores y la posibilidad de recuperar aquellos la propiedad del proyecto cuando estuviera terminado, a cambio que la fundación fuera propietaria de los derechos de utilización.

Gracias a la financiación, el equipamiento, y las instalaciones aportadas por el FCR, el 1 de enero de 1996 nació la web *Olé.com* cuya finalidad era permitir a los usuarios de Internet buscar páginas web en español. En marzo de 1996 el buscador ya había superado el millón de visitas.

Web de Olé en diciembre de 1998.

En la mitad de 1996, cuando la web contaba con unos pocos meses de vida, un revuelo político en Cataluña provocó que la FCR recibiera instrucciones de deshacerse del proyecto Olé. Gran error de la fundación y de los políticos de la Generalitat. La solución de la fundación fue vender a Pep Vallés el buscador por la cantidad de 200.000 pesetas; un precio realmente bajo para los números que ya atesoraba Olé en aquellas fechas. Y aquella venta, tres años después, trajo cola…

En junio de 1996 Pep Vallés y José Gaspa ficharon a Jordi Durán Batidor, director de informática de Cinet, crearon la empresa Ordenamiento de Links Especializados, y se trasladaron a un sótano de una guardería de la madre de Vallés. Allí nació un nuevo portal Olé que incorporó un directorio web, así como empezó a ofrecer otro tipo de información general de utilidad para el internauta.

El portal Olé permaneció en la senda del gran crecimiento y pasó a ser el portal de referencia mundial en lo que a hispanohablantes refiere, y el tráfico creció en importante medida… se esperaban las llamadas de grandes empresas interesadas en aquella web. Además, Vallés firmó un acuerdo con una empresa valenciana propietaria de Mixmail, una web de gran tráfico que ofrecía cuentas de correo gratuitas y que aportó a Olé el 30% de su tráfico.

A finales de 1998 comenzaron los contactos entre Olé y Telefónica, a través de una filial de la segunda llamada Amper, y el importante crecimiento del buscador hizo que la negociación pasara directamente a la empresa matriz Telefónica. Aquella operación no fue fácil ya que, para mediados de 1998, ya existía un equipo en Telefónica encargado de desarrollar un portal llamado Terra que sería publicado poco tiempo después.

En los primeros meses de 1999 Telefónica compró Olé por 2.000 millones de pesetas y un porcentaje de acciones del futuro negocio Terra Networks, justo un mes después de la ruptura del acuerdo entre Olé y Mixmail que provocó una pérdida del 30% de tráfico de la segunda.

Un tiempo después, en diversos medios, se tasó el total de la operación en 3.400 millones de pesetas aproximadamente. Y aquella compra supuso, prácticamente, que Olé fuera convertido en Terra, y aquello provocó que Jazztel fichara a todo el desencantado equipo de desarrollo de Terra para crear el portal que posteriormente fue llamado Ya.com.

En tres años, una web llamada Olé que la FCR despachó por 200.000 pesetas, fue vendida por Vallés, Gaspa, y Durán por 3.400 millones de pesetas a Telefónica. Y aquello fue motivo de un importante revuelo, además de terminar el asunto en vías judiciales y años de largos litigios. Cuando Terra salió a bolsa el valor de la venta original se multiplicó por diez gracias a las acciones incluidas en la operación, de 3.400 millones de pesetas, la operación pasó a 30.300 millones de pesetas. Aquel fue el primer gran pelotazo de una «puntocom» en España.

En abril del año 2000 Telefónica compró Lycos —el tercer portal más visitado del mundo en aquel año— en el marco de una gran operación económica, y aquello fue el inicio del fin de Olé; el motor de búsqueda integrado en Terra fue sustituido por el motor de Lycos.

En el año 2003, cuatro años después de la compra de Olé y en su integración en Terra, Telefónica lanzó una oferta para captar acciones libres de pequeños accionistas. Y aquella oferta dejó atrapado a Vallés con la gran cantidad de acciones de Terra que mantenía todavía gracias a la venta de Olé.

Telefónica logró comprar acciones hasta disponer del 70% de Terra; en febrero de 2005 Telefónica lanzó una OPA para tomar el control total de

Terra y, finalmente, el 15 de julio de 2005 Telefónica retiró a Terra de la bolsa de valores.

Web de Olé, ya convertida en Terra en el año 2000.

La historia de Olé en Internet es breve, poco más de tres años, pero en ese cortísimo espacio de tiempo hubo tiempo para todo… alcanzar el éxito con 5 millones de visitas al mes, una polémica compra por un ridículo precio para una casi inmediata venta multimillonaria, problemas judiciales, grandes subidas en bolsa para grandes caídas después, OPAs que atraparon a alguno de los accionistas, equipos descontentos que fundaron otros portales de gran éxito, y operaciones financieras que provocaron grandes revuelos mediáticos. Una historia digna de ser el guion de una película.

Internet en 1995

En el año 1995, cuando Internet daba sus primeros pasos en España, la gran red era muy diferente a la existente en la actualidad. La forma de conexión, las páginas web, los diferentes servicios de la red, las aplicaciones necesarias, la forma de interactuar… todo era diferente… era el Internet de 1995.

Precisamente en el año 1995, Telefónica estrenó Infovía, un servicio creado para unificar las tarifas de conexión en una llamada local. En vez de llamar directamente al proveedor para conectarse a Internet, teniendo que abonar el tiempo de conexión en función a la distancia, el internauta pasó a llamar directamente a Infovía, que siempre aplicaba una tarifa local pagando por el tiempo de conexión al mismo precio que costaría hablar mediante voz con alguien de la misma área metropolitana. Por eso, en aquellos años, las conexiones eran breves, para que la factura no subiera.

Además de pagar por el tiempo de conexión, también era necesario pagar a un proveedor o suscriptor de Internet para tener una cuenta de acceso a la red. Normalmente era un único pago anual, aunque existían algunos proveedores de pago mensual. Entre los proveedores españoles más conocidos en aquella época estaban Arrakis o Jet Internet.

Con el paso del tiempo los proveedores pasaron a ser gratuitos gracias a la llegada de empresas como Retevisión, que, al crear la empresa de telefonía Amena, también creó un operador llamado EresMas que ofreció suscripción gratuita a Internet.

Antes de la llegada al nuevo milenio, poco a poco, la suscripción en todos los casos pasó a ser gratuita, solo era necesario abonar la factura de teléfono por la duración del tiempo de conexión a Internet.

Las tarifas planas para el acceso a Internet únicamente llegaron cuando surgieron las redes de banda ancha como ADSL o la fibra óptica —conexión mediante Cable-Modem—. Pero eso solo sucedió con la llegada del nuevo mileno.

Las páginas web de los primeros años eran totalmente rudimentarias basadas en un HTML muy básico, con abuso de los frames y de los gif animados, estáticas, y con contenidos muy limitados.

Al principio todo el mundo utilizó el famoso navegador de Internet llamado NetScape —desaparecido en el año 2008—; el navegador Internet Explorer fue lanzado con el Windows 95, y tardó un tiempo en estandarizarse.

En las páginas web, al principio, no existía ninguna programación que no fuera el HTML básico, y los primeros signos de programación vinieron de la mano de los CGI en lenguaje Perl. El lenguaje PHP se creó en 1995, pero tardó un tiempo en ser conocido y estandarizado.

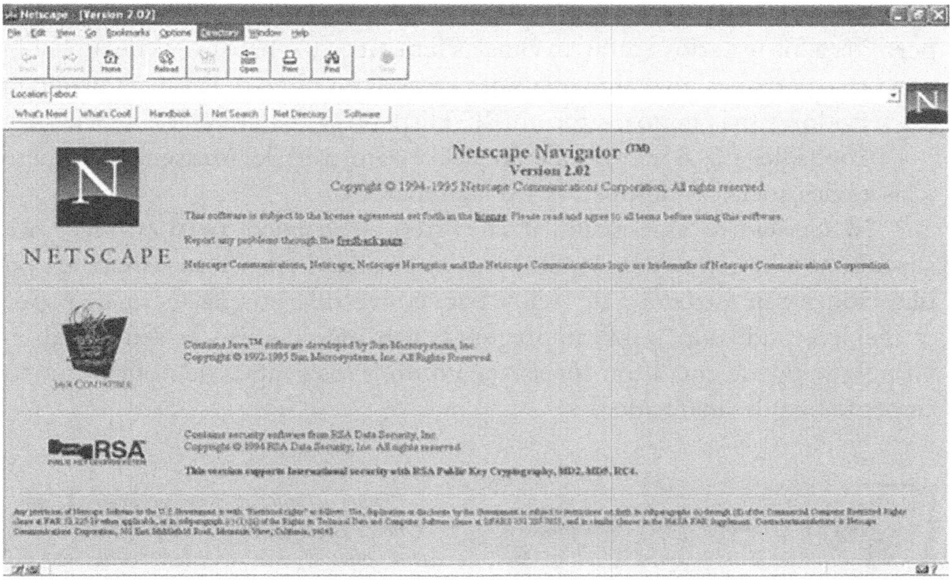

Navegador NetScape 2.02 (año 1997). Licenciada bajo CC0 1.0 Universal (https://creativecommons.org/publicdomain/zero/1.0).

Lo más utilizado en Internet fueron los buscadores, y a nivel internacional fueron Yahoo, Altavista, o Lycos los más importantes. En España, Olé, Dónde?, u Ozú eran los más importantes. Altavista fue adquirido por Yahoo y cerró en 2013. La empresa Yahoo, en la actualidad, está pasando su particular crisis —con serias dudas de supervivencia— después de perder durante años su batalla con Google.

Olé y Lycos terminaron integrados en Terra, la empresa de Telefónica, en el marco de la monstruosa operación para dominar los buscadores y portales de Internet de habla hispana ya comentada en el apartado anterior, pasando a ser totalmente minoritarios; Dónde?, que pertenecía a la Universidad Jaime I de Castellón en España, terminó por desaparecer.

Google no fue fundado hasta el año 1998, y no se convirtió en el motor de búsqueda más importante del mundo hasta los primeros años del nuevo milenio.

En Internet, en el año 1995, existían otros servicios muy utilizados como el email, news, o el irc. Para el email se utilizaba el Eudora, un software para gestionar el correo, y el webmail tardó algo de tiempo en ser una opción utilizada; Eudora fue el más usado hasta que Microsoft lanzó el Windows Mail, y después el conocido Outlook.

El servicio IRC tuvo mucho éxito en los primeros años de la red, ya que permitía a los usuarios entrar en canales temáticos y «chatear», es decir, hablar con otras personas mediante mensajes escritos en directo. En España uno de los servidores más famosos fue el IRC-Hispano.

Con la llegada al nuevo milenio y el lanzamiento del Messenger primero, y las «redes sociales» después, el IRC desapareció.

El servicio news era similar al correo electrónico, pero era necesario suscribirse a los servidores temáticos, y su finalidad era ser un sistema de publicaciones con estructura de «hilo», para convertirse en una suerte de soporte técnico, pudiendo publicar preguntas y respuestas. En la actualidad, en Google se puede encontrar respuesta a todo, y los grupos de noticias prácticamente han desaparecido.

Primer servidor de producción de Google. Foto de Steve Jurvetson (https://www.flickr.com/photos/jurvetson). Licenciada bajo CC BY 2.0 (https://creativecommons.org/licenses/by/2.0/).

La forma de interactuar con Internet —en aquellos años— era diferente a la actual. Las conexiones eran breves para no elevar la factura de teléfono, y eran localizadas en tiempo y lugar: en casa y a horas concretas en las que no había otras tareas que atender.

En la actualidad las conexiones son ilimitadas, por aquello de la gratuidad, y a cualquier hora del día, porque las personas llevan constantemente Internet encima gracias a los teléfonos móviles y las tablets.

Al recordar los viejos y lentos módems utilizados en 1995 en comparación a los modernos routers y la velocidad actual existente en la red, se puede atisbar la verdadera dimensión de la evolución de Internet.

En la actualidad se descargan gigas en cuestión de minutos, en 1995 era toda una aventura descargar archivos de cien Kilobytes. Y conseguir descargar un archivo, por pequeño que fuera, sin perder la conexión a Internet y tener que volver a realizar la llamada, más difícil todavía.

Todos aquellos que vivieron los primeros años de Internet disponen de una clara idea de lo que cambió la red en todos sus aspectos, y de la gran evolución sufrida en un plazo de tiempo tan breve como son dos décadas. Pero siempre quedará algo de nostalgia residual de aquellos primeros años...

La ciudad borrada

En el año 1994 David Bohnett y John Rezner crearon un directorio web encajado en una especie de mundo virtual organizado, temáticamente, en seis barrios... cada barrio tenía asociada una temática concreta. Por ejemplo, en el barrio llamado Silicon Valley, fueron incluidos los enlaces relacionados con la informática.

En el año 1995 la idea evolucionó cuando los propietarios de la web decidieron ofrecer a sus «Homesteaders», o usuarios de la web, espacio gratuito para crear sus propias páginas web, asignando a cada usuario una calle y un número de casa dentro de aquel excéntrico mundo virtual. Aquello terminó por convertirse en la ciudad borrada.

Aquella idea de servicio de alojamiento web gratuito dividido en ciudades, fue llamado GeoCities, y no tardó mucho tiempo en convertirse en algo popular en una época donde nada era gratis en Internet... ni el precio de cada minuto de conexión a Internet, ni el precio por el simple derecho de acceder a Internet a través de un servidor concreto, ni tampoco era gratis tener un espacio para subir una sencilla web basada en un HTML muy básico.

Muchas compañías decidieron invertir en GeoCities, incluida una empresa llamada Yahoo que, rápidamente, escaló posiciones dentro del mundo de los directorios y motores de búsqueda; aquellas inversiones no tardaron mucho tiempo en alzar a GeoCities a una posición entre las cinco páginas web más visitadas del mundo. Todo aquello provocó, en el año 1997, que se incluyera publicidad en la web, y que llegaran a la web, además, servicios más avanzados de pago.

La web de GeoCities en febrero de 1999.

Después de diversas decisiones polémicas de los administradores de GeoCities que afectaron al diseño de las páginas alojadas en sus ciudades virtuales, en el año 1999, llegó la noticia que Yahoo, que ya se había convertido en el directorio web y motor de búsqueda más importante a nivel mundial, había comprado a GeoCities por un valor de 3.500 millones de dólares.

El motor de búsqueda, como nuevo propietario de GeoCities, no tardó mucho tiempo en eliminar las calles y números de casa para introducir el habitual nombre de usuario… terminando con la característica más importante de aquel mundo web virtual. Para el año 2001 GeoCities ya estaba en pérdidas, y ocho años después, en el año 2009, desapareció definitivamente de Internet llegando a alcanzar la cifra de 41 barrios en total.

GeoCities fue el buque insignia de aquellas primitivas páginas basadas en un sencillo HTML, «frames», y una codificación sin programación ni «scripts», llena de aquellos famosos «Gifs animados»... una estética rudimentaria que trae, en la actualidad, gratos recuerdos de aquel mundo web primitivo. Pero, además, para muchos fue la web pionera de las redes sociales, título controvertido porque, oficialmente, se considera como la primera red social a ClassMates en 1995, o SixDegrees en 1997.

No me corresponde juzgar si, en realidad, GeoCities fue o no una red social, aspectos de ello tiene sin duda alguna, y si así lo fuera, parece evidente que sería la primera en la historia.

Lo que sí es importante destacar tiene que ver con la gigantesca comunidad que aquella idea generó a nivel mundial, y alrededor de la idea de tener una web personal en Internet totalmente gratis, más si cabe cuando los alojamientos gratuitos todavía tardaron un tiempo en ser una opción real, aunque fueran servicios realmente limitados. La web de GeoCities se convirtió en una auténtica leyenda de Internet.

En el año 2011 el diseñador holandés Richard Vijgen, en un ejercicio de «arqueología digital», recuperó a la ciudad virtual para crear un mapa interactivo —bajo un concepto de instalación artística— que pretendió visualizar los barrios y las calles que compusieron a GeoCities, todo ello en base al contenido que cada zona tuviera allá por el año 2009, antes de desaparecer de Internet ¿De dónde sacó el artista toda la información? Del único lugar posible, del único almacén de páginas web del pasado... de Archive.org... quizás fuera una especie de homenaje de Richard Vijgen a una idea en Internet que creció y escaló muy rápido, para después terminar tan abruptamente como llegó a la cima. La obra de Vijgen terminó, finalmente, en una web llamada *The Deleted City 3.0*... la ciudad borrada... lugar donde su obra «homenaje» reposa, estando esa ciudad borrada totalmente accesible para cualquier usuario de Internet.

En *The Deleted City 3.0* se puede hacer uso del «zoom» con el ratón para acceder hasta el detalle más pequeño de lo que fue cada rincón de GeoCities, llegando a cada archivo grabado allí y pudiendo, incluso, cargar las antiguas páginas HTML que allí fueron hospedadas en una época pasada... sin duda un titánico trabajo que me gustó visitar, y me trasladó hacia recuerdos pasados de los primeros años en Internet.

Arrakis

En enero de 1997 llevaba un año revolviendo en una Internet primitiva gracias a una conexión a un ISP —o proveedor de acceso a Internet—, y por medio de la novedosa Infovía que tenía en mi puesto de trabajo.

Para finales de 1995 y principios de 1996 habían nacido algunos nuevos proveedores que entraron en competencia con los escasos que existían en España en aquel momento… los más destacados de los primeros ISP podían ser Servicom o RedesTB.

En enero de 1997 decidí que era el momento de instalar Internet en casa, y para ello compré un módem interno de 14.400 bits por segundo y elegí a una empresa sevillana en alza llamada Arrakis como mi proveedor para acceder a la nueva red.

Aquel ISP ofrecía, en aquel momento, servidor de acceso a Internet por la mitad de precio de los ya establecidos, y su velocidad de acceso aportada al usuario era realmente buena.

El primer año pagué 10.000 pesetas más IVA —en total 11.600 pesetas— por el derecho a acceder a Internet y disponer de una cuenta de email propia. Para el año 1998, con la entrada de Retevisión que compró a Servicom y RedesTB, y que después creó Alehop y EresMas, el nuevo gigante de Internet lanzó al mercado las cuentas gratuitas de acceso a Internet, nuevo modelo de negocio al que se fueron sumando otros proveedores de la competencia. Entonces ya no fue necesario contratar los servicios de un ISP para poder acceder a Internet… con pagar el tiempo de conexión era suficiente.

Web de Arrakis en mayo de 1998.

No obstante, entre los años 1996 y 1998, Arrakis tuvo un crecimiento exponencial y rápidamente se convirtió en una empresa de éxito nacional, llamando la atención de otras grandes compañías de la época.

Luis Torrado y Juan Ignacio Rodríguez se conocieron en Fidonet, y en el año 1992 Juan Torrado, hermano de Luis, cedió al segundo un pequeño taller de reparación de ordenadores en Sevilla; Luis no tardó mucho tiempo en contactar con Juan Ignacio Rodríguez para que le ayudara en aquel taller. Así estuvieron entre 1992 y 1995, pero aquel negocio no terminó de funcionar.

En enero de 1996 Juan Ignacio Rodríguez y los hermanos Luis y Germán Torrado decidieron abandonar el taller, que no estaba aportando nada que no fueran problemas, y terminaron por fundar en Sevilla, junto a una tercera hermana llamada Cristina Torrado —que se dedicó a la dirección de Recursos Humanos—, la empresa Arrakis... se habían fijado en el potencial de un incipiente acceso a la red Internet, negocio novedoso apenas explotado en aquella época.

Al llegar el año 1997, y con una política de acceso económico, Arrakis era el proveedor de acceso con mayor cantidad de usuarios; en total contaba con 34.000 usuarios registrados.

La empresa Arrakis no fue únicamente un proveedor aferrado a unos precios populares, sino que también fue un proveedor innovador, ya que incorporó novedosos sistemas de comunicación por medio de canales de satélite, líneas punto a punto, o acceso simultáneo a varias operadoras, todo ello con el objetivo de dar al usuario un acceso lo más ágil posible. Y, durante un tiempo, Arrakis fue sinónimo de rapidez y bajo coste. Otros operadores como CTV y Jet Internet, antes de comprar la primera a la segunda, ocuparon con Arrakis el podio de los mejores proveedores de Internet en España en el año 1997.

Ya entrado el año 1998, las grandes empresas de comunicaciones comenzaron a focalizar su atención en un Internet que crecía exponencialmente —sin control alguno— y, con ello, también focalizaron en aquellos pequeños proveedores nacidos de la nada que dominaban el mercado; Retevisión compró a Servicom y RedesTB; Uni2, que después formaría parte de Orange, compró a CTV Jet Internet; en cambio Telefónica, France Telecom, y British Telecom fijaron su atención en Arrakis.

En el año 1999, finalmente, British Telecom compró Arrakis por una cantidad que rondó los 2.200 millones de pesetas. En realidad, el acuerdo se firmó en noviembre de 1998, cuando Luis Torrado llevaba casi dos años negociando la venta a Telefónica, y se oficializó en enero de 1999, aunque British Telecom negó en los primeros días la noticia de la compra.

No queda mucha información en Internet sobre la empresa Arrakis, pero en la información que todavía permanece se señala a Luis Torrado como el «alma mater» de aquella empresa. Como tal, en enero de 1999, una vez comprada la empresa por parte de British Telecom, Luis Torrado permaneció como director general, aunque pocos meses después, en pleno proceso de integración de la comprada en la compradora, fue despedido de forma fulminante.

Dos años después, en enero de 2001, Arrakis volvió a ser noticia cuando Luis Torrado reclamó a British Telecom un total de 404 millones de pesetas. El acuerdo de venta al que habían llegado en noviembre de 1998 permitió a los propietarios de Arrakis incorporarse como consultores en British Telecom, pero sin poder ejecutivo alguno. A lo largo del año 1999 British Telecom decidió encargar una auditoría sobre el precio fijado de compra de Arrakis; aquella auditoria supuso la reducción del precio de compra en 104 millones de pesetas, más otros 300 millones de pesetas que dejaron de recibir los antiguos propietarios por la rescisión unilateral de British Telecom. El precio de compra original de 2.200 millones de pesetas quedó reducido a 1.796 millones, y aquella diferencia terminó en una reclamación por la vía del arbitraje.

La reclamación por arbitraje fue resuelta en junio de 2001 mediante el oportuno laudo que dio la razón, íntegramente, a British Telecom.

La empresa Arrakis, antes de ser adquirida por British Telecom, alcanzó el 15% de cuota de mercado en España, llegando a ser líder de los proveedores de acceso a Internet; superó los 60.000 usuarios, y llegó a facturar 600 millones de pesetas en el año 1997. Llegó a disponer, también, de una plantilla de trabajadores que superó el centenar. Lo más importante a destacar de todos estos datos numéricos es que fueron logrados únicamente durante tres años de actividad independiente, entre enero de 1996 y el mismo mes de 1999, cuando fue anunciada la venta a British Telecom.

En julio de 2007 tres de los fundadores de Arrakis, Luis, Germán, y Juan Ignacio, volvieron al sector de la informática al fundar una consultora de telecomunicaciones e Internet llamada Mentat Consultores.

Los que vivimos en primera fila los primeros años de Internet en España, Arrakis fue una empresa sobradamente conocida que aportó «frescura tecnológica», siendo un factor fundamental de la competitividad generada que provocó la caída de precios y una primera fase de masificación del acceso a Internet en España.

Todo esto no lo logró en solitario, ya que otras empresas como CTV y Jet Internet trabajaron en la misma senda, pero Arrakis fue, posiblemente, el «buque insignia» de una nueva forma de acceder a Internet nacida a la sombra de Infovía.

CTV-Jet Internet

Corría el mes de enero de 1996 y, por primera vez, tuve acceso a Internet al ser instalado el servicio en la empresa en la que desarrollaba mi labor profesional, entidad situada en Asturias —concretamente en Oviedo—.

En aquella época, en la que no existían las redes de banda ancha, era necesario conectarse a través de un ISP, y en la empresa elegimos a una entidad vecina que acababa de instalar sus propios servidores de Internet.

Con el paso del tiempo se demostró que el servicio prestado no era el esperado... era caro y, aunque teníamos otros acuerdos comerciales con aquel proveedor, decidimos cambiar el ISP de nuestro acceso a Internet.

Después de realizar una comparativa entre diferentes proveedores, y después de valorar la posibilidad de utilizar Arrakis, que era el proveedor que tenía en 1997 en mi domicilio, decidí contratar para el trabajo el servicio de una empresa del País Vasco que venía pisando fuerte en toda la zona norte, al prestar servicios más completos que la competencia bajo un gran precio, y a una velocidad realmente buena.

En realidad, lo que más nos importó en aquel momento fue la velocidad de acceso que nos podía aportar el nuevo proveedor de Internet, ya que el anterior tenía como principal desventaja una extrema baja velocidad. El nuevo proveedor a contratar se llamaba Jet Internet y había nacido en Vitoria-Gasteiz (Álava).

Web de Jet Internet en enero de 1999.

En el año 1990 Fernando García Sas, un joven empresario vitoriano de veintiséis años de edad, fundó un comercio dedicado a la informática llamado ICD.

Con el paso del tiempo su empresa marchaba bien y decidió entrar en un nuevo e incipiente mundo de Internet que Telefónica se había encargado globalizar en España al poner en marcha, en septiembre de 1995, la famosa red Infovía. Y, en ese mismo año 1995, Fernando García fundó el mencionado Jet Internet.

Una anécdota... en el año 1997 había elegido para la empresa en la que trabajaba en Asturias un proveedor de Internet localizado en una ciudad a la que ocho años después de aquello me iría a vivir, Vitoria-Gasteiz, y donde desarrollaría yo una larga carrera profesional, algo que todavía en 1997 no podía saber que iba a suceder.

Como complemento a la anécdota, en el año 2010 tuve una breve relación, por asuntos profesionales, con otra empresa de informática también fundada por Fernando García Sas, empresa que actualmente sigue bajo su gestión.

Aquel proveedor llamado Jet Internet nos dio un gran resultado, y recuerdo todavía el gran rendimiento a un precio tan competitivo que nos trajo aquel ISP.

En poco tiempo Jet Internet, con su centro de trabajo en el Parque Tecnológico de Miñano (Álava), pasó a dominar el norte de España y se convirtió en uno de los 5 mejores proveedores de Internet del país. Y aquello no pasó desapercibido para otras grandes compañías.

En septiembre de 1998 se anunció la venta de Jet Internet a otra empresa llamada CTV —Centre Telematic Valencia—, operación que provocó la unión empresarial de esas dos empresas que estaban entre los cinco proveedores más importantes de Internet de España. De aquella unión nació CTV-Jet Internet y, con ello, también nació la empresa líder en España en lo que a proveedores de Internet refiere.

La aventura duró poco para CTV-Jet Internet, ya que en marzo de 1999 la empresa fue adquirida por Uni2, marca de France Telecom en España, justo en los meses en los que se inició la guerra del acceso a Internet gratuito.

En aquellos meses los proveedores más grandes como, por ejemplo, Retevisión con Alehop primero y EresMás después, introdujeron en España el acceso a Internet vía ISP gratuito; se produjo un contagio basado en la competitividad, y los proveedores de Internet dejaron de cobrar por dar acceso... los usuarios solo debían pagar a Telefónica por el tiempo de conexión.

Finalmente, los servicios de Internet de Uni2 fueron renombrados por France Telecom como Wanadoo.

Amena, empresa de telefonía móvil propiedad de Retevisión, terminó siendo adquirida también por France Telecom y, en el año 2006, nació la empresa Orange que era una suma de lo que era la antigua Amena de Retevisión y los servicios de Uni2 de los que formaba parte la empresa que había nacido en Vitoria-Gasteiz bajo el nombre original de Jet Internet.

Justo en el instante de la primera venta de Jet Internet a CTV, la empresa alavesa contaba con un valor estimado de 300 millones de pesetas —dato nunca confirmado ni desmentido por Jet Internet—. Además, la empresa alavesa daba empleo a 50 personas, contaba con 25.000 clientes, y, en el año 1997, había facturado 300 millones de pesetas.

En el momento de la venta a la entidad valenciana se estimaba una facturación para el siguiente año de 500 millones de pesetas. La operación de venta incluyó un acuerdo por el que Fernando García Sas mantuvo su puesto de director general de la parte de Jet Internet, así como se mantuvieron los puestos de trabajo, y una clara diferenciación e individualidad de ambas empresas que operaban bajo el mismo nombre.

También es importante comentar que el fundador de Jet Internet había mantenido, en la misma época, negociaciones de venta con otras empresas como, por ejemplo, Euskaltel. Evidentemente ninguna de esas alternativas fructificó.

La evolución de la empresa Jet Internet, ya integrada en CTV, se mantuvo en la senda del crecimiento; a finales del año 1999 ya contaba con 60.000 clientes. Y aquel crecimiento tuvo mucho que ver para que, finalmente, en ese mismo año Uni2 terminara por adquirir la empresa CTV-Jet Internet. Y, finalmente, tanto Fernando García Sas como la ciudad de Vitoria-Gasteiz terminaron por desligarse de aquella joven empresa nacida en el año 1995.

En los años siguientes Fernando García Sas continuó con su empresa original llamada ICD y, allá por el año 2004, terminaría por adquirir una otra empresa llamada Egesa. De la fusión de ICD, Egesa, y 25 trabajadores de ambas entidades, nació en mayo de 2004 en Vitoria-Gasteiz una nueva y moderna empresa llamada Derten Sistemas, entidad que sigue operando en la actualidad.

No hay duda que Jet Internet tuvo su momento de gloria a nivel nacional, y tampoco nos cabe duda que, para Fernando García, debe ser un gran orgullo el hecho de haber creado una empresa líder en España en su especialidad que, en la actualidad, sigue formando parte de otra gran empresa como es Orange.

Radiografía del buscador en 1998

En 1998, a través de servicios como EresMas de Retevisión, nuevos proveedores que dependían de gigantes de la informática o de la comunicación, comenzaron a ofrecer acceso gratuito a Internet... ya no era necesario pagar una cuota anual por disponer del derecho a acceder a Internet.

Con la llegada del nuevo milenio, surgieron las redes de banda ancha y, entonces, Internet se convirtió en una red global que llegó a todo el mundo... ahora me interesa hablar de la época concreta que va desde los años 1995 y 1998, porque es el momento en el cual los motores de búsqueda y los directorios de páginas web comenzaron a proliferar... y a ser de utilidad.

Al poco tiempo de ser liberalizada la red Internet para uso comercial, que es lo mismo que decir para el uso público, enseguida hubo pioneros de Internet que vieron la necesidad de crear páginas web que simplemente recopilaran direcciones URL de otras páginas web existentes en Internet... una especie de índice de sitios web.

En el año 1993 debutó el primer buscador de la historia llamado Wandex creado en el MIT (Massachusetts Institute of Technology); aquel buscador fue alimentado mediante el «robot» llamado World Wide Web Wanderer desarrollado en el lenguaje Perl por Mattew Gray.

Podríamos decir que Wandex fue un desarrollo experimental de un centro de investigación tan famoso como el MIT, pero para el año 1994 ya estaban disponibles en Internet otros buscadores desarrollados para los usuarios de la red en páginas como Aliweb, Lycos, o WebCrawler.

En la cadena de televisión AMC fue emitida —entre los años 2014 y 2017— una serie llamada *Halt And Catch Fire* que desgrana, a lo largo de cuatro temporadas de diez capítulos por temporada, la carrera empresarial en la informática desde el año 1983 hasta la segunda mitad de los años noventa.

La tercera y cuarta temporada se centran en el nacimiento de las redes globales, como Internet, y en la guerra entre dos grupos de trabajo que deciden perseguir una nueva idea: la creación de un índice de sitios web... la creación de una mezcla de directorio web más un motor de búsqueda. Un grupo trabaja sobre un motor ficticio llamado Rover, y otro grupo compite contra el primero trabajando en la creación de Comet.

Lee Pace, protagonista de Halt And Catch Fire. Foto de Andrew Kelly (https://www.flickr.com/photos/internetweek/18127690791). Licenciada bajo CC BY 2.0 (https://creativecommons.org/licenses/by/2.0/).

Llegados a este punto, es el momento adecuado para detallar el escenario planteado para los años que van desde 1995 a 1998. En aquellos años una web era sencilla, una página estática en vertical escrita en HTML, sin programación apenas, y normalmente dividida en dos zonas mediante «frames»: una zona fija y más estrecha a la izquierda, donde no había «scroll» vertical ni horizontal, y donde se solían situar las opciones de menú.

Al pulsar en una opción de menú, era cargada sobre el «frame» de la derecha una página HTML secundaria. Esa parte de la pantalla, el segundo «frame», solía contar con un «scroll» vertical y allí era incluida toda la información utilizando texto, imágenes de reducido peso, y enlaces. En aquellas páginas web primitivas de los años noventa se abusaba de los «gif animados» así como se solía establecer un llamativo y colorido fondo a cada «frame» que sumado a los coloridos «gif», los sitios web parecían ser odas al mundo de color.

Para poder consultar páginas web habían nacido los navegadores de Internet, aplicaciones que permitían introducir direcciones de páginas web, procesarlas y mostrarlas al usuario, así como administrar la interactividad propia del uso de la página.

El primer navegador de Internet de éxito fue el Mosaic, desarrollado en el año 1993. En el año 1995 la compañía Netscape Communications —creada por Marc Andreessen, uno de los autores de Mosaic— desarrolló un navegador llamado NetScape; ese navegador rápidamente se convirtió en el más utilizado a nivel mundial. Mediante el uso de NetScape, aplicación que era gratuita, el usuario podía cargar la web de un directorio o motor de búsqueda, y allí podía buscar y encontrar los sitios web activos bajo las temáticas deseadas.

Al proliferar las páginas web nacieron los primeros buscadores y directorios, que eran otras webs más complejas en desarrollo, ya que solían incorporar programación Perl las primeras, y Php las posteriores, además de acceso a base de datos para almacenar información.

Los buscadores y directorios quizás no abusaron tanto de los «frames» como una web estándar, pero en el aspecto gráfico mantenían la línea de diseño de una web normal, tal y como explico en el párrafo anterior.

Un dato curioso, el canal de televisión AMC creó para la serie *Halt And Catch Fire* unas páginas web reales donde aparecen los auténticos buscadores Rover y Comet que fueron utilizados para la serie; todavía permanecen activos.

Ambos buscadores ficticios pueden ser ejemplos de lo que era un buscador allá por el año 1994. En el siguiente enlace se puede acceder a la web de Rover: http://www.roversearch.net/index.html. Y en el siguiente enlace se puede acceder a la web de Comet: http://www.cometlist.net/index.html.

Buscador Rover operativo y en línea creado para la serie Halt And Catch Fire.

Una vez detallado el escenario, he de indicar que en los primeros años de Internet existieron sitios web que eran directorios, otros eran motores de búsqueda y, lo más habitual para el año 1998, era encontrarse directorios y buscadores todo en uno… posteriormente se pondrían de moda los portales que eran buscadores, directorios, centro de noticias, y ofrecían múltiples servicios añadidos.

En aquellos primeros años de Internet también existieron varias páginas web españolas que fueron pioneras en ofrecer servicios de directorio web y motor de búsqueda: Olé, Ozú, Dónde?, fueron las páginas más famosas.

Según comento en capítulos anteriores, oficialmente se considera a Olé como el primer buscador español que permitió buscar en ese mismo idioma; pero, en realidad, el primero sería el buscador Dónde? creado en la pionera Universidad Jaime I de Castellón, si tuviéramos en cuenta que aquel directorio nació desde otro proyecto de directorio web llamado Mapa de Recursos de Internet que vio la luz en el año 1993, fecha que le situaría entre los primeros a nivel mundial… muy cerca de Wandex.

En el año 1995 existió una gran tendencia en España a utilizar los buscadores en español, y los más utilizados eran Olé, Ozú, y Dónde?, y esos sitios web eran combinados con la utilización de los grandes motores de búsqueda de nivel mundial del momento: Altavista y Lycos. Cuando no se encontraba lo que se buscaba en Olé, por ejemplo, se recurría a Altavista o Lycos.

En un principio, los buscadores eran directorios web que incorporaban un sencillo motor de búsqueda… y para alimentar la base de datos se utilizaban los «robots» de búsqueda que rastreaban todo Internet en busca de nuevas páginas a indexar. Con el paso del tiempo, el directorio web fue muriendo, y los sencillos algoritmos de los motores de búsqueda se fueron complicando hasta convertirse en grandes ingenios de la programación. Aquello provocó el aumento de la importancia para cualquier web de encontrarse en los primeros puestos de un resultado en los motores de búsqueda; entonces nació una especialidad llamada SEO o Posicionamiento Web en Buscadores que busca utilizar técnicas para que una web suba posiciones en los motores más importantes a nivel mundial.

Los buscadores españoles se fueron integrando en empresas más grandes, y algunos fueron desapareciendo por el empuje de los motores más importantes del mundo. Para el año 1998 los motores internacionales más utilizados, Altavista y Lycos, ya se encontraban en el camino de la decadencia, y otro motor de búsqueda y directorio nacido en 1994 llamado Yahoo, dominaba con soltura a nivel mundial la especialidad.

Web del buscador Yahoo en febrero de 1998.

Para el año 1998 los buscadores internacionales se habían globalizado para operar en cualquier idioma y país, y aquello terminó definitivamente con los buscadores españoles.

Olé fue transformado en Terra, portal propiedad de la empresa Telefónica; Ozú sobrevivió muchos años, pero operando bajo una mínima popularidad, hasta el año 2012 cuando su último propietario —Grupo Vocento— decidió cerrar la web; Donde? fue un pionero, pero también fue el primero en cerrar, allá por el año 1999.

Lycos también terminó siendo adquirido por Telefónica, pero entró en una clara decadencia. Y el que fue el directorio y motor de búsqueda más importante del mundo en el año 1995, Altavista, fue adquirido por Yahoo en el año 2003. En el año 2013 Yahoo, en clara crisis interna, cerró Altavista para siempre.

Ya en el año 2000 un emergente motor de búsqueda llamado Google se convirtió en el motor utilizado por Yahoo, hasta que el segundo compró

Altavista en el año 2003 para dejar de utilizar los servicios de Google y rivalizar con la empresa creada por Larry Page y Sergey Brin.

Web de Google España en diciembre de 2003.

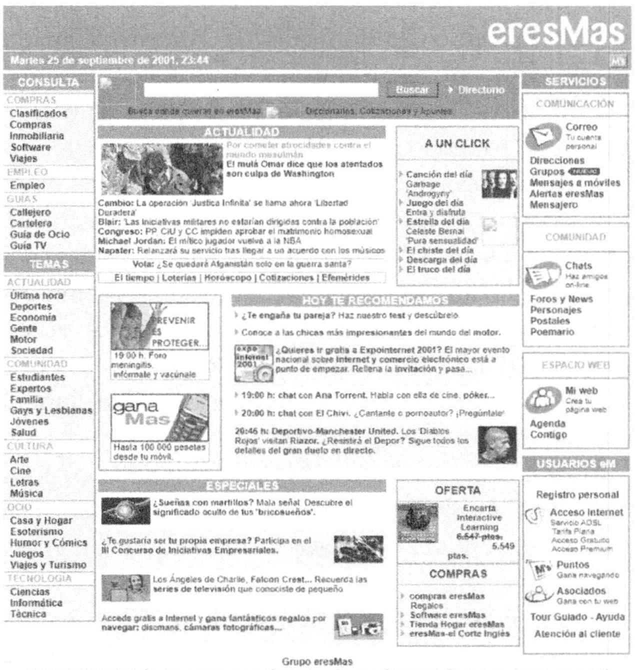

A partir de ahí los directorios web comenzaron a desaparecer, y el motor de búsqueda a crecer… y Google comenzó a emerger con fuerza hasta convertirse en lo que es hoy en día, el motor de búsqueda más importante a nivel mundial. Pero eso es tema para otra historia.

Web de EresMas en septiembre de 2001.

No solo los buscadores fueron páginas web vitales para el desarrollo del Internet de la *informática personal*, también existieron otras páginas web que aportaron su granito de arena para el desarrollo de las comunicaciones en el *ordenador personal*...

Tucows

Año 1999, las conexiones de Internet por cable comenzaron a llegar a los domicilios al mismo tiempo que Telefónica lanzó la nueva línea de alta velocidad llamada ADSL. Hasta ese año la baja velocidad de Internet hacía inviable descargar software pesado, pero sí había un espacio para la demanda de descarga de software freeware y shareware de pequeño tamaño. Para el año 1999 un servicio en Internet llamado Tucows permitía descargar software... todo legal... freeware y shareware... aquella web era la más popular del momento.

En el año 1993, cuando Internet había nacido para el mundo comercial y de uso público, Scott Swedorski creó en su domicilio de Toronto (Canadá) una web que permitía descargar software legal; la web se bautizó con el nombre *The Ultimate Collection Of Winsock Software*, cuyo acrónimo era Tucows y que, al mismo tiempo, era el juego fonético en inglés de «dos vacas». El logotipo creado era, lógicamente, dos cabezas de vaca.

En el año 1994 Tucows comenzó a utilizar la estrategia de establecer servidores espejo («mirrors») en los proveedores de Internet más destacados, y aquello fue una de las principales ventajas de la web, de tal forma que muchos proveedores de Internet contaron con su propio servidor espejo del contenido de Tucows... aquello agilizó la velocidad de descarga, el gran cuello de botella del momento, y la información siempre estaba accesible, aunque cayera el servidor oficial de Tucows.

En el año 1996 una empresa llamada Internet Direct dirigida por John Nemanic, Bill Campbell, y Colin Campbell, compró la web de Tucows. Tres años después, en 1999, la web fue vendida de nuevo a otra empresa llamada STI Ventures.

Para el año 1999 las conexiones de Internet en los hogares se habían disparado, y la web de descargas de Tucows era tremendamente popular. En mi caso personal era la web que más utilizaba en aquella época para buscar freeware y shareware.

La web de Tucows en diciembre de 1998.

En el año 2000 contaba en mi domicilio con una conexión a Internet por cable, todo un lujo porque era mucho más rápido que una conexión vía módem del momento y, además, la conexión conllevaba una tarifa plana... no era necesario mirar el tiempo de conexión para no pasarse con el gasto telefónico.

Aquel acceso a Internet lo tenía contratado con Telecable, operador de cable en Asturias, y aquella empresa disponía de su propio servidor espejo de Tucows.

La conexión cable ofrecida por Telecable en el año 2000 era muy superior a la existente para módem, pero muy lenta comparada con las actuales, así que al descargar software interesaba mucho recurrir al «mirror» de Tucows de mi proveedor, por el aumento de velocidad de descarga.

Un dato curioso sobre Tucows es que en agosto de 2006 recurrió a una subasta en eBay para comprar el sitio web Kiko.com por 258.100 dólares. Otro dato curioso tiene que ver con el diseño de la web, la evolución tecnológica de la página de Tucows siempre ha sido muy lenta, hasta el punto que, actualmente, tiene la misma web que tenía hace diez años. Sin duda la estrategia de Tucows parece ir dirigida a otras especialidades que nada tienen que ver con la descarga de software.

Con el paso del tiempo fue creciendo la demanda de descarga de software legal gracias a la mejora del ancho de banda en los domicilios, y entonces fue surgiendo una importante competencia para Tucows, perdiendo mucha fuerza hasta el punto que, en la actualidad, Tucows no está entre las páginas de descarga de software más demandas... incluso hay internautas que desconocen su existencia.

Es importante aclarar que, actualmente, las páginas web de descarga de software están en declive, la *informática personal* ha virado del ordenador de escritorio hacia las «tablets» o «smartphones», y han ido progresando las tiendas como AppStore o Google Play en detrimento de la clásica descarga de software gratuito vía web.

No obstante, en Tucows supieron diversificar el negocio, y a partir del año 2000 fueron comprando otras empresas para prestar otros servicios de Internet y telecomunicaciones en varias especialidades diferentes; por ejemplo, en la actualidad Tucows es el segundo registrador de dominios a nivel mundial.

Aunque ahora las páginas web de descarga de software estén en un claro declive por el cambio del modelo de negocio del software gratuito, Tucows es una leyenda de Internet, llegando a ser una de las páginas web más potentes del mundo. Y la utilidad para la descarga de software legal logró una masificación en su uso, y ayudó en el sentido del desarrollo de las comunicaciones en el *ordenador personal.*

No desearía terminar la parte de comunicaciones e Internet sin contar alguna historia personal real sobre ese mundo, y qué mejor que hacerlo contando la experiencia en la creación de un servidor de Internet totalmente casero...

Un servidor de Internet casero

Mi relación con la conectividad informática nació en el año 1989 cuando, a través de un módem serie externo de 300 baudios y la línea de teléfono estándar, me conectaba a diferentes BBS operativas por toda España utilizando un ordenador PC Compatible.

Posteriormente, allá por el año 1992, usé un ordenador 386DX «clónico» para conectarme a otro tipo de red un poco más avanzada: la red Ibertex. Pero, en realidad, eran conexiones breves y esporádicas... se hacía imprescindible vigilar el gasto telefónico.

En enero de 1996 me conecté a Internet, por primera vez, aprovechando que en septiembre de 1995 Telefónica había estrenado un servicio llamado Infovía, cuya finalidad principal era igualar el coste de acceso a Internet a llamada local en todo el territorio nacional. ¿Aquello era importante? Pues sí lo era, y el nacimiento de Infovía provocó el acercamiento de Internet a hogares y pequeñas empresas.

En aquellos primeros años de Internet liberalizado para el uso público, para que el internauta pudiera realizar la conexión a la red se debía conectar, directamente, a un equipo de un proveedor de servicios —pagando una cantidad mensual o anual por ese derecho— y, además, pagar el tiempo de conexión en función de la distancia entre el proveedor y el usuario.

Una persona que vivía en Madrid, si su proveedor se encontraba situado en la misma ciudad, disfrutaba de un coste de conexión por tiempo a razón de la aplicación de una tarifa de llamada local. ¿Pero qué pasaba si el usuario vivía en una ciudad más pequeña? Pues que, fácilmente, no habría proveedor de servicios en la ciudad, por lo que era necesario darse de alta en uno de Madrid o Barcelona —o cualquier ciudad grande que tuviera proveedores operando—, si bien la cuota con el proveedor del servicio era la misma, el tiempo de conexión sería tarificado a un precio de llamada interprovincial, por ejemplo, si el usuario se encontraba en otra provincia.

Infovía terminó con aquello, ya que todo el mundo pasó a conectarse a través de un número de teléfono único 055, cargando a todos los llamantes una tarifa de llamada local independientemente del origen geográfico del llamante.

Las primeras conexiones a Internet que pude hacer fueron en una empresa de informática en la que trabajaba, utilizando un proveedor de servicios local a través de Infovía, y por medio de un módem de última generación US Robotics de 28800 bits por segundo que, al comprar a un mayorista, había conseguido para la empresa por un precio de 25.000 pesetas.

Allí, en aquella empresa, descubrí por primera vez las páginas web, email con Eudora, News, Telnet y, sobre todo, el mundo IRC (Chat) que estaba a punto de ser disparado a la popularidad mundial.

Me fascinó el mundo de Internet, y el siguiente objetivo fue poder conectarme a aquella red desde mi domicilio; para ello compré un módem interno más modesto, de 14.400 bits por segundo, y para acceder a Internet utilicé Infovía al dar de alta una cuenta de acceso en el famoso proveedor de servicios sevillano llamado Arrakis.

Aquella empresa sevillana —ya comentada en este libro— desarrolló un servicio de acceso a Internet más económico y accesible que lo que había en España hasta ese momento, y en pocos meses la empresa sevillana arrasó el mercado de los proveedores de Internet hasta tal punto que, a los cuatro años, en 1999, fue adquirida por British Telecom.

A finales del año 1996 contaba con mi módem de 14.400 bits por segundo y el acceso a Internet de Arrakis, todo gracias a un único y cómodo pago anual de 11.600 pesetas y el tiempo de conexión calculado como llamada local; con aquel acceso me metí de lleno en el mundo de Internet donde rápidamente empecé a crear páginas web. Pero la velocidad de acceso a Internet en aquella época no era ágil, más bien lo contrario, y otro tipo de redes más rápidas como la RDSI solo eran asumibles por empresas de cierto tamaño.

Llegando al nuevo milenio fui mejorando la red de la empresa en la que trabajaba al instalar, por ejemplo, el software Wingate... uno de los primeros «proxies» que permitían a todos los ordenadores de la empresa que estaban en una red local compartir el acceso a Internet a través de un único módem y una única línea telefónica, con ambos dispositivos conectados entre sí a un único ordenador que hacía las veces de servidor. Aquello fue un avance importante, todos los ordenadores compartían el acceso a Internet con una única cuenta, línea, y módem... pero, con el nuevo milenio a las puertas, ya se esperaban a las futuras redes de banda ancha.

Con la entrada en el año 2000 se iniciaron las instalaciones de ADSL o Cable en pequeñas empresas y hogares. Para la ADSL se utilizaba la línea de teléfono básica, y para la conexión por Cable el medio utilizado era fibra óptica hasta las subestaciones, y de allí a los domicilios cable coaxial.

A mediados del año 2000, llegó a mi domicilio un acceso a Internet mediante cable-módem por coaxial... adiós a las llamadas de teléfono para realizar la conexión... adiós a ocupar la línea de teléfono en los tiempos de conexión a Internet... y hola a la conexión a Internet rápida y permanente.

La llegada de banda ancha a mi domicilio fue un paso muy importante, y mi afición por Internet fue a más... entonces empecé a desarrollar páginas web y proyectos en Internet mucho más complejos... hasta que me topé con los siguientes obstáculos una vez entrado el año 2001.

En el año 2001, y con la llegada de las redes de banda ancha, ya no era necesario pagar a un proveedor de servicios para acceder a Internet, ni era necesario pagar por el tiempo de conexión, además de no ocupar la línea de teléfono para voz cuando estaba activa una conexión a Internet.

El coste del servicio era una cuota fija mensual con el proveedor de banda ancha, y la conexión era ilimitada. También era gratuito poner en marcha una página web en Internet, ya que había miles de servidores que ofrecían espacio gratuito, sin coste económico alguno, para que los internautas pudieran subir sus propias páginas a la red. Pero solo había lugar para sencillas páginas HTML con «frames», textos, e imágenes, y algún que otro formulario «mailto».

A la hora de desarrollar páginas complejas ya era necesario, en el año 2001, la ejecución de scripts Perl o Php y la conexión a base de datos como, por ejemplo, MySQL. Contratar un espacio web para esos servicios no era gratis, y el coste no era económico, precisamente. Por eso, en aquella época, comenzó a crecer en mi cabeza una idea... ¿por qué no montar mi propio servidor de Internet en casa? ¡Pues manos a la obra!

Poco tiempo después inicié las primeras pruebas de mi futuro servidor de Internet sobre mi *ordenador personal* que utilizaba para mis labores diarias... y tenía instalado Windows; entonces instalé aplicaciones como Apache, Perl, Php, y MySQL en versiones para el sistema operativo de Microsoft.

Después de muchas pruebas estaba completamente atascado: el servidor Web, que era el primer paso, no funcionó. Después de mil vueltas descubrí que mi proveedor de acceso a Internet bloqueaba, por defecto, el uso de los «puertos TCP de sistema» en el sentido de subida hacia el módem-cable, que son los puertos que van del 0 al 1024. Y el puerto estándar de cualquier servidor web es el 80. Así que redirigí el servidor al puerto 8080 y, por fin, logré hacer funcionar un servidor web propio en mi hogar.

El siguiente paso era darle un dominio al servidor, pero registrar uno de los oficiales (.com, .net, .org, o .es) era más caro que en la actualidad, así que opté por crear un subdominio gratuito en un famoso redireccionador, en aquellos años llamado «cjb.net».

Posteriormente, monté un servidor FTP, News, Telnet... todos los servicios utilizados en aquellos años, excepto el servidor de correo electrónico porque el hecho de tener bloqueados los puertos 25 y 110 era un problema más serio no evitable mediante una sencilla redirección.

Cuando terminé de realizar todas las pruebas con mi servidor de Internet bajo Windows, fui totalmente consciente de dos problemas: en primer lugar, un servidor de Internet debía estar encendido las veinticuatro horas al día y aquel ordenador era para mí uso personal diario; en segundo lugar, el acceso de banda ancha que contaba en aquellas fechas tenía unos límites de 128 Kilobytes de bajada y 64 Kilobytes de subida. Con aquel ancho de banda, un servidor Windows no era una buena opción si el equipo comenzaba a tener un tráfico de usuarios importante...

En el año 2001 tenía acceso a muchas piezas viejas de desecho que terminaban en la basura. Así que comencé a montar un equipo de cero basado en esas piezas de desecho. Así me hice con una placa base y un microprocesador

Intel 486DX2, 4 Megabytes de memoria RAM, una tarjeta gráfica sencilla, una tarjeta de red, y un disco duro de 4,3 Gigabytes... así hasta completar todo lo necesario para que ese ordenador «clónico» pudiera operar.

Una vez montado el equipo, le puse ventilación extra y busqué el sistema operativo adecuado que no podía ser otro que no fuera un Linux. En una tienda de prensa y revistas de mi ciudad rebusqué entre las revistas de informática hasta encontrar una que incluyera una distribución Linux... me hice con una distribución Red Hat Linux por el módico precio de lo que pagué por la revista.

Instalé el Linux en el equipo de desecho, configurando el Servidor Web con Php Perl, MySQL, FTP, y Telnet; el rendimiento de aquel servidor con el ancho de banda de 128 Kb de bajada era, sencillamente, espectacular —para esa época, claro está—.

Es importante tener en cuenta que en el año 2001 ya estaban llegando a los domicilios los ordenadores basados en el microprocesador Intel Pentium IV, así que mi servidor de Internet era muy inferior y antiguo, pero sobre el Linux es importante aclarar que es increíble el rendimiento que puede obtener ese sistema cuando hablamos de Internet y los diferentes servicios del modo servidor. No obstante, muy poco tiempo después, me hice con una placa base y un microprocesador Intel Pentium I 120 Mhz que iban directos a la basura... les evité aquel triste final, y los monté en el servidor para sustituir el Intel 486DX2. Unos meses más tarde, conseguí un Intel Pentium I a 133 Mhz y sustituí el procesador, además de montar una unidad adicional de disco duro con 40 Gigabytes de capacidad... el disco duro principal de 4,3 Gigabytes era demasiado pequeño.

A partir de ahí mi servidor de Internet comenzó a funcionar a la perfección, y además de subir mis complejas páginas web con programación y base de datos, sin coste económico alguno para mí, llegué a colgar, incluso, una webcam que tomaba imágenes de la ciudad de Oviedo y las subía en tiempo real a Internet.

Poco después empecé a ofrecer servicios totalmente gratuitos de «hosting» con ejecución de «scripts» y acceso a base de datos, estrategia que llenó mi servidor de páginas web de usuarios de toda España. Mi servidor fue de los primeros en España que ofreció hosting completo gratuito.

Al terminar el primer año de funcionamiento del servidor «casero» me hice con una placa base y un microprocesador Intel Pentium II 233 Megahercios, y más memoria RAM para ampliar el servidor. Además, el proveedor de banda ancha subió sin coste los límites del ancho de banda a 256 Kilobytes de bajada y 128 Kilobytes de subida. No mucho después, el ancho de bajada alcanzó los 640 Kilobytes. Como importante mejora adicional registré un dominio directo .com para eliminar la redirección de terceros… más profesional así…

Aquel servidor de Internet «casero» estuvo operativo durante casi cinco años, entre los años 2001 y 2006, ofreciendo servicios totalmente gratuitos con el máximo de prestaciones, pero llegó un punto en el que me fui a trabajar lejos de mi tierra, me fui al País Vasco, y tuve que desmontar todo aquello al tener que hacer mudanza.

En la actualidad, un servidor de Internet propio ya no es tan importante, ya que el coste de tener contratado un hosting «multidominio», o incluso un servidor VPS completo, es tan bajo que saldría más caro montar un ordenador en casa, y pagar el gasto de luz que va a generar por estar encendido veinticuatro horas al día… eso sin contar el coste del mantenimiento. Y, en la actualidad, existen «hosting» gratuitos con acceso a base de datos y programación, incluso existen de pequeño coste con dominio propio… ¡es realmente barato mantener una web en Internet! No obstante, he de reconocer que guardo con especial cariño recuerdos de aquellos años de «trapicheo» con piezas de desecho, y de ingenio para lograr objetivos informáticos dentro de un primitivo Internet, intentando gastar la menor cantidad de dinero posible.

El bebé bailongo…

La idea que deseo plasmar en este libro se centra en la recuperación de la historia del *ordenador personal*, y de la *informática personal*, por ello, nunca tuve intención de tratar nada que haga referencia a la tecnología actual; en ninguna de las partes de la obra. Empiezo con los preliminares allá en los años cuarenta y cincuenta, y no deseo pasar más allá de la segunda mitad de los noventa.

Por lo explicado, no he tocado en toda la obra nada de lo moderno, aquello con lo que ya han nacido los «millenials», y considero que respecto al mundo de las comunicaciones debo terminar aquí mi explicación, donde finaliza la parte de la historia que deseo recuperar del olvido.

Pero no quiero despedir este apartado sin contar alguna anécdota, o alguna experiencia real trascendente. Y, en este caso, deseo hablar de «El Bebé Bailongo» porque es algo que me trae siempre gratos recuerdos de la informática de mediados de los años noventa.

En el año 1996 el equipo de desarrollo del software Character Studio creó una animación a modo de prueba de su software... ¡un bebé bailando la danza del Oogachaka!... el Bebé Bailongo. El equipo estaba formado por Michael Girard, Susan Amkraut, John Chadwick, Paul Bloemink, John Hutchinson, y Adam Felt.

Todo empezó en el año 1993 cuando Michael Girard y Susan Amkraut, que trabajaban de profesores en Holanda —eran pareja—, se trasladaron a vivir a California, concretamente se mudaron a Palo Alto. Allí se unieron a John Chadwick para crear una empresa de animación llamada Unreal Pictures. Su primer proyecto fue crear un software que permitiera animar en tres dimensiones cualquier personaje de dos piernas; así nació en agosto de 1996 el software Character Studio, un plug-in del 3D Studio Max.

La primera animación hecha con el Character Studio fue un esqueleto que bailaba. Girard tuvo la idea de utilizar un conjunto de huellas del profesor de danza Arthur Murray para mapear el movimiento. Posteriormente, Robert Lurye añadió el movimiento de hombros, y permitió al esqueleto el movimiento de inclinarse sobre una guitarra y tocarla.

El software Character Studio fue creado para animar cualquier estructura esquelética sobre dos piernas y, junto con el producto, fueron entregadas las animaciones de varios personajes: un alíen, un mono, un arlequín, una mujer, un monstruo, y un bebé. Como dato curioso apuntar que sobre la animación de la mujer existió un rumor que fue basada en la actriz Demi Moore.

Robert Lurye y el resto del equipo de Unreal Pictures decidieron añadir el baile Oogachaka a la animación del bebé. Posteriormente, en una conferencia en la empresa Kinetix, fue visionada una demostración llamada «Baby Cha» de la animación del bebé, y aquello pareció demasiado molesto para los asistentes. Michael Girard descartó aquella animación.

El profesional de la animación Ron Lussier, que trabajaba para LucasArts en aquella época, decidió experimentar con el software Character Studio, y eligió la animación del Bebé Bailongo para mejorarla. Añadió los rebotes en el hombro, mejoró el movimiento de las manos, y mejoró también la luz y las superficies. En octubre de 1996 Lussier hizo una demostración de la animación a los técnicos de LucasArts, y todo el mundo comenzó a solicitar una copia de la animación vía correo electrónico... había nacido una leyenda...

A finales de ese año 1996 la animación se había difundido por el ciberespacio a la velocidad de la luz, hasta el punto que una compañía aérea de Seattle pidió a sus empleados que dejaran de reenviar la animación a compañeros de trabajo, ya que aquellas transmisiones habían bloqueado la intranet de la empresa.

Posteriormente, la animación llegó a manos del desarrollador web John Woodell, que creó un fichero gif de alta resolución enviado a posteriori a todos los contactos en su empresa... aquello facilitó su distribución... y el vídeo se envió y se reenvió, logrando importante difusión en los años 1997 y 1998 al aparecer en vídeos musicales, o en series de televisión como, por ejemplo, Ally McBeal, donde apareció recurrentemente en diversos capítulos entre los años 1998 y 2002. También apareció en la exitosa serie Los Simpsons.

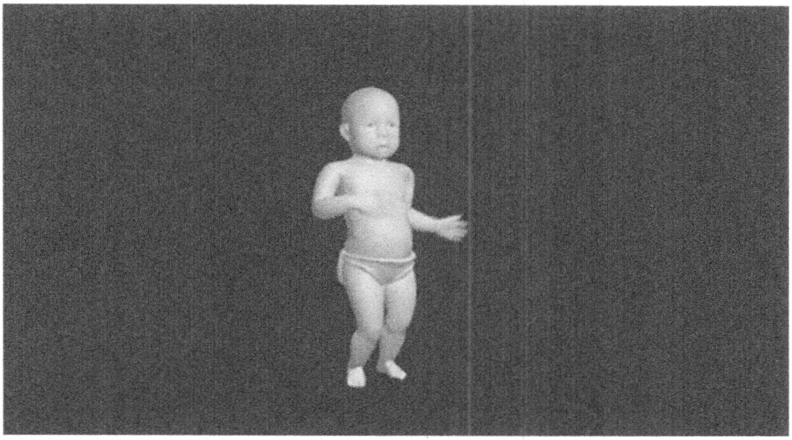

El bebé bailongo.

La importancia de la animación del Bebé Bailongo va más allá de ser un simple vídeo gracioso y anecdótico, fue uno de los primeros virales de Internet en ser conocido por un tipo nuevo de público en el año 1996, cuando Internet asomaba tímidamente en los hogares con aquellas conexiones a la línea telefónica estándar por medio de módem. Es conocido con los nombres de Dancing Baby, Baby Cha, Oogachaka Baby, o Bebé Bailongo en español.

Una vez pasado un breve espacio de tiempo después del furor inicial de su difusión, la animación encontró un nuevo hábitat, ya que en una época donde las páginas personales crecían exponencialmente en espacios como Geocities, aquel Bebé Bailongo fue uno de los recursos habituales a situar en la página principal de las personales... el fichero gif no ocupaba mucho, y una web personal podía soportar su paso por el cuello de botella de la transmisión vía módem.

En enero de 2006 la animación tuvo un segundo renacer... una web de publicación de vídeos que acababa de nacer y estaba creciendo exponencialmente, llamada YouTube, lanzó el vídeo a un nuevo público que llegaba a las nuevas redes de banda ancha, convirtiendo a la animación en uno de los primeros vídeos virales de éxito de aquella web tan famosa en la actualidad, y que ahora es propiedad de Google.

Para muchos de los que vivimos intensamente los primeros años de Internet, el Bebé Bailongo se convirtió en un icono de unos primeros años de una red mundial en estado primario, donde la transmisión de la información era realmente baja, e Internet solo llegaba a un selecto grupo de entusiastas. Y fue, seguramente, el primer recurso conocido en ser viralizado.

QUINTA PARTE
LOS VIDEOJUEGOS

CAPÍTULO 12.
EL ORIGEN DE LOS VIDEOJUEGOS

La industria del videojuego favoreció tanto la difusión de la informática personal, así como incentivó el desarrollo tecnológico del hardware. En este libro *Historia de la Informática: El Ordenador Personal* es imprescindible dedicar un apartado al mundo lúdico generado por los videojuegos. Y el primer paso debe ser intentar identificar al título pionero.

El primer videojuego

En todos los ámbitos de la historia de la informática existe la tendencia de hablar del «primer» dispositivo o software… primer ordenador de la historia, primer lenguaje de programación, primer compilador, primer microprocesador, etcétera… y… ¿qué hay del primer videojuego de la historia?

Pues la respuesta a esta pregunta cuenta con una demasiada controversia: Nimrod, OXO, Tennis for Two, Mouse in the Maze, o, quizás, Spacewar! Son candidatos a obtener el título de primer videojuego de la historia.

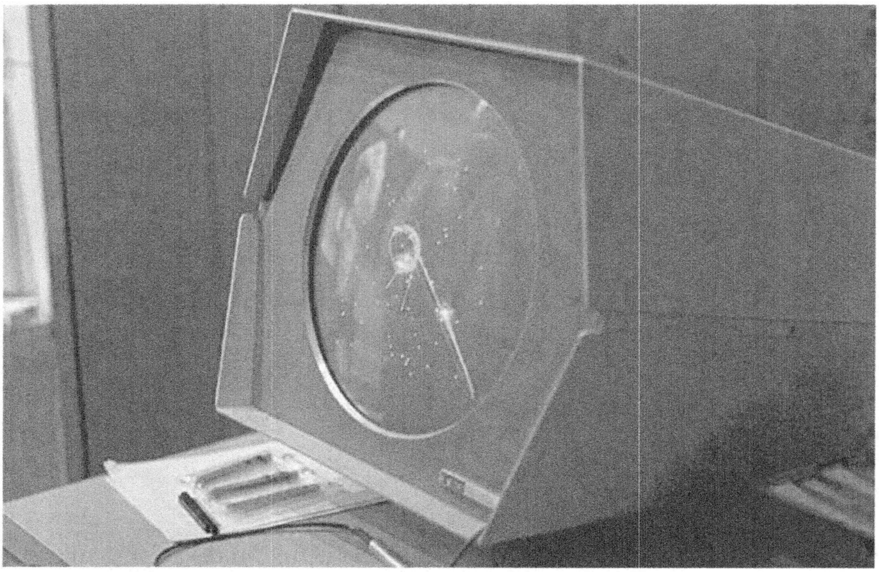

Spacewar! Foto de Joi Ito (https://www.flickr.com/people/35034362831@N01). Licenciada bajo CC BY 2.0 (https://creativecommons.org/licenses/by/2.0/).

El 5 de mayo de 1951, una empresa de ingeniería eléctrica llamada Ferranti Internacional, fabricante del Ferranti Mark I, primer ordenador electrónico comercialmente disponible, diseñó otro gigantesco ordenador llamado Nimrod, creado exclusivamente para jugar al juego de estratégica de origen asiático «Nim».

El ordenador permitía a dos personas diferentes jugar al «Nim», y fue fabricado para ser exhibido en el Festival de Gran Bretaña, una exposición nacional cuya finalidad era mostrar avances en distintas disciplinas como la ciencia o la arquitectura; posteriormente el ordenador y el videojuego se perdieron en la historia.

Gracias a la recuperación de la documentación se pudo replicar una máquina que es totalmente funcional y que se encuentra en el Museo del Videojuego de Berlín abierto al público en el año 2011.

En el año 1952, en Inglaterra, Alexander S. Douglas desarrolló para la computadora ESDAC el videojuego OXO que permitió jugar electrónicamente al famoso juego de tres en raya.

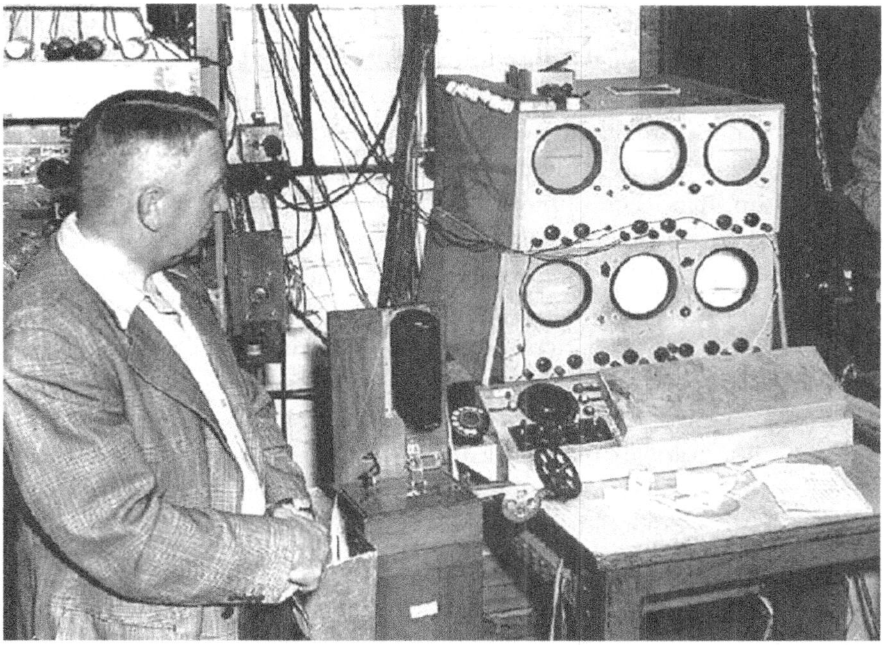

Mesa de control del ESDAC I. Foto de Universidad de Cambridge (https://www.cl.cam.ac.uk/relics/archive_photos.html). Licenciada bajo CC BY 2.0 (https://creativecommons.org/licenses/by/2.0/).

Alexander «Sandy» Shafto Douglas era, en 1952, un estudiante de doctorado que trabajaba en una tesis centrada en la interacción entre computadoras y seres humanos; utilizó como ejemplo el diseño de un videojuego que permitía a un humano jugar contra una máquina.

Y así nació OXO, un juego programado para el ESDAC que utilizaba como control un marcador telefónico y, a modo de salida, una pantalla de osciloscopio. Lo que sí se puede afirmar sin controversia alguna es que el producto OXO fue el primero en mostrar una salida gráfica, y el primero en usar una inteligencia artificial para que un humano pudiera jugar contra la máquina.

El videojuego OXO, actualmente, solo está disponible por medio de un simulador del ordenador ESDAC creado por Martin Campbell-Kelly en la Universidad de Warwick.

William Higinbotham y Robert V. Dvorak crearon en 1958 un videojuego llamado Tennis for Two basándose en otro ordenador que calculaba la trayectoria de misiles balísticos. Su idea era crear una máquina que permitiera simular un partido de tenis. La tarea les llevó tres semanas de trabajo y utilizaron, a modo de pantalla gráfica y de la misma forma que los creadores de OXO, un monitor de osciloscopio.

En el año 1959 Higinbotham mejoró el videojuego, pero, finalmente, desmanteló la máquina para reutilizar los componentes en otros proyectos... Tennis for Two cayó en el olvido y desapareció. A finales de los años setenta, y gracias a un juicio que salpicó —de rebote— a Higinbotham y su Tennis for Two, y cuyos protagonistas fueron Ralph Baer y Magnavox Odyssey, el videojuego de William Higinbotham fue rescatado para el público.

En el año 1959 se desarrollaron en el MIT una serie de programas gráficos interactivos creados para un ordenador experimental llamado TX-0.

Uno de aquellos programas fue llamado Mouse in the Maze, y fue creado para ser manejado a través de un lápiz óptico. Con el lápiz óptico se levantaban muros, y se colocaban «bits» de queso o vasos de Martini. Posteriormente el ratón virtual era liberado con el objetivo de encontrar todos los trozos de queso y los vasos de bebida recorriendo el laberinto creado.

A modo de curiosidad se hace necesario comentar que el mítico videojuego Pac-Man, creado en el año 1980, contó con un laberinto muy similar al mostrado por el videojuego Mouse in the Maze varios años antes.

En el año 1962 Steve «Slug» Russell, Martin «Shag» Graetz, y Wayne Wiitanen, estudiantes del Instituto de Tecnología de Massachusetts (MIT), desarrollaron Spacewar!; para ejecutar el desarrollo utilizaron in miniordenador PDP-1 fabricado por DEC y propiedad del MIT... desarrollo cuyo destino fue el primer miniordenador de la historia.

La primera versión del videojuego fue terminada en febrero de 1962 y, posteriormente, Dan Edwards, Peter Samson, y Martin Graetz desarrollaron nuevas características adicionales.

El videojuego tiene como protagonistas a dos naves espaciales llamadas «la aguja» y «la cuña» que buscan destruirse mutuamente teniendo que evitar, al mismo tiempo, caer hacia una estrella por la fuerza gravitatoria que genera. Cada jugador controla una de las naves, por lo tanto, se requieren dos jugadores para disfrutar de una partida en el juego.

A la hora de señalar al primer videojuego de la historia existe mucha controversia, y tal calificación depende de muchos aspectos como, por ejemplo, lo que entienda cada uno sobre el significado de la palabra «videojuego».

El ordenador Nimrod y su videojuego dedicado al Nim es descartado por muchas fuentes como el primer videojuego de la historia por no contar con una salida gráfica... en realidad contaba con una serie de luces en un panel que mostraban al jugador el resultado.

Tanto el videojuego OXO como el Tennis for Two son descartados para el honor de ser el primer videojuego de la historia por utilizar la pantalla de un osciloscopio como salida gráfica en lugar de un monitor de ordenador. En este punto concreto existen muchas opiniones contrarias a la exclusión, ya que consideran que la obligatoriedad de uso de un monitor de ordenador para que un software sea considerado videojuego es un argumento muy débil. También es necesario comentar que un fallo judicial de 1985, en la disputa legal ente Nintendo y Ralph Baer, creador de la consola Magnavox Odyssey, fue declarado en la sentencia que un producto con salida en pantalla de osciloscopio no tiene señal de vídeo, por lo tanto, no es videojuego.

El caso más extraño es el del videojuego Mouse in the Maze, ya que muy pocas fuentes lo incluyen entre los candidatos a primer videojuego de la historia cuando, en un principio, reúne las características del resto para optar a la candidatura… y, quizás, en algunos aspectos reúne más características que lo posicionan como un claro candidato.

La realidad es que, en general, es el Spacewar! El videojuego más aclamado en Internet con el título de primer videojuego de la historia y, curiosamente, es el quinto en orden cronológico de los expuestos en este artículo. En una amplia mayoría de sitios web se menciona al Spacewar! Como el primer videojuego evitando, al mismo tiempo, tratar la controversia que suscita la elección de semejante título.

Algunos sitios mencionan tanto a Spacewar! Como a Tennis for Two en un escenario de controversia, olvidando a Nimrod y OXO, títulos que en pocos lugares en Internet son mencionados como candidatos al honor de ser el primer videojuego de la historia. Y Mouse in the Maze permanece en un importante olvido cuando se habla de los productos pioneros del mundo del videojuego.

No es fácil afirmar cuál es el primer videojuego de la historia, en lo que no hay duda es que la controversia existe, y hay opiniones para todos los gustos en este debate. Y no seré yo quien determine cuál de ellos lo merece más.

Lo que sí deseo hacer es hablar sobre algunos pioneros del mundo del videojuego, tocar algunos títulos concretos, y contar curiosidades sobre una especialidad vital para el desarrollo de la *informática personal*. Y qué mejor que empezar por hablar de la consola Magnavox Odyssey, el dispositivo que inició, por primera vez y con éxito, el desarrollo de una especialidad dedicada en exclusiva a un desconocido mundo del videojuego.

Magnavox Odyssey, Atari, y Nintendo

En el año 1966 Ralph H. Baer se fijó en un videojuego de gran éxito creado en 1962 que estaba causando furor; el videojuego se llamaba *Spacewar!* y que, para muchos, es el primer videojuego de la historia.

Entonces Ralph Baer, aprovechando que fue un pionero entre los primeros ingenieros de televisión, tuvo una idea... crear un dispositivo de entretenimiento que pudiera ser conectado a una televisión convencional.

En marzo de 1967 tuvo listo un prototipo del dispositivo que buscó desarrollar habiendo trabajado en el invento en secreto, solo con la ayuda de un par de compañeros de trabajo, estrategia usada simplemente por el miedo al rechazo del proyecto en su empresa.

Al final presentó el proyecto a la empresa en la que trabajaba, y gustó... a medias. No obstante, tuvo vía libre para continuar con aquello, pero con tiempo y recursos económicos muy limitados. Internamente se bautizó al proyecto con el nombre Brown Box.

También existió un interés real por el proyecto por parte de alguna otra empresa, pero las negociaciones no fructificaron.

Para el comienzo del año 1968 Ralph Baer ya había patentado los diseños del proyecto, y ya estaba negociando con grandes empresas buscando al mecenas que pudiera lanzar el proyecto al mercado. Al final Bill Enders, ejecutivo de la empresa Magnavox, apostó por el producto firmando un acuerdo en marzo de 1971 entre la empresa en la que Ralph Baer desarrollaba su actividad profesional, llamada Sanders Associates, y Magnabox; con la firma del contrato estaba a punto de nacer la primera consola de la historia bajo el nombre comercial de Magnavox Odyssey.

En enero de 1972 comenzó la fabricación de la consola Magnavox Odyssey, y en mayo del mismo año fue lanzada al mercado. Durante el año 1972 se vendieron 100.000 unidades de la consola y el concepto «Pong» arrasó en el mercado atrayendo a muchos emprendedores hacia una nueva forma de entretenimiento nunca vista.

No obstante, la estrategia comercial de la empresa Magnavox no fue buena ya que nació un rumor que nunca supieron controlar: el público en general pensaba que la consola Magnavox Odyssey únicamente funcionaba conectada a los propios televisores de la empresa Magnavox, algo que no era cierto... funcionaba en cualquier televisor. El rumor lastró las ventas de la primera consola de la historia; se entregaron menos unidades de las que potencialmente podían haber vendido.

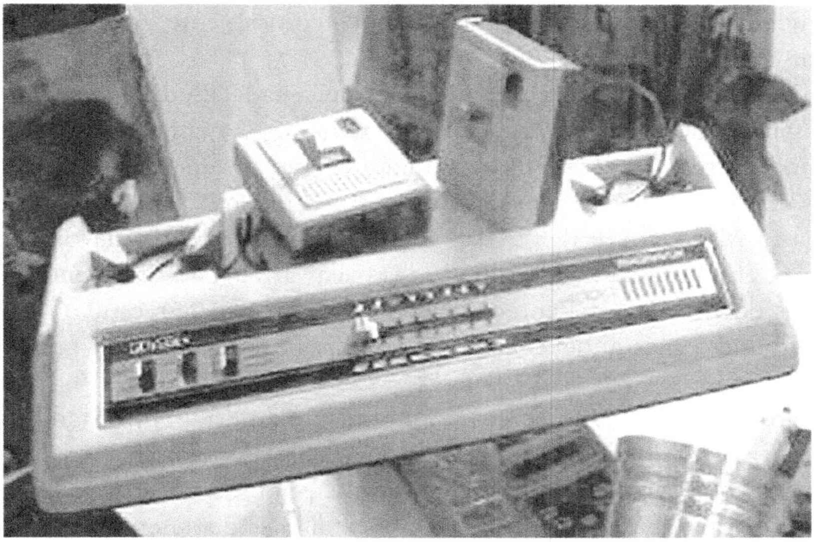

Magnavox Odyssey 4000. Foto de believekevin (https://www.flickr.com/photos/believekevin/4063181894). Licenciada bajo CC BY 2.0 (https://creativecommons.org/licenses/by/2.0/).

La consola Magnavox Odyssey incluyó 28 videojuegos diferentes, tenis de mesa, voleibol, etcétera, —doce de ellos incluidos en el «pack» básico de compra— pero todos ellos eran, en lo referente a los gráficos y a la jugabilidad, muy sencillos... aunque algo nunca visto, y por ello tuvo éxito. Además, los juegos no podían memorizar nada de lo referente a la partida, así que los resultados tenían que ser anotados a mano en papel. El dispositivo tampoco contó con reproducción de sonido... aquella máquina estaba basada, únicamente, en transistores y diodos.

El efecto llamada de aquella nueva forma de entretenimiento provocó que Nolan Bushnell fundara en el año 1972 la empresa Atari, para terminar por lanzar en noviembre de ese año una consola llamada Atari Pong que causó furor.

La popularidad del producto Atari Pong, y el excelente año de ventas de 1975, degeneró en una demanda judicial interpuesta por Magnavox Odyssey contra Atari por el asunto de las patentes, y la primera ganó el juicio a la segunda. Atari estimó que los costes de perder la demanda eran demasiado elevados, aproximadamente 1.500.000 dólares, y entonces negoció con Magnavox llegando a un acuerdo con el que pagaron 700.000 dólares más los derechos de todos los videojuegos que Atari tuviera a bien lanzar al mercado durante el año siguiente… al año siguiente, curiosamente, Atari no sacó ningún título a la venta.

En el año 1977 una empresa centenaria llamada Nintendo decidió entrar en el mundo de los videojuegos y de las consolas. La empresa Nintendo fue creciendo y para la década de los años ochenta ya era líder en el mercado de las consolas gracias a un gran ritmo de crecimiento. Pero tenía que pagar regalías a Magnavox y Ralph Baer por las patentes de Magnavox Odyssey. Por ello, en 1985, Nintendo intentó no pagar a Magnavox alegando que no eran los dueños de la patente ya que el juego, en realidad, estuvo basado en otro producto más antiguo llamado «Tennis For Two» creado por William Higinbotham.

Finalmente, la corte sentenció contra Nintendo argumentando que el juego original de Higinbotham no disponía señal de vídeo, ya que la salida era efectuada en la pantalla de un osciloscopio… por ese sencillo detalle no pudo ser considerado como videojuego la principal baza de defensa de la empresa nipona. Nintendo perdió la demanda y continuó pagando las patentes.

La historia sobre el segundo juicio ganado por Magnavox, abrió el camino para declarar, sin exención de polémica, al producto Spacewar!, musa del propio Ralph Baer para la creación de la Magnavox Odyssey, como el primer videojuego de la historia, ya que otros productos más antiguos que usaron osciloscopio no pudieron ser enmarcados en la especialidad del entretenimiento electrónico, según la sentencia.

En el año 1974 la empresa Philips compró Magnavox con la idea de entrar en el mercado americano para dar a conocer la marca holandesa en Estados Unidos; en el año 1975 el mercado de las videoconsolas creció tanto que la Magnavox Odyssey, por culpa del empuje de otra consola como la Atari Pong, fue discontinuada… tan solo tres años después de su lanzamiento. Pero lo cobrado por las patentes durante muchos años logró que la consola Magnavox Odyssey fuera un producto de gran rendimiento económico, mereciendo tales beneficios el hecho de entablar dos grandes peleas judiciales con dos empresas que, posteriormente, se transformarían en gigantes del entretenimiento electrónico.

Nolan Bushnell

Antes de entrar en el mundo Atari, debo hacer un pequeño parón para hablar de una persona muy importante en la historia del videojuego: Nolan Bushnell.

El 27 de junio de 1972 Nolan Bushnell y Teb Dabney fundaron la empresa Atari. Poco tiempo después, el 29 de noviembre de 1972, Atari lanzó al mercado un videojuego llamado PONG, en máquina recreativa primero, y en un aparato para conectar a un televisor estándar después... con esto último creó la primera consola de gran éxito de la historia.

Nolan Bushnell. Foto de Erick Miller (https://www.flickr.com/photos/erickmiller/9287038539). Licenciada bajo CC BY 2.0 (https://creativecommons.org/licenses/by/2.0/).

Es importante destacar que Pong no fue el primer videojuego, hubo otros antes como ya hemos tratado, pero se considera que fue el que inició la primera generación de videoconsolas; fue el primero en ser comercializado masivamente, y el primero en no ser ejecutado en una única máquina.

Pong fue el primer videojuego de una recién nacida Atari en 1972, pero no fue el primer desarrollo de Bushnell y Dabney, ya que en 1971 crearon el famoso Computer Space dentro de la empresa Nutting Associates.

Ralph H. Baer se convirtió, en mayo de 1972, en el creador de la primera videoconsola de la historia llamada Magnavox Odyssey, el mismo año que Bushnell fundó Atari y creó el Pong, inicio de la empresa que dominó el mundo de la videoconsolas durante muchos años; por eso Baer y Bushnell son los dos nombres propios más destacados dentro de la primera generación de videoconsolas.

PONG. Foto de Rob Boudon (https://commons.wikimedia.org/wiki/File:Four_Arcade_Games.jpg). Licenciada bajo CC BY 2.0 (https://creativecommons.org/licenses/by/2.0/).

Bushnell se graduó de la Universidad de Utah en Ingeniería Eléctrica en el año 1968, y allí conoció y jugó al famoso Spacewar! en las máquinas DEC. En 1972 creó una empresa con Ted Dabney que, originalmente, se iba a llamar Syzygy... al estar ocupado ese nombre, finalmente fue llamada Atari, siendo su logotipo una representación del monte Fuji.

En el mismo año 1972 de fundación de la empresa fue cuando Bushnell creó el videojuego basado en tenis llamado Pong, y lo creó en una visita a la feria informática en Burlingame, California, donde vieron el Magnavox Odyssey por primera vez y jugó con la versión de ping-pong creada por Ralph Baer. Posteriormente Al Alcorn, empleado de Atari, perfeccionó la versión original de Bushnell.

Bushnell instaló máquinas recreativas de Pong en un bar en Grass Valley (California), y en una taberna en Sunnyvale (también en California) llamada Andy Capp's. Pong se transformó en un videojuego tremendamente popular, pero llegaron rápido las imitaciones que impidieron que Atari dominara el mercado de las máquinas recreativas.

En 1974, Bushnell y Atari decidieron desarrollar una versión de PONG para el entorno doméstico. Gracias a un acuerdo de marketing y distribución con Sears, las ventas de PONG despegaron en 1975.

El siguiente paso de Bushnell fue trasladar el éxito de las recreativas a los hogares, y así la empresa Atari entró en el mundo de las consolas que Baer inició con la Magnavox Odyssey. En octubre de 1977 Bushnell lanzó con su empresa la consola Atari 2600, posiblemente la máquina que globalizó el mundo de las consolas. Pero, para el año 1976, la empresa Atari había sido adquirida por Warner Communications, y en 1978 la nueva entidad propietaria forzó la salida de Nolan Bushnell de Atari.

A partir de 1978 Bushnell creó hasta 20 empresas diferentes, y participó en otras, pero ninguna llegó a alcanzar el éxito y calado de la original Atari. Como anécdota comentar que Bushnell fue el primer y único jefe que tuvo Steve Jobs, ya que el fundador de Apple fue empleado de Atari antes de fundar la empresa de la manzana. También es importante destacar que, de la única biografía oficial de Jobs, la escrita por Walter Isaacson, se desprende con claridad que Bushnell fue una gran influencia en la vida posterior de Jobs.

Algunos datos curiosos: En 1972 Bushnell y Dabney pusieron 250 dólares cada uno para fundar Atari. En los siguientes diez años Atari se convirtió en una empresa valorada en dos mil millones de dólares, siendo la compañía con más rápido crecimiento en la historia de los Estados Unidos.

El primer prototipo de Pong fue montado en un viejo barril de vino. Además, Bushnell contrató a la canguro de sus hijos, Cynthia Villanueva, como recepcionista para dar apariencia de gran empresa cuando solo contaba con tres empleados. Con la consola Atari 2600 crearon el sistema de videojuegos basados en cartuchos, sistema que, posteriormente, fue replicado por muchas otras compañías del sector.

En el año 2010 Bushnell volvió a la empresa que él mismo había fundado en el año 1972, aunque esa empresa Atari ya no era la original porque, con el paso de los años, fue dividida en partes y vendida a terceros. Phil Harrison y David Gardner, director y CEO de la compañía, dimitieron tras la compra de más de un tercio de Atari por parte de Namco Bandai, y seguidamente se anunció la vuelta de Bushnell a Atari, aunque no como CEO, ya que para ese cargo fue nombrado Jeff Lapin; más bien fue contratado como «revulsivo histórico» de la compañía.

En el año 2020 Atari volvió al primer plano de la actualidad al relanzar una nueva versión de la consola Atari VCS presentada en el año 1989.

Nolan Bushnell es, en la actualidad, una auténtica leyenda del mundo del videojuego, y aunque hoy Atari ya no es lo que era, sigue siendo una empresa de culto; Bushnell y Atari dejaron una huella imborrable dentro de la historia de la *informática personal*.

Atari 2600

En el año 1977 fue lanzada al mercado una consola llamada Atari VCS —Video Computer System—, adoptando en el año 1982 su nombre definitivo de Atari 2600.

Aquel producto, que fue una evolución de la consola Atari Pong, fue el dispositivo que realmente universalizó la forma de jugar por medio de la electrónica... por medio de la *informática personal* que estaba naciendo.

La consola Atari 2600 fue un gran éxito que globalizó el uso de *ordenadores personales* para jugar, pero también fue origen de otros asuntos que también fueron de vital importancia.

Consola Atari 2600. Licenciada bajo CC0 1.0 Universal (https://creativecommons.org/publicdomain/zero/1.0).

Por ejemplo, un asunto relevante fue la salida de algunos de sus programadores para fundar, en el año 1979, la histórica empresa Activision, abriendo una nueva vía inexistente hasta el momento: la distribución externa de videojuegos. Aquello fue una vuelta de tuerca más, y una revolución para la especialidad.

También, en cierto modo, el desarrollo de nefastos títulos para la Atari 2600, como el videojuego de ET, junto con títulos de baja calidad de terceros desarrolladores fue el origen, en el año 1983, de la conocida como crisis del videojuego que a punto estuvo de terminar con la industria del videojuego… no terminó con ella, pero la sumió en una crisis que llevó mucho tiempo cicatrizar.

Ventamatic

Debo hacer un nuevo parón porque debo centrarme, una vez más, en lo sucedido en España. A partir del año 1977 nació un canal de distribución en una empresa de España llamada Ventamatic; entidad pionera en la distribución de la *informática personal*, especialidad nacida allá en el año 1978 por medio de Activision —empresa que trataré en breve—, que fue el inicio oficial de la distribución de software ajena al fabricante de cada ordenador personal.

Como ya he tratado, en el año 1983 la empresa llamada Indescomp lanzó al mercado el videojuego Bugaboo (La Pulga) creado en Indescomp... aquello, junto con el videojuego Fred, inició el periodo llamado La Edad del Software Español que duró nueve largos años. La empresa Indescomp fue el buque insignia de aquello, pero no fue la única entidad pionera... hubo otra entidad llamada Ventamatic que también formó parte de todo aquello.

A mediados de los años cincuenta Josep-Oriol Tomas Bartrina fundó la empresa Ventamatic, siendo en aquellos años pionera en el desarrollo, fabricación, y explotación de máquinas mecánicas de venta automática. En el año 1977 se inició una nueva etapa de Ventamatic de mano de Josep-Oriol Tomas Huynh-Quan-Chiêu, un periodo en el cual accedió a una emergente *informática personal* que todavía estaba naciendo.

A partir de 1977, la empresa Ventamatic recorrió un largo camino dentro del mundo de los ordenadores de ocho bits, allí fue fundado uno de los clubes de usuarios de España llamado Club Nacional de Usuarios de los ZX-81, tratando asuntos de aquella mítica máquina Spectrum ZX-81, y llegando a contar con cerca de dos mil socios. Josep Oriol compró un Spectrum ZX-81 en Inglaterra, ordenador que recibió por correo y que le fascinó. Entonces empezó a divulgar sobre aquel equipo en su entorno, por ejemplo, entre compañeros de universidad, y muchos de ellos quisieron uno... entonces empezó a importar equipos que después entregaba a su entorno. Así nació un canal de distribución no oficial antes que la famosa entidad Investrónica de El Corte

Inglés se transformara en el distribuidor oficial de Sinclair en España... hecho que popularizó a los ordenadores del fabricante británico en España.

En Ventamatic también se editaron algunas de las primeras revisitas digitales sobre informática —*Spectrumania y Spectrum Top Hits*—, editadas en cinta casete, además de importar y distribuir algunos de los primeros microordenadores de ocho bits de éxito como Sinclair ZX-81, ZX Spectrum, Oric 1, Jupiter Ace, Memotech MTX, o el sistema MSX.

No hay duda que el *ordenador personal* comenzó a evolucionar en España a mediados de los años ochenta gracias a empresas como Indescomp y Ventamatic, pero el verdadero protagonista de aquella evolución no fue otro que el videojuego, ya que esa especialidad del software fue la que atrajo a ese nuevo mundo a la gente. Y gracias al desarrollo de videojuegos Ventamatic ocupa un lugar especial en la historia del *ordenador personal*.

Inicialmente, Ventamatic importaba juegos del extranjero para ser comercializados en España, concretamente desde el año 1981, y fue a partir del año 1983, en coincidencia con Indescomp y Bugaboo, cuando comenzó a crear y distribuir videojuegos de desarrollo propio. En el año 1983 Ventamatic lanzó títulos como El Escalador Loco o Autoestopista Galáctico, en el año 1984 presentó 3D Interceptor o El Constructor... y ese último se convirtió en un videojuego de culto para muchos...

La empresa Ventamatic también desarrolló y comercializó aplicaciones y utilidades para diversos tipos de gestión como, por ejemplo, un software de contabilidad, siendo una especialidad muy importante para la entidad, ya que otras grandes empresas competidoras se dedicaban al mundo lúdico exclusivamente, que era el gran punto de atracción para los usuarios.

Posteriormente, y cuando el mundo de ocho bits estaba muriendo y naciendo el mundo PC, la entidad Ventamatic migró hacia ese mundo PC, siendo pioneros también en la importación y comercialización de componentes sueltos, fenómeno que dio lugar al ordenador clónico. Muchos hitos y méritos, acumula la entidad, como para que no sea tenida en cuenta... desde mi punto de vista forma parte de la historia de la *informática personal* en España.

No obstante, Ventamatic no llegó al nivel de popularidad ni al tamaño de Indescomp, por ejemplo, pero no por ello debe caer en el olvido, porque fue una entidad de gran importancia en los ochenta para el desarrollo del *ordenador personal* en España. Y, a diferencia de otras entidades más famosas, ya desaparecidas hace muchos años, Ventamatic todavía opera como consultoría especializada en el mundo de Internet; hasta en tres ocasiones varió su rumbo teniendo que reinventarse, pero ha sobrevivido hasta la actualidad... no muchas entidades de la misma especialidad han logrado eso.

E.T. the Extra-terrestrial

En las décadas de los años setenta y ochenta del siglo pasado la empresa Atari era una de las más potentes del mundo en la emergente especialidad de la *informática doméstica*... hasta el año 1983, donde aquello terminó en fracaso.

En el año 1982 Atari presentó en el mercado de los videojuegos el título «E.T. the Extra-terrestrial», un videojuego basado en la famosa película E.T. de Steven Spielberg estrenada ese mismo año y que tuvo un éxito de taquilla de tal magnitud que la película entró directamente en la historia del cine. Pero el videojuego precisamente hizo lo contrario... es considerado el peor videojuego de la historia.

A partir de ahí nace la leyenda, ya que para muchos aquel videojuego fue el causante de tal crisis en la empresa que la llevó directamente a la bancarrota en el año 1984. Para otros aquella bancarrota fue un cúmulo de muchos factores y, evidentemente, el videojuego no había ayudado, pero no era el motivo concreto del fracaso.

La leyenda siguió forjándose al difundir que Atari había decidido, en el año 1983, acabar de una vez con el mayor fracaso en su historia... a modo de remedio había enterrado en un desierto de Nuevo México todas las copias fabricadas del videojuego ET. Dio la impresión que Atari se avergonzó de su creación y decidió «hacer olvidar» aquella historia bajo toneladas de tierra.

La suma de la bancarrota de Atari forzada por un videojuego fracasado, más el entierro del videojuego —todo ello sin ser confirmado oficialmente por nadie— hizo crecer una gran leyenda urbana que, con el tiempo, llegó a ser muy popular. Pero desde Atari se negó toda aquella historia.

Quizás lo más destacado de todo aquel asunto es que antes de ser catalogado el videojuego como un desastre, fue un éxito comercial. Pero la avalancha de críticas hizo que Atari tomara cartas en el asunto y lo hiciera desaparecer. Pero... ¿hasta tal punto de enterrar las copias en un desierto? Realmente era difícil de creer, pero sí que era cierto que la historia era el perfecto guion para una leyenda urbana de éxito.

En el año 2014 Microsoft y las productoras Fuel Entertainment y LightBox decidieron intentar dar final, para bien o para mal, a la leyenda urbana.

En 26 de abril de 2014 los promotores de semejante iniciativa citaron a curiosos y amantes de los videojuegos en el lugar marcado como cementerio de Atari, para desvelar, de una vez por todas, la veracidad de la leyenda. Y allí estaban las copias del videojuego, sacaron cientos de ellas enterradas.

También hay que añadir que además de las copias de ET, había alguna otra copia de algún que otro videojuego de Atari.

La leyenda había muerto y se había convertido en *historia de la informática personal.*

Desentierro del videojuego ET de Atari en el año 2013. Foto de taylorhatmaker (https://www.flickr.com/photos/henofthewoods/14036097792). Licenciada bajo CC BY 2.0 (https://creativecommons.org/licenses/by/2.0/).

Alice, el Primer Videojuego de Apple

Steve Capps comenzó a trabajar en Apple en septiembre de 1981 en el equipo de impresión de Lisa y, durante un tiempo, también trabajó en la creación de un videojuego que bautizó bajo el nombre de Alice.

Bruce Daniels era gerente del equipo de desarrollo de software del proyecto Lisa, pero durante un tiempo, en otoño de 1981, trabajó para el proyecto Macintosh, terminando por volver al equipo Lisa original. Y, por ello, siempre mantuvo comunicación con el equipo Macintosh.

Normalmente solía visitar al equipo Macintosh para ver las novedades, pero en junio de 1982 lo visitó para mostrar, a Andy Hertzfeld y otros miembros, un increíble desarrollo creado por Steve Capps. Un videojuego basado en el ajedrez y en la famosa historia de la obra literaria Alicia en el País de las Maravillas.

Daniels conectó un disco duro al prototipo Lisa de Hertzfeld, y la pantalla se volvió negra. Luego, después de unos segundos de retraso, un tablero de ajedrez tridimensional en una perspectiva exagerada llenó la mayor parte de la pantalla. En la parte trasera del tablero había un juego de pequeñas piezas de ajedrez blancas, en sus posiciones estándar. De repente, las piezas comenzaron a saltar en el aire, en arcos parabólicos largos y lentos, haciéndose más grandes a medida que se acercaban.

Pronto se mostraron los diferentes tipos de piezas, todas de aspecto bastante humanoide excepto la torre, que tenía forma de eso mismo, alineadas en la primera fila del tablero, esperando que el jugador hiciera «clic» en una de ellas para comenzar el juego. El jugador podría moverse como la pieza que eligió, por lo que era prudente hacer «clic» en la reina, al menos al principio.

Las piezas volvieron a las posiciones naturales en el lado más alejado del tablero, y una imagen de una niña con un vestido «vintage» levitó hasta la primera fila... representaba al personaje de Alicia de la famosa obra literaria *Alicia en el país de las maravillas* de Lewis Carroll. El jugador controlaba a Alice y veía el tablero desde su perspectiva, de espaldas al jugador para que solo la vieras desde atrás.

Un contador de tres dígitos, representado en una fuente gótica grande, aparecía centrado cerca de la parte superior de la pantalla, y luego el juego comenzaba con piezas de ajedrez opuestas que saltaban repentinamente en el aire, una de cada vez, en rápida sucesión. Si te quedabas en un lugar durante demasiado tiempo, una pieza enemiga saltaría al cuadrado de Alice, la capturaría y terminaría el juego. Si se hacía «clic» en un cuadrado que fuera un movimiento legal, Alice saltaba hacia él, por lo que no era demasiado difícil saltar fuera del camino de una pieza enemiga. Y si se lograba saltar al cuadrado de otra pieza antes que pudiera moverse fuera del camino, la dejaba fuera de acción, recibiendo algunos puntos. Se ganaba el juego si Alice era la última pieza en pie.

Andy Hertzfeld, empleado de Apple destacado por su labor en el desarrollo del sistema operativo original del Macintosh, comentó en una ocasión: «Me impresionó la prodigiosa creatividad necesaria para reformular Through The Looking Glass —*Alicia en el País de las Maravillas*— como un videojuego lleno de acción, hermoso de contemplar y divertido de jugar. Alice también era adictiva, aunque se necesitaba algo de práctica para poder sobrevivir durante más de unos minutos. Obviamente, necesitábamos ejecutarlo en Mac lo antes posible».

Antes que ningún miembro del equipo del Macintosh pudiera formular nada, Bruce Daniels propuso la idea de portar el videojuego Alice del Lisa al Macintosh. Hertzfeld le proporcionó a Steve Capps un prototipo de Mac para que pudiera portar el videojuego a ese ordenador en desarrollo. Tardó dos días en portar el videojuego, y el resultado fue una versión más rápida y fluida porque el Mac contaba con un microprocesador más rápido que el modelo Lisa.

Steve Jobs no perdió mucho tiempo mirando el videojuego, pero supo en el primer instante que crear aquello requería un gran ingenio, y rápidamente decidió que Steve Capps debía abandonar el proyecto Lisa e integrarse en el proyecto Macintosh. Tardó en conseguirlo, porque para el proyecto Lisa era fundamental terminar la parte de impresión antes del primer lanzamiento oficial. En enero de 1983, cuando se ejecutó el primer lanzamiento del ordenador Lisa, Capps fue transferido al proyecto Macintosh dirigido por Steve Jobs.

Con el tiempo Steve Capps fue mejorando el videojuego Alice añadiendo nuevas funcionalidades, y en el otoño de 1983 buscó la forma de explotar comercialmente aquella creación. Recurrió a Electronic Arts, fundada un año antes, pero Steve Jobs consideraba que ese producto era de Apple, y tenía que ser lanzado directamente por Apple. Jobs llegó a un acuerdo con Capps, y el editor del videojuego Alice fue la propia entidad Apple.

En el inicio de 1984 Apple lanzó al mercado el videojuego llamado «Through The Looking Glass» —el nombre Alice ya estaba registrado en el mercado por un software de base de datos— bajo una presentación y empaquetado de calidad. Pero no fue un éxito comercial debido al dilema de Apple, que no lo publicitó como había prometido. Los ordenadores basados en entorno gráfico se consideraban en aquella época equipos destinados al entretenimiento, y Apple quería convertir al Macintosh en un ordenador con visión empresarial... dar mucha publicidad al videojuego no se consideró una estrategia válida para la idea de negocio a futuro.

Alice, o «Through The Looking Glass», fue el único videojuego escrito y publicado directamente por Apple Computer. El juego fue relanzado en el año 2009 bajo el nombre de AliceX para el sistema operativo iOS en el 25 aniversario del lanzamiento de Mac.

Steve Capps comparte en su web personal una versión JavaScript de AliceX jugable, disponible en el siguiente enlace:

http://onedoto.com/iPhone/Alice/index.php.

Los primeros videojuegos comerciales y Activision

Para tratar el asunto de las primeras distribuciones de videojuegos se hace necesario plantear resumen global en los aspectos más importantes de la *informática personal*; debo refrescar, muy resumidas, las ideas más importantes transmitidas a lo largo de esta obra.

En el año 1962 nació el que es considerado —mayoritariamente— el primer videojuego de la historia: Spacewar!, que fue la primera creación introducida en el interior de una máquina comercial, pero no fue el primer videojuego comercial... no es lo mismo lo uno que lo otro.

Spacewar!, fue un desarrollo nacido en el MIT y desarrollado para un miniordenador creado por la empresa DEC: el famoso PDP-1. Todavía no habían nacido los microordenadores y, por tanto, no había nacido la *informática personal*, por lo que no era factible pensar en el videojuego como un elemento comercial con posibilidades de alcanzar los hogares.

Sin embargo, a finales de 1970, la empresa DEC lanzó al mercado un fascinante miniordenador de bajo coste bautizado con el nombre de PDP-11, y ese modelo de ordenador permitió la salida de la informática de las universidades y grandes empresas hacia el exterior, gracias a su reducido y asequible coste.

Entonces los programadores Bill Pitts y Hugh Tuck crearon la empresa Computer Recreations con la idea de desarrollar videojuegos que permitiesen jugar partidas al público en general a cambio de dinero. Bajo esa premisa desarrollaron, en el moderno PDP-11, un videojuego llamado Galaxy Game, que no era nada más que una nueva versión del mencionado Spacewar!... y así nació el primer videojuego comercial y la primera máquina recreativa lúdica de monedas de la historia.

La máquina recreativa Galaxy Game de 1971. Foto de Tom Purves (https://www.flickr.com/photos/thomaspurves/2334052996). Licenciada bajo CC BY 2.0 (https://creativecommons.org/licenses/by/2.0/).

Poco tiempo después fabricaron una segunda versión; la primera era costosa y aquella segunda versión permitió la opción multijugador, además de contar con otras mejoras para amortizar —con mayores garantías— la máquina.

Bill Pitts era un recién graduado en Stanford, y por ello la segunda versión de la máquina recreativa Galaxy Game funcionó con gran éxito en aquella universidad desde junio de 1972 hasta mayo de 1979... ¡casi siete años! Y logró fama a nivel nacional en Estados Unidos.

Aun siendo considerada la Galaxy Game como la primera máquina recreativa de videojuegos, no se le da valor comercial; en muchas fuentes no se reconoce a la máquina de Pitts y Tuck como la primera máquina recreativa de videojuegos de la historia con efecto comercial, otorgando ese privilegio a otra máquina nacida dos meses después llamada Computer Space.

La máquina Computer Space fue creada por Nolan Bushnell y Ted Dabney para la empresa Nutting Associates, siendo comercializada en noviembre de 1971. Nolan Bushnell y Ted Dabney serían, posteriormente, los fundadores de una famosa empresa Atari.

Al nacer el juego digital recreativo, solo faltaba lograr «colar» aquello en los hogares. En enero de 1973 nació el considerado primer ordenador comercial basado en microprocesador de la historia —sin obviar mis dudas al respecto contra otras máquinas del momento como Sac State 8008 y SMP80/08 planteadas al principio de la obra—, el Micral N de origen francés... poco después llegaría el Kenbak-1, Rockwell AIM-65, Altair 8800, Sol-20, Apple I... y, entonces, nació la *informática personal* que dio el impulso definitivo para informatizar los hogares.

Con el nacimiento de la *informática personal*, también nació el área de las consolas destinadas a los videojuegos con la ya mencionada Magnavox Odyssey, seguida —posteriormente— por otros famosos modelos como, por ejemplo, la también mencionada Atari 2600.

El mundo empresarial de los videojuegos en la segunda mitad de los años setenta se había desarrollado mucho, pero bajo una estructura muy sencilla: cada fabricante de una consola u *ordenador personal* desarrollaba y distribuía su propio software. Tampoco estaba falta de sentido común ese tipo de estructura, porque cada máquina lanzada al mercado era totalmente incompatible con las máquinas de otros fabricantes, incluso con otros modelos del mismo fabricante... salvo los clones que se pudieran crear como, por ejemplo, el IMSAI 8080.

Posiblemente la mayor revolución de los primeros años del mundo del videojuego vino en el año 1972 cuando Nolan Bushnell y Ted Dabney fundaron Atari, y crearon el videojuego Pong, que se convirtió en un auténtico fenómeno de masas donde algunas empresas vieron el gran negocio que podía nacer de todo aquello.

A finales de los años setenta Atari era una de las empresas más potentes dentro del mundo del videojuego, algo que refrendó al lanzar al mercado la consola Atari 2600 en agosto de 1977.

El 1 de octubre de 1979, el ejecutivo de la industria discográfica Jim Levy y los ex-programadores de Atari David Crane, Larry Kaplan, Alan Miller, y Bob Whitehead fundaron una nueva empresa llamada Activision, entidad dedicada al desarrollo y distribución de videojuegos... pero... ¿sobre qué plataforma? Y aquí radica la gran idea de los programadores salientes de Atari, ¿por qué no desarrollar y distribuir videojuegos de forma independiente?

Entonces, nació otra visión diferente del mundo del videojuego, crear una empresa ajena a Atari para desarrollar y distribuir el software lúdico para la consola Atari 2600. La nueva estrategia empresarial de Activision provocó la pérdida de cuatro valiosos programadores en Atari, y la intromisión de elementos externos en parte de su mercado, por lo que no tardó en demandar la segunda a la primera.

Las acciones legales terminaron en 1982 cuando se produjo la primera gran crisis en el mundo de las consolas de juegos.

Activision siguió marcando su destino, y ante el crecimiento del mercado de la *informática personal* no tardó en diversificarse para desarrollar productos para diferentes plataformas, además de ir —progresivamente— comprando otras pequeñas empresas que operaban con cierto éxito en la misma área de la informática.

A mediados del año 1981 irrumpió en el mercado el IBM PC que dos años después conllevó a la competencia buscar el nacimiento de los ordenadores PC Compatibles gracias a la ya explicada técnica de «La Habitación Limpia»... entonces nació la compatibilidad entre ordenadores, que no hizo más que reforzar aquella estrategia de desarrollo de software independiente que mostró al mundo Activision.

En la actualidad, Activision sigue en activo y es una de las empresas de videojuegos más importantes del mundo con más de 4.500 empleados, siendo la acreedora de la titularidad —principalmente en el apartado de la distribución— de videojuegos tan famosos como, por ejemplo, Asteroids, Call of Duty, Crash Bandicoot, o Guitar Hero.

En el momento del nacimiento de la empresa los fundadores apostaron por una estrategia inédita hasta el momento, y aquello transformó el mundo del videojuego para separar claramente la producción de la distribución. Y en esta historia resulta curioso ver la relación entre los actores y como se entrelazan los diferentes protagonistas hasta llegar a nuestros días.

De la empresa Atari no solo partieron empleados para fundar otras históricas entidades, sino que también nacieron allí futuras personalidades que ostentan títulos de importancia histórica como, por ejemplo, la primera serie de mujeres desarrolladoras de videojuegos, asunto que considero importante tratar a continuación.

Carol Shaw

En los años setenta Carol Shaw cursaba los estudios de ingeniería electrónica y ciencias de la computación en la conocida Universidad de Berkeley —destacaba en la asignatura de matemáticas, principalmente—, terminando la carrera universitaria en el año 1977. Seguidamente inició un máster en Informática, y antes de terminarlo ya le había fichado la empresa Atari... ese mismo año la empresa lanzó uno de sus productos más exitosos: la consola Atari 2600.

Carol Shaw no tenía especial predilección por el mundo de los videojuegos, aunque tiempo antes ya había jugado al famoso Spacewar!, desarrollo que muchos consideran el primer videojuego de la historia, pero el interés laboral de Atari llamó su atención, y le pareció interesante la idea de cobrar por jugar.

Aunque en los primeros años ochenta el mundo de las consolas y los videojuegos sufrió su primera crisis, en el año 1997 era ya una industria emergente que podía llamar la atención de cualquiera. Atari contrató a Carol Shaw para el puesto de «Microprocessor Software Engineer».

En aquellos años apenas existían mujeres trabajando en puestos de relevancia en la informática, parecía ser una ciencia destinada a hombres... pero... ¡nada más alejado de la realidad! Siempre hubo grandes papeles de mujeres en la informática, como el de Amazing Grace, o las programadoras del Eniac que fueron «tapadas» por la historia. La mentalidad en aquellos años era muy diferente a la actual.

Carol Shaw no solía conceder entrevistas, pero, en una ocasión, contó que el presidente de Atari a finales de los años setenta, Ray Kassar, en una visita al centro de trabajo de la empresa afirmó: ¡Oh, por fin tenemos una diseñadora de juegos! ¡Ella puede encargarse de las combinaciones de color y de lo decorativo!

En el año 1978 Warner Communications era la propietaria de la empresa Atari, y también de la marca Ralph Lauren, que estaba a punto de presentar en el mercado un nuevo perfume llamado Polo. Así que la dirección de la empresa tuvo la idea de crear un videojuego basado en el Polo para complementar a la presentación del perfume. Entonces le encargaron a Carol Shaw la creación del videojuego para la ya exitosa consola Atari 2600.

El videojuego Polo fue retrasado en el tiempo y tardó mucho en salir al mercado... por culpa de asuntos referentes a estrategias empresariales. En Atari Carol desarrolló otros dos videojuegos llamados 3D Tic-Tac-Toe y Video Chekers.

En el año 1980 a Carol ya no le parecía tan divertido trabajar en Atari desarrollando videojuegos, y recibió una oferta de otra empresa. Abandonó Atari para trabajar en un fabricante de ordenadores basado en el concepto de tolerancia de fallos que se llamaba Tandem Computers. Y aquella aventura también duró poco.

En el año 1982, Carol Shaw se fue a trabajar a una histórica empresa que revolucionó la industria del videojuego al comenzar a desarrollar videojuegos de forma independiente al fabricante del hardware; aquella empresa se llamaba Activision. Entonces, Shaw recaló en la nueva empresa que habían creado, curiosamente, un grupo de antiguos programadores de Atari —como ya se ha comentado en apartados anteriores—.

Nada más llegar a Activision, Carol Shaw tuvo la idea de crear un videojuego que podía ser innovador... en aquella época cada videojuego era desarrollado por una única persona, y el resto del equipo hacían comentarios y valoraciones para mejorarlo. Shaw tuvo una idea inicial que fue puliendo e introduciendo cambios, para terminar con un juego de género «shooter» basado en un avión de combate que sobrevuela un río y va terminando con los enemigos.

El videojuego fue bautizado con el nombre de River Raid, y no fue fácil su proceso de lanzamiento porque a los directivos, en primera instancia, les pareció un género muy explotado y, al final de su desarrollo, entendieron que requería mejoras. El videojuego fue lanzado al mercado en diciembre de 1982.

El videojuego River Raid se convirtió en un éxito de masas, y aquello aportó gran popularidad a su creadora que hoy es reconocida como la primera mujer diseñadora de videojuegos de la historia. Además, fue un éxito comercial y aportó innovación al mundo del videojuego con características nunca vistas hasta ese momento, como los cambios de velocidad de vuelo, posibilidad de movimiento en los cuatro sentidos, múltiples caminos, y un motor de inteligencia artificial que llevaba a los enemigos a cruzarse frente al jugador justo a tiempo para bloquear e impedir el avance río arriba.

El videojuego también fue polémico porque fue calificado en algunos países —como por ejemplo Alemania— de juego violento, convirtiéndose en el primer videojuego prohibido por violencia.

River Raid se convirtió en un juego de culto hasta el punto de contar, en la actualidad, con aficionados al videojuego que siguen jugando por medio de emuladores de consolas de Atari. También existen páginas web dedicadas al videojuego.

Se contabilizaron dos millones de cartuchos vendidos, y Carol Shaw recibió un coche Audi 5000 Turbo, además de recibir una placa y un cartucho de platino, cuando el videojuego alcanzó el millón de unidades vendidas.

Después de ser lanzado al mercado el videojuego River Raid, Carol Shaw se centró en elaborar un nuevo videojuego llamado Happy Trails perteneciente al género de los puzzles pero, no mucho tiempo después, el estrés propio de aquellas empresas de software lúdico le llevó a dejar su empleo en Activision, volviendo a Tandem Computers para colaborar en la creación de ordenadores de última generación de gran fiabilidad.

En el año 1988 su marido, Ralph Merkle —científico centrado en la especialidad de la criptografía— logró un puesto importante en el famoso Xerox PARC, y en el año 1990 Carol Shaw decidió dejar su puesto de trabajo en Tandem Computers para retirarse definitivamente. A partir de ese año empezó a colaborar en asuntos de voluntariado.

No hay duda del gran talento de Carol Shaw refrendado por un videojuego que logró más de dos millones de unidades vendidas, pero, además, cuenta con el gran honor de ser la primera mujer desarrolladora de videojuegos de la historia, entrando así en el *Salón de la Fama* mundial de la informática.

Carla Meninsky

En el año 1978 Carol Shaw, trabajando para Atari, se convirtió en la primera mujer programadora de videojuegos al crear el videojuego Polo para la exitosa consola Atari 2600. Carol fue la primera, pero en aquellos años no fue la única, ni siquiera fue la única dentro de la empresa Atari. En el año 1980 Carla Meninsky fue contratada por Atari para el mismo fin… desarrollar videojuegos.

Carla Meninsky aprendió un rudimentario Fortran en los estudios secundarios en el colegio, además de recibir clases del lenguaje de programación Pascal y del ordenador PDP-11. Así se introdujo en el mundo de la *informática personal.*

Y con aquel acercamiento nació en ella la visión de la informática como vehículo para la animación gráfica, y también para diferentes expresiones del arte; aquella visión la compartió, sin éxito, con mucha gente. Un dato importante: su madre era programadora.

Meninsky se graduó en psicología en Stanford. Al final, junto a otras personas, formó un grupo para trabajar sobre animación por computadora en el laboratorio de Inteligencia Artificial de Stanford, con la idea de resolver las inquietudes de su visión sobre la animación computerizada... allí intentaron ejecutar las primeras investigaciones sobre ello; una de aquellas personas que formaron parte del grupo de animación, Warren Robinett, le consiguió una entrevista con George Simcock, jefe de Dennis Koble en Atari.

Carla reconoció, tiempo atrás, que en el momento de entrevistarse en Atari apenas conocía nada del mundo del videojuego —era adicta al famoso Adventure, y había visto funcionar al videojuego PONG... nada más—. Pero a la empresa Atari le gustó su visión sobre la animación por medio de ordenadores, llegando a esa empresa en un momento delicado, cuando parte de su plantilla se había ido para fundar Activision.

En el año 1980 desarrolló su primer videojuego para Atari llamado Dodge'Em, videojuego que ella misma definió como «un juego de laberinto de choque automovilístico». Después llegó el que fue, posiblemente, el videojuego que más fama aportó a Meninsky, Warlords.

En aquella época, en Atari se desarrollaban los videojuegos para máquinas recreativas de monedas, siendo después portados para la exitosa consola Atari 2600; el videojuego Warlords fue el primero en Atari que fue creado primero para la consola 2600 y después portado a las máquinas recreativas.

Después de Warlords, Carla Meninsky participó en el proyecto Battlezone, pero muy poco tiempo después, por diferentes asuntos, salió de la empresa Atari. Estuvo tres meses fuera y volvió, a petición de la propia empresa, para trabajar sobre una modificación de Dodge'Em. Y, posteriormente, trabajó en la nueva versión para Atari 2600 del videojuego Star Raiders.

Posteriormente Carla Meninsky fue contratada por la famosa empresa Electronics Arts para iniciar un laboratorio de gráficos 3D. Allí desarrolló un sistema de terreno para un juego de la Segunda Guerra Mundial; aquel videojuego contó con más de 30 personas trabajando sobre el título. En Electronic Arts conoció a Carolyn Wales, y con ella decidió crear un estilo de videojuegos propio, e intentó lograr financiación para emprender proyectos propios por su cuenta, algo que no lograron.

Después de algunas malas experiencias con algunos editores de videojuegos, Carolyn Wales empezó a trabajar para Liberate Technologies, y no mucho después también Carla Meninsky recaló allí… fue el principio del fin de su directa relación con el mundo del desarrollo de videojuegos.

A partir de ahí Carla Meninsky se licenció en Derecho y empezó a desarrollar labores de abogado en la especialidad de la protección de la propiedad intelectual. Aquella nueva profesión surgió por los diferentes casos de código fuente robado de la que fue testigo la propia Carla y, también, como ella misma confesó, por una demandada que presentó a su vecino por cortar árboles de su finca cuando estaba de viaje… Meninsky reconoció que disfrutó tanto del proceso del litigio que decidió tomar ese nuevo rumbo profesional como abogada.

Lo que no hay duda es que Carla Meninsky fue una mujer pionera en la especialidad del desarrollo de videojuegos en los primeros años de la *informática personal*, así como creó títulos todavía recordados en la actualidad.

La crisis del videojuego de 1983

A finales de los setenta comenzaron a proliferar las primeras consolas de éxito mundial como la Magnavox Odyssey primero, o la Atari 2600 después. A partir de ahí las videoconsolas en el mercado se replicaron, los videojuegos comenzaron a ser la nueva industria del entretenimiento, y nacieron las primeras distribuidoras de videojuegos que trabajaban en paralelo con las empresas fabricantes y diseñadoras de videoconsolas.

Pero en el año 1983 cayó en quiebra la empresa del sector más importante, Atari, y se abrió una brecha sin igual en una especialidad que contaba apenas un lustro de éxito comercial.

¿Qué originó la crisis? Un mercado emergente, el nuevo «El Dorado» que todos quisieron explotar; muchas videoconsolas lanzadas a la vez que colapsaron por saturación un mercado que estaba naciendo, muchos videojuegos de muy baja calidad desarrollados en muy cortos espacios de tiempo para generar dinero rápido en beneficios de algo que estaba en pleno auge. Un ejemplo está en el videojuego «E.T. the Extra-terrestrial» comentado unos apartados más atrás, fue el ejemplo más claro de la excesiva explotación de la gallina de los huevos de oro.

Tampoco he de obviar un factor más, o, mejor dicho, dos factores más que empujaron a la industria del videojuego a su particular crisis: el IBM PC que estaba naciendo, y el nuevo mundo de los pequeños ordenadores de 8 bits.

Justo en 1983 Compaq lanzó al mercado el primer PC Compatible de la historia, que fue lo que disparó a ese mundo al éxito con el que sigue contando en la actualidad. Y justo en 1983 el mercado se llenó de pequeños ordenadores de éxito mundial como el ZX Spectrum de Sinclair. En aquellos ordenadores PC o de 8 bits el público vio una posible utilidad más allá de sencillamente jugar con videojuegos.

Aquella crisis fue severa, y llevó a la quiebra a grandes empresas del momento como Magnavox, creadora de la primera consola de éxito comercial de la historia, Coleco, o Mattel. La más grande del momento, Atari, se salvó «in extremis» ya que era propiedad de Warner Communications desde 1976, y la segunda logró vender la entidad casi al completo a Jack Tramiel por 240 millones de dólares bajo el nombre de Atari Corporation, pasando a ser propiedad de Commodore International, salvo la división de arcade, que Warner vendió a Namco en el año 1985.

La magnitud de la crisis fue tal que muchos vaticinaron el final definitivo para la industria del videojuego

3dfx y la aceleración gráfica

Antes de finalizar este capítulo, donde busco tratar los asuntos que considero más importantes dentro de la historia del videojuego en el marco de la *informática personal*, no debo obviar una pequeña revolución sucedida a mediados de los años noventa.

Hasta aquella fecha, los videojuegos eran más fáciles de conseguir en el mundo de 8 bits primero, y en el área PC Compatibles después. Pero, después del estancamiento que sufrieron las videoconsolas con la crisis del videojuego de 1983, cuando en 1987 llegó el éxito abrumador en el mercado de la siguiente generación de videoconsolas iniciada con la famosa consola Nintendo Entertainment System —NES—, que ya estaba a la venta en Japón desde 1983, el hardware propietario centrado en el videojuego de las videoconsolas y la alta calidad de los videojuegos desarrollados específicamente para ellas, relegaron al mundo PC a un escenario de videojuegos de menor calidad.

Pero, a mediados de los años noventa, aparecieron las primeras tarjetas gráficas aceleradoras para el mundo PC que prometieron dar batalla a las potentes videoconsolas que invadían el mercado.

En el año 1995 el mundo gráfico se estaba encaminado de las dos dimensiones hacia las tres dimensiones, videojuegos como Wolfenstein 3D, Doom, o Quake más tarde, eran el éxito del momento. Pero las tarjetas gráficas estaban diseñadas para ejecutar dos dimensiones... al visualizar gráficos en tres dimensiones estaban muy limitadas en calidad y rapidez... hasta la llegada de 3dfx Interactive.

En el año 1995 todos aquellos estándares gráficos como Hercules, CGA, EGA, y VGA, ya habían desaparecido del mundo Compatible PC, y una de las tarjetas gráficas más extendidas era la conocida como S3 Trio creada por la empresa S3 Graphics, gráfica que incorporó chip de aceleración para dos dimensiones. Pero ese mismo año de 1995 comenzaron a proliferar las primeras aceleradoras en tres dimensiones: empresas como Matrox, Creative, S3, o ATI coparon ese nuevo estándar del mundo gráfico... el bus de conexión de aquellas gráficas era el genérico conocido como PCI, todavía vigente en la actualidad.

En el año 1994 Ross Smith, Gary Tarolli, y Scott Sellers, crearon una empresa llamada 3dfx Interactive, y de aquella empresa nació, en el año 1996, un chip gráfico llamado Voodoo Graphics, que era lo que se empezó a conocer como aceleradora 3dfx ¿Por qué? Porque no era una tarjeta gráfica en sí misma, sino que era una aceleradora en tres dimensiones que no contaba con gestión para las dos dimensiones.

Tarjeta 3dfx Voodoo 5500. Licenciada bajo CC0 1.0 Universal (https://creativecommons.org/publicdomain/zero/1.0).

La aceleradora 3dfx era un complemento para la tarjeta gráfica principal, no una sustitución, dependiendo de la principal para mostrar las dos dimensiones, y generando por su cuenta lo referente a las tres dimensiones. Por ello, el monitor se conectaba a la tarjeta 3dfx insertada en un zócalo, y esta, a su vez, se conectaba a la tarjeta gráfica principal... dos ranuras PCI ocupadas únicamente para el sentido gráfico. La tarjeta gráfica 3dfx solo entraba en acción con videojuegos creados para la tecnología del chip Voodoo.

A partir de ese momento, la aceleración 3D se fue popularizando y, con ello, junto con el nacimiento del Windows 95, nacieron librerías de software para la programación 3D como Direct3D —DirectX—, u OpenGL, todavía utilizadas en la actualidad. El rendimiento gráfico al utilizar la aceleradora 3dfx era, sencillamente, brutal.

¿Y por qué no combinar gráfica principal y aceleradora en una única tarjeta? Para la fusión no hubo mejor momento que la salida de un nuevo bus de conexión llamado AGP, hecho sucedido en el año 1997. El nuevo bus de comunicación AGP fue diseñado específicamente para ser el soporte del apartado gráfico, rompiendo con muchos límites de un bus PCI genérico y muy útil en otras facetas de menor requerimiento; el bus AGP solo estaba presente en una única ranura... y así comenzaron a proliferar tarjetas gráficas todo en uno... gráfica dos dimensiones y aceleradora 3D todo en uno.

Posiblemente, la primera gráfica todo en uno, y competidora de la original 3dfx, fue la conocida como Rendition Vérité V1000 lanzada en el año 1996 y, a partir de ahí, el modelo separado de gráfica por un lado y aceleradora 3D por otro fue muriendo...

Con la apertura de la nueva era gráfica de aceleración hardware en tres dimensiones, otras compañías comenzaron a desarrollar y vender productos similares, por ejemplo, ATI Rage primero, y ATI Radeon a partir del año 2000; Nvidia con la Riva TNT primero, Riva TNT2, Riva 128 después y, finalmente, en el año 1999, con la salida de la famosa serie Nvidia GeForce todavía vigente en la actualidad.

La realidad es que la potencia gráfica en tres dimensiones se alcanzaba con el chip Voodoo, o con las gráficas Riva TNT o ATI Rage... pero el coste económico era más elevado, y lo habitual, en la segunda mitad de los noventa, era recurrir a una aceleración 3D más económica y simple, como la aportada por una gráfica que tuvo mucho alcance en el mercado... el modelo muy popular S3 Virge —sustituida en 1998 por la gráfica S3 Savage—; la S3 Virge mejoraba el aspecto gráfico de una gráfica estándar 2D, pero estaba muy lejos del rendimiento aportado por los productos creados por 3dfx, Nvidia, o ATI.

La empresa 3dfx Interactive desarrolló productos posteriores como el chip Voodoo 2, Voodoo Banshee, o Voodoo 3, pero ya en un escenario de alta competitividad con otras opciones más comerciales como las lanzadas por Nvidia o ATI, por ejemplo. Pero 3dfx Interactive cayó en un continuo declive a partir de 1998 por culpa de malas decisiones y productos fallidos que comportaron un importante desafío en la búsqueda de superar a la competencia, como el modelo 3dfx Rampage, terminando finalmente en declaración de quiebra en el año 2000, siendo adquirida por Nvidia Corporation. Otra empresa de gran fama como ATI Technologies también terminó siendo adquirida por terceros, en ese caso fue AMD la empresa que compró ATI en octubre de 2006.

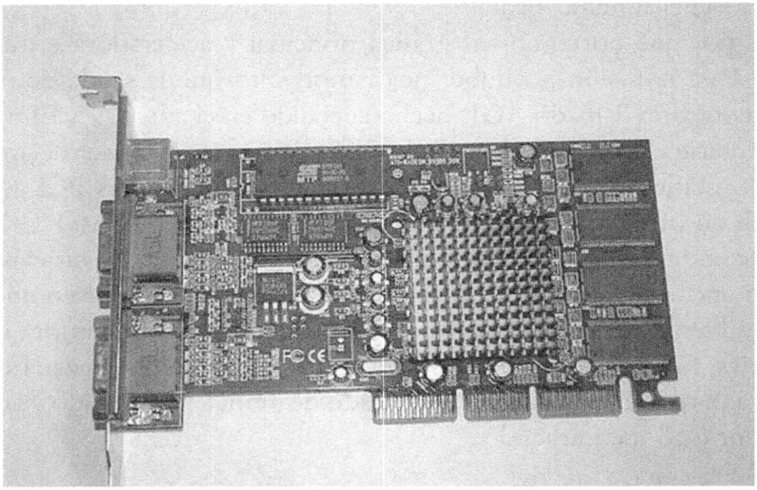

Tarjeta ATI Radeon RV100 DDR AGP. Foto de RobChafer. Licenciada bajo CC BY 3.0 Unported (https://creativecommons.org/licenses/by/3.0).

En la actualidad, todas las tarjetas gráficas llevan implícita la aceleración 3D, unas con mejores características y rendimiento que otras, insertadas bajo una especificación de ranura de expansión más moderna que el AGP de finales de los noventa llamada PCI Express, y todas ellas basadas en el mismo estándar de hace casi treinta años... el estándar SuperVGA.

El éxito de las aceleradoras 3dfx fue fugaz, y terminó en quiebra tan solo seis años después de la fundación de la empresa, pero no existe duda que su tecnología abrió una nueva era gráfica en el mundo PC, y marcó una época donde disponer de una aceleradora 3dfx era el sueño de muchos, conseguido por pocos.

CAPÍTULO 13.
ALGUNOS VIDEOJUEGOS DE ÉXITO

En la industria del videojuego existieron algunos productos comerciales de éxito, unos por cuestiones económicas y de ventas, otros por convertirse en software de culto, o por incluir avances destacados. En este apartado deseo describir algunos videojuegos de los que, a mí, personalmente, me pudieron sorprender en las diferentes etapas de mi relación con la *informática personal*.

Microsoft Decathlon

En el año 1980 fue presentado un videojuego de Microsoft conocido como Olympic Decathlon, o Microsoft Decathlon en la versión para el IBM PC, un software muy demandado en la actualidad entre los amantes del abandonware.

Desde mi punto de vista, éste juego merece una mención especial y forma parte de los recuerdos de todo aquel niño que en los años ochenta pudiera tener acceso a un IBM PC o compatible.

Sobre Microsoft Decathlon es importante destacar dos elementos que formaron parte de su diseño.

En primer lugar, era uno de esos videojuegos de «autoarranque», es decir, se insertaba el disquete con el ordenador apagado —yo lo tenía en un disquete de 5,25 pulgadas— y al encender el equipo era ejecutado sin necesidad de sistema operativo por medio. En la década de los años ochenta y noventa existieron muchos videojuegos de este estilo.

En segundo lugar, recuerdo haber jugado con aquel videojuego en un PC basado en el procesador Intel 8088 allá a finales de los años ochenta, donde los gráficos de todos los juegos eran pixelados, y el movimiento denotaba los típicos saltos entre píxeles. Pero ese juego presentado en 1980, cuando los videojuegos eran totalmente primarios, contó con una animación espectacularmente suave, y con movimientos increíbles para la época. Solo recuerdo ver superados esos movimientos cuando fue publicado Prince of Persia en el año 1989, casi una década después.

La diferencia entre Microsoft Decathlon y Prince of Persia no solo era la programación, sino que el primero había sido diseñado para una tarjeta gráfica con tecnología primaria contra el segundo diseñado para una tarjeta gráfica que todavía sigue vigente actualmente, en su diseño básico inicial... ahí es donde radica el gran mérito de Microsoft al diseñar Microsoft Decathlon.

El videojuego fue desarrollado por Timothy W. Smith para el TRS-80 Micro Computer System del fabricante Tandy Corporation. Posteriormente fue portado para el ordenador Apple II en 1981, y para los IBM PC o compatibles en el año 1982. En el año 1980 obtuvo el premio al mejor videojuego del año, además de recibir elogios de las revistas de informática más importantes de aquellos años.

Con el paso de los años Microsoft creó para el mundo lúdico la exitosa —y mítica— saga de Age of Empires, y entró de lleno en el mundo del videojuego con la creación de la serie de consolas Xbox. Pero no muchos aficionados a la informática conocen que hace más de treinta años ya existían juegos de Microsoft que contaban con gran realismo y calidad, teniendo en cuenta la época que les vio nacer.

The Ancient Art of War

En el año 1980 Dave Murry y Joe Gargiulo fundaron en Washington la empresa de desarrollo de videojuegos Evryware, donde fueron creados hasta 20 títulos, unos más notorios que otros.

Poco tiempo después Dave y Barry Murry desarrollaron un videojuego muy vanguardista que, posteriormente, se transformaría en el primer videojuego de estrategia y táctica en tiempo real de la historia. Aquel producto fue bautizado con el nombre de «The Ancient Art of War».

El videojuego, desarrollado para ordenadores de arquitectura IBM PC, fue publicado en el año 1984 por Brøderbund para MS-DOS y Apple II —en

1987 se presentó una versión para Macintosh—. Brøderbund, empresa activa entre 1980 y 1998, fue famosa por crear y distribuir, entre otros productos, el famoso videojuego Prince of Persia.

El juego «The Ancient Art of War» fue muy popular en todo el mundo en la década de los años ochenta, y también fue muy popular en España a finales de esa misma década.

Los que tuvimos oportunidad de jugar al videojuego recordamos lo altamente adictivo que era para la época, y sus gráficos que eran de importante calidad teniendo en cuenta las tarjetas gráficas existentes en los ordenadores de la época. Las batallas eran épicas, y el nivel de entretenimiento aportado era muy alto.

Once campañas diferentes a elegir… Gerónimo, Napoleón, Genghis Khan, o Tsun Zu como contrarios en la inteligencia artificial del oponente controlado por el ordenador —el juego estaba basado en el texto «The Art of the War» escrito por Tsun Zu sobre el 400 a. C.—; los arqueros, bárbaros, espías, o caballeros, eran personajes peculiares del videojuego, y una dinámica basada en el famoso «piedra-papel-tijera»: unos ganan a los otros y otros ganan a los unos dejando vía libre al jugador para que seleccione la mejor estrategia y los personajes adecuados en cada momento.

¡Qué decir del famoso «zoom» que podía elegir cada jugador para resolver una batalla de forma inmediata, jugándose su resolución en prácticamente en una tirada de dados!, ¡y de los fuertes donde se podía «recomponer» un batallón que estuviera mermado!

Pero, quizás, la parte más sorprendente para la época era el editor; en el videojuego «The Ancient Art of War» era posible crear nuevas campañas configurando el terreno, misiones, y formaciones. ¡Cuánto tiempo dedicaron muchos jóvenes en los años ochenta a crear y editar las misiones!

Con el paso de los años otros grandes videojuegos de estrategia en tiempo real alcanzaron la fama mundial, como Age of Empires por ejemplo, con gráficos espectaculares, gran sonido, y gran jugabilidad, pero esos grandes éxitos no restaron ni un ápice al mérito de un videojuego como «The Ancient Art of War» desarrollado en 1984, unos años donde la *informática personal* estaba en su inicio y la capacidad tecnológica era escasa.

En el año 1987 fue presentada la segunda parte del videojuego, llevando las batallas terrestres a las navales, y fue bautizado con el nombre de «The Ancient Art of War at Sea». En 1993 fue presentada la tercera versión centrada en la «I Guerra Mundial» enmarcada dentro del videojuego de título «The Ancient Art of War in the Skies».

En muchas de las publicaciones en Internet donde se habla del videojuego «The Ancient Art of War» se evita, con cautela, afirmar que es el primer videojuego de estrategia en tiempo real de la de la *informática personal*... se prefiere afirmar que es «uno» de los primeros videojuegos de estrategia en tiempo real de la historia. Hice, tiempo atrás, una intensa búsqueda para encontrar otro juego del género que fuera más antiguo y no encontré ninguno de estrategia en tiempo real más antiguo. Así que, por deferencia hacia la obra maestra del año 1984, para mí es el primero.

Wolfenstein 3D, Doom, y Quake

En el año 1991 fue fundada una empresa llamada id Software con sede en Texas (EEUU). El equipo de desarrollo de aquella empresa creó varios videojuegos antes de su fundación, desde 1988, pero en realidad su punto de inflexión se produjo en el año 1992 al presentar un videojuego llamado Wolfenstein 3D.

El equipo de desarrollo de id Software trabajó en la creación de un motor 3D para desarrollar videojuegos bajo un ambiente tridimensional. Al presentar en el año 1992 el mencionado videojuego en cuestión, se creó un nuevo género llamado «videojuego de disparos en primera persona».

El videojuego Wolfenstein 3D se convirtió en un éxito y popularizó el género a nivel mundial. ¿Quién no jugó a Wolfenstein 3D en aquellos inicios de la década de los años noventa?

En realidad, los inicios del videojuego parten de otra empresa, Muse Software, que en el año 1982 lanzó un videojuego llamado Castle Wolfenstein, inicialmente desarrollado para plataforma Apple II, y después migrado a Atari, Commodore, e IBM PC. Aquel videojuego contó con una estética muy básica —videojuego de dos dimensiones— aprovechando al máximo la poca tecnología gráfica de aquellos inicios de la década de los años ochenta, donde la *informática personal* comenzaba a emerger. el videojuego creado por id Software en el año 1992 estaba basado en el original de Muse Software.

El videojuego Wolfenstein 3D contó con una gran jugabilidad y un estilo nunca visto hasta el momento... rápidamente se convirtió en un éxito... pero no fue el gran éxito de id Software, ni mucho menos. El videojuego es considerado de culto y forma parte de las leyendas de la informática en lo que a la parte lúdica respecta; aquel desarrollo abrió las puertas a infinidad de motores 3D y a otras empresas desarrolladoras que crearon títulos de gran éxito basados en el género creado.

El videojuego Wolfenstein 3D tuvo vigencia durante muchos años ya que fueron lanzadas varias versiones, y algún que otro «remake», como el videojuego Return To Castle Wolfenstein, presentado en el año 2001, y que incorporó un nuevo motor 3D que mejoró la parte gráfica.

Pero lo más importante de Wolfenstein 3D no fue el videojuego en sí mismo, sino que abrió la puerta a dos grandes leyendas del mundo lúdico informático: Doom y Quake. El primero fue lanzado en el año 1993 —un año después de Wolfenstein 3D— y se convirtió en un éxito mundial, y en un videojuego de culto. El segundo fue lanzado en el año 1996 llevando el mismo camino que el Doom, y creando una gran comunidad de adictos al videojuego.

En el caso del videojuego Doom, aunque hayan pasado muchos años, sigue contando con gran vigencia gracias a una gran comunidad de admiradores que continuó creando niveles y personajes. Esto fue posible porque en el año 1997 fue publicado y liberado el código fuente. Contaba con modos de juego multijugador y, además, en el año 1999, el videojuego fue licenciado con licencia GPL, abriendo las puertas a que la propia comunidad de admiradores siguiera desarrollando el producto y, sobre todo, pudiendo modificar el original.

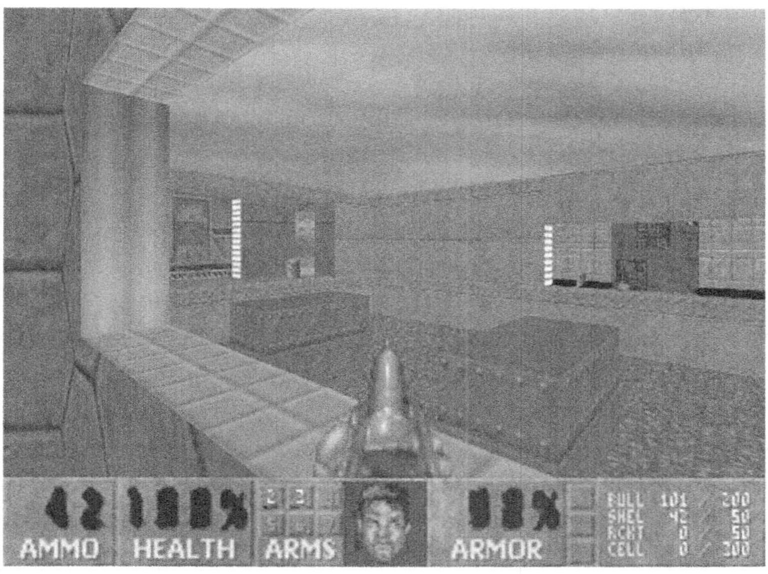

Videojuego Doom. Licenciada bajo CC0 1.0 Universal (https://creativecommons.org/publicdomain/zero/1.0).

En el caso del Quake es importante destacar que tuvo vigencia entre el año 1996 y el 2010, cuando fue lanzada la última versión. Además, también es necesario señalar que el videojuego contó con un sistema «shareware» en el que se podía jugar gratis, y otra versión de pago que incorporaba más niveles y más personajes.

El código, al igual que el Doom, fue licenciado mediante licencia GPL, por lo que también permitió a la comunidad desarrollar alrededor de ese mítico software. En el caso del Quake cabe destacar la característica de contar con un gran modo multijugador, que permitió jugar a varios jugadores una misma partida por medio de una red local o Internet.

Lo que aportó id Software al mundo del videojuego es de un valor incalculable, y solo al hablar de leyendas como Doom y Quake, introducidas gracias a Wolfenstein 3D, la empresa abrió un nuevo camino, pudiendo ser considerada pionera en el área de los motores 3D, y en un género de disparos en primera persona que el tiempo se ha encargado de demostrar que forma parte de la cultura lúdica de la *informática personal*.

Age of Empires

En el año 1995 fue fundada en Texas (Estados Unidos) una empresa llamada Ensemble Studios cuya finalidad era el desarrollo de videojuegos para ordenadores PC.

Dos años después, en 1997, publicaron, por medio de Microsoft, su primer videojuego llamado Age of Empires. La relación de Ensemble con el gigante de la informática [Microsoft] fue tan estrecha que en el año 2001 Microsoft compró a la empresa desarrolladora.

La llegada de Age of Empires al público fue tímida, inicialmente, pero no tardó mucho en convertirse en un auténtico éxito... un auténtico fenómeno de masas. A finales de la década de los años noventa ya existían muchos videojuegos de estrategia, como por ejemplo Civilization, saga creada en el año 1991, pero la gran calidad gráfica y la excepcional jugabilidad lograda por Age of Empires creó una nueva era en el mundo del videojuego de estrategia. El éxito fue tal que fue publicada, en el año 1998, tan solo un año después, una expansión para el videojuego llamada Age of Empires: The Rise of Rome. Era un videojuego altamente adictivo y de gran capacidad de entretenimiento.

El videojuego inicial se convirtió en una saga cuando fueron publicados nuevos productos: Age of Empires II: The Age of Kings en el año 1999 y que también contó con una posterior expansión, y Age of Empires III en el año 2005. Tres años después de la última versión Ensemble Studios, la saga terminó por desaparecer siendo dividida en varias empresas, y sus empleados fueron integrados en diversos departamentos de Microsoft.

El videojuego de la saga más famoso y jugado fue el Age Of Empires II, y no hay duda que existió un claro punto de inflexión en los videojuegos de estrategia desde la publicación del primer Age Of Empires: marcó una época y un nuevo camino a seguir en aquella especialidad del mundo del videojuego.

La salida al mercado de Age Of Empires también coincidió con el «boom» de Internet, y gracias a ello existió otro factor determinante en el éxito del videojuego: las partidas multijugador «online».

Sobre mi experiencia personal con la saga Age Of Empires, jugué por primera vez «online» contra varios jugadores que estaban en otros países, utilizando como medio la discreta conexión a Internet vía módem. No fue el primer videojuego que permitió partidas multijugador, pero sí fue, para mucha gente, su primera experiencia lúdica «online».

La calidad de los gráficos era enorme para su época, y la flexibilidad y rapidez de ejecución le hacían altamente adictivo. Posteriormente, muchos títulos de otros fabricantes siguieron las pautas que había marcado Ensemble Studios, ya que otros juegos de estrategia anteriores contaron con un estilo de dos dimensiones en lugar de tres dimensiones, y una calidad gráfica inferior.

Además, Age Of Empires era sencillo e intuitivo en su manejo, cuando la norma habitual en los videojuegos anteriores era la dificultad de manejo.

Oficialmente, para muchos, Age of Empires fue el cuarto juego de estrategia publicado para PC después de Dune, Warcraft, y Civilization. Para mí fue el quinto, ya que considero a «The Ancient Art Of War», creado en 1984 por Evryware, como el primer videojuego de estrategia para PC.

Aunque la saga Age of Empires no haya sido la primera, igualmente forma parte de las leyendas del mundo del videojuego y, además, muchas personas siguen jugando al Age of Empires II después de casi dos décadas desde su publicación.

Blade Runner

El largometraje Blade Runner es una de esas películas consideradas de «culto»; basada en un libro de Philip K. Dick, dirigida por el gran Ridley Scott, y estrenada en el año 1982, marcó —y sigue marcando— una época en lo que al cine de ciencia ficción refiere.

Quince años después de su estreno, en el año 1997, una empresa localizada en Las Vegas (Estados Unidos) llamada Westwood Studios decidió recuperar aquella película y desarrollar un videojuego con estructura de aventura gráfica... y con esencia de película. el videojuego fue distribuido por Virgin Interactive.

El proyecto se transformó en un gigante de ceros y unos que contó con un diseño gráfico muy bueno para la época —en aquellos años el área gráfica, en lo que a hardware respecta, comenzaba a evolucionar en importante medida—; contó con fondos de escenario pre-renderizados y con animación creada mediante un «engine» llamado «Voxel» que no usaba el sistema de polígonos habitual en los escenarios tridimensionales del momento. El único defecto gráfico visible fueron algunos personajes que, en ocasiones, podían salir demasiado pixelados.

En aquellos años los videojuegos ya eran distribuidos en Compact Disc —el DVD todavía no existía comercialmente— y aquel videojuego Blade Runner ocupó en total cuatro discos... algo nunca visto porque ningún software lúdico ocupaba más de un disco.

Los que vivimos aquella época del área del videojuego recordamos el lanzamiento de aquel software como todo un acontecimiento y, sin duda, generó mucha expectación.

No defraudó, porque el videojuego, en primer lugar, respetó al máximo en su adaptación lo que era en sí misma la película, ya que mantuvo el universo distópico del libro original de Philip K. Dick, y también de la adaptación cinematográfica original; en segundo lugar, su diseño gráfico, animación, y jugabilidad, no decepcionó a nadie.

El videojuego contó con una traducción total al español, y se basó en el sistema «Point-and-Click», que fue la filosofía central de la jugabilidad. Fue anunciado como el primer videojuego 3D en tiempo real, además de afirmar que su jugabilidad era tan amplia que, según pequeñas decisiones del jugador, la historia y el hilo argumental podía cambiar totalmente: contó con treinta finales diferentes para la misma historia inicial.

Es importante aclarar que el videojuego de Westwood Studios no fue la primera adaptación de Blade Runner, existió previamente otra adaptación en el año 1985 creada por otra empresa desarrolladora para plataformas basadas en el procesador Zilog Z80; pero, en aquellos años, la tecnología informática en lo que al mundo del videojuego respecta todavía estaba despertando...

comercialmente fue un fracaso, al contrario de lo que ocurrió en el año 1997 con la versión de Westwood Studios.

Respecto a Westwood Studios comentar que fue adquirida por Eletronics Arts («EA») en el año 1998 y, tristemente, fue liquidada en el año 2003, dejando tras de sí una lista de éxitos como, por ejemplo, Command & Conquer, Lands of Lore, Dune, y el propio Blade Runner.

Hoy en día existe una comunidad de fervientes seguidores del videojuego y, en la actualidad, todavía se puede descargar Blade Runner como «abandonware» desde muchas fuentes diferentes. Incluso existen adaptaciones que unen los cuatro discos en un único fichero, pudiendo ser ejecutado en ordenadores con Windows 7 y 8 soportando solo algunas pequeñas molestias puntuales.

Commandos

En el año 1996 Ignacio y Javier Pérez Dolset fundaron, en Madrid, una empresa llamada Pyro Studios cuyo objetivo principal era desarrollar videojuegos que pudieran competir con todos los desarrollos internacionales que dominaban el mercado lúdico mundial de la *informática personal*.

En el año 1998 lanzaron su primer título llamado Commandos: Behind Enemy Lines, videojuego ideado por Gonzo Suárez y que fue distribuido por la gran empresa inglesa Eidos Interactive.

El videojuego conformó una mezcla de estrategia y acción, y rápidamente alcanzó el éxito gracias a su gran calidad gráfica —adelantada para la época— y por su gran originalidad, sobre todo en el apartado de jugabilidad.

Para muchos el videojuego creó un nuevo género, diferente a lo visto hasta el momento; se creó el concepto «videojuego estilo Commandos»... y el éxito internacional no se hizo esperar. En poco tiempo el título ya era considerado el videojuego de origen español más jugado en la historia.

Debido al gran empuje de la primera versión de Commandos, al cabo de un año, se presentó el videojuego Commandos: Beyond the Call Of Duty, que realmente no era un nuevo título individual, era una expansión del primer título. Lo curioso es que no contó con una dependencia del primero para ser ejecutado.

La segunda versión del videojuego fue publicada en el año 2001 bajo el nombre Commandos 2: Men of Courage, y lejos de seguir el éxito del primero de la saga, lo aumentó en importante medida, ya que fue desarrollado bajo un nuevo motor 3D. Además, no fue lanzado exclusivamente para PC, sino que también tuvo las correspondientes versiones para las consolas más famosas de la época. El nuevo título continuó la gran línea de éxito del primero, pero aquel éxito solo señaló a la plataforma PC, porque en las plataformas de consolas fue, finalmente, un fracaso.

En el año 2003 se publicó la tercera versión bautizada con el nombre de Commandos 3: Destination Berlin. Sobre el tercer título se puede afirmar que fue la versión con mejor calidad gráfica y con una importante mejora en jugabilidad, pero fue la versión menos vendida... vaticinio del principio del fin de la saga

¡Sí!, era mejor... pero... ¿por qué fracasó? El motivo se cree que estuvo en la reducción de los personajes —los *commandos*—, y la reducción de las misiones. No encajó bien en el público.

En el año 2006 Pyro Studios presentó Commandos: Strike Force, un nuevo título de la saga que rompió totalmente con todos los anteriores ya que abandonó el estilo de juego que le había aupado al éxito y le había caracterizado, para convertirse en un «shooter» en primera persona. La crítica no aceptó la pérdida del carácter original de Commandos, y se convirtió en un rotundo fracaso que dio por terminada a la exitosa saga.

El estilo propio creado por Commandos, sumado a la jugabilidad y gran calidad gráfica, trasladaron a la saga al mundo de los videojuegos de culto. Para nosotros, además, Commandos es leyenda de la parte lúdica de la *informática personal.* Desde el punto de vista técnico, su programación y diseño gráfico fue vanguardista... requería juntar mucho talento en su equipo de creadores para logar el fin: llegar al usuario final con la etiqueta del éxito como seña distintiva.

PCFútbol

En el año 1983, justo cuando se inició la conocida como Edad de Oro del Software Español, una empresa llamada Dinamic Software nació para crear una serie videojuegos de importante transcendencia como, por ejemplo, Army Moves. Aquella empresa fue una de las integrantes del grupo que promovió la existencia de aquella edad de oro, y aportó al mercado mundial una larga lista de videojuegos de éxito.

La empresa fundada por los hermanos Ruiz, Pablo, Nacho, y Víctor Ruiz, se vio abocada en el año 1992 al cierre debido a los problemas financieros de la entidad.

En el año 1992 lanzaron al mercado su penúltimo videojuego como Dinamic software llamado Simulador Profesional de Fútbol, y ese título fue el germen inicial de una gran saga que no solo logró éxito, sino que también logró convertirse en un software de culto... leyenda podríamos decir... la saga PC Fútbol.

En el año 1993 los hermanos Ruiz, y otros dos socios más, fundaron una nueva empresa llamada Dinamic Multimedia, de la cual los hermanos eran propietarios al 30%.

El videojuego Simulador Profesional de Fútbol de Dinamic Software, también llamado PC Fútbol 1.0, fue el título de la antigua empresa que inició un largo recorrido en la nueva Dinamic Multimedia al lanzar en el año 1993 la versión PC Fútbol 2.0.

La saga continuó con la estructura de nombre y versión hasta la 7.0 de 1998; el PC Fútbol del año 1999 nació con el nombre de PCFútbol 2000. La última versión de Dinamic Multimedia fue PC Fútbol 2001 lanzada al mercado en el año 2000. Pocos meses después, de la misma forma que la primera empresa de los hermanos Ruiz, Dinamic Multimedia cerró definitivamente por asuntos financieros.

¿Qué era PC Fútbol? Un «manager» de fútbol donde la labor del jugador radicaba en entrenar y gestionar un equipo de fútbol... una mezcla de entrenador, director técnico, o presidente del club. En las primeras versiones el juego se podían confeccionar las alineaciones, se fichaban jugadores, y se podían visionar los partidos en un simulador todavía por mejorar.

En sucesivas evoluciones se fueron incluyendo fichajes con negociación, gestión del campo de fútbol, gestión económica, etcétera. En las primeras versiones únicamente se podía jugar en la primera división del fútbol español y, año tras año, se fueron añadiendo niveles para jugar en la segunda división, en la segunda división B con sus cuatro grupos, y en la tercera división con los 17 grupos existentes en aquellos años. Entonces el jugador podía ascender o descender un equipo, y la base de datos de jugadores era espectacular en lo que a tamaño y datos refiere.

El concepto de «manager» deportivo en el área de los videojuegos era desconocido a principio de los años noventa, y el tipo de juego presentado con por la saga PC Fútbol tuvo tanto éxito que abrió las puertas a un nuevo género de videojuegos, y no solo en España.

El éxito de la saga PC Fútbol en España fue tan importante que fueron desarrolladas versiones exclusivas para la liga inglesa, italiana, francesa, o argentina distribuidas en comercios de aquellos países. Entre los admiradores de la saga se creó una amplia comunidad, y nacieron muchas páginas web dedicadas al juego.

Las evoluciones más grandes vinieron de la mano de las versiones PC Fútbol 5.0 del año 1996, y PC Fútbol 2000 del año 1999. En cambio, las versiones de mayor éxito fueron PC Fútbol 6.0 (1997) y PC Fútbol 7.0 (1998), que vendieron en torno a las 350.000 copias cada una de ellas. Desde el punto de vista de la comunidad, posiblemente, la versión que más destaca sobre todas fue la última lanzada en el año 2000, PC Fútbol 2001.

Además de los hermanos Ruiz, Marcos Jourón alcanzó un importante protagonismo en los últimos años de PC Fútbol. En el año 1995 llegó Jourón a Dinamic Multimedia para ayudar en la programación, y hacerse cargo de la base de datos y del seguimiento en la liga. En el año 2000 se hizo cargo de la dirección de la última versión PC Fútbol 2001.

Posteriormente, Marcos sería el protagonista principal del renacer de la saga; posiblemente Jourón es la persona más conocida por la comunidad de entusiastas del videojuego cuando corresponde hablar del histórico equipo de desarrollo que navegó por varias empresas diferentes con el proyecto a cuestas.

Durante varios años el videojuego quedó estancado por el cierre de Dinamic Multimedia… hasta el año 2004 que Gaelco compró los derechos del producto y, a partir del año 2005, lanzó tres nuevas versiones: PCFúbol 2005, 2006, y 2007. La pieza fundamental y la cara visible del renacimiento del proyecto fue, precisamente, Marcos Jourón… la gran esperanza de la comunidad para el «reflotado» de PC Fútbol.

Las tres versiones de Gaelco fueron un rotundo fracaso, ya que no lograron el espíritu del que fue impregnada la saga PC Fútbol de Dinamic Multimedia y, además, la competencia había aumentado y había progresado mucho.

No todo fue un fracaso en la etapa de Gaelco… un dato curioso… en la versión del año 2005 la nueva propietaria de los derechos logró, de nuevo, convertir al videojuego en el más vendido del año, pero, al mismo tiempo, fue el videojuego más devuelto por los compradores. No alcanzó la calidad suficiente de acuerdo con las expectativas generadas por el público en el renacer de la saga, y la poca jugabilidad y la gran cantidad de errores, condenaron al producto.

La versión PC Fútbol 2007 logró encaminar al producto en la senda de la calidad... pero llegó tarde... al menos Gaelco continuó durante bastante tiempo publicando parches para corregir los errores.

A medio camino del cierre de Dinamic Multimedia y los intentos de reflotar a la saga por terceros, una comunidad de seguidores de PC Fútbol, por medio de la web PCFutbolMania, continuaron desarrollando, campaña tras campaña, modificaciones para actualizar la base de datos y otras opciones del juego para el inicio de cada campaña futbolística. Y así, en una especie de limbo extraoficial, la versión PC Fútbol 2001 se mantuvo viva... gracias a la comunidad y a los responsables de crear la web PCFtubolMania.

Existen otros grandes simuladores de fútbol de grandes empresas internacionales como, por ejemplo, FIFA Manager de la famosa empresa EA Sports —inicialmente llamado Total Manager—, o el videojuego Football Manager de Sports Interactive... pero ninguno de ellos es tan antiguo como el PC Fútbol, ya que ambos fueron lanzados en los años 2004 y 2002 respectivamente.

Solo el videojuego Championship Manager, lanzado en el año 1992, es más antiguo que el PC Fútbol, incluso se comentó en diversos foros que fue Gaby Ruiz, hermano pequeño de los hermanos Ruiz y el único que tuvo poco interés en la industria del videojuego, el que trajo de Inglaterra a sus hermanos una copia de Championship Manager... y ellos decidieron crear un «manager», pero con características añadidas.

Como dato curioso comentar que el Football Manager nació en el año 2004 debido a la salida del equipo de desarrollo de Championship Manager hacia una nueva empresa, llevándose consigo con los derechos del código fuente del producto, pero sin los derechos sobre el título registrado... y así nació Football Manager, que era el mismo videojuego que Championship Manager, pero con otro nombre.

En el año 2009 una empresa llamada Korner Entertainment compró los derechos de PC Fútbol con la idea de relanzar la saga... sin llegar a lanzar al mercado ningún título. En el año 2013 la empresa FX Interactive retomó la idea de desarrollar un producto paralelo basado en la filosofía del PC Fútbol y lanzaron al mercado, en los años 2013 y 2014, un videojuego llamado FX Fútbol, y una última versión llamada Football Club Simulator en el año 2016.

En principio contaron en el equipo de desarrollo con algunos integrantes de la antigua empresa Dinamic Multimedia; por ejemplo, contaron con Carlos Abril, pero nuevamente no alcanzaron con el nuevo producto el éxito de la saga original.

Ante una saga tan trascendental no podemos obviar algunas curiosidades como, por ejemplo, que PC Fútbol fue el primer «manager» deportivo de fútbol en incorporar el sistema VLiMA —Virtual Live Manager— que permitió dar órdenes a los jugadores durante el transcurso de la simulación de cada partido.

Otro dato curioso es que en algunas versiones de PC Fútbol los escudos fueron escaneados de la revista *Don Balón*. En lo referente al equipo, hasta la versión 5.0 no estaba formado por más de 12 personas; en las tres últimas versiones de Dinamic Multimedia el equipo estuvo formado por más de cuarenta personas.

Un dato curioso eran los comentarios que se hacía la comunidad «pcfutbolera» sobre las revisiones calificadas de la saga PC Fútbol en la histórica revista Micromanía... eran muy altas... el propietario de Micromanía era el dueño del 70% de Dinamic Multimedia.

Si hablamos de plagios, lo más sonado fue la portada del videojuego USA Soccer'94 de Digital Dreams Multimedia que, literalmente, replicó la portada original del PC Fútbol con total descaro, algo que enfureció a los propietarios de Dinamic Multimedia, acusando al competidor de intentar aprovecharse del gran tirón comercial de PC Fútbol.

El dato más curioso sobre el videojuego tiene que ver con un jugador de fútbol tan real como Víctor Sánchez del Amo, jugador del Real Madrid en el año 1997 y que conocía a uno de los programadores de Dinamic Multimedia.

En una visita a las instalaciones de Dinamic se subió él mismo la media en el videojuego afirmando que su disparo era mejor que el de Clarence Seedorf. La prueba está en que los valores del Víctor Sánchez del Amo virtual en el PC Fútbol 5.0 son bastante inferiores a los mostrados en la versión 6.0 finalmente publicada. A partir de ahí existen todo tipo de anécdotas con respecto a los jugadores virtuales y a la base de datos: jugadores que se les cambió el color de piel, otros duplicados...

Los que pudimos disfrutar —en vivo y en directo— del éxito del PCFútbol en la etapa de Dinamic Multimedia, desde el 1993 hasta el 2001, empezando por la versión 2.0 para terminar con la versión PC Fútbol 2001, recordamos con mucho cariño como todos los años estábamos pendientes de las librerías, en los meses de octubre y noviembre, para comprobar si había llegado la nueva versión de PC Fútbol.

Y la espera traía consigo el deseo de ver las novedades anunciadas varios meses antes en las revistas de informática recordando, especialmente, la versión 5.0 donde se anunció que, por primera vez, se podría entrenar a equipos de Segunda División B, o la versión PC Fútbol 2000 donde se podían entrenar equipos de ligas extranjeras como la italiana, o la última versión PC Fútbol 2001 donde se incorporaron todos los grupos de tercera división

¿Cuántos de aquella generación de jóvenes usuarios del mundo PC nunca jugaron al PCFútbol? Creo que pocos. Además, el videojuego contó, año tras año, con un precio muy popular, siendo asequible para el bolso de los más jóvenes.

La saga PC Fútbol está conformada por una larga lista de versiones de un videojuego de origen español que marcaron tendencia a nivel mundial en lo que a «managers» deportivos refiere, y fueron buque insignia de un género prácticamente creado por Dinamic Multimedia, y por los desarrolladores de Championship Manager.

Y aquí rubrico, mediante este texto, mi más profundo respeto y devoción por todos los integrantes de aquel fantástico equipo de Dinamic Multimedia que logró que muchos jóvenes de los años noventa alcanzaran el sueño de llevar a su equipo de fútbol a lo más alto, aunque fuera solo en el aspecto virtual. Y hago extensiva la felicitación a la comunidad de PCFutbolMania por los esfuerzos dedicados en el objetivo de mantener vivo al PC Fútbol 2001 durante tantos años.

CAPÍTULO 14.
LA EDAD DE ORO DEL SOFTWARE ESPAÑOL

La industria del videojuego fue elemento fundamental para el desarrollo de la *informática personal*, y su peso contemporáneo es tan importante que genera más dinero que la industria del cine y la música juntas.

Hubo un tiempo, entre los años 1983 y 1992, donde las empresas y los autores de origen español dispusieron de un gran éxito y protagonismo en la industria del videojuego a nivel mundial... fue «La Edad de Oro del Software Español».

Entre los años 1983 y 1992 España se convirtió en uno de los países de Europa con más producción de software para arquitecturas de 8 bits: la arquitectura de mayor presencia en aquella época. En realidad, solo Reino Unido superó a España, y debido a ese «boom» las revistas especializadas de la época acuñaron el término «La Edad de Oro del Software Español».

Antes de seguir tratando esa época, deseo aclarar que cuando sea habla de aquella edad de oro, se habla especialmente de desarrollos ejecutados dentro del mundo del videojuego. El concepto software es genérico dentro del mundo del desarrollo, y en aquella edad de oro el éxito predominó dentro de la industria del videojuego.

Los que vivimos aquellos años no tenemos ninguna duda que fue desarrollado mucho software de talla mundial... a la altura de cualquier desarrollo extranjero, y muchos de aquellos desarrollos se transformaron, en poco tiempo, en auténticas leyendas de la *informática personal.*

Empresas como Opera Soft, Dinamic Software, o Indescomp crearon títulos que, en la actualidad, todavía perduran en el recuerdo de muchas personas.

La edad de oro se inició con el mítico juego de Indescomp llamado La Pulga —también Bugaboo, o The Flea en Reino Unido—, que desarrollado para el ZX Spectrum de Sinclair que enseguida arrasó en Europa, y fue rápidamente portado a otros sistemas como Amstrad, MSX, o Commodore 64.

Con el éxito comenzaron a proliferar nuevas empresas dedicadas al mundo del desarrollo de videojuegos; entre las nuevas empresas fue fundada una gran distribuidora de software llamada Erbe Software que estuvo en la cima de la distribución durante prácticamente diez años.

También fueron fundadas otras empresas como, por ejemplo, Dinamic Software que fue preludio de la famosa Dinamic Multimedia que, al finalizar la edad de oro, en el año 1993, creó la saga PC Fútbol, inicio de unos años dorados para el software de gestión deportiva.

Dentro de aquel éxito debo destacar, de nuevo, a Indescomp, y a los videojuegos La Pulga y Fred.

Indescomp, La Pulga, y Fred

En el año 1982 el joven emprendedor de «ideas imposibles» llamado José Luis Domínguez, ya tratado en capítulos anteriores, vio mucho futuro en los pequeños ordenadores de 8 bits que empezaron a asomar en el mercado español, y decidió crear una empresa llamada Indescomp para explotar aquello.

En principio, José Luis Domínguez asumió en Indescomp la distribución en España de productos relacionados con el ordenador de 8 bits de éxito en ese momento: el Sinclair ZX81 primero, y el modelo ZX Spectrum después.

En 1983 Indescomp, gracias a un anuncio publicitario en un medio de comunicación, recibió un par de programas de un joven extremeño, nacido en Badajoz, llamado Paco Suárez. Como el propio Domínguez me contó, recibió dos aplicaciones muy extrañas, una dedicada a las constelaciones, y otra era una especie de sistema parabólico que ejecutaba un efecto especial según el tiempo que se mantuviera una tecla pulsada; aquello llamó la atención de Domínguez, que llamó a Paco Suárez para que fuera a Madrid, y allí desarrollaron la idea.

Debo destacar, especialmente, el asunto del efecto especial al mantener pulsada la tecla, aquello, tan utilizado después en los videojuegos, fue un hito en ese momento.

Cuando Domínguez vio el programa parabólico, le vino a la mente la idea de algún bicho raro tratando escapar de las bestias. Posteriormente, con la idea más desarrollada, a Domínguez se le ocurrió llamar a aquello La Pulga, y más tarde Bugaboo. Paco Suárez creó La Pulga para el Sinclair ZX81, pero aquello necesitó ser migrado a Spectrum, MSX, y finalmente Amstrad CPC. En esa etapa se unió Paco Portalo, también de Badajoz y amigo de Paco Suárez —todavía se pueden encontrar capturas de pantalla en Internet de La Pulga donde, además de aparecer Indescomp, aparece la firma Paco & Paco, por Suárez y Portalo—, y un fabuloso —e histórico— equipo donde se podía destacar a Carlos Granados y Paco Menéndez —conocidos por la entidad Made In Spain de la que hablaré más adelante—, nombres propios que Domínguez calificó como los grandes artífices del apartado de la adaptación del videojuego a otras plataformas. Hubo un grupo de personas trabajando en aquel proyecto, bajo la batuta de Paco Suárez que fue el primero en llegar allí y la persona que desarrolló la versión original del ZX81. Lo más importante; el videojuego La Pulga fue un desarrollo cien por cien español.

El videojuego se convirtió en un éxito internacional, arrasando en el mercado británico, por ejemplo, que en los años ochenta era el Olimpo de la *informática personal.* Y cuenta con algunos logros como, por ejemplo, ser el primer videojuego a nivel mundial en incorporar una entrada cinemática —en microordenadores, porque en máquinas arcade basadas en vídeo láser si existió alguna previa— que ambos creadores llamaron «video cuento interactivo». Y, también, La Pulga destacó por una animación y movimiento suave nunca vistos hasta ese momento.

Para el desarrollo de esta obra intenté contactar, sin éxito, con diferentes miembros del equipo que participó en todo aquello. Solo pude contactar con José Luis Domínguez y Paco Portalo, con los que he tenido una comunicación fluida en los últimos años.

Respecto a Paco Portalo, bajo la influencia de un AIM-65 de Rockwell de la Escuela de Ingenieros Técnicos donde realizó su proyecto de fin de carrera, y el equipo ZX81 de su hermano, accedió, por primera vez, a ese fabuloso mundo de 8 bits que estaba naciendo. Con aquellos equipos y unos cuántos proyectos relacionados con sus estudios, y con Paco Suárez al que ya conocía tiempo atrás, exploraron un nuevo conocimiento de la simulación física que fue importante para el desarrollo posterior de La Pulga.

Paco Portalo tuvo su primer contacto con máquinas programables bajo la tutela de su profesor D. Benito Mahedero, durante el curso 1976-1977 en la recién creada Escuela de Ingeniería Técnica Industrial de la Universidad de Extremadura. En este tiempo comenzó a hacer simulaciones físicas con una vetusta máquina programable, la Compucorp Scientist 325.

En palabras del propio Portalo según una conversación que mantuve con él: «Realmente este fue para mí el inicio de todo. Ten en cuenta que en España en esos años no se prestaba mucha atención a estas cosas, y haber tenido la suerte de poder introducirme en la simulación física con computadoras fue un auténtico privilegio, que aproveché posteriormente para desarrollar el proyecto fin de carrera, "Cálculo Orbital. Introducción al cálculo programado" durante el curso 1981-82 utilizando un Sinclair ZX81».

Paco Suárez, al realizar la animación gráfica de la ley física del tiro oblicuo con un Sinclair ZX81, se dio cuenta que un asterisco saltando por la pantalla podía ser la base de un videojuego. Para aquellas fechas ya llevaba bastante tiempo estudiando, investigando, y experimentando en el modelizado de leyes físicas con máquinas programables.

A mediados de junio de 1983 fue cuando, en respuesta al anuncio, Paco Suárez envió los dos programas mencionados a Indescomp. Paco Portalo comentó en su libro «Bugaboo, un hito en la historia del software español» lo siguiente sobre Paco Suárez: «Le agradecí mucho que antes de irse, dadas sus dotes artísticas, hiciera la portada de mi proyecto».

Un tiempo después, Paco Portalo fue a Madrid, con su título de ingeniería debajo del brazo y una recomendación de un profesor para la empresa Hewlett-Packard. Pero antes de hacer nada, aprovechó para visitar a su amigo Paco Suárez en las oficinas de Indescomp. Allí vio el estupendo trabajo que estaba desarrollando para el nuevo videojuego, y allí mismo se unió a Indescomp para trabajar en aquello.

Según palabras de Paco Portalo: «La Pulga se esbozó a partir de la idea de Paco Suárez de hacer el videojuego basado en aquella simulación física, las sinergias que durante esos meses del verano de 1983 se dieron entre todo el equipo fueron muy creativas y productivas. Todos los que estaban por allí aportaron algo, los dos técnicos de Indescomp, el comercial Federico Fritzsch, y la habilidad mercantil de José Luis Domínguez... todos fueron decisivos para que aquello saliera adelante».

El videojuego de La Pulga consistía en un pequeño asterisco saltarín situado al fondo de un pozo escalonado, siendo el objetivo sacarlo de allí con el menor número de saltos posibles. Un aspecto que pasó bastante desapercibido para la historia, ocurrencia de Suárez, fue el comentado unos párrafos antes, y que llamó la atención de Domínguez, obtener más información de cada pulsación contando el tiempo que el jugador tenía pulsada la tecla. Aquella invención no fue debidamente valorada, y supuso un descubrimiento muy utilizado posteriormente en infinidad de videojuegos. Y otro dato importante: el videojuego únicamente utilizaba dos teclas.

Cuando salió a la venta La Pulga fue todo un éxito, en Reino Unido fue líder de ventas, por ejemplo. Y aquello se transformó en algo muy popular. Mi llegada a la informática sucedió más tarde, en diciembre de 1986, y para aquellas fechas La Pulga era menos popular porque existían otros desarrollos más modernos como La Abadía del Crimen; no disfruté de La Pulga, pero sí tuve conocimiento de su existencia y de su éxito, así como del videojuego Roland On The Ropes, la versión de Fred creada para mi Amstrad CPC6128. Pero no tardó en terminar todo aquello al oscuro pasaje del olvido…

Una vez entrados los años noventa cayeron totalmente en el olvido aquellos hitos acaecidos desde el año 1983… desapareció de la historia de la informática de España La Pulga e Indescomp, llegando a atribuir los primeros desarrollos españoles de éxito a Dinamic Software, una empresa también nacida 1983 y vigente hasta 1992, cuando quebró formando los antiguos socios, con algún nuevo inversor, en 1993, otra empresa llamada Dinamic Multimedia. Sin desmerecer los logros de Dinamic, que desde mi punto de vista se podrían fechar más bien hacia finales de los ochenta, fue La Pulga, Fred, e Indescomp con su distribución, los que iniciaron los tiempos gloriosos. Y no quiero dejar pasar el hecho de comentar una curiosidad: Cuando en España se inició la época gloriosa de los videojuegos en 1983, a nivel mundial nació la crisis del videojuego ya comentada en apartados anteriores; esto es, sin duda, un dato muy interesante de analizar.

Paco Portalo en el año 1985. Foto cedida por el protagonista.

Paco Portalo, centrado en otros proyectos apasionantes, decidió recuperar para la historia los hitos de La Pulga al publicar en 2009 el libro *Bugaboo, un hito en la historia del software español.*

Me gustaría terminar con una anécdota, en este caso quiero incluir, al final de este apartado dedicado especialmente a Paco Portalo, una anécdota escrita por él y que envió en su momento a MSXBlog. Me la envió a mí recientemente dando su permiso para la publicación en este libro. Y reza así:

«Sería finales de 1983, o quizás principios de 1984, cuando José Luis Domínguez se presentó con un Spectravideo en las oficinas de Indescomp, que entonces estaban en la madrileña calle de Castellana. Creo que por esa época ya habíamos terminado Bugaboo, y Paco Suárez y yo estábamos metidos en un proyecto de videojuego que no se llegó a terminar, "La Isla del Tesoro". El señor que le acompañaba nos explicaba las excelencias del nuevo estándar MSX, mientras montábamos aquel aparato, y lo de los *sprites* realmente nos llamó la atención… el caso es que estábamos expectantes por comprobar las cualidades del equipo y lo que suele pasar… cuando aquello estaba montado va y no funciona. Aplicamos, rápidamente, la primera regla del ingeniero, apagar y encender, pero no surtió efecto así que tuvimos que recurrir a la segunda, y fui yo el que, con esa inconsciencia que da la ansiedad por lo que esperas que te sorprenda, le di un golpe "maestro" al monitor ante la estupefacción de los comerciales… el caso es que aquello empezó a funcionar —menos mal— y quedamos admirados con la respuesta gráfica del equipo… después ya es sabido que José Luis Domínguez apostó por Amstrad y aquel Spectravideo quedó arrumbado por las oficinas de Indescomp».

Paco Portalo (izquierda) y José Luis Domínguez en Madrid en el año 2013. Foto cedida por Paco Portalo.

En este apartado me he centrado especialmente en La Pulga, pero no quiero dejar en el olvido al videojuego Fred —o «Roland on the Ropes» en la versión Amstrad CPC—, que también aportó su granito de arena para el inicio de la época dorada del software español. La empresa Made In Spain creó Fred y fue distribuido a través de la mítica Indescomp. El equipo creador estuvo formado por auténticas leyendas del desarrollo de videojuegos en España: Fernando Rada, Carlos Granados, Camilo Cela, y Paco Menéndez —gran genio al que dedicaré un espacio más adelante—.

¿Qué puedo decir de La Pulga? Pues que en el año 1983 unos talentosos programadores, bajo una acertada dirección, crearon un producto de éxito internacional que fue una total novedad, y fue el germen del nacimiento de «La Edad de Oro del Software Español». Aquello abrió espacio a una inigualable cantera de genios del software.

En aquella época, ya existían ordenadores de 8 bits en domicilios en España, pero no eran abundantes ni algo habitual; tener un amigo con un ZX Spectrum en casa era todo un lujo. Y, en España, la *informática personal* estaba en un estado muy primario de desarrollo. Un videojuego como La Pulga abrió las puertas a otros creadores, y animó a muchas personas a acceder al mundo del *ordenador personal*. Desde mi punto de vista, en la actualidad, se valora más el mérito de La Pulga, pero sigue sin alcanzar el nivel de valoración que realmente merece. Aquello de La Pulga fue todo un hito de la historia de la informática en España.

En mi opinión, que viví la informática en vivo y en directo desde el año 1986 hasta las fechas actuales, todo lo relacionado con La Pulga, Indescomp, y la serie Amstrad CPC, fue una auténtica revolución y fue la perfecta confluencia del éxito entre gestión empresarial, software, y hardware. Evidentemente, profeso gran admiración por los logros de los pioneros que he nombrado relacionados con Amstrad, Indescomp, y La Pulga.

Made In Spain y Zigurat

Nos situamos en la década de los años ochenta, en mitad de lo que se conocía como «La Edad de Oro del Software Español»... unos años ochenta en los que reinaban en los hogares los ordenadores de arquitectura propietaria basados en microprocesadores de 8 bits; un mercado especialmente dominado por el microprocesador Zilog Z80.

En ese escenario, aparte de lo ya comentado, se hace necesario hablar de dos leyendas entre las muchas nacidas en aquellos maravillosos años para el mundo de los 8 bits… Made In Spain y Zigurat.

Con el éxito de los ordenadores domésticos de 8 bits, y con el abrumador dominio del mercado europeo de la informática por parte de empresas británicas como Amstrad y Sinclair, nacieron en España las ya comentadas empresas de desarrollo de software que lograron históricos «hits» de éxito mundial como La Pulga, Fred, o La Abadía del Crimen.

En el año 1982, la empresa —todavía desconocida— Indescomp contrató a cuatro jóvenes que rondaban la veintena para preparar la llegada comercial a España del Sinclair Spectrum ZX80; eran Carlos Granados, Fernando Rada, Camilo Cela, y Paco Menéndez. Aquel cuarteto dispuso de un gran ingenio y habilidad, y su labor en Indescomp fue desarrollar algo de software para el nuevo ordenador a comercializar, así como traducir software británico al español.

En el año 1983, y por el ansia de crear videojuegos, los cuatro fundaron una empresa de desarrollo de videojuegos llamada Made In Spain. Poco tiempo después se unieron al proyecto Ángel Alda y Jorge Granados, hermano de Carlos Granados. En realidad, los cuatro fundadores iniciales crearon Made In Spain, pero permaneciendo ligados a Indescomp… hasta que llegó Fred.

El primer trabajo de Made In Spain fue el desarrollo de un videojuego llamado Fred que fue un auténtico éxito, siendo el primer videojuego español, junto con La Pulga, en lograr una distribución comercial en el extranjero.

El éxito de Fred generó el suficiente dinero para que los cuatro fundadores originales lograran independizar a Made In Spain de Indescomp, además de recibir un gran prestigio porque el producto final era de gran calidad.

En el año 1986 lanzaron una segunda versión del videojuego llamado Sir Fred, que también alcanzó un importante éxito, y en el año 1987 lanzaron el tercer videojuego llamado El Misterio del Nilo.

En el caso de Sir Fred, muchos expertos opinan que fue el fruto de una evolución positiva de las técnicas de programación de los fundadores de la empresa, así como fue un producto en el que se pudo notar la experiencia que fueron adquiriendo en el mundo del videojuego.

En el caso de El Misterio del Nilo, el videojuego fue una especie de aventura en la que destacaba claramente el apartado gráfico por una gran calidad para la época que le tocó vivir.

En el año 1987 nació una nueva empresa llamada Zigurat fundada por los componentes de Made In Spain en la que predominó la distribución de videojuegos y las labores de marketing por encima de la programación; en este punto del camino Paco Menéndez abandonó el proyecto, ya que únicamente deseaba desarrollar videojuegos y no le interesó el apartado de producción y distribución de videojuegos.

Zigurat fue el principio del fin de Made In Spain, hasta que terminó por desaparecer la empresa original. En cambio, Zigurat siguió unos cuantos años más lanzando al mercado una larga lista de videojuegos, y muchos de ellos lograron un importante éxito.

En los primeros años noventa, y con la llegada de las consolas de 16 bits, el mundo de 8 bits perdió mucha fuerza y Zigurat inició su declive hasta que la empresa fue reconvertida hacia el sector del desarrollo de videojuegos para máquinas recreativas, pasando a trabajar para Gaelco.

En el año 2002 lanzaron su último proyecto de máquina recreativa debido al hundimiento de ese sector concreto. Entonces, junto a Gaelco, crearon la empresa Gaelco Móviles para desarrollar videojuegos para la telefónica móvil, que ya contaba con una importante cuota de mercado en el desarrollo de software.

La vida de la empresa Made In Spain fue corta, pero intensa, y fue una auténtica leyenda dentro de «La Edad del Oro del Software Español»...fue un germen de los nuevos genios españoles del mundo del videojuego que continuaron unos cuantos años más en Zigurat.

Los integrantes de ambas empresas también terminaron por labrarse un currículum espectacular y, a día de hoy, siguen siendo personas muy admiradas —y muy conocidas— en el área de los videojuegos en España. No hay duda que las empresas Made In Spain y Zigurat forman parte de la historia del software de los primeros ordenadores de carácter personal.

La Abadía del Crimen y Ópera Soft

Deseo destacar una empresa concreta y un software concreto: Opera Soft y su título La Abadía del Crimen, y no los destaco por un éxito comercial, sino por el alcance histórico logrado. La empresa fue fundada en el año 1987 por exempleados de Indescomp —su equipo de desarrollo ya a las puertas de lo que sería Amstrad España—, y el primer título lanzado por ellos fue el videojuego Livingstone Supongo, que se convirtió en un éxito desde el primer momento.

Posteriormente, lanzaron otros juegos legendarios como Goody, pero el videojuego que realmente marcó la diferencia fue La Abadía del Crimen;

creado por Paco Menéndez con la ayuda en la parte gráfica de Juan Delcán, publicado en el año 1987, y basado en el libro *El Nombre de la Rosa* de Umberto Eco, fue un software que no destacó por el éxito comercial, pero se convirtió en un videojuego de culto.

Posteriormente, desde Opera Soft, contactaron con Umberto Eco para conseguir los derechos para utilizar el nombre de su novela, pero el autor no entendió la finalidad de aquel videojuego, y denegó los derechos. En realidad, a su editor le encantó la idea y afirmó entender que no habría ningún problema, pero la decisión se dilató en el tiempo y el autor, finalmente, rechazó la propuesta. Entonces, el videojuego fue bautizado con el nombre que todos conocemos.

El videojuego dispuso de una trama muy trabajada, y contó con una gran jugabilidad, además de contar con unos gráficos muy avanzados para la época. En realidad, era una especie de aventura gráfica con gran complejidad en su desarrollo que «enganchó» a toda una generación de jóvenes. Yo mismo estuve enganchado a ese videojuego, y otra mucha gente de mi edad que, en aquella época, tuvo acceso a un *ordenador personal*. Y aquel videojuego fue una auténtica revolución en muchos aspectos.

Existieron planos de la abadía en papel que eran intercambiados por los adictos al videojuego, así como trucos y explicaciones para pasar determinadas fases. En definitiva, seguramente fue el primer juego que creó una comunidad, con el gran inconveniente de aquella época: no existían redes de comunicación como Internet.

El videojuego La Abadía del Crimen alcanzó tal notoriedad que, en España, llegó a tener su propio sello de Correos en conmemoración del treinta aniversario de su lanzamiento. Y yo mismo considero que La Abadía del Crimen fue el buque insignia de «La Edad de Oro del Software Español» junto con La Pulga.

Posteriormente, Opera Soft publicó otros videojuegos como Don Quijote, que explotaba el emergente mundo de los juegos «conversacionales»... pero ya en el inicio de la decadencia de aquella edad de oro; aquellos juegos poco podían hacer contra grandes productos creados por Ken y Roberta Williams en su empresa Sierra On-Line.

Paco Menéndez

En Avilés (Principado de Asturias) nació en el año 1965 Francisco Menéndez González, conocido en los ambientes de la informática como Paco Menéndez.

Paco tuvo su primer acercamiento a un ordenador en el año 1980, cursando segundo de BUP en el instituto, lugar donde aprendió a programar en lenguaje BASIC en el mítico *ordenador personal* Commodore PET tratado en este libro.

En el año 1982, como ya he tratado, la todavía desconocida empresa Indescomp contrató a cuatro jóvenes que rondaban la veintena para preparar la llegada comercial a España del Sinclair Spectrum ZX80; eran Carlos Granados, Fernando Rada, Camilo Cela, y Paco Menéndez. Aquel cuarteto dispuso de un gran ingenio y habilidad, y su labor en Indescomp fue desarrollar algo de software para el nuevo ordenador a comercializar, así como traducir software británico al español.

Un año después, en 1983, aquellos cuatro jóvenes vieron las posibilidades del mundo del videojuego, y crearon una empresa Made In Spain. Ese mismo año de 1983 lanzaron al mercado el mencionado videojuego de gran éxito comercial llamado Fred, el primer videojuego en el que participó muy activamente Paco Menéndez.

Posteriormente, llegaría una segunda versión llamada Sir Fred, en el año 1986, que fue el segundo videojuego en el que participó Paco Menéndez; pero para el año 1986 él estaba desencantado con el rumbo que tomaba Made In Spain hacia una labor más comercial y de distribución, y cuando los socios decidieron convertir a la empresa en otra nueva llamada Zigurat, decidió no seguir con ellos. Entonces, Paco Menéndez recaló en la empresa emblema de «La Edad de Oro del Software Español» llamada Opera Soft, ente fundado por Carlos Alberto Díaz de Castro, José Ramón Fernández Maqueira, Paco Suárez, José Antonio Morales, y Pedro Ruiz... y allí lanzó al mercado su gran obra, el videojuego La Abadía del Crimen.

A Paco Menéndez le había encantado el libro de Umberto Eco titulado *El Nombre de la Rosa*, y decidió crear un videojuego ambientado en la mencionada novela. Y trabajó en solitario con la programación, y con la única colaboración de su amigo de la infancia Juan Delcán, un estudiante de arquitectura que se hizo cargo del aspecto gráfico sin tener ningún conocimiento previo de informática. El reto fue crear un videojuego en tres dimensiones, y ambos lograron el objetivo con creces.

Y así, en 1987, nació una leyenda de los videojuegos. En una entrevista posterior reconoció que comenzó el videojuego cuando aún formaba parte de Made In Spain, pero tenían un acuerdo por el cual cada uno podía trabajar de forma individual y desconectada del resto de componentes de aquella empresa. El titulo nació para el Amstrad CPC6128 y requería, al menos, 128 Kilobytes de memoria RAM... el propio autor reconoció en una entrevista posterior que intentó por todos los medios que pudiera ser ejecutado en ordenadores con 64 Kilobytes de RAM, pero no lo logró. En la versión para compatibles PC quizás fue donde se forjó la leyenda... el videojuego de culto que es en la actualidad...

La Abadía del Crimen fue el último trabajo de Paco Menéndez en el sector de los videojuegos... estaba desilusionado con el rumbo de la industria del videojuego; continuó su dedicación al desarrollo de aplicaciones informáticas, y trazó en su cabeza un nuevo proyecto denominado «Memoria Matricial Inteligente» (PALOMA), que se basó en la idea que dictaba que la memoria, además de almacenar datos, podría ejecutar instrucciones simultáneamente, lo que supondría una alta paralelización a bajo coste.

En el año 1999, con tan solo treinta y cuatro años, Paco Menéndez falleció en Sevilla. A partir de ahí la persona se transformó en leyenda de la informática en España con todo el merecimiento del mundo, porque su gran obra, La Abadía del Crimen, traspasó la frontera comercial para convertirse en una obra de culto... una leyenda.

Como detalle final del legado de Paco Menéndez es importante apuntar que existió una petición infructuosa en Change.org solicitando que se diera su nombre a una calle en su ciudad natal, en Avilés. Y en el año 2016 «Ahora Madrid» hizo otra petición similar para dar su nombre a una calle en Madrid.

SEXTA PARTE
LA RADIO

CAPÍTULO 15.
LA RADIO Y LA INFORMÁTICA PERSONAL

En el desarrollo de la *informática personal* también participó, en importante media, la radio, sobre todo en una época en la que no existían abiertas al público redes globalizadas tan flexibles como es ahora Internet.

En España la radio participó en gran medida, y por medio de la difusión, en el desarrollo del *ordenador personal*.

El Vicio del Silicio

Es difícil saber a ciencia cierta cuál fue el primer programa de radio dedicado a la *informática personal* en España. Para un grupo de usuarios de la informática de los años ochenta, su programa favorito fue *El Vicio del Silicio*, el cual consideran el primero en España en su especialidad. Pero el mundo de la radio es muy complicado, muchas emisoras locales, muchos programas emitidos y no documentados por falta de medios… quizás nunca se resuelva la duda sobre el primer programa de radio sobre informática emitido en España.

En aquellos años ochenta existieron otros programas como Radiotexto en Radio Valladolid —emisora de la Cadena Ser en la ciudad— que emitió su primer programa en diciembre de 1985, Sábado Chip en la COPE, que emitió su primer programa en marzo de 1986, y dejamos para el último lugar al programa de radio sobre informática —quizás el más famoso— llamado *Bienvenido Míster Chip*, que nació en Radio Nacional de España a finales de

1989 —es la primera referencia fechada que hemos encontrado—, pasando a ser emitido por OndaCero en los años noventa.

El programa de radio *El Vicio del Silicio* fue emitido en Radio Bilbao, por la emisora de Los 40 principales, de 9 a 10 de la noche de los sábados; el conductor del programa fue Fermín Rotaetxe, un «disc-jockey» de la Cadena Ser que declaró ser apasionado de la informática. En Fermín nació la idea de hacer un programa dedicado a la informática, terminando por proponerlo en la emisora.

Lo que está claro es que el programa fue pionero en muchos aspectos, y fue el primer programa de radio sobre informática del País Vasco, y seguramente también lo fue en España, aunque sobre esto último ni el propio Fermín Rotaetxe se atrevió a confirmar, si me atengo a la información que compartió en Internet al respecto.

En mi labor de documentación recopilé dos versiones diferentes sobre el inicio del programa de radio: el primer programa se emitió en otoño de 1985, y la segunda versión es la que afirma que en otoño se inició el proceso de preparación y en los primeros días de 1986 se hizo la primera emisión de prueba.

El equipo del programa estuvo formado por siete personas: Óscar Campos, Joseba López de Arroyabe, José Macías, Sergio Vallinas, Alberto Zorilla, David Santamaría, y el ya mencionado Fermín Rotaetxe. Además, en momentos concretos, colaboraron en el programa otros locutores como Cristina Ardanza, Juan Carlos Otaola, Juan Carlos de Rojo, Jesús Mari de la Riva, Yolanda López, o Borja Bilbao.

José Macías, miembro del equipo, cedió un piso de su propiedad en el barrio de Zabalburu (Bilbao) que fue utilizado por los componentes del equipo a modo de cuartel general para la preparación de cada programa.

Cada emisión contaba una duración de 50 minutos, y eran siempre emitidos entre las 21 y 22 horas de la noche, justo en medio de la programación de Los 40 Principales. Cada programa se componía de unas secciones fijas, y por medio, música como no podía ser de otra forma al ser emitido el programa en una emisora de Los 40 Principales.

Existía una sección llamada «Mercabit» para dar servicio a la compra-venta de productos informáticos... una especie de «Wallapop radiofónico»; otra sección estaba destinada a hacer revisiones de las últimas novedades de videojuegos, así como la sección también era un medio de difusión de trucos y consejos de la misma área.

Es necesario hacer una mención especial de Txiplicio, una voz enlatada «estilo robot» que hizo las veces de compañero del locutor, respondiendo preguntas y haciendo todo tipo de comentarios. Los miembros del programa utilizaron un Apple Macintosh y un software llamado Speaker para crear la voz, siendo generada desde un texto introducido en el teclado. Y como el programa Speaker estaba diseñado para un «speech» en inglés, era necesario escribirlo de forma que la fonética inglesa diera como resultado palabras en dictadas en español.

Además de lo comentado, también existió el «Club de Usuarios de *El Vicio del Silicio* que buscó poner en contacto entre sí a los oyentes del programa para que pudieran intercambiar experiencias y conocimiento. Aquel club era gratuito, y regularmente el equipo componía unas hojas fotocopiadas y grapadas a modo de boletín que eran enviadas al domicilio de cada socio del club; aquel boletín dispuso de un «aire mackero», según palabras del propio Fermín Rotaetxe, debido a las ilustraciones «clip-art» obtenidas en los primitivos Macintosh.

La sección más importante, la que más hizo destacar al programa de radio con el paso de los años, fue la sección de Audiobaudios, donde se emitían los extraños sonidos cuyo contenido no era más que un programa informático; una vez grabados en cinta de música aquellos esperpénticos sonidos mediante los equipos de música existentes en los hogares, posteriormente, podían ser cargados esos programas en los ordenadores de los oyentes para ser ejecutados allí.

Es importante aclarar el alcance real de lo que era enviado por las ondas: eran simplemente pequeños programas desarrollados en BASIC, no eran ni videojuegos ni programas comerciales. Este hecho fue aclarado en Internet por el propio Fermín Rotaetxe al descubrir que, en muchas páginas web, se calificaba a la sección de Audiobaudios como algo parecido a un pirata informático en las ondas.

No tengo ninguna duda que el programa de radio *El Vicio del Silicio* fue pionero de la informática en las ondas, y poco importa si fue el primero o el segundo, la labor de aquel equipo de trabajo fue impresionante, permaneciendo presente en los recuerdos de mucha gente en la actualidad. Un programa de radio fantástico del que todavía se pueden conseguir muchos audios a descargar en Internet.

Radiotexto

El mes de diciembre de 1985 comenzó con el estreno de una famosa película —que terminó por pasar a la historia del cine— llamada *Regreso al Futuro*, dirigida por Robert Zemeckis, y protagonizada por Michael J. Fox.

Aquella película arrasó en los cines en una época en la que estaban realmente de moda... la época en la que solo se podía comprar la entrada en la ventanilla... la época donde existían gigantescas colas para ver las películas más demandadas.

De aquella película titulada *Regreso al Futuro* emanaba una atmósfera de tecnología futura que... ¡quién sabe!... quizás algún día podría ser una realidad ¿Por qué cuento todo esto? Pues para situarnos en el escenario adecuado... hemos de situarnos en una época en la que la tecnología iba más allá de un centro de investigación o una gran empresa para terminar por entrar en los hogares, ya sea con una película como aquella o por la «invasión» de la *informática personal.*

En el mes de diciembre de 1985 se rumoreaba, también, que Televisión Española estaba preparando el lanzamiento de un moderno y novedoso sistema de información para ser utilizado en televisores: el Teletexto. En realidad, aquel sistema ya había tenido pruebas puntuales de funcionamiento desde el mundial de fútbol de 1982 celebrado en España. Y, finalmente, vio retrasada su salida hasta el año 1988.

Con el anuncio de la inminente llegada del Telexto a las televisiones domésticas, a un empleado de la Cadena Ser se le ocurrió la idea de crear un Radiotexto, que finalmente bautizó con el nombre de Radiotexto SER.

Hacía algunos pocos años que algunas emisoras extranjeras iniciaron secciones llamadas AudioBaudios, donde se emitían a través de las ondas programas informáticos que podían ser grabados en cinta y cargados en ordenador posteriormente —como ya he comentado en el párrafo anterior—.

En España, y tan solo dos meses antes, el programa de radio *El Vicio del Silicio* ya había puesto en práctica una sección dedicada a realizar ese mismo servicio.

La idea de la Cadena SER iba más allá, ya que la idea no era transmitir software, sino era emitir noticias... aquella idea era como una especie de periódico digital electrónico que era recibido en los domicilios mediante las ondas de radio comunes.

El proceso era sintonizar el programa en un receptor de radio que pudiera grabar en cinta la señal recibida y, al empezar a emitir la información, se iniciaba la grabación en una cinta de música convencional. Después, aquellos sonidos almacenados se reproducían en un ordenador que transformaba aquellas señales en información binaria, para terminar por construir una especie de programa con varios submenús y textos con todas las noticias.

El programa piloto fue puesto en marcha en el mes de diciembre de 1985, y para ejecutar las primeras experiencias del sistema fue seleccionada la emisora Radio Valladolid de la Cadena Ser. El director del proyecto fue Tomás de la Cal, y los programadores que ejecutaron la parte técnica fueron Pablo José Benítez y Pedro José Carvalho.

El propio responsable del proyecto, Tomás de la Cal, reconoció que la fuente de inspiración del Radiotexto fue la emisión de software por las ondas desde una emisora holandesa, que entiendo que se refería a la emisora Nederlandse Omroep Stichting que emitió software por las ondas a través del programa de radio Hobbyscoop.

Tomás de la Cal fue la persona en la Cadena Ser que tuvo la idea de dar un giro a aquella experiencia holandesa para dar otro enfoque diferente al envío de información: no enviar juegos ni programas, enviar imágenes y texto en forma de noticias. En la primera emisión que realizaron por medio de Radiotexto enviaron por las ondas el logotipo de la Cadena Ser y la lista de Los 40 Principales.

La parte curiosa de la historia fue que la primera emisión se ejecutó sin decir nada a los oyentes, que comenzaron a escuchar durante un espacio de tiempo aquellos sonidos estridentes que el usuario de un Spectrum o de un Amstrad CPC464 conocía a la perfección, al mismo tiempo que Tomás de la Cal había pactado con alguien que grabara aquellos sonidos en una cinta en su domicilio.

Los datos enviados por las ondas desde el programa de Radiotexto tuvieron como destino el ordenador, quizás, más común y popular en España a finales del año 1985, el equipo Spectrum; el propio Tomás de la Cal reconoció la enorme emoción y alegría que se llevó al llegar a casa después de la primera emisión y ver, en su ordenador Spectrum, el logotipo de la Cadena Ser que había recibido por las ondas. En palabras del propio Tomás: «estábamos transmitiendo un periódico con imágenes por medio de las ondas de radio», frase de gran valor si se enmarca en el espacio temporal del evento… aquello se logró en diciembre de 1985.

El siguiente objetivo del Radiotexto de Radio Valladolid fue conseguir emitir una señal con información que fuera inaudible, pero aquello se quedó en el tintero porque la experiencia del programa Radiotexto no se extendió mucho tiempo más. No obstante, aquellos experimentos y aquel servicio de

Radiotexto tuvieron su importante dosis de mérito, pasando a ser *historia de la informática personal* en lo que a radiodifusión refiere.

Sábado Chip

No mucho tiempo después de las emisiones de prueba de *El Vicio del Silicio* desde Bilbao, en Barcelona se puso en marcha el que podría ser el programa de radio sobre informática más recordado de los años ochenta... al menos alcanzó una sublime cota de popularidad.

En marzo de 1986 se estrenó en la Cadena COPE un programa dedicado a una incipiente *informática personal* que fue bautizado con el llamativo nombre de *Sábado Chip*. Aquel programa fue emitido, inicialmente, desde Barcelona en la emisora Radio Miramar, realizándose un «puente aéreo radiofónico» con Madrid.

El programa de radio, principalmente, se emitió desde Radio Miramar en Barcelona cuando aquella emisora era independiente y estaba asociada a la Cadena COPE desde el 1 de febrero de 1983, al no contar ésta última con emisora de radio en propiedad en Barcelona. De esta forma los programas de radio más importantes de la Cadena COPE eran emitidos para Barcelona a través de Radio Miramar. Así que, en marzo de 1986, nació el programa de radio Sábado Chip en Radio Miramar siendo propiedad de la Cadena COPE.

El 31 de julio de 1987 la Cadena COPE decidió no renovar el acuerdo de colaboración con Radio Miramar motivado a que había adquirido Radio Sabadell, y entonces pasó a contar con su propia emisora en Barcelona. Así se desvincularon ambas cadenas hasta el verano de 1991 que la Cadena COPE compró a Radio Miramar y la cambió de nombre... se pasó a llamar COPE Miramar.

Por eso, en la segunda mitad del año 1987, el programa de *radio Sábado Chip* se emitió desde Radio Popular en lugar de Radio Miramar; por lo tanto, podemos encontrar programas de *Sábado Chip* emitidos desde Radio Miramar, y otros programas posteriores emitidos ya en Radio Popular.

Los presentadores del programa *Sábado Chip* eran Eva Orúe y José Luis Arriaza, cada uno operando desde una ciudad diferente (Barcelona y Madrid respectivamente). El director del programa era Antonio Rúa. Además, existió un colaborador ficticio llamado Chipito que, en realidad, era la voz de José Luis Arriaza modificada mediante sintetizador.

Con Eva Orúe tuve un contacto puntual hace tiempo, ya que la entrevisté para mi blog ParcelaDigital, buscando rememorar aquellos años dorados de la *informática personal* en las ondas.

Para la promoción se pusieron anuncios del programa en la famosa revista de los años ochenta y noventa, llamada, *Microhobby* —publicación dedicada a aquellos míticos ordenadores de 8 bits—.

El programa de radio Sábado Chip se emitió los sábados y contó con una duración de 2 horas —de 17 a 19 horas de la tarde—. El tipo de público que buscó captar aquel programa eran los jóvenes aficionados al mundo de los videojuegos, especialidad que estaba prosperando gracias a aquellos primeros *ordenadores personales*. Y el programa alcanzó la suficiente popularidad como para lanzar productos en campañas comerciales conjuntas con grandes empresas de la época como, por ejemplo, Galerías Preciados.

Cada programa era emitido totalmente en directo y era iniciado con una selección de noticias sobre la informática y, a lo largo de cada programa, se iban intercalando preguntas que contestaban los oyentes por vía telefónica; el que acertaba la pregunta ganaba un estupendo juego de la mítica distribuidora Erbe, además de una suscripción a la revista llamada Amstrad User. Otra sección importante fueron las conexiones «transatlánticas» que se realizaban con el locutor de otro programa de informática similar que se emitía en Uruguay.

En cada programa se emitieron una o dos entrevistas a personas famosas, y contó también con una sección de libros a cargo de Pablo Taniguchi.

Una sección común con otros programas de radio sobre informática de la época fue la del «mercadeo» con productos informáticos, unos anuncios de «compra-venta-intercambio» a través de las ondas, en aquellos años donde no existía Internet ni unas comunicaciones cibernéticas globales —en todos los hogares— que en la actualidad sí existen.

Quizás la sección más esperada en cada programa era la llamada Chip Parade, que era una cuenta atrás de los 15 mejores videojuegos elegidos gracias a los votos de la audiencia.

Es importante comentar que el programa *Sábado Chip* se unió a otros programas de radio «ochenteros» que realizaron aquello que se conoce como AudioBaudios, o emitir programas de software mediante las ondas. En aquello no fueron pioneros como sí lo fueron *El Vicio del Silicio* en Los 40 principales de Bilbao, o L'Altra Ràdio de Ràdio 4, porque solo existe constancia de una emisión puntual confirmada por la propia Eva Orúe en una entrevista que personalmente le realicé en el pasado.

El programa de radio *Sábado Chip* no duró mucho en antena, a finales de 1987 se emitió el último programa, por lo que solo estuvo en las ondas desde marzo de 1986 hasta finalizar el año 1987... dos temporadas en total. Además, la retirada del programa fue repentina... de un sábado para otro, siendo sustituido *Sábado Chip* por otro presentado por el famoso Joaquín Prat.

No obstante, muchos aficionados a la *informática personal* en los años ochenta recuerdan ese programa con cariño y, en la actualidad, se conservan muchos cortes de audio que pueden ser descargados en Internet... incluso se conserva en Internet algún programa completo.

Si bien no puedo afirmar que fueran pioneros de la informática en las ondas, si fueron de los primeros y, quizás, los más recordados con el paso de los años.

Los audiobaudios

El 23 de abril de 1982 fue lanzado al mercado un nuevo *ordenador personal* de 8 bits basado en el microprocesador Zilog Z80, y bautizado con el nombre de ZX Spectrum; el equipo fue diseñado por la empresa británica Sinclair.

Ese equipo fue, posiblemente, el *ordenador personal* de 8 bits más destacado —junto con la serie CPC de Amstrad— de la década de los años ochenta... rápidamente se hizo con una gran cuota de mercado, y con un interminable grupo de fanáticos de esa máquina.

Eran los años donde el software era grabado y cargado en cinta magnetofónica por medio de estridentes sonidos que parecían venir del espacio exterior, pero que contaban con todo el sentido necesario para un ordenador cuya base era el sistema binario. Cada bloque de sonido era traducido en grupos de bits que el ordenador podía interpretar.

Reproductor y grabador de casete Atari 410 para los ordenadores Atari 400/800. Foto de Bilby (https://commons.wikimedia.org/wiki/User:Bilby). Licenciada bajo CC BY 3.0 Unported (https://creativecommons.org/licenses/by/3.0).

Copiar un programa era tan sencillo como utilizar un «radiocasete» de doble pletina para replicar todos aquellos extraños sonidos de la cinta original en otra virgen. Pero en el año 1983 se dio algún paso más al respecto en el país de moda para la *informática personal* que era, en aquellos años, Reino Unido; una emisora de radio llamada Radio West, sita en la ciudad de Bristol, estrenó en el verano de 1983 un programa semanal dedicado a la *informática personal* llamado *Datarama*, y se les ocurrió la feliz idea de emitir por su dial software creado por el propio equipo de ese programa... los radioyentes solo tenían que grabar en cinta, desde sus receptores de radio, aquellos periodos del espacio donde se emitía el software. Concretamente Joe Tozer y Tim Lyons desarrollaron el software que fue transferido por las ondas los lunes a través de la emisora de Radio West.

El sistema de envío vía radio era muy útil a la par que sencillo, pero también tuvo alguna que otra complicación. El programa de radio era escuchado por muchos oyentes, y no todos contaban con un ZX Spectrum en su hogar... muchos oyentes tenían otros ordenadores muy comunes en la época como BBC Micro, o Commodore 64; el lenguaje BASIC para cada arquitectura contaba con sutiles diferencias entre las diferentes plataformas.

Una emisora de radio holandesa llamada Nederlandse Omroep Stichting emitió, en la década de los años ochenta, un espacio dedicado a la informática llamado Hobbyscoop. A los responsables del programa de radio se les ocurrió una idea para solucionar el problema planteado para Joe Tozer y Tim Lyons: crear un conversor intermedio. Las emisiones de software por radio se crearon en un lenguaje llamado BASICODE, y se utilizaba una aplicación de conversión llamada BASCODER con la que traducían el programa emitido al BASIC correcto para la máquina del usuario.

Además de Reino Unido y Holanda, en España también existieron emisoras de radio que emitieron software, fueron los programas ya mencionados *El Vicio del Silicio* en Los 40 principales de Bilbao, o L'Altra Ràdio de Ràdio 4.

El método de distribución de software no solo estuvo presente en el ámbito de las emisoras de radio, ya que existieron otras emisiones domésticas; en algunas ciudades se agruparon aficionados de los ordenadores de 8 bits para emitir señales domésticas —de alcance limitado— mediante la banda de 27 Mhz —también llamada Banda Ciudadana—, y aquello no requería licencia alguna, ni tenía alguna otra limitación de uso.

En aquellas emisiones, muchos usuarios de los ordenadores de 8 bits pudieron descargar software en el radio de alcance de la emisión doméstica... y en muchos casos se emitió software comercial también... otra forma de pirateo que murió al mismo tiempo que dejó de utilizarse en la *informática personal* el interfaz de cinta.

En los años ochenta la emisión de software por radio fue todo un avance que llamó la atención de muchos aficionados a la *informática personal*… pero no era un método que pudiera sobrevivir. En la mitad de la década de los años ochenta *Datarama* cerró sus emisiones por falta de financiación, y *El Vicio del Silicio* tan solo estuvo dos años en antena, pero poco importaba aquello porque, con la expansión de las unidades de disco que sustituyeron a las de cinta, murió la posibilidad de emitir software por medio de las ondas de radio.

También es importante aclarar que lo que fue en el pasado actuaciones del estilo a los audiobaudios, hoy en día tendrían su referencia moderna en el intercambio de datos vía Wifi o Bluetooth que, al final, también son ondas de radio, pero mucho más localizadas, y carentes del espíritu aventurero que generaba el hecho de encender una radio, sintonizar una frecuencia de AM o FM, y grabar aquellos extraños sonidos que terminaban siendo interpretados por un ordenador en un paso posterior.

Basicode

En los primeros años ochenta una emisora de radio holandesa llamada Nederlandse Omroep Stichting era plenamente consciente que un programa desarrollado en lenguaje BASIC requería adaptaciones para poder ser usado en un ordenador u otro, eran los años en los que no existía compatibilidad entre las marcas, ni siquiera entre los diferentes modelos de un mismo fabricante. Entonces decidieron crear el estándar BASICODE.

El lenguaje de programación BASIC es uno de los más populares a nivel mundial; nació en el año 1964 de la mano de John George Kemeny y Thomas Eugene Kurtz, siendo creado para una finalidad docente en el Dartmouth College… un lenguaje sencillo para que los jóvenes estudiantes pudieran practicar y aprender sobre una nueva ciencia de la informática que comenzaba a emerger con fuerza. Aquel primer lenguaje BASIC fue conocido bajo el nombre de Dartmouth BASIC.

La verdadera explosión del BASIC sucedió en el año 1975 cuando el primer microordenador de éxito, el famoso Altair 8800, se hizo tremendamente popular y se convirtió en la inspiración de lo que estaba por llegar: la *informática personal* de usuario.

Ante aquella perspectiva de pluralidad de versiones, en el año 1980 la emisora de radio Nederlandse Omroep Stichting decidió embarcarse en el diseño de un estándar llamado BASICODE preparado para traducir las diferentes versiones de BASIC existentes en aquellos años ¿Por qué una emisora de radio se metió en aquel proyecto? ¿Qué necesidad tenía de aquello? Pues mucha necesidad.

La emisora Nederlandse Omroep Stichting es considerada, junto a la británica Radio West, como pionera en el envío de software a través de las ondas utilizando la técnica conocida como audiobaudios.

Lógicamente el lenguaje más popular del momento era el BASIC, pero se encontraron con el problema de la existencia de muchas versiones diferentes utilizadas según el equipo de 8 bits que tuviera el oyente. Así que, desde la emisora, decidieron crear un estándar... emitir el software en una especie de lenguaje unificado común, y después cada oyente podía utilizar el estándar BASICODE para convertir el código unificado al propietario de su máquina.

La emisora *NOS* comenzó a emitir software por las ondas en el año 1980, y para el año 1982 decidieron desarrollar el software unificador de lenguajes BASIC. El programa desarrollado para traducir el BASIC específicamente en cada plataforma era llamado BASCODER. En realidad, lo que hacía ese estándar era salvar las diferencias en los formatos de entrada y salida de datos en cinta que pudieran tener las diferentes plataformas.

Con el BASICODE se solucionó el problema de incompatibilidad entre diferentes sistemas de 8 bits de la época, pero no fueron resueltos todos los problemas... en cada sistema existían diferentes capacidades de hardware y diferente estructura de comandos para el lenguaje.

En la primera versión se limitó el uso al formato de entrada/salida, pero en el año 1984 fue lanzada la versión BASICODE 2, y aquel estándar no solo traducía el formato de entrada y salida de los datos a cinta, sino que también incluyó un conjunto de cincuenta comandos que eran comunes en los diferentes «dialectos» del BASIC.

Con la segunda versión del estándar se perdió la posibilidad de aprovechar las diferentes capacidades superiores que pudiera tener cada sistema, por ejemplo, el uso de gráficos y sonido. Y aquello fue solucionado en el año 1986 con el lanzamiento del BASICODE 3; estándar que incluyó rutinas básicas para gráficos monocromos, y también para sonido. En el año 1991 se publicó una última revisión BASICODE 3C que incluyó la posibilidad de traducir gráficos a color.

Con la llegada de la década de los noventa los ordenadores compatibles con IBM PC se habían convertido en un estándar de la informática a nivel mundial, y los ordenadores de 8 bits ya estaban en el camino de su extinción. Enviar programas por medio de las ondas de radio comenzó a ser un servicio completamente irrelevante y, con ello, el estándar BASICODE murió. Hasta el año 1992 la emisora de radio estatal de la antigua República Democrática Alemana —Deutschlandsender Kultur— continuó transmitiendo programas por medio del estándar BASICODE.

Es importante destacar que el estándar BASICODE aprovechó un espacio común dentro de las diferentes versiones de lenguaje BASIC y, por ello, fue un traductor que nunca pudo exprimir a fondo las características propias de mayor potencia en cada plataforma. El éxito y la potencia de aquel estándar radicó en todo aquello no dependiente de los gráficos y el sonido… allí fue donde se hizo su espacio de éxito.

Posteriormente, y con el paso del tiempo, al BASICODE se le otorgó otro gran mérito… una influencia histórica sobre un lenguaje muy activo en la actualidad: el lenguaje de programación Java.

Una de las características más importantes del lenguaje Java es la posibilidad de ser ejecutado independientemente de la plataforma que le sustenta. La máquina virtual Java específica para cada plataforma viene a ser un BASCODER, ni más ni menos; el concepto subyacente nacido con el BASICODE fue influencia para el diseño de un lenguaje moderno tan popular como el Java.

EPÍLOGO

Aquellos maravillosos años de la informática

En el final de este libro deseo realizar un homenaje a los pequeños detalles —inicialmente irrelevantes— que los amantes de la informática no olvidan con el paso de los años. ¿Por qué no mirar al pasado de la informática con melancolía?...

Algo tan simple y falto de protagonismo como el teclado del IBM PC AT, el primer ordenador PC con microprocesador y bus de dieciséis bits, es origen de un grato recuerdo para muchas personas.

Con aquel teclado, diferente a cualquiera que se haya fabricado jamás, era increíble la experiencia al tacto de aquellas teclas «elevadas» y que hacían un clic especial al pulsarlas. En aquel ordenador, solo por la satisfacción de teclear, apetecía trabajar todos los días.

Desde la época de liderazgo de IBM no se ha vuelto a fabricar teclado alguno que tan siquiera se acerque en calidad; en aquellos años el ordenador se fabricaba para durar toda una vida entera, ahora se fabrican para que no duren más de lo estipulado. Cosas del capitalismo consumista.

Quedar en la calle con los amigos para intercambiar software, utilizando como medio portable los disquetes de 3,5 pulgadas, así como para comentar todos los aspectos propios del día a día en una tecnología en ebullición, forma parte de los recuerdos anhelados en la actualidad. Al final de la década de los años ochenta, y principio de la década de los noventa, no existían las redes de comunicaciones como Internet, ni telefonía móvil, ni ningún otro tipo de comunicación que no fuera salir a la calle y socializarse.

De aquella época también permanece un recuerdo muy especial: el hecho de utilizar un destornillador y un mechero de cocina para agujerear la derecha inferior del disquete de 3,5 pulgadas. Con aquel sencillo truco se duplicaba el espacio en el disquete de baja densidad, engañando al ordenador para que creyera que era de alta densidad. ¿Por qué se hacía aquello? Porque la diferencia de precio entre los disquetes de baja densidad y los de alta era importante; los jóvenes en aquella época debían mirar mucho por la economía, que era escasa; no existían las comodidades que sí tiene la juventud actual, ni los precios, en lo referente a la informática, eran tan competitivos como ahora.

Las revistas especializadas de informática forman parte de otro bonito recuerdo, por ejemplo, la revista *PC Magazine*. Aquella revista, además de comentar lo último en informática —productos inaccesibles para los aficionados de la informática—, publicaba interesantes artículos de programación y cursos de informática por capítulos. En la actualidad, quedan pocas revistas especializadas, y las que aún se publican se redactan en torno a los intereses económicos de los anunciantes.

Con la llegada de Internet las revistas perdieron mucha fuerza y, hoy en día, no es fácil lograr que una revista sea rentable cuando cualquier tipo de información se puede conseguir en tiempo real en la red. Solo quedan revistas digitales.

Cuando los ordenadores «clónicos» —equipos montados localmente con piezas adquiridas por separado— estaban de moda, en la mitad de la década de los años noventa, existía una fiebre generalizada en los aficionados experimentados de ir actualizando cada poco tiempo su equipo: quitando unas piezas, poniendo otras más modernas, añadiendo memoria, aumentando discos duros, etcétera. Y siempre se mantenía un contacto continuo con otras personas para intercambiar experiencias, los nuevos componentes ofertados en el mercado, etcétera.

En la actualidad, ha vuelto la tendencia de adquirir equipamiento informático de marca con alto nivel de integración, seguramente por el crecimiento de la demanda de los equipos portátiles y por la bajada de precios de venta al público impuestos por los fabricantes; también porque nadie quiere arriesgarse con equipos de variopinta mezcla y sin control de calidad. La calidad está en las cadenas de montaje de los grandes fabricantes. Debido a esto, con el paso del tiempo, se ha perdido algo del espíritu «clónico» de los noventa.

También es cierto que la diversificación de la informática hacia tabletas y telefonía móvil ha conseguido que el *ordenador personal* pierda fuerza en los domicilios. En los últimos años se utilizan menos los *ordenadores personales* y más otro tipo de dispositivos portables.

La parte lúdica de la informática también es importante en la vida de todos los aficionados a esa ciencia. Bien es cierto que jugar demasiado no es bueno, pero sí es positivo jugar de vez en cuando con el ordenador o consola.

Actualmente, los videojuegos son espectaculares y complejos, casi replicando la vida real. Y el mercado comercial que mueve la parte lúdica de la informática supera a las industrias del cine y la música juntas; es un sector muy importante dentro de la economía mundial.

Se recuerdan con cariño aquellos juegos del pasado que eran tan adictivos como los realistas actuales. Hoy en día, el «abandonware» —o videojuego obsoleto y antiguo— no podría llamar la atención de los aficionados porque tecnológicamente son prehistóricos. Pero los que tuvimos el privilegio de jugar, hace casi treinta años, a juegos como La Abadía del Crimen, Goody, Maniac Mansion, Police Quest, Prince of Persia, Test Drive, etcétera, pudimos disfrutar de una época sin igual donde lo que se mostraba en pantalla realmente parecía ciencia ficción, dónde el mérito de los equipos de desarrolladores de aquellos juegos era indudable, ya que muchos de aquellos juegos fueron íntegramente desarrollados en lenguaje ensamblador o en código máquina —más meritorio si cabe—. Fue una época especial y diferente a la actual, porque el desarrollo profesional contemporáneo de videojuegos está basado en el uso de un potente equipamiento multimedia y audiovisual, más que en un talento especial para una informática totalmente dependiente del desarrollo de software.

Los juegos conversacionales merecen una mención exclusiva. Toda la serie de juegos de Sierra Online marcaron una época, como por ejemplo Leisure Suit Larry, Police Quest, King Quest, o Space Quest, juegos de buena calidad gráfica y desarrollados íntegramente en lenguaje ensamblador; juegos en los que había que seguir la aventura escribiendo en texto las acciones deseadas para los personajes.

Cuando las comunicaciones informáticas eran rudimentarias y solo aptas para grandes empresas o entidades, y cuando el usuario doméstico estándar no concebía tan siquiera la idea de utilizar su ordenador para comunicarse con otros equipos de cualquier otra parte del mundo, existía un tipo de comunicación muy básica que utilizaba la línea telefónica analógica de hilo de cobre y un sencillo «modulador/demodulador de onda o módem» de conexión serie.

A finales de los años ochenta solo unos pocos pudieron realizar conexiones a bases de datos BBS localizadas en cualquier parte del mundo utilizando un módem de trescientos o mil doscientos baudios; era la tasa de transferencia más rápida de la época.

Para realizar la conexión era necesario ejecutar manualmente cada uno de los comandos, y se utilizaba un sencillo programa de terminal de comunicaciones como, por ejemplo, el conocido Carbon Copy. Normalmente las llamadas eran realizadas contra servidores BBS nacionales, por el tema del coste de las llamadas.

Aquello era muy rudimentario, pero, la necesidad de ejecutar todo a mano, requería el uso de buenos conocimientos y, por eso, muchas personas recuerdan con cariño aquellas arcaicas conexiones remotas; sistemas tradicionales que quedaron grabados en la mente con el paso de los años. Todas aquellas lentas comunicaciones analógicas forman parte de la antigua cultura liquidada con la llegada a los ordenadores basados en entornos gráficos.

El editor hexadecimal fue otra fuente insaciable de momentos únicos para muchos aficionados a la *informática personal*. Hace veinticinco años, el editor hexadecimal era la herramienta más importante para cualquier informático con una mínima proyección de futuro. Con los editores hexadecimales se podían reparar archivos, traducir software, modificar el contenido de videojuegos para cambiar determinadas partes. Hoy en día el editor hexadecimal apenas se utiliza, aparte de ser el complemento de un desensamblador para modificar saltos en un software determinado.

En el apartado de los periféricos, la evolución tecnológica también ha modificado muchas cosas. Concretamente, respecto algo tan inherente a la informática como el ruido, es importante comentar —anecdóticamente— un dato curioso.

Las impresoras de los años ochenta, por ejemplo, las matriciales, eran muy ruidosas no pudiendo imprimir en cualquier momento del día por ser molestas; una fuente inagotable de decibelios. Incluso en algunas empresas se compraron campanas aislantes del ruido donde en su interior se colocaba la impresora «matricial de carro ancho», o incluso la impresora de «margarita», que es más antigua todavía, e igual de ruidosa. En la actualidad, cualquier impresora es extremadamente silenciosa.

En cambio, los ordenadores de los años ochenta eran completamente silenciosos y, con el paso de los años, aumentó de forma considerable el ruido emitido ¿Por qué sucede esto? Porque los primeros ordenadores no generaban tanto calor y no necesitaban ventilación. En los ordenadores modernos son necesarios ventiladores sobre determinados componentes para mitigar el exceso de calor, incluso algunos sistemas extremos incluyen tecnologías más complicadas de enfriamiento como las «Células Peltier».

Realmente es curioso comprobar que, en productos tan unidos e identificados entre sí, como ordenadores e impresoras, la evolución ha sido completamente inversa, al menos en el aspecto del ruido.

Otro dato importante es la pérdida de protagonismo de las impresoras de papel en la actualidad; el crecimiento del uso del correo electrónico gracias a las grandes redes de comunicación que unen todo y a todos, y el crecimiento de un sentimiento ecologista, ha provocado que un periférico tan importante como la impresora se convierta en un dispositivo completamente secundario, y en constante pérdida de protagonismo.

Seguramente se quedan en el tintero muchos recuerdos importantes... este epílogo solo pretende hacer un breve viaje al pasado y soltar algunas dosis de melancolía.

Cualquiera de los recuerdos del pasado descritos en este artículo se corresponde con una tecnología inferior a cualquiera actual; no tiene mucho sentido la comparación entre diferentes épocas. Pero, al mencionar estos recuerdos del pasado y aquellas tecnologías rudimentarias, se hace con cariño porque contaban con mayor carga intelectual: requerían mayor talento. Aquello marcó una época de inicio de una nueva tecnología que estaba a punto de provocar una gran expansión; en ningún momento se desea expresar que aquellos tiempos fueron mejores a los actuales, simplemente fueron diferentes y con mayor carga sentimental. Y, ahora, debo recordar al lector el título que lleva este libro, así como el inicio del mismo... el pasaje en el que hablé de La Pirámide del Éxito. No debemos olvidar que los informáticos de ahora trabajamos con mayor comodidad sobre las geniales creaciones de personas altamente talentosas.

Por aportar dos ejemplos, José Luis Domínguez, desde mi punto de vista, fue el Steve Jobs español ya que fue un gran empresario, perseguidor de un sueño, y un visionario a la hora de elegir lo que la gente iba a querer en el futuro... todo ello alejado de un perfil técnico. Paco Suárez, Paco Portalo, o los miembros de Made in Spain fueron ese perfil técnico que les tocó vivir un poco por encima de la punta de la pirámide invertida, donde hacer cualquier cosa en color y que se moviera por la pantalla requería un gran talento, y un dominio total de la máquina y su microprocesador.

Aquellos son perfiles necesarios en la parte inferior de la Pirámide del Éxito sobre la que nos hemos ido apilando otros, viviendo y trabajando con mayor comodidad sobre su talentoso trabajo; son ejemplos de lo que he intentado transmitir en este libro sobre los míticos años ochenta, y son historia viva de un *ordenador personal* que, en aquella época, formaba parte de la ciencia ficción local. Todavía recuerdo cuando en 1988, que contaba catorce años de edad y tenía un ordenador PC en casa sobre el cual ya creaba videojuegos caseros, en el colegio hablaba a mis compañeros del ordenador que tenía y les enseñaba la foto, y me decían que era mentira... ¡eso solo lo tenían en la NASA! Tan real como la vida misma lo que estoy contando.

Todas esas historias y recuerdos forman parte de una *informática personal* nacida en la década de los años setenta, una *informática de usuario* en la que intervinieron todos los elementos descritos a lo largo de este libro.

Hasta hace no mucho la *informática personal* seguía la senda de ocupar el tiempo de personas por profesión, afición, o necesidad de uso. Pero la *informática personal* nacida de los micro-ordenadores se extendió a otros dispositivos más portables como, por ejemplo, *smartphones* y *tablets*, y si sumamos a aquello una red Internet que llegó a la vida de toda la población, entonces se puede atisbar —claramente— que ya nadie escapa de la *informática personal*, y la llevamos todo el mundo encima las veinticuatro horas del día. De ahí que sea importante, en cierto modo, lo que cuenta este libro para que todo el mundo pueda conocer el origen, desarrollo, y evolución de una especialidad que, en la actualidad, ha invadido a la población en cualquier edad y estrato social.

Termino esta obra mencionando al célebre escritor y profesor de bioquímica Isaac Asimov, que afirmó: «no temo a los ordenadores, temo quedarme sin ellos».

El autor

Nací en Oviedo (Asturias) en el año 1974. El 26 de diciembre de 1986, cuando contaba doce años de edad, mis padres decidieron regalarnos a mi hermana y a mí un ordenador; después de consultar a un familiar que tenía estudios de electrónica y conocía el mundo de la informática personal, decidieron comprar el ordenador que estaba arrasando en aquel momento; el Amstrad CPC6128 que José Luis Domínguez trajo a España desde Reino Unido por medio de Indescomp.

Con mi ordenador Amstrad CPC6128 en el año 1987.

Al mes de contar con el ordenador en casa dejé de jugar y empecé a «enredar» con el equipo. A los dos meses programaba en BASIC y dominaba el sistema operativo CP/M que corría en el procesador Zilog Z80 que llevaba dentro la serie Amstrad CPC. A los seis meses empecé a desarrollar mis propios videojuegos caseros y a revolver en otros comerciales. A partir de ahí, mis padres vieron talento en mis logros, creyeron que aquello podría ser mi medio de vida a futuro, e invirtieron mucho dinero durante mucho tiempo para que yo pudiera desarrollar una base sólida de conocimiento... de aquella no existía Internet y no era nada fácil aprender sin recursos para ello. Y para invertir en mí, mis padres se privaron de otras cosas y de una vida más acomodada.

Con mi ordenador Dynadata PC y mi EPSON PSE-30 en el año 1990.

No se equivocaron mis padres, ya que gracias al ordenador de 8 bits Amstrad CPC6128 nació en mí una pasión; en el momento de publicar la primera edición de este libro, en el año 2022, llevo treinta y cinco años relacionado con la informática y veintiocho años como profesional de la informática.

En el año 2000 empecé a crear páginas web complejas, con programación Php y conexión a base de datos MySQL. Pero, para poder subir a Internet aquellas páginas, era necesario contratar un espacio web profesional, los *hosting* gratuitos del momento no permitían la ejecución de programas, ni la conexión con bases de datos. Así que, en el año 2001, mediante piezas de desecho que iban a la basura en un taller de reparación de ordenadores, fui montando mi propio servidor con sistema operativo Linux. Pieza a pieza, fui colocando los componentes en el interior de un armario de mi habitación, sin carcasa, y con ventilación casera creada a mano por mí.

De aquello resultó un servidor de Internet conectado a la conexión de banda ancha por cable de Asturias, de la empresa Telecable; un servidor que ofreció espacio web gratuito a cualquier usuario permitiendo ejecutar scripts Php y Perl, y pudiendo acceder a bases de datos MySQL. Si no fue el primer servidor que ofreció aquello completamente gratis en España, fue de los primeros. Alcanzó una interesante notoriedad, y enseguida se llenó mi servidor de páginas web de terceros que provenían de muchos lugares de España...

tuve que ir añadiendo al servidor nuevos discos duros que compraba de segunda mano.

Soy Técnico Superior de Desarrollo de Aplicaciones Informáticas, cursé parte de la Ingeniería Superior en Tecnologías de la Información en el País Vasco, aunque no terminé la carrera, y tengo terminada una titulación oficial universitaria de Gestión de Proyectos Informáticos obtenida con una calificación media de sobresaliente.

En el año 2005 me trasladé a vivir al País Vasco, lugar donde desarrollé la mayor parte de mi carrera profesional. He trabajado muchos años en una empresa histórica del sector del metal en importantes proyectos nacionales e internacionales de ingeniería I+D y, en la actualidad, tengo la categoría profesional de jefe de Proyecto y trabajo en importantes proyectos de ingeniería de software para la administración pública.

Instalando mi segundo desarrollo profesional, una aplicación de gestión programada en dBASE IV. Año 1991.

En el apartado de los proyectos personales, desde el año 2016 dispongo de mi blog *ParcelaDigital* dedicado a la divulgación de temas de informática; con el blog gané la estatuilla del Premio Día de Internet 2020 en la categoría de Medios de Comunicación, que son los «Goya» del mundo web generalista en España, siendo elegido ganador por un importante jurado nacional de expertos del mundo de Internet de empresas patrocinadoras como Facebook,

Google, Telefónica, etcétera. Para alcanzar aquello superé en la final a una web del BBVA y al blog tecnológico de Orange.

Con el premio logré que mi blog fuera la Mejor Web de Comunicación de España en el 2020.

Posando con la estatuilla ganada del Premio Día de Internet 2020 en la categoría de Medios de

Comunicación. En la pantalla del ordenador mi blog ParcelaDigital.

Con el blog *ParcelaDigital* también gané el Premio 20Blogs 2021, y aquella distinción significó ser elegido el mejor bloguero —y mejor blog— en idioma español del 2021 en la categoría de 20 Bits (tecnología), en los premios más importantes de la blogosfera, siendo obtenida por medio de un jurado de prestigiosos periodistas y expertos de tecnología entre los que puedo destacar a Encarna Samitier, directora de 20 Minutos. Aquello podríamos afirmar, sin ningún género de duda, que son los «Óscar» del mundo blog en idioma español.

La entrega de premios fue celebrada en un evento presencial en el Auditorio CaixaForum de Madrid el 7 de octubre de 2021, con la presencia de ilustres invitados: Destacando a José Luís Martínez Almeida, Alcalde de Madrid, y otros invitados de alto nivel como Pilar Alegría, Ministra de Educación del Gobierno de España; Isabel Rodríguez, Ministra de Política Territorial y Portavoz del Gobierno; Ione Belarra Ministra de Derechos Sociales y Agenda 2030; Ana Pastor Julián, Vicepresidenta Segunda del

Congreso; y Marta Rivera de la Cruz, Consejera de Cultura, Turismo y Deportes de la Comunidad de Madrid.

Ganadores y personalidades asistentes en la XV Gala de Entrega de los Premios 20Blogs

(Auditorio CaixaForum de Madrid, 2021)

Acudieron, además, Francesc Vallès, Secretario de Estado de Comunicación, y el Secretario General de Cultura y Deporte, Víctor Francos. Durante la gala se mencionó la presencia de otras personalidades públicas como, por ejemplo, Inés Arrimadas.

En el photocall de la gala de entrega de los Premios 20Blogs 2021

Subí al escenario a recoger la estatuilla de manos de José Luis Martínez Almeida, alcalde de Madrid, recibiendo la felicitación de los ilustres asistentes que allí se encontraban, además de un aplauso del público asistente que, sin duda alguna, fue un momento excepcionalmente emocionante para mí.

Momento en el que el Alcalde de Madrid José Luis Martínez Almeida me entrega la estatuilla de los Premios 20Blogs 2021.

Con Óscar Martínez y Elena Salamanca, presentadores de la gala de los Premios 20Blogs 2021.

En el blog *ParcelaDigital* publiqué artículos en texto desde marzo de 2016, pero en enero de 2021 introduje, además, audios y vídeos, es decir, podcast y videoblog, empezando a contar historias de gran interés de viva voz, y a grabar vídeos donde, principalmente, muestro los objetos —al detalle— de mi colección personal de la informática clásica.

En los videoblog comencé a mostrar equipos informáticos antiguos de gran valor histórico, así como componentes y periféricos ya desaparecidos, llegando, incluso, a recuperar ordenadores antiguos delante de la cámara utilizando componentes modernos y emuladores. Para grabar los audios y vídeos monté en mi domicilio mi propio estudio de grabación semiprofesional.

Además de mis blogs, cuento con otros proyectos personales en Internet, y otros sitios web de mi propiedad que suman un importante tráfico de visitas.

Desde el año 2009 hasta el año 2022 he publicado en papel y eBook un total de siete libros, todos ellos enmarcados dentro del mundo de la informática. Este libro de *Historia de la Informática: El Ordenador Personal* es el séptimo libro y, como en todos los anteriores según fueron naciendo, el último es mi mejor obra. Mi camino siempre es aprender y mejorar en cada paso.

El alcalde de Vitoria-Gasteiz, Gorka Urtaran, en noviembre de 2020 en una recepción oficial. En su mano tiene uno de mis libros publicados.

En la actualidad, el objetivo de mi labor personal —alejada del aspecto profesional— es seguir trabajando en la recuperación de la historia de la *informática personal* y sus pioneros, muchos ya olvidados, seguir escribiendo en mis blogs, y seguir aprendiendo todo lo que pueda de esta maravillosa especialidad de la ciencia llamada informática.

—Fin—

INDICE

Made in the USA
Monee, IL
18 October 2026

66048465R10286